出版说明

　　本书原版分为两册先后出版，第一册为《浮华昨日：20世纪20年代通俗美国史》(*Only Yesterday: An Informal History of the 1920s*)，第二册为《浮生昨日：20世纪30年代美国史》(*Since Yesterday*：*The Nineteen-Thirties in America*)。本次出版将两册合并，分别对应为上、下卷，特此说明。

编者

目　录

下卷（1929—1939年）

从大繁荣
到大萧条

上卷 (1919—1929年)

ONLY YESTERDAY: AN INFORMAL HISTORY OF THE 1920S

自 序

本书试图讲述并在某种程度上解释美国历史上一个独特时代的故事：从 1918 年 11 月 11 日对德战争结束到 1929 年 11 月 13 日股票市场的恐慌达到高潮，这十多年间的"柯立芝繁荣"和"胡佛繁荣"狂飙突进，又戏剧性地瞬间崩溃。

显然，在事件发生后这么短的时间内撰写历史，需要有一种突破性的写法。普雷斯顿·威廉·斯洛松教授在《伟大运动及其后》一书中几乎已经把这段故事写完了，但他的写作规划与我的计划大相径庭。例如，哈定总统的丑闻（就目前所知），除了片段，从未有人写过；虽然大牛市已被分析和讨论过无数次，但它作为一种非凡的经济和社会现象，从未被完整地叙述过。

如果读者仔细研读，就会发现书中的错误和不足，时间的流逝也会揭示我许多判断和解释的短视。一部当代史肯定不是确定无疑的。然而，撰写本书的一半乐趣在于努力将前人未曾触及的大量材料归纳为某种逻辑和连贯顺序。我曾想，当读者发现一些记忆犹新的事件和情况似乎就发生在昨天，这些事件和情况却被编织成一种至少可以伪装成历史的模式时，他们是否会感兴趣或者觉得有趣？与大多数历史著作相比，本书的突出优点是可以非常鲜活地叙述这段故事。

至于我在书中着重强调公众思想的变化，公众有时关注的琐碎事件，是经过深思熟虑的。在我看来，一个书写当代史的人，在记忆犹新的时候，有更多机会记录下当时的风气、时尚和嬉笑怒骂，记录下千百万人思考、谈论并为之兴奋的事情——正是这些事情触动了他们的日常生活。而且，我会谨慎地将某些事件和政策留给后来的历史学家去评判，特别是在外交事务领域，这些事件和政策对普通公民生活的影响并不那么直接，可能在很长一段时间内都无法盖棺论定。马克·沙利文先生在《我们自己的时代》各卷中优化了这种撰写当代史的方法，对此我深表感谢。当然，我试图将故事中的无数线索串联起来，以揭示 20 世纪 20 年代美国国民生活和思想的基本趋势。

为了不加脚注，也为了让表达更加顺畅，我把主要参考资料都列在附录中。

弗雷德里克·艾伦

第一章

序曲：1919 年 5 月

自 1919 年以来，美国人的生活环境发生了翻天覆地的变化。这是毫无疑问的，但这究竟是如何发生的？

让我们进入克利夫兰、波士顿、西雅图或巴尔的摩的一对年轻中产的夫妇家里——地点并不重要——回顾 1919 年 5 月一个普通日子里的日常活动，以唤起我们的直观感受（我之所以选择 1918 年停战六个月后的一天，是因为当时美国已很大程度上成功地从战争状态转向和平状态，但持久和平带来的深刻变化尚未开始）。没有比这更好的方式来说明几年的时间对生活环境造成的改变。

1919 年 5 月的一个早晨，史密斯先生来到餐桌前。从外表看，他与十年后的男性并无多大区别（不过，你也许会被他裤子的紧身程度所震撼）。男士时尚的发展可谓一日千里。然而，史密斯夫人却不同。

她穿着套装来吃早餐，其裙子的脚踝处相当紧，而且离地面只有 15 厘米①。她在《时尚》杂志上读到一则令人震惊的消息，说裙子可能会变得

---

① 为便于读者理解，原书中的英制单位尽量改成公制单位。——译者注

更短，"自波旁王朝以来，时尚女性的裙摆就没有离脚踝这么远过"；但
15厘米仍然是正统的标准。她现在穿的是低帮鞋，因为春天已经来临；但
去年整个冬天，她都是用鞋套或高帮的"步行靴"来保护自己的脚踝，或
者穿高筒漆皮鞋，鞋帮是对比鲜明的鹿皮，丝袜是黑色的（如果穿棕黄色
的鞋子，则丝袜可能是棕黄色的），肉色丝袜会让她震惊。几分钟前，史
密斯夫人还穿着一件筒形内衣和一条衬裙，从她内衣上厚厚的褶边可以看
出，她不愿意让自己天然丰满的身材显得更加男性化。

史密斯夫人可能会使用粉饼，但她可能不会使用其他化妆品。虽然在
1919年，使用化妆品已不再被认为是特殊职业的标记，而且有经验的年轻
女孩开始肆无忌惮地使用化妆品，但大多数教养良好的女性仍然对腮红嗤
之以鼻。美容行业还处于起步阶段，理发店的数量是美容院的十几倍。史
密斯夫人从未听说过瘦脸这种黑暗的艺术。她戴上帽子去购物时，会在脑
后整齐地别上一块面纱。在商店里，她也许会买一件夏天穿的浴衣，浴衣
的外层是丝绸或雪纺的，里面是紧身的针织内衣，当然还要配上长筒袜。

她的头发很长，她无法想象一个女性竟然会经常光顾理发店。如果
你已经忘记那个时代的普通大众是如何看待短发的，那么请听一听纽约棕
榈园酒店经理在1918年11月的一个晚上是怎么说的，当时记者们问他为
何把礼堂租给亲布尔什维克分子供集会使用，而这场集会还引发了一场骚
乱。他解释说，当时一位衣着光鲜的女士乘坐一辆豪华汽车前来商量礼堂
的使用事宜，并补充说："如果我们当时注意到她是短发，我们就会拒绝
让她租用礼堂。"在史密斯夫人和棕榈园酒店经理的心目中，短发女人和
长发男人一样，即使不与自由恋爱联系在一起，也必定与激进主义相关。

史密斯夫妇吃的早餐会提供足够的热量——当时的连锁餐厅都笃信
"热量"的概念，但他们很可能都没听说过维生素。

史密斯先生边吃早餐边翻开早报。不管史密斯先生的新闻品位有多低
级，他看的肯定不是一份小型画报：尽管报业集团已经尝试过小尺寸的画
报，但大行其道的小报还没有诞生。只有到1919年6月26日，纽约的《每
日新闻》才会出现在报摊上，它的日发行量在一年后有近25万份，五年

后超过 80 万份，十年后达到惊人的 130 多万份。

史密斯先生的报纸头版头条报道了美国海军水上飞机 NC–4 经亚速尔群岛飞越大西洋的进展情况。这次飞行是 1919 年 5 月最轰动的新闻（阿尔科克和布朗还没有飞越大洋，他们将在几周后完成这一壮举，比林白早八年）。也有其他新闻：巴黎和会的协议目前正处于后期准备阶段；为对德战争发行的战争债券获得超额认购（宣传海报上一直写着："当然，我们会完成任务！"）；另一艘运输归国士兵的运输船抵达；新罢工的威胁；西雅图市长奥勒·汉森发表讲话，谴责世界产业工人联盟是这个时代的祸害；还有亨利·福特对《芝加哥论坛报》提起的诽谤诉讼，因为这家报纸声称他把一位将军错认为作家，并在回答"这个国家发生过革命吗"的问题时说："是的，在 1812 年。"

如果史密斯先生密切关注体育新闻，他可能会发现波士顿红袜队一个姓氏为鲁斯的年轻投手和外野手的名字被隐约提及，但他很难在头条新闻中找到鲁斯的名字贝比（1919 年 4 月，鲁斯打出一支全垒打；5 月，打出两支全垒打；但赛季结束后，体育记者们才开始注意到他正在创造一项新的挥棒纪录——全年打出二十九支全垒打。赛季结束后，纽约洋基队才看到了这个未来之星，以 12.5 万美元的价格签下了他。1920 年夏天，一位球迷看到鲁斯将球击上看台，因过于激动而去世。显然，球迷们找到了新的偶像。1919 年，美国职业棒球联盟打击率第一的是老将泰·科布，而不是鲁斯）。

体育版告诉史密斯先生，里卡德已经决定在托莱多市举办重量级拳王杰斯·威拉德和另一位未来的拳击偶像杰克·邓普西的比赛（他们在 1919 年 7 月 4 日的美国国庆日进行了较量，19650 名观众既颓废又清醒地坐在烈日下观看邓普西在第三回合击倒拳王，都感到非常震惊。如果清醒的市民们知道八年后邓普西与唐尼的比赛所带来的门票收入是这场托莱多之战的五倍以上，不知会作何感想）。在体育版面上，可能会有关于十七岁的南方高尔夫球冠军鲍比·琼斯，或在网球比赛中屡屡夺冠的小威廉·蒂尔登的新闻，但他们此时都还不是全国冠军。即使琼斯 1919 年夺冠，他也

顶图：NC-4 飞机
飞越大西洋

上图：巴黎和会协
议签字仪式（威
廉·奥尔彭 / 绘）

左图：贝比·鲁斯
为红袜队投球

很难成为大众心目中的英雄，因为尽管高尔夫球的知名度与日俱增，但它还没有成为美国商人每周例行活动中不可或缺的一部分。史密斯先生很可能还在嘲笑"把一个小白球在地上敲来敲去的成年男子"；可以肯定的是，他从来没听说过灯笼裤；如果他碰巧打高尔夫，也最好不要在城市的街道上展示他的短裤，否则小男孩们会对他大喊："嘿，穿条男人的裤子吧！"

我说过到 1919 年 5 月时战争已经成为过去了吗？史密斯先生看的报纸上仍有战争的痕迹。不仅有和平会议的消息和战争英雄阿尔文·约克中士即将回家的消息，还有最不祥的提醒，即每日公布的伤亡名单。

史密斯夫妇正在讨论一个紧迫的话题——高昂的生活费用。史密斯先生希望能涨工资，但与此同时，随着物价上涨，家庭收入似乎在减少。一切都在上涨，包括食品、房租、服装和税收。在这个时代，人们会说，即便你连 1 美元都没有，也不算穷光蛋。这时有轨电车的车费是 7 美分，再过一年，价格就会上涨到 14 美分。面对史密斯先生提出的节约建议，史密斯夫人提醒他，自 1914 年以来，牛奶从每夸脱（约 0.95 升）9 美分涨到 15 美分，沙朗牛排从每磅（约 0.45 千克）27 美分涨到 42 美分，黄油从每磅 32 美分涨到 61 美分，新鲜鸡蛋从每打 34 美分涨到 62 美分。难怪拿固定工资的人苦不堪言，各大学也开始讨论将战争债券的筹款方法用于增加大学捐赠。房租几乎比食品价格还要糟糕，自从停战以来，房屋和公寓越来越短缺，牟取暴利的房东和中间商成为民众憎恨的对象。史密斯先生义愤填膺地告诉他的妻子："这些暴发户就像世界产业工人联盟一样坏。"

早餐过后，史密斯先生坐进汽车，准备去办公室。这辆车既可能是莱克星顿、麦克斯韦、布里斯科或圣殿骑士，也可能是道奇、别克、雪佛兰、凯迪拉克或哈德逊，但肯定不会是克莱斯勒——当时克莱斯勒先生刚刚当选为通用汽车公司的第一副总裁（尚未创建自己的公司）。无论这辆车是什么牌子，它都比 20 世纪 30 年代的汽车要高，乘客可以从高处俯瞰周围的环境。史密斯先生的汽车是敞篷车的可能性是 10%（1919 年生产的汽车中只有 10.3% 是敞篷车）。小轿车的流行才刚刚开始。在公众心目中，封闭式汽车仍然与财富联系在一起，报纸漫画中令人痛恨的暴发户乘坐的就是封闭式豪华轿车。

如果史密斯先生的车是当时那种高大、丑陋但高效的 T 型福特汽车，那么他需要几分钟才能发动汽车。他从右侧车门爬进去（因为前座没有左侧车门），伸手握住方向盘，把火花塞和节油门操纵杆调到 2 点 50 分的方向。他只能下车摇动曲柄，除非他额外付费购买了自动启动器。他用右手小心翼翼地握住曲柄（他的一个朋友曾经被曲柄撞断了胳膊），然后用左手食指穿过控制阻风门的线环，拉动线环，用力转动曲柄，当发动机终于发出轰鸣声时，他跳到颤抖的脚踏板上，俯身将火花和油门调到 2 点 25 分的方向。如果他在发动机熄火之前就踩到油门，那就可以开走了，但如果那个早晨比较冷，也许他就来不及踩到油门。这种情况下，他需要重来一遍。史密斯先生希望史密斯太太能坐在驾驶座上，在发动机熄火之前把火花杆拉下来。最后，他握住方向盘，发动机发出了应有的轰鸣声。他松开紧急手刹，左脚踩在低速踏板上，当汽车大声驶向街道时，他松开左脚，让汽车挂上高速挡，扬长而去。现在，他唯一担心的就是街尽头的那道长坡。昨天，他在那里烧坏了刹车，今天早上，他必须记住要用倒车踏板或低速踏板制动，或两者兼用，或三者交替使用（脚踩下三个踏板中的任何一个，车速都会减慢）。

史密斯先生开到了开阔的道路上——这条道路比十年后开阔得多。在他上班的路上，他看到的汽车数量几乎只有 1929 年的三分之一；1919 年，美国登记在册的乘用车不到 700 万辆，十年后，登记在册的乘用车超过 2300 万辆。他不太可能在附近找到很多水泥路，而缺少水泥路也反映在车速规定上。1919 年，加利福尼亚和纽约等少数几个州允许的最高时速为 48 千米，但平均限速为 32 千米 / 时（1931 年为 56 千米 / 时或 64 千米 / 时）。伊利诺伊州 1919 年的时速限制很典型：在城市的居民区限速 25 千米 / 时，在建筑密集区限速 15 千米 / 时，在弯道限速 10 千米 / 时。在史密斯先生看来，两个半小时内跑完 150 千米的路程——在 20 世纪 30 年代，那些开车最谨慎的司机也能做到——是很危险的，而在 1919 年的道路上行驶，他的谨慎是正确的。

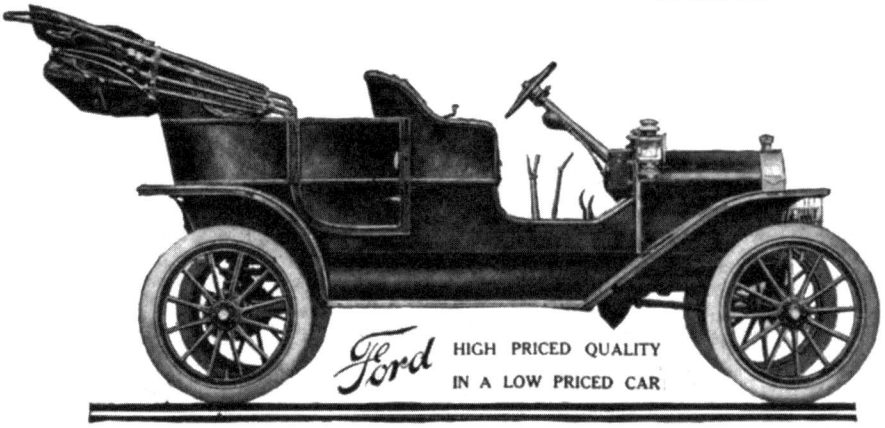

福特 T 型车广告画

1920 年纽约"路边市场"中的交易员

在一天的办公过程中，史密斯先生讨论了营业状况。停战后①，由于政府取消了巨额采购合同，一直加班加点为战争工作的工厂开始成千上万地裁员，因此出现了一段时间的混乱和股价下跌，但此时情况正在好转。每个人都在谈论国际贸易和美国航运业的光明前景。造船厂正在全力运转，但罢工的次数很多，劳动力对更高工资的要求似乎永远不会得到满足。虽然史密斯先生承认，某种程度上不能责怪工人，因为物价仍在逐周上涨，而商业活动如此活跃，退伍军人的安置比史密斯先生想象的要容易得多。在冬天和初春，人们对退役军人上街抗议没有工作的问题议论纷纷。就在那时，《生活》刊登了一幅漫画，画中的山姆大叔对一名士兵说："你想要什么我都会给你，说吧，你到底想要什么？"士兵回答说："一份工作。"现在，男孩们似乎正在缓慢地加入工作的队伍，就业只是时间问题。商业天际线上仅有的乌云是罢工、布尔什维克主义和股市中危险的投机风潮。

"牛市让经纪人神经紧张，"财经版面的头条新闻这样写道，"文员只能加班。"这些说法是否似曾相识？1928 年和 1929 年的大牛市也曾有过类似的新闻。1919 年 5 月 31 日证券交易所休市的决定在报纸上引发了这样的评论："处理纽约市场股票和债券买卖的高度专业化机器已经相当疲惫，需要休息。"1919 年 5 月中有很多天的交易量超过 150 万股，这让金融家们忧心忡忡，联邦储备委员会也在考虑对投机行为发出警告。这一年创造了一个新纪录：有 6 天的交易量超过 200 万股，有 145 天的交易量超过 100 万股。但史密斯先生和他的同事们不知道：十一年后交易量将达到每日 1600 万股；一天 300 万股的交易日会被称为"很不景气"或"只有专业人士开展冷淡的交易，普通大众毫无兴趣"。1919 年，纽约证券交易所一个席位的价格屡创新高，从 6 万美元到 11 万美元不等。史密斯先生很难相信，十年之后，交易所席位的价格会达到 50 万美元。

在 1919 年 5 月的那些日子里，证券交易所的每日交易记录几乎不会占据一个报纸专栏的篇幅。"路边市场"的交易记录指的是真正的路边交

---

① 本书中的"战后""停战后"均指"第一次世界大战结束后"。——译者注

易——在纽约布罗德街那个奇特的露天市场，男人们歪头夹着电话听筒，从高高的窗户里伸出头来，面无表情地向下面人行道上聚集的交易者们吆喝，场面异常混乱。如果说史密斯夫人在购物时一定不会想到什么，那就是股票价格。然而，1919 年"史无前例的大牛市"给参与者带来了丰厚的利润。从 2 月 15 日到 5 月 14 日，鲍德温机车公司的股票价格从 72 美元涨到 93 美元，通用汽车公司的股票价格从 130 美元涨到 191 美元，美国钢铁公司的股票价格从 90 美元涨到 104.5 美元，国际商船公司的股票价格从 23 美元涨到 47.5 美元（交易者们被其无限的航运前景所吸引）。

史密斯先生外出吃午餐，不得不绕道前往他的俱乐部，因为一个刚刚从欧洲归来的团正在游行，城市的中心大道被人群堵得水泄不通。1919 年的春天是游行的好季节。从法国布雷斯特港驶来的运输船抵达纽约港，甲板上挤满了人，海伦少校的欢迎委员会在迎接他们，市长的年轻秘书格罗弗·惠伦有时也代表委员会出席。为纪念归国的军队，纽约市在麦迪逊广场的第五大道上建造了一座巨大的拱门，据说有四十位艺术家参与设计（《纽约论坛报》悲哀地评论道："从结果来看，似乎有四百人参与设计，而不是四十人。外行人会觉得，它包含了全世界所有拱门的所有元素，当然也不会漏掉勃兰登堡门顶上的马。"）。再往前走，在公共图书馆前，有一座由铁塔和棕榈树组成的圣殿，被称为"牺牲者之庭"，《纽约论坛报》对它的装饰效果轻描淡写地评价说："增加了死亡的危险。"向北走几个街区的大道上方悬挂着一座宝石拱门，"就像一张宝石网，悬挂在两根白色柱子之间，柱子上缀满了星星"；夜晚，在这个拱门上，彩色探照灯闪烁，效果极佳。大道两端挂满了旗帜；当第 27 师在拱门下游行时，天空中飘满了彩纸和彩带，人行道上挤满了欢呼的人群。不只是纽约对归来的士兵充满热情，其他城市都有自己的胜利游行仪式，城市的长者站在检阅台上，旗帜迎风招展，部队的刺刀在春日的阳光下熠熠生辉，乐队演奏着《漫漫长征路》。英雄们只希望这一切尽早结束，他们只想换上便装，在清晨睡个懒觉，做他们想做的事，忘掉战场上的事。

史密斯夫妇应邀参加当地一家酒店的下午舞会，史密斯先生匆匆从办公室赶往狂欢现场。这家酒店为了赶时髦，用爵士乐队代替传统的管弦乐队，但没有让萨克斯乐手站在前台演奏刺耳的音乐。"无尽的悲伤却又哀而不伤，没有过去，没有记忆，没有未来，没有希望"，威廉·波利托如此评价战争结束后的时代精神。爵士乐队演奏了《我总是在追逐彩虹》——战争时，哈里森·费舍尔劝说哈里·卡罗尔把肖邦的《即兴幻想曲》改编为拉格泰姆舞曲，哈里·卡罗尔因此创作了这首曲子。乐队还演奏了《微笑》《达达内拉》《印度斯坦》《日本睡魔》《我爱你，星期天》，以及另一首在战后十年最流行、最令人厌烦的热门歌曲《我说她愿意》。狐步舞者中有许多身穿军装的人，包括一位身穿蓝衣的法国军官，此时外国军装还能为派对增添战争的浪漫气氛。在光线较为昏暗的棕榈厅里，可能正在举行青少年抚摸派对，但史密斯夫妇无疑对此视而不见。F. 斯科特·菲茨杰拉德还没有向惊恐的合众国提出"年轻一代的问题"。

跳了几支舞后，史密斯先生漫步来到酒吧（如果这个州没有禁酒的话）。他发现那里有一群人在喝布朗克斯酒和苏格兰高球鸡尾酒，并沮丧地讨论着禁酒令的来临。7月1日，所谓的《战时禁酒法》即将生效（该法是作为一项战争措施制定的，但直到停战后才由总统签署），宪法第十八修正案已经确定了禁酒将是永久性的。即使是现在，蒸馏和酿造酒也是被禁止的。因此，酒的价格不菲，这一点午夜歌舞厅的常客们深有体会。然而，这里的酒吧仍然在合法经营，当然，没有一个女客。在1919年，女人喝酒是不寻常的，在酒吧喝酒是男性的专属特权。虽然舞会的主人可能会在晚餐前供应鸡尾酒，但史密斯夫妇从未听说过鸡尾酒会可以代替舞会。

史密斯先生站在黄铜栏杆旁，聆听着人们对禁酒令的评论。人们对此议论纷纷，但在这里，人们的愤慨也绝非众口一词。一个人摇晃他的布朗克斯啤酒说，他想他会在一段时间内惦记着喝酒，但他认为"他的孩子们生活在一个没有酒的世界里会更好"，还有两三个人同意他的观点。在全美国，支持禁酒令的人占绝大多数，战时斯巴达式的狂热尚未冷却。这些人天真地以为，当第十八修正案生效时，酒精将被逐出这片土地。他们模糊地期待着一个永久禁酒的时代。

在史密斯夫妇参加的晚宴上，一些年轻女性可能会大胆地吸烟，可能还会故意甚至是挑衅地吐烟圈（1919 年的美国普通尺寸的香烟消费量，还不到 1930 年的一半）。

晚饭后，大家可能会去看电影，看查理·卓别林主演的《从军记》，道格拉斯·范朋克主演的《纽约牛仔》，玛丽·皮克福德主演的《长腿老爹》或备受喜爱、令人潸然泪下的《残花泪》。他们也可以玩拍卖式桥牌（当然不是定约桥牌）。几年后麻将会大受欢迎，但现在还没有普及。他们还可能会讨论当时的畅销书，如《天启四骑士》、塔金顿的《伟大的安巴逊》、康拉德的《黄金之箭》、布兰德·惠特洛克的《比利时》和韦尔斯的《不灭之火》（《世界史纲》尚未写完）。他们也可能会去剧院：1919 年 5 月在纽约上演的《友好的敌人》《三面间谍》《更好的奥莱》，从战时起就一直在上演，现在仍在继续上演，还有《听着，莱斯特》《亲爱的布鲁图》和弗朗西斯·斯塔尔参演的《老虎！老虎！》，以及迎合观众的卧室喜剧《梅布尔的房间》。戏剧公会即将推出它的第一部戏剧——埃尔文的《约翰·弗格森》。普林斯顿大学高年级的学生们刚刚把《闪电》选为他们最喜欢的戏剧之一（作为受过高等教育的人士，他们把《麦克白》和《哈姆雷特》投成前两名），他们最喜欢的女演员依次是诺玛·塔尔梅奇、埃尔西·弗格森、玛格丽特·克拉克、康斯坦丝·塔尔梅奇和玛奇·肯尼迪。

史密斯夫妇今晚肯定不会做一件事——听收音机，因为还没有无线电广播。美国各地喜欢摆弄机械的男孩会有一台无线设备，如果他知道莫尔斯电码，就可以用这台设备收听来自海上船只和装有发送设备的陆地电台的信息。无线电话发展到今天，乘坐飞机飞越曼哈顿上空的人可以与下面办公楼里的其他人通话。广播中放出演讲和音乐——多年前德福雷斯特就尝试过，但"一无所获"。1920 年春天，东匹兹堡西屋公司的弗兰克·康拉德在仓库里东拼西凑做了一个业余电台研究站，播送留声机音乐和棒球比赛比分，他惊讶地发现，竟有许多业余无线电爱好者在收听这些节目，以至于匹兹堡的一家报纸灵机一动，开始给无线电设备做广告："收听康拉德博士节目的人可以使用这些设备。"直到这则广告出现，西屋公司的高管才决定开设历史上第一个广播站，以刺激其设备的销售。

关于史密斯夫妇，再多说一句，然后就可以让他们自由活动了。他们不仅没听说过无线电广播，也没听说过音乐疗法、代顿审判、填字游戏、泳装选美比赛、约翰·J.拉斯科布、庞氏骗局、蒂波特山油田丑闻、美丽城市运动、《美国信使》、萨科和万塞蒂谋杀案、婚前同居、经纪人贷款统计、畅销书作家迈克尔·阿伦、华尔街爆炸案、《忏悔》杂志、霍尔—米尔斯谋杀案、无线电股票、地下酒吧、黑帮首领阿尔·卡彭、自动交通信号灯，以及飞越大西洋的飞行员查尔斯·林白。

这些，都会在战后十年一一登场。

第二章

回归常态

1918 年 11 月 11 日清晨，伍德罗·威尔逊总统用铅笔在一张普通的白宫信纸上写下了致美国人民的一封信。

> 我的同胞们，停战协定已于今晨签署。美国为之奋斗的一切都已实现。现在，我们很荣幸地以身作则，通过冷静、友好的劝告和物质援助，协助大家在全世界建立公正的民主制度。

这是最具威尔逊风格的一份通告。在这三句话中，威尔逊仿佛是一位清教徒校长，在情绪激昂的时刻也能保持冷静，时刻准备给大家上一课；他是一位道德理想主义者，一心想通过协调达成宽容的和平，而不是仇恨的和平；他是一位固执的民主倡导者，但他做梦也不会想到，他毕生所信仰的那种制度，对于世界各地的其他国家来说，并非必然是最好的。然而，这份通告的精神很符合另一位战时总统的秉性——林肯也可能会写出这样一份文件。

但是，如果白宫的主人在写下这些句子时想到的是林肯——毫无疑问他想到的是林肯——那么他可能忽略了一些东西。理想主义的劝告有时会在松弛的和平时期遭遇失败。林肯没有活着看到南北战争之后十年中"冷静、友好的忠告"政策会发生什么，他在胜利之前就被刺杀了。

伍德罗·威尔逊就没有这么幸运了。

11月11日是多么美好的一天！不到凌晨3点，美国国务院就向正在打瞌睡的新闻记者们发布了停战协定已经签署的消息。四天前，一则关于战事结束的虚假报道让整个美国陷入欢乐的癫狂之中。人们从办公室和商店里涌出来，在大街上游行、唱歌、呐喊、敲钟、吹铁皮喇叭、互相砸帽子、为穿军装的士兵欢呼、为自己披上美国国旗、挤在报纸布告栏前阅读通告，仿佛正在过一个疯狂而热闹的节日。在纽约，第五大道已经无法通行，挤满了涌动的男男女女，从城市的窗户上飘下的胶带和碎纸片多达155吨。这样的盛况似乎不可能重演，但它确实发生了。

11日凌晨4点半，美国许多城市的警报声、口哨声和钟声惊醒了睡梦中的人们，报童们也在昏暗的街道上来回吆喝。起初，人们不太相信这个消息，他们上过一次当，不愿再上第二次当。在华盛顿的一条大道上，在政府官员住宅的窗户下，一个男孩煞有介事地宣布："战争结束了！政府官方公告证实了这一消息！"他没有像通常的报童那样含糊其词，他知道，此时此刻，要让持怀疑态度的人心服口服，就必须说得明白、具体。这番话让人们感到无比轻松。一个和平与希望的新时代正在开始——已经开始了。

消息传遍全美国。在一个又一个城市的清晨，人们发现办公室里半个人影也没有，商店的门上贴着"因德皇葬礼而闭店"的告示，人们又像四天前一样在街上游行，漂亮的姑娘们亲吻着她们所能看到的每一个士兵，汽车在人群中缓慢地穿行，并故意逆火爆鸣，使喇叭声、摇铃声和其他各种喧闹声更加嘈杂。800名巴纳德学院的女生在纽约的晨曦高地跳起了蛇舞；清晨，在时代广场，一名女生登上了"自由厅"的屋顶，在鸦雀无声的人群面前唱起了赞美诗。

然而，似乎是为了嘲弄威尔逊关于"冷静、友好的劝告"的说法，在与此形成鲜明对比的庆祝活动中，人们的情绪不是虔诚地感恩，而是胜利

1918 年 11 月 11 日，"一战"停战协定签订（莫里斯·皮拉德·弗奈尔 / 绘）

1918 年 11 月 11 日，纽约人民走上街头庆祝停战

的发泄。有人焚烧德皇的遗像；在纽约华尔街，一个德皇的假人被消防水管冲走；人们抬着一个用肥皂盒做成的棺材在第五大道上来回走动，高喊德皇就在棺材里，"已被碎尸万段"；在百老汇第七十街，一个男孩在人行道上一遍又一遍地画德皇的画像，好让人群尽情践踏。

就这样，和平的新时代开始了。

但是，用政客布莱恩的话说，100万人不可能在一夜之间解甲归田。当时仍有350多万美国人在服兵役，其中200多万人在欧洲。军装随处可见。即使在11月11日的喧闹和呐喊声平息之后，远征军仍在战壕里，准备在进入德国之后长期作战。平民们仍在储存食糖和煤炭，吃着奇怪的黑面包。直到十天之后，燃料管理局的"灯火管制"法令才被撤销，百老汇和其他城市的十几条较小的道路上才再次灯火辉煌。铁路仍然由政府运营，买票只能到美国铁路管理局联合售票处。流感刚刚减弱，它杀死的美国人比战争还多，成千上万的男男女女戴着白布口罩，担惊受怕。报纸上充斥着欧洲军队的报道、德国革命的消息、威尔逊总统为和平所做的准备以及美国政府的政策。日复一日，周复一周，月复一月，伤亡名单与日俱增，从缅因州到俄勒冈州，人们每天都在忧心忡忡地查阅这些名单。

11月通常是橄榄球赛季的高潮，但现在，主要由身着学生军训团制服的男生组成的大学球队展开慈善比赛，"为战争基金筹集资金"。为了进一步加强捐赠意愿，哈佛大学校队的球星查理·布里克利在证券交易所的阳台上将橄榄球踢过华尔街，耶鲁大学校队的杰克·盖茨在街对面将其抱在怀里。不仅是报纸的新闻专栏，广告也显示出战时情绪的主导作用。在一篇题为《仇视野蛮人的权利》的社论旁边，一封读者来信建议让德皇永远流亡，永远做"不受欢迎的外国人"。读者会看到一则巨大的"联合战争工作基金会"的广告，敦促"捐款、捐款、捐款"！在另一版上，读者会看到一篇爱国主义文章《美国要为重建世界做好准备》，其开头写道："现在，自由已经胜利；现在，正义的力量已经开始重建人类的道德，世界面临着同样艰巨的其他任务。"再读几句铿锵有力的辞藻之后，读者才发现，这个"其他任务"需要通过购买布兰克公司的钢窗来实现。

退伍复员工作全面展开，士兵们开始从兵营返回家园的时候，审查制度、灯火管制被取消，妇女们开始放心地买糖的时候，光荣的和平似乎开始成为现实而不再是梦想的时候，这个国家的人们却仍处于战争的心态。在过去的十九个月里，他们学会了同仇敌忾、果断出击。德国被打倒了，但似乎地平线上还有另一个危险。布尔什维克主义正在从俄国向欧洲蔓延，也可能会蔓延到美国。美国人开始攻击布尔什维克主义，或者说攻击他们认为的布尔什维克主义。停战一周后，纽约市长海伦禁止在街头悬挂红旗，并命令警察"驱散所有非法集会"。几天后的晚上，当社会主义者在麦迪逊广场花园举行集会时，五百名士兵和水手从周围的街道聚集过来挑衅，试图冲进大门。二十二名骑警费了九牛二虎之力才驱散了这群暴徒。第二天晚上，在城中更偏远的棕榈花园门前又发生了一次骚乱，那里正在举行由国际妇女联盟主持的支持俄国革命的会议。士兵和水手再次成为主要的肇事者。他们把第五十八街挤得水泄不通，大喊大叫，试图闯入棕榈园。在混乱中，有六个人被打成重伤，其中一名受害者是保守的股票经纪人。他当时正和一位女士走在莱克星顿大道上，看到人群在大喊大叫，就问别人发生了什么事。一个水手喊道："嘿，伙计们，又来了一个布尔什维克。"顷刻间，几十个人向他扑来，扯下他的领带，几乎把他打昏。这些示威游行是战后一系列反赤化暴动的开端。

战争时，美国已经养成了当机立断的习惯，而且这种习惯不会很快被改掉，只是环境和方法发生了变化。在政府的鼓励下，工人们的工资水平不断提高，但政府不希望工人们有任何政治上的企图，在这种情况下，视财如命的雇主们觉得机会来了。德国人被打败了，接下来要做的就是给劳工一个教训。无论如何，劳工煽动者都是一群布尔什维克，老板们觉得赚取"体面利润"的机会到了。与此同时，劳工们面临着生活成本的持续上涨，意识到以罢工争取更高的工资不再是不爱国的行为，于是决定反过来教训一下蚕食暴利的雇主。一系列激烈的罢工和停工由此开始。

在酒类方面也有一个总结性的行动。战争期间，酒精对国家的战斗力构成了明显的威胁。根据本地的法律和地方政府的选择，全美国各州已经基本禁酒，因此决定一劳永逸地取缔酒馆。战时心理占主导地位，国家的决心已定。《战时禁酒法案》已经颁布，并将于 1919 年 7 月 1 日生效，这还不够。国会于 1917 年底通过了宪法第十八修正案，该修正案将使禁酒令永久有效（至少人们是这么认为的），许多州在战争结束前就已经批准了该修正案。随着 1919 年 1 月各州议会的召开，批准修正案的运动以惊人的速度向前推进。《纽约论坛报》称，"就好像无风的大海上的一艘帆船，在某种无形力量的推动下勇往直前"。"禁酒似乎成了一种时尚，就像以前喝酒一样"，《纽约时报》的编辑感叹道。到 1 月 16 日——停战九周后，三十六个州批准了修正案，法令可以生效了。几天后，纽约州也加入了这一行列。威士忌和赤化运动一样受到严厉打击。当然，人们也有疑虑。有人指出，300 万穿军装的人可能不喜欢这种新的法令，但国家并不准备三思而行。在"不妥协"的战争精神的推动下，禁酒令得以顺利通过。

停战之后，尽管战争时期的急躁情绪依然存在，但和平的到来带来了深刻的变化。在战争期间，全美国上下都齐心协力地为战争服务。高级军官们可能会说，唯一好的野蛮人是死掉的野蛮人，"让世界变得民主安全"都是胡说八道；"四分钟演讲者"[①]可能会高喊，应该把德皇放在油锅里炸。但事实是，数百万美国人坚信，他们是在为神圣的事业而战，是为了被压迫民族的权利而战，是为了永远结束一切战争而战，是为了华盛顿的领袖雄辩地宣扬的一切而战。时代广场上的姑娘们唱起赞美诗，就像烧毁德皇的遗像一样，真切地表达了她们的情感。然而，就在停战协定签署的那一刻，一个微妙的变化开始了。

现在，那些从来就不喜欢威尔逊的人，那些认为在战争中置身事外的时间太久的人，那些认为他的血管里流的是牛奶和水而不是血液的人；那些认为对待罗斯福总统和伍德将军的行为不应该得到宽恕的人，那些认为他骨子里是一个危险的激进分子、威胁资本主义制度的人，那些认为不应该呼吁全美国投票给民主党国会的人，那些认为他亲自去巴黎参加和会是

---

① "四分钟演讲者"是威尔逊总统组织的一个志愿组织，他们在美国各地举行演讲，为"一战"做宣传和鼓动。——译者注

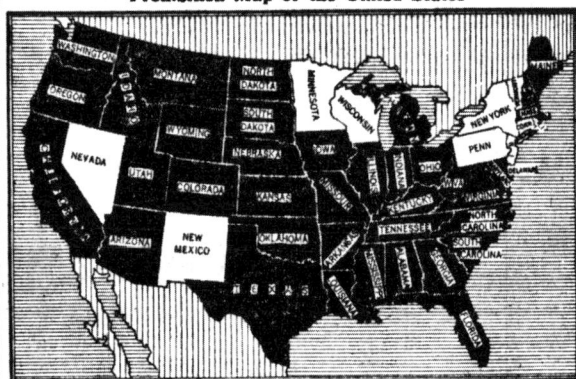

The New York Times.

NEW YORK, FRIDAY, JANUARY 17, 1919. TWENTY-TWO PAGES

TWO CENTS

Page 1   Page 4

NATION VOTED DRY; 38 STATES ADOPT THE AMENDMENT

Nebraska Clinches Approval as 36th State, Missouri and Wyoming Following.

PROCLAMATION NEXT STEP

Amendment Construed as Effective One Year After Secretary of State So Acts.

NOW PLAN ENFORCEMENT

Bills for Drastic Observance to be Presented to Congress and Legislatures.

Special to The New York Times.

Prohibition Map of the United States

1919 年 1 月 17 日《纽约时报》头条新闻：已有三十八个州批准了《禁酒法案》。按照美国宪法规定，得到三十六个以上的州批准，宪法修正案即获得通过

1919 年 5 月 27 日，巴黎和会四巨头合影。从左到右依次为：英国首相劳合·乔治、意大利总理奥兰多、法国总理克列孟梭、美国总统威尔逊

自大狂的表现的人，开始畅所欲言了。还有一些人不喜欢法国人、英国人，以及英国人对爱尔兰的态度，或者厌倦了听到"我们崇高的盟国"的言论，或者认为美国参战其实是为了自保，认为威尔逊关于"民主世界"的言论是危险而虚伪的胡言乱语，他们也开始畅所欲言。现在人们可以肆无忌惮地说："我们已经打败了德国人，我们也会打败布尔什维克，现在，我们该追击威尔逊和他那帮和平主义者了。"和平岁月到来几周之后，战争的紧张气氛逐渐放松，理想主义的泡沫被刺破了，人们开始怀疑美国是否像伍德罗·威尔逊所想的那样，已经做好了"协助在全世界建立公正民主"的准备。

但是，威尔逊先生的思想也被战争改造了。自1917年4月以来，他的意志越发坚定。在美国，公开反对他的声音几乎都被压制：与总统意见相左就是不爱国。他的致辞和演讲为美国的战争目标和最终和平的条件奠定了大众想法的基调。在欧洲，他的雄辩被证明是如此有效，以至于政治家们不得不追随他的领导，按照他提出的条件停战。在全世界，数以百万计的男男女女听了他的话，就像听了救世主的话一样。既然他设想了一个以国联为基础的世界新秩序，他似乎不可避免地要亲自前往巴黎，发挥自己的力量，将这一设想变为现实。灿烂的梦想完全占据了他的头脑。像参议员洛奇这样习惯唱反调的人，以及像国务卿兰辛这样的得力助手，现在都会反对他把谈判交给下属，反对先与德国媾和，推迟讨论国联问题，以便尽快让世界恢复和平。但他在战争期间不是让批评家们闭嘴了吗？难道他不能再次让他们闭嘴吗？12月4日，即停战后不到一个月，总统乘坐乔治·华盛顿号从纽约启航。海滨的人群高声欢呼，港口的船只鸣响汽笛向总统致敬，站在舰桥上的伍德罗·威尔逊一定觉得自己是天选之子。

接下来几周发生的事情证实了他的感觉。他在法国、英国和意大利四处奔走，取得了令人难以置信的胜利。在英国的土地上，从未有一位外国人受到如此的欢迎。他在伦敦街头的行进好似加冕游行。在意大利，街上黑压压一片，人们都向他表示敬意。威廉·博利托写道："从来没有人得到过如此热烈的欢呼。我在巴黎街头听到的欢呼声，一辈子都不会忘记。我见过福煦元帅、克列孟梭、劳合·乔治以及很多将军从此经过，我也见过凯旋的士兵挥舞着旗帜从此经过，但威尔逊从他的马车里听到了不同的声音，非人的声音，或者说是超人的声音。"看到那些铺天盖地的人群，听到他们的欢呼声，伍德罗·威尔逊怎么会怀疑自己仍然是不可战胜的呢？如果在会议召开时，旧秩序下的外交家听到他的发言，那么他们只能俯首听命。命运正把他和整个世界带向一个充满希望的光明未来。

然而，命运另有安排。在欧洲和美国，理想主义正在退潮。劳合·乔治是民意的晴雨表，他在竞选连任时提出了"绞死德皇"的纲领，尽管群众可能会为威尔逊和正义而呐喊，但他们还是把票投给了劳合·乔治和复仇。既然德国人被打败了，许多妒火中烧的欧洲政客都在想，为了自己的国家利益和个人荣誉，他们能从巴黎和会中得到什么。他们想把战利品带回家。他们听到民众为威尔逊鼓掌，但他们知道民众是善变的，他们会以同样的热情为吞并和惩罚性赔偿而鼓掌。他们前往巴黎，决心缔结和平，但首先要将战利品带回家。

与此同时，在华盛顿的参议院里，反对国联和威尔逊十四点主张的声音日益高涨。早在1918年12月21日，参议院共和党知识分子领袖亨利·卡伯特·洛奇就宣布，参议院在和约制定方面拥有与总统平等的权力，应在谈判前表明自己的意愿。他说，在巴黎有足够多的事情要做，不应再去讨论国联的问题。他还阐述了对和平的想法——与威尔逊总统的想法截然不同。洛奇和他的一些同伴希望解除德国的武装，施加沉重的赔款负担，如果可能的话，德国还要被肢解。他们愿意在领土问题上向盟国做出巨大让步。最重要的是，他们不希望在和平协议中包含任何会使美国承诺在未来干涉欧洲事务的内容。他们准备仔细研究会议可能产生的任何国际联盟计划，如果该计划涉及"纠缠不清的联盟"，那么他们将予以抵制。因此，除了欧洲外交官的反对，美国参议院和国内舆论也在反对。威尔逊处于两面夹击之中。他可能没有意识到两面夹击的威胁，但它们正在蔓延。

无论威尔逊是否知晓，事态的发展正在朝着对他不利的方向发展。全世界的人性都开始展现出新的一面，就像历史上每场战争结束时一样。团结的动力消失了，取而代之的是分裂。理想主义的魅力已经消失，现实主义占了上风。

命运不仅通过旧世界的外交官和新世界的参议院爱国者发挥作用，还通过伍德罗·威尔逊本人思想和性格中的特殊局限性发挥作用。不达目的不罢休、不妥协的精神使他成为"伟大先知"，也迫使他在巴黎肩负起主导谈判这一不可能完成的重任。这使他无法让同僚适当了解他本人在十人理事会或四巨头会议上的所作所为，也无法充分听取幕僚的建议和反对意见。他没有时间与驻巴黎的美国记者取得联系，从而在美国国内获得宝贵的支持。总而言之，他孤掌难鸣。另外，他非常善于阅读，但口头表达并非其长项。正如雷·斯坦纳德·贝克所说，威尔逊"习惯于从书本、文件、信件——书面文字中获取信息，而不是从人那里"，因此"他不太重视……人际交往的价值"。在书面谈判方面，他是行家里手，但在小型会议桌上的口头交流中，他处于劣势。当克列孟梭、劳合·乔治和奥兰多把他拉进四巨头会议，关起门来像玩扑克牌一样玩和约制定游戏时，威尔逊毫无胜算。一个超人去了巴黎可能完全获胜而归，但伍德罗·威尔逊并非超人。

这里不适合讲述总统在巴黎为理想而战的漫长而痛苦的故事。我只想说，他顽强拼搏，绞尽脑汁，成功地缓和了和约的条款。欧洲外交官希望在解决领土和军事问题之后再讨论国联问题，但他迫使他们将国联问题放在首位。他被任命为起草《国联盟约》的委员会主席，提出了一份初步草案。正如他所认为的那样，该草案满足了塔夫脱、鲁特和洛奇等美国国内人士提出的主要反对意见。在巴黎，其他国家领导人众口一词地要求吞并大片德国领土和所有德国殖民地，甚至英国首相也无畏地站出来要求吞并德国殖民地。但是，威尔逊成功地使会议接受了托管原则。他以离开巴黎相威胁，迫使克列孟梭修改了对德国领土的要求。他不得不疾呼"世界的良心"，才迫使意大利接受少于其要求的土地。正是他，也只有他，一次又一次地阻止了胜利者不顾当地居民、强行瓜分领土的行为。读完会议的记录就会知道，如果不是伍德罗·威尔逊奋力争取达成一项对所有人都公平的协议，和平会议对未来和平的威胁会更大。然而，结果毕竟是妥协了。该和约在许多方面沿袭了战时不公正的秘密和约的规定，威尔逊努力嵌入其中的《国联盟约》则过于僵硬，充斥着可能的军事义务，让厌倦战争并准备一劳永逸地退出欧洲的美国人民感到不悦。

1919 年 6 月底，总统带着《凡尔赛和约》回到美国，此时距离他启程前往法国已经有六个多月了。他一定意识到，尽管做了种种努力，但坐在巴黎会议桌前的人们更多的是被恐惧、仇恨、贪婪和狭隘的民族主义所左右，而不是被他所代表的崇高动机所影响。任何一个聪明的理性人都会感觉世界正在慢慢地幻灭，也会明白华盛顿参议院每天对和约提出的许多反对意见是正确的。然而，威尔逊能做什么呢？

他能不能回家对参议院和美国人民说"这个和约在某些方面很糟糕。如果不是迫不得已，我不应该接受山东条款或意大利边界条款，也不应该接受德国的非定额赔偿金或法国等国攫取大量德国领土的条款，但在当时的情况下，这是我们所能达成的最好结果了，我认为国联会弥补其他方面的不足"？他不能这样做，他已经承诺遵守每一项条款，已经签署了和约，必须捍卫它。他能承认巴黎的谈判代表们没有表现出事先宣称的无私精神吗？如果这样做，就等于承认自己的失败，自毁威信。如果他在会议召开之前就宣布解决方案是正确的，并在会议期间坚持认为解决方案是正确的，那么他怎么能在会后承认解决方案不正确呢？事态的发展使他陷入困境，他似乎只有一条出路。他必须回家，坚称会议是一场爱的盛宴，每一个重要的决定都是以十四点主张为基础的，克列孟梭、奥兰多、劳合·乔治和其他人都被一种对人类无比的爱所激励，只要完全接受该和约作为一个新的田园诗般的世界秩序的宪章，世界就能被拯救。

这就是他的所作所为。由于他所说的关于和约的事情并不属实，而且他肯定知道——至少有时知道——自己所言并不属实，所以伍德罗·威尔逊的故事从此之后就是纯粹的悲剧了。他掉进了每个理想主义者都会掉进的深渊。由于未能在事实中体现他的理想，他扭曲了事实。他对自己和他人描绘的世界，不是世界的真实面貌，而是他希望的样子。乐观主义者变成了多愁善感的人。他回国后向美国人民讲述的是一个非常美丽的浪漫故事，讲述的是好人和真正的劳动者为了人类的福祉而不计私利的故事。他说，如果美国不支持在巴黎所做的一切来帮助人类，世界之心将会破碎。但唯一心碎的是他自己。

亨利·卡伯特·洛奇是一位绅士、学者，也是美国参议院中优雅而有说服力的人物。当他在参议院大厅的过道上漫步时——身材修长、风度翩翩、白发苍苍、白须飘飘，一派贵族气质——他就像著名戏剧演员站在舞台上一样引人注目。当议员们慷慨激昂地发表演讲时，他不需要大声抗议，只需要转过身漠然地走开，就能让旁听席上的参观者相信演讲毫无意义。反对威尔逊的势力就是在洛奇身边聚集起来的。

他信奉美国主义。认为美国外交政策的精髓应该是：除非涉及美国的荣誉，否则就应该让国家远离外部纠葛；一旦涉及美国的荣誉，就应该随时准备战斗，绝不退缩；战斗结束后，应该再次摆脱纠缠，置身事外，管好自己的事情（在洛奇看来，如果美国的权利受到威胁，美国的荣誉就会受到牵连；在伍德罗·威尔逊看来，国家荣誉是一个道德问题，做出可耻行为的国家才会失去荣誉）。作为外交关系委员会主席，洛奇认为自己有责任确保美国不被卷入任何会危及这个政策的国际协议。他不相信世界各国会像童子军一样循规蹈矩；他知道，和约要想有效，就必须既能在感情和睦的时候发挥作用，也能在感情破裂的时候发挥作用。他在目前的和约中看到了许多招惹麻烦的因素。

洛奇参议员也是一位政治家。他知道他在马萨诸塞州选区的选民中有数十万名爱尔兰人，于是他要求巴黎和会的代表们听取弗兰克·P. 沃尔什先生、爱德华·F. 邓恩先生和迈克尔·J. 瑞安先生（即所谓的美国爱尔兰独立委员会）的意见，尽管除了爱尔兰人，任何人都很难说爱尔兰独立与和约有什么关系。洛奇知道意大利裔手中握有大量选票，在会议期间意大利危机四伏的情况下，他不惜让威尔逊总统难堪，在一次对波士顿的意大利裔人的演讲中说，意大利应该拥有阜姆港并控制亚得里亚海。而且，洛奇对伍德罗·威尔逊本人也毫无好感。他强烈地认为，威尔逊无权代表美国人的意见。因此，当美国和平委员会中唯一的共和党人亨利·怀特启程前往欧洲时，洛奇把一份秘密备忘录交到怀特手中，其中包含他自己对于和平条款的想法。他认为美国人民会支持他的想法，并建议怀特在私下里把这份备忘录交给贝尔福、克列孟梭和尼蒂[①]，还补充说："在某些情况下，这些信息可能对他们巩固自己的立场非常重要。"任何一个正直的人都不会提出这样的建议，除非他认为总统方案有违国家福祉。

与洛奇一样对和约持怀疑态度的，还有一群奇特的人和势力。有像布兰德吉参议员这样的强硬保守派；也有像博拉参议员这样的西方理想主义者——他们不信任与外国外交官的任何交往，就像老式情景剧中的金发乡下男孩不信任狡猾的城里人一样；还有像拉福莱特和吉姆·里德这种异议者。有些共和党人也愿意让民主党总统陷入困境，尤其是让一位在战时呼吁选举民主党国会的总统陷入困境；有些参议员急于表明，没有参议院的建议和同意，任何人都无法签订和约；除了其他反对理由，还有不少人与洛奇一样个人厌恶威尔逊式的言辞。在参议院之外，还有其他各种反对意见。爱尔兰人很容易被煽动起来，反对国联"给英国六个席位"。意大利人随时准备谴责一个拒绝让意大利拥有阜姆港的人。许多德国人，无论他们在战争期间对美国有多么忠诚，都对德意志共和国受到制裁、德国在国联中没有席位，失望透顶。有些人认为，美国从协议中得到的东西太少了。还有很多人尤其不喜欢《国联盟约》第十条让美国承担过多的义务。

除了所有这些群体，还有另一个因素需要考虑：数百万美国人对任何让他们想起战争的事情都越来越冷漠。他们很快就厌倦了整个欧洲的混乱局面，想尽快地一了百了。他们不想再做出新的牺牲——他们已经做出了太多牺牲。此前，在时代广场上唱赞美诗就能表达他们对胜利的感受，但这种日子一去不复返了。现在这一切都结束了，威拉德与邓普西之战和英国 R-34 飞艇抵达长岛才是更有趣的事情。

1919 年 7 月 10 日，再次回到华盛顿的威尔逊总统向参议院提交了《凡

---

① 弗朗西斯科·尼蒂（1868—1953），"一战"后担任意大利财政部长。——译者注

左图：1919年7月4日，威拉德与邓普西举行了一场拳击赛

下图：1919年7月2日，R-34飞艇抵达纽约长岛

尔赛和约》，否认美国的妥协"损害了任何重要原则"。他在参议院的发言充满了雄辩的口才，而就在几个月前，他的口才也曾震撼世界。"舞台已经搭好，命运已经揭晓。这不是我们的计划，而是上帝之手指引我们前进的道路。我们不能回头。我们只能向前迈进，抬起双眼，振作精神，去追随这美好的愿景。这就是我们诞生时的梦想。美国将为我们指明方向。光明照耀着前方的道路，别无他途。"

这些话说得很好，但并没有激起全美国人民请求批准合约的热情。国家已经厌倦了豪情壮志，伍德罗·威尔逊的散文现在已变成陈词滥调，再也无法振奋人心。《巴黎和约》——一份像小说一样长的文件——被提交给洛奇的外交关系委员会慢慢研究。一个月后，洛奇在参议院表达了他对国家独立和安全的重视，坚持认为《国联盟约》第十条和第十一条赋予"其他列强要求美国军队和美国船只奔赴世界各地"的权利，并回答威尔逊说："我们不希望我们的政治被其他国家的分歧干扰和破坏。我们不会让我们的国家疲于奔命，也不会让我们国家的道德影响力因不断插手和搅和世界上大大小小的争吵而减弱。"不到两星期，洛奇的委员会就开始投票，要求修改和约（尽管每次投票的优势都很微弱）：把山东还给中国，取消美国在国际委员会中的成员资格，让美国在国际联盟中拥有与英国相同的投票权，并禁止英国殖民地的代表就影响大英帝国的问题进行投票。看起来，修订的过程可能会无限期地持续下去。伍德罗·威尔逊决定打出最后一张孤注一掷的牌。他准备借助人民的力量，赢得人民的支持，到西部举行一次演讲之旅。

他的医生建议他不要这样做，因为总统的身体状况几乎到了极限。他从来都不算健壮，这几个月来更是一直承受着巨大的压力。在和会期间，记者雷·斯坦纳德·贝克一次又一次地发现，每天紧张的会议之后，威尔逊看起来就像"完全被击垮了，疲惫不堪，面容憔悴，半边脸痛苦地抽搐着"。有一次，他突然得了流行性感冒，咳嗽剧烈，高烧39.5℃，但没过几天就又继续工作。现在，到了9月，他的神经因持续的过度劳累而变得脆弱，他很害怕自己费尽心力争取的一切会付诸东流。除了和约和国联，他什么也不想，什么都不在乎，只想让和约获得批准。因此，尽管他身边的人一再规劝，他还是于9月3日离开华盛顿，开始了更加艰苦的演讲之旅：在闷热的大礼堂里（没有扩音器来减轻他的嗓音压力），每天准备、发表一次或两次演讲；乘坐汽车穿越一座又一座城市（在此期间，他必须站在车里，不断向人群挥舞帽子）；与蜂拥而至的记者握手致意，拍摄宣传照，以及在摇晃的火车上夜以继日地奔波，度过一个个不眠之夜。

伍德罗·威尔逊在漫长的旅途中一次又一次地描绘着他自己心中的和约和国联的图景，但这幅图景与现实的相似度越来越低。他谈到了巴黎会议上表现出的"慷慨、高尚、政治家般的合作"，他说"克列孟梭、劳合·乔治和奥兰多等人的心与世界人民一起跳动"，人类的心在他们商定的协议中跳动。他代表美国，乃至其他所有国家，为一个新的理想而激动不已。他说："整个世界现在正处于这样一种状态：你可以想象，每个人的脸颊上都流着热泪，这些热泪是悲伤的泪水，也是希望之泪。"他警告听众，如果条约得不到批准，世界将陷入混乱，他憧憬"这个伟大的国家走在伟大队伍的前列"，走向"那些除了上帝正义的纯洁光芒，什么也没有的高地"。在四十篇演讲中，每一篇都绝不重样，每一篇都条理清晰、措辞优美、激情澎湃。作为一项智力上的壮举，这些演讲非常出色。然而，每篇演讲都描绘了一个梦幻世界和一个梦幻和约，全美国人民本能地对此心知肚明（也许，当总统躺在私家车里无法入睡时，他也知道这离事实有多远）。公众对威尔逊的事业并不满意。参议院继续讨论保留意见。9月24日，第一次测试投票结果是：43票赞成，40票反对。

测试投票的第二天晚上，威尔逊病倒了。一段时间以来，他消化不良，睡眠很少。9月25日晚，他在普韦布洛发表了一篇长篇演讲后，就再也睡不着了。火车停了下来，威尔逊先生和夫人一起在乡间小路上散步。当他回到火车上时，他开始浑身发热，"由于睡前服用了安眠药，他的嘴角流出了口水。从各种迹象来看，他的身体即将崩溃"。第二天早上，他准备起床时，发现自己几乎无法站立。火车匆匆驶向华盛顿，此后所有的演讲活动都被取消。威尔逊回到了白宫。几天后，脑血栓导致他左半身不遂。威尔逊悲剧的又一幕结束了。他为这项事业付出了一切，但似乎还不够。

随后，伍德罗·威尔逊经历了他担任总统以来最不寻常的时期之一。伍德罗·威尔逊病重数周，有时甚至无法签署等待他签字的文件。他有一个多月不能坐在椅子上，有五个月不敢冒险乘坐白宫的汽车。在他任期的其余时间里——一直持续到1921年3月4日，也就是他病倒后的第十七个月——他的身体一直虚弱不堪、岌岌可危，只能躺在床上或坐在轮椅上，身体左侧、左腿和左臂部分瘫痪。他在白宫里的生活如同住院。他几乎不见任何人，只处理办公室里最紧急的事务。与他联系的唯一方式就是写信，而在这段时期的大部分时间里，所有信件都必须经过威尔逊夫人、格雷森上将或其他照料者的手，而且很少有回信，因此常常无法知道谁应该对没有回信或没有按照信中的建议采取行动而负责。事实上，有时人们怀疑白宫的许多决定都是威尔逊夫人做出的——她成了这个国家实际上的摄政王。

由于总统几乎无法行使职能，整个行政机器几乎停摆。当然，它可以继续执行日常任务。像总检察长帕尔默这样咄咄逼人的内阁成员仍可以轻而易举地围捕激进分子，将他们驱逐出境，并对罢工者发出禁令，仿佛他获得了总统的全部智慧和权力。但大多数政策问题都要等待白宫的决定，而且过了一段时间后，很明显很难指望白宫会下达命令了。有许多重要问题需要行政部门的关注：高昂的生活成本，随之而来的商业繁荣的崩溃和失业率的上升；资本家和劳工之间的激烈争斗，最终导致钢铁业和煤炭业的大罢工；和平到来后，政府部门需要重组，还有无数与和约或国联无关的外交政策问题需要处理。然而，在大多数问题上，威尔逊都无法发挥领导作用。与此同时，他在国会和全美国的影响力非但没有因为他为国联殉难而增加，反而几乎降到了零。

一年多后，爱德华·G.洛瑞在《华盛顿特写》一书中详细描述了这种奇怪状态对华盛顿官方的影响：

　　长期以来，华盛顿的社会政治气氛一直是暗淡而冷峻的，对一个病态的首席治安官的仇恨弥漫并毒害着所有的人际关系。白宫仿佛被隔离了。它与国会大厦、当地居民和官员没有任何关系。它的大铁门紧闭，上着锁链。警察把守着入口。白宫与世隔绝……这一切都让人感到凄凉和苦涩，以及普遍的沮丧和不快。

　　威尔逊先生的头脑依然清醒。当有人报告说他无法"履行"其职位的"权力和职责"，因此，根据宪法规定应由副总统取代他的职位时（这种报告在当时很常见），法尔参议员和希区柯克参议员代表参议院拜访了他，以确定他的精神状况。他们发现他充满幽默感，与他们谈笑风生，完全掌控场面。尽管如此，他的精神还是出了问题。他传达的信息很含混，头脑中完全没有新的想法。他无法以新的方式应对新的情况，读他的公文，人们会感到他的大脑仍在翻阅旧的想法，重新整理旧的措辞，他仍生活在为国联而战的日子里所构建的梦幻世界中。

　　他一直是个孤独的人，现在，他就像被魔鬼追赶一样，与一个又一个试图为他效劳的人决裂了。多年来，豪斯上校一直是他的首席顾问和挚友。巴黎和会后期，人们注意到威尔逊对豪斯的态度有些冷淡。总统不在巴黎期间，这位非常和蔼可亲的上校在谈判中也许有点过于和蔼可亲了：无论对错，总统都认为豪斯无意中落入了老谋深算的克列孟梭的圈套。尽管如此，豪斯还是希望在自己从巴黎返回后，能够帮助崩溃的总统与挑衅的参议员达成和解。豪斯写信建议威尔逊接受他对和约的某些意见。这封信没有得到回复。豪斯再次写信，仍然没有回音，也没有任何解释。这种友谊和政治关系，长期以来对总统都很宝贵，对政策方向也很有影响力，现在走到了末路——人们只能这么说。

　　在和会之前、和会期间，国务卿罗伯特·兰辛在很多事情上都与总统意见相左，但他仍然担任国务卿，并认为自己与总统关系融洽。在威尔逊生病期间，他认为必须采取措施让政府能够处理事务，于是在白宫办公室的内阁会议室召开了内阁会议。他随即就被解职。最后走的是忠实的乔·图穆尔蒂，他一直是威尔逊的秘书，在特伦顿的州长办公室和华盛顿的总统办公室工作了八年，风雨无阻。虽然与图穆尔蒂的决裂是在威尔逊离开白宫之后发生的，但在此值得一提，因为它与其他的决裂非常相似，显示出这位病人已经走火入魔。1922年4月，民主党计划在纽约举行一次晚宴。在晚宴之前，图穆尔蒂拜访了威尔逊，得到了一个口信，大意是威尔逊将"支持任何站在拯救美国立场上的人（竞选总统），而拯救美国就是为所有阶层伸张正义"。这似乎是一条无伤大雅的信息，而且在与威尔逊交往十年之后，图穆尔蒂有理由认为他知道威尔逊什么时候希望自己的话被公开引用。在晚宴上，考克斯州长先发表讲话，图穆尔蒂随后发表讲话，于是这条口信被解读为威尔逊对考克斯的支持。事后威尔逊给《纽约时报》写了一封简短的信，否认他曾授权任何人公开他的谈话内容。图穆尔蒂立即写信给威尔逊，解释说他是出于善意行事，并为给总统造成的尴尬道歉。他的信得到了"威尔逊夫人彬彬有礼的回复"（用图穆尔蒂自己后来的话说），但威尔逊本人没有回信。图穆尔蒂再次写信给威尔逊先生，说他将永远以爱戴的态度对待威尔逊先生，"当你需要我的时候，我将永远在你身边"，但仍然没有回音。

在和约和国联问题上，伍德罗·威尔逊锲而不舍。可以说这是对原则坚定不移的维护，也可以说这是固执己见——他不同意任何保留意见，除了（在为时已晚时）希区柯克参议员提出的一些无害的"解释性"保留意见（这些保留意见最终以失败告终）。在总统病危期间，参议院继续提出一个又一个保留意见，1919年11月19日，参议院否决了和约。当时，只有极少数参议员是和约的坚定反对者，但他们足以达成目的了。他们与主张不加修改地通过和约的民主党支持者联合起来，从而击败了洛奇委员会提出的一长串保留意见。然后，他们又与洛奇和其他持保留意见的人联合起来，否决了删除保留意见之后的和约。这是一个具有讽刺意味的结果，但和约总归是被否决了。几个月后参议院重新进行了一次投票，和约再次以失败告终。最后，参众两院通过了与德国单独媾和的决议，但威尔逊否决了该决议，认为"这一行动将给美国的英勇和荣誉抹上无法祛除的污点"（哈定总统最终签署通过了和约，条款与此次的草案类似）。威尔逊总统最后的希望是，1920 年的大选将成为一次"伟大而庄严的全民公决"，人民大众——他一直声称站在他一边的人民大众——将起来为他和国家平反。他们站起来了，并以 700 万的多数票击败了支持国联的候选人。

当一次又一次的失败压垮他的事业，并嘲弄他为之做出的巨大牺牲时，想象一下白宫里这位病人的心态有多么糟糕。我们不知道他什么时候会意识到一切都失去了意义。在他崩溃之后，特别是当他病倒在白宫时，他还抱有希望吗？看来很有可能。外界的所有消息都是通过他身边的人传递给他的。在他命悬一线的情况下，他们希望保护他免受打击，告诉他国会一切顺利，他成功力挽狂澜，美国人民没有让他失望。这是很自然的，甚至是不可避免的。根据这种理论，我们可以解释他为什么与豪斯上校决裂。可能在总统看来，任何与洛奇一方妥协的建议都不过是在胜利时刻举起白旗的懦弱行为。但无论这一理论是否成立，随着一票又一票的反对，人们迟早都会知道，人生的滋味就是如此苦涩。威尔逊对忠实的乔·图穆尔蒂的冷酷抛弃，是一个绝望者才会做出的行为。

早在 1919 年初春，威尔逊还在巴黎的时候，经验丰富的政治观察家塞缪尔·布莱斯就在《星期六晚邮报》上撰文，描述了共和党领导人在面对和平问题时的脾气：

> 你无法教给守旧派新东西……守旧派会投降，但永远不会消亡。此时此刻，那些自以为掌握着共和党命运的故步自封的共和党人——他们自以为如此！——正在以 1896 年的方式和风格行事。战争并没有给他们带来任何影响……他们唯一的方向就是倒退。

这段分析是有道理的，但共和党的领袖们，无论作为政治家会受到怎样的批评，他们至少是优秀的政客。他们把耳朵贴到了一个优秀政客应该贴到的地方——在那里听到的是对威尔逊及其所代表的一切的不满。他们决定，在 1920 年的选举中选择另一个人作为共和党的旗手，这个人无论对他们自己还是对国家来说，都将与他们厌恶的理想主义者形成鲜明对比。随着时间的推移和共和党大会日期的临近，他们对候选人进行了考察。最主要的候选人之一是伦纳德·伍德将军，他是一位直率的军人，继承了西奥多·罗斯福敬畏上帝、随时备战的信条，他与威尔逊形成了相当鲜明的对比，但他会和威尔逊一样难以驾驭。另一个候选人是伊利诺伊州州长洛登，但他也不算特别理想的人选。赫伯特·胡佛，战时曾任比利时救济委员会主席和粮食署长，此时正在为获得提名举行一场非常业余的竞选活动，政客们用一种酸溜溜的笑声将他打发走了。为什么呢？这个叫胡佛的人在竞选开始之前还不知道自己是共和党人还是民主党人。海勒姆·约翰逊也在候选人之列，他是参议员，这是个优点，但他也可能是块难啃的骨头。共和党领袖们的选择不是这些人中的任何一个，而是来自俄亥俄州的参议员沃伦·盖玛利尔·哈定，一个平凡而朴实的参议员。

想想看，哈定是多么完美地满足了这些要求。威尔逊是一个有远见的人，他喜欢自视为"高瞻远瞩的人"。而哈定，正如洛瑞先生所说的那样，就像雪茄店门口那些木制的印第安雕像一样老土，"是安全剃须刀时代之前的一朵娇花"。哈定认为，在麦金利和福雷克①的时代，政治家精神已经达到了顶峰。威尔逊冷酷无情，哈定则是一个和蔼可亲的小镇人，与"乡亲们"相处自如。正如他的一位朋友所说，他是一个理想的伙伴，"整个星期六晚上都可以和他一起打扑克"。威尔逊总是难以接近，哈定则平易近人到了极致。威尔逊偏爱劳工，不信任商人这个阶级，大谈"工业民主"；哈定则满怀憧憬地回望过去的美好时光，那时政府不会用各种规章来打扰商人，而是向他们提供宽刑省法。威尔逊与国会，尤其是与参议院针锋相对；哈定不仅是参议员，还是一位非常和蔼可亲的参议员。威尔逊善于树敌，而哈定在世界上没有一个敌人。他是真正的和蔼可亲之人。记者查尔斯·威利斯·汤普森说他"八面玲珑、面面俱到"。威尔逊考虑的是整个世界，而哈定首先考虑的是美国。威尔逊希望美国高尚地发挥自己

---

① 威廉·麦金利（1843—1901），美国第二十五任总统。约瑟夫·弗雷克（1846—1917），美国政治家，曾任俄亥俄州州长、美国参议员。——译者注

的力量，哈定则希望让美国休息一下。波士顿提名大会召开前几周，哈定适时地表达了全美国人民对经济增长的渴望，同时也在不知不觉中为政治词典增添了一个新词，他说："美国目前需要的不是英雄主义，而是治愈；不是灵丹妙药，而是回归常态；不是革命，而是恢复……不是手术，而是静养。"对于一个厌倦了道德义务和重任在肩的国家来说，这些话说到了心坎里。

据称，共和党的领袖们早在1920年2月，即大会召开前四个月就做出了支持哈定的决定。但直到大会本身进行了四轮投票——伍德领先，洛登第二，哈定第五——代表们疲惫不堪地散场之后，领袖们才最终让哈定胜出。哈定的政治经理，一位名叫哈里·道格蒂的俄亥俄州老板，曾预言大会将陷入僵局，提名将由十二三个人"在凌晨两点的一间烟雾弥漫的房间里"决定。他说得一点没错，那是乔治·哈维上校在黑石酒店居住的房间。共和党元老博伊斯·彭罗斯当时在费城养病，他通过私人电报向共和党主席约翰·亚当斯下达指示。消息传开后，第二天下午哈定就被提名了。

威尔逊因患病而失去了提名资格，这让民主党人松了一口气，随即正式提名了另一位平庸的俄亥俄州政客詹姆斯·考克斯州长。这位被提名人不得不吞下国联的苦果。他气宇轩昂地四处奔走，声嘶力竭地演讲，自豪地指点江山，但他根本没有任何机会。哈定参议员就留在他那个普通的小镇上，开展了一场麦金利式的门前竞选活动，他像一个普通的小镇人一样，和他的共和党顾问们在屋后踢马蹄铁玩儿，还戴着一朵麦金利康乃馨。他为"万国联盟"说了足够多的话，让那些支持国联的顽固共和党人在投票给他时不会良心不安，而他反对威尔逊国联的言论又足以让大多数人相信，只要他入主白宫，他们就不用去援助受苦受难的捷克斯洛伐克。11月3日早上，美国的男男女女一觉醒来，发现他们以1600万比900万的优势将哈定推上了总统宝座。考克斯州长那个牺牲品，迅速被历史遗忘了。

美国放弃了威尔逊深思熟虑后做出的判断——"我们很荣幸地以身作则，通过冷静、友好的劝告和物质援助，协助大家在全世界建立公正的民

1920 年时的哈定照片

1920 年 6 月，中风后的威尔逊在妻子的帮助下签署文件

1920 年 8 月 7 日，民主党总统候选人詹姆斯·考克斯（左）与副总统候选人富兰克林·D. 罗斯福（右）在俄亥俄州代顿市参与竞选活动

主制度"，宁愿选择回归常态。

伍德罗·威尔逊在华盛顿 S 街一幢宽敞舒适的房子里生活了三年多。那些在最后时刻来看望他的人发现，他迅速衰老，蜷缩在南面一间阳光充足的房间里壁炉旁的大椅子上。他双手抱膝，头微微侧着，脑袋和身体都比他在位时沉重了许多。他的头发已经花白，向后梳着，几乎成了光头。说话时，他的头一动不动，只有目光追随着来访者，右臂前后摆动，并不时敲打椅子的扶手，以强调他的观点。他说："请原谅我没有站起来，我是真的跛脚了。"他在谈到美国的外交政策和他的敌人时，语气中充满了仇恨。他说，现在不是喷洒玫瑰香水的时候，而是战斗的时候，必须进行党派斗争，"不是为了党派的忠诚，而是为了党派路线"。尽管如此，他仍然抱着最后一丝希望，希望他的政党能够追随这道曙光。对于那些让他的伟大计划无法实现的人，他毫不留情地说道："我得把伤养好，再去割掉几块头皮。"这个无助而痛苦的老人，就这样一直对往事耿耿于怀。

在战争胜利结束五年后的停战纪念日，他站在自家的台阶上——为了不摔倒，他用手扶着栏杆——向聚集在一起向他致敬的人群发表了讲话。他说："我并不担心我所坚持的原则能否取得胜利。我曾见过愚人反抗天意，也曾见过他们的毁灭。这些愚人将再次遭遇毁灭——彻底的毁灭和被蔑视。我们必将获胜，就像上帝掌管世界一样确定。"

三个月后，他去世了。

第三章

赤色恐慌

如果说美国人民在战后的最初几年对伍德罗·威尔逊要求成立国联的呼吁充耳不闻，那并不仅仅是因为他们对外国纠葛和崇高理想感到厌倦，而是因为他们在关注别的东西。他们听信了一些丑陋的谣言，说有一个针对美国政府和机构的巨大激进阴谋。他们竖起耳朵，等待着炸弹的爆炸和布尔什维克军队的践踏。他们认真地思考着——至少数百万名原本理智的公民思考着——一场红色革命可能会在下个月或下周在美国开始。

在那些日子里，报纸头版的一个又一个专栏高喊着罢工和反布尔什维克暴动的消息。激进分子在华盛顿的街道上射杀了停战日的游行者，而爱国的市民们为了报复，从监狱里抓出了一名世界产业工人联盟的成员——值得注意的是，他是一名美国白人——并用绳子套住他的脖子，把他从桥上扔了下去。纽约州议会的数位议员被驱逐，仅仅因为他们当选为可敬的社会党成员（他们的选民也因此被剥夺选举权）。一个外国人在印第安纳州被枪杀，仅仅因为他喊了一句"美国见鬼去吧"，陪审团只用了两分钟的时间就宣布杀人的男子无罪。拉德克利夫学院的女辩论手在一次校际辩论中支持正方："显然，雇主承认工会是劳资谈判取得成功的关键。"

事后国家副总统竟批评这所女校太激进、太危险了。这是一个无法无天的时代，是一个违宪地捍卫宪法的时代，是一个充满猜疑和民间冲突的时代——从字面上看，这是一个恐怖统治的时代。

这种全国性的恐慌是有一定道理的。战争期间，工人运动的势头和威望一直在稳步上升。数以百计的罢工主要是由于工人生活所需的一切物品都在涨价，也因为他们对自身力量有了新的认知。政府为了维持生产和工业稳定，鼓励集体劳资谈判，工会领袖塞缪尔·冈珀斯因此成了华盛顿战争委员会中的权势人物。工人们也觉得，随着和平的到来，他们将得到新的福利。然而和平来了，他们的希望落空了。物价仍在上涨，雇主们团结一致抵制加薪，并继续坚持让工人长时间工作。伍德罗·威尔逊去欧洲寻求世界和平，却把工人们忘得一干二净。在愤怒和绝望中，工人们拿起了手中唯一的武器——罢工，他们在全美各地举行罢工。建筑工人罢工、码头工人罢工、畜牧场工人罢工、造船厂工人罢工、地铁工人罢工、鞋匠罢工、木匠罢工、电话接线员罢工……罢工此起彼伏。据阿尔文·约翰逊统计，到 1919 年 11 月，各工业州罢工的男女工人总数至少有 100 万人，而在非工业州，或虽未参加公认的罢工但脱岗的男女工人总数达到 200 万人左右。

这些人的罢工并不仅仅是为了让工会得到承认、增加工资或缩短工时——这些都是传统的原因。他们中的一些人要求建立一种新的工业秩序，用政府控制取代资本主义对工业（至少是对他们自己的行业）的控制，简而言之，建立一种接近社会保障制度的东西。迄今为止一直保守的铁路工人站出来支持普拉姆计划，根据该计划，政府将继续管理铁路公司，而劳工将在管理中拥有发言权。1919 年 9 月，矿工联合会投票决定罢工，他们大胆地主张矿山国有化，一位代表在拥挤的大会上宣称"国有化是不可能的"，当场就被嘘声、嘲笑声和"把这个煤老板扔出去"的叫喊声淹没。在西北地区，世界产业工人联盟正计划成立"大联盟"来争夺资本的控制权。在北达科他州和邻近的农业州，有 20 万名农民加入了汤利的"无党派联盟"，其敌人将其描述为一个农业苏维埃（倒也不全错）。在劳工队伍和自由派知识分子中，都出现了明显的社会主义思潮。社会党看到俄国革命的成功，也开始萌生开展群众暴力运动的想法。此外，还出现了一批衣衫褴褛的共产主义者和无政府主义者，其中许多人曾是社会主义者，他们几乎都在外国出生，大部分是俄国人，他们说要直接从莫斯科带来福音，并可能在俄国资金的帮助下，在贫民窟和工业城镇人口中积极活动。

后一类共产主义者和无政府主义者在激进运动中只占极少数，但他们得到的关注是最多的。1919 年末，伊利诺伊大学的戈登·S. 沃特金斯教授在《大西洋月刊》上撰文称，社会党的党员人数为 3.9 万人，共产主义劳动党的党员人数为 1 万~3 万人，共产党的党员人数为 3 万~6 万人。换句话说，根据这一估计，共产党大约占全美国成年人口的千分之一，而三个党派加在一起（大多数成员更愿意通过合法手段来实现自己的目标）的比例几乎不超过千分之二，对于一场革命性的群众运动来说，这个比例还是太低了。

但美国的商人没有心情考虑比例的问题。他们经历了刀头舔血的战争年代，随时准备打碎所有挡在面前的障碍。他们想重回旧时代，躺着挣大钱。劳工挡住了他们的财路，威胁到他们的利益。他们从战争年代学会了利用激进的爱国主义，把理想主义和自私自利的动机结合在一起，催生了一种狂热的信念：彻底的美国主义、上帝国度的信念，以及开国元勋的教诲，意味着商人有权把工会组织者赶出车间。他们开始不信任任何外来的东西和事物，在他们看来，激进主义是长头发的斯拉夫人和东边不干净的犹太人带来的。在战争年代，商人们一直受到间谍、阴谋家和国际阴谋故事的熏陶。他们深信德国间谍会在山顶上用灯光秘密传递信息，并在手术敷料中放入磨碎的玻璃。他们还养成了一种习惯，总觉得网球场内会隐藏着枪弹。就这样，他们的想法不断膨胀，直到他们完全相信，美国工人为提高工资而开展的斗争是列宁和托洛茨基指挥的武装叛乱的开端，在每一个赞成和反对社会主义观点的无辜教授背后，都有一个一手拿着钱袋、一手拿着炸弹的东欧大胡子恶棍。

1919 年发生的事件很大程度上加剧了这种恐惧。4 月 28 日，正当威

1919年，世界产业工人联盟在西雅图举行集会

1919年，一位工人运动领袖在印第安纳州加里市的罢工集会上演讲

尔逊在巴黎就和约进行谈判，归国的军队在凯旋门下列队接受欢呼时，西雅图市长奥勒·汉森收到了一封威胁信，称有一枚"足以炸毁整个市政大楼"的炸弹即将被引爆。汉森市长一直是反赤化运动的先锋。第二天下午，一名有色人种仆人在乔治亚州亚特兰大市参议员托马斯·R.哈德威克的家中打开了一个寄来的包裹，包裹中的炸弹炸掉了他的双手。哈德威克参议员是参议院移民委员会的主席，他曾提议限制移民，以此来阻止布尔什维克主义的蔓延。

次日凌晨 2 点，纽约邮局包裹邮寄处的职员查尔斯·卡普兰在返回哈莱姆区的路上，从报纸上看到了关于哈德威克炸弹的消息。据新闻报道描述，这个包裹长约 15 厘米，宽约 8 厘米，用牛皮纸包裹，标有纽约金贝尔兄弟公司的回邮地址（当然是假的）。卡普兰先生觉得这个描述有些熟悉，他记得曾经见过一些类似的包裹。他绞尽脑汁，突然想了起来。他匆匆赶回邮局，在"邮资不足、未寄出"的架子上发现了十六个棕色的纸质小包裹，上面都写着金贝尔兄弟公司的回邮地址。这些包裹是寄给总检察长帕尔默、邮政部长伯利森、芝加哥法官兰迪斯、最高法院法官霍姆斯、劳工部长威尔逊、移民局局长卡米内蒂、J. P. 摩根、约翰·D. 洛克菲勒以及其他一些政府官员和资本家的。警察在附近的消防队检查了这些包裹，发现里面装的都是炸弹。还有一些包裹已经寄出了，最终被发现的包裹总数达到三十六个（在接下来的几天里，高层人士对拆开牛皮纸包裹都非常谨慎）。收件人名单有力地证明了炸弹是由外国激进分子寄出的。

一个多月后又发生了一系列炸弹爆炸事件，其中最成功的一次炸毁了总检察长帕尔默在华盛顿的住宅。爆炸发生在傍晚，当时帕尔默先生刚刚离开一楼的书房，正熄灯上床睡觉，就听到"砰"的一声，好像有什么东西撞到了前门，紧接着就是爆炸的冲击波。后来在门外发现了一个被炸得支离破碎的人体残肢，据报纸报道，尸体附近还放着一本激进派刊物。

美国公众读到这些暴行的大标题后，决心狠狠报复"这些激进分子"。

在那些日子里发生的几十起事件中，有两起可以说明这些报复是如何进行的。这两件事都发生在 1919 年的五一节——就在卡普兰先生发现邮局货架上的牛皮纸包裹之后。五一节那天下午，一家社会主义报纸《纽约呼声报》的老板和员工正在举行招待会，庆祝他们的新办公室开张。数百名男女老幼聚集在大楼里，其乐融融。一群士兵和水手忽然冲了进来，要求撕下布尔什维克海报。要求遭到拒绝后，这些暴徒撕毁了桌子上的宣传品，砸毁了办公室，把人群赶到街上，用棍棒猛击他们——他们在大门外站成半圆形，每个走出来的人都遭到攻击——《纽约呼声报》的七名员工被送进了医院。

同一天，在克利夫兰，社会主义者举着一面红旗在街头游行。一名陆军中尉要求他们降下旗帜，随后带着一群士兵冲进游行队伍，引发了一场自由搏击赛，直到警察赶来后人群才被驱散了。从那时起，一系列骚乱开始在全城蔓延。有数十人受伤，一人丧生，社会党总部被一伙人彻底捣毁，打字机和办公家具也被扔到街上。

1919年夏天结束后，参议院就巴黎和约展开辩论。众议院通过了《禁酒法案》。《选举权修正案》在国会获得通过并提交各州。R-34号飞艇首次跨大西洋飞行，从英国飞到美国长岛并安全返回。小说《少年访客》引发热议，读者纷纷怀疑黛西·阿什福德是否真的是詹姆斯·M.巴利[1]。随着生活费用不断攀升，报纸开始谴责蔗糖商和食品投机商。当年，美国人第一次用飞机举行了葬礼。政府高官们哀叹年轻人的道德越来越滑坡。但是，随着新罢工的爆发，劳工群体变得更加咄咄逼人，革命像瘟疫一样在欧洲蔓延，对布尔什维克主义的恐惧和仇恨仍然笼罩着美国人的心灵。9月，波士顿警察罢工，这让这种恐惧愈演愈烈。

波士顿警察不满的原因是：他们年薪的底薪为1100美元，但必须自己付钱购买制服，按照当时的物价，这是一大笔钱。他们趁着工会主义的热潮，也成立了工会，并加入了美国劳工联合会。波士顿警察局长柯蒂斯

---

[1] 黛西·阿什福德是《少年访客》的作者，她在九岁时创作了这本书。詹姆斯·M.巴利是《彼得·潘》的作者，他为《少年访客》写了序言。由于两人的文风都充满了童趣，所以当时有人怀疑这是一个精心设计的文学骗局，两个作者其实是同一个人。——译者注

是个铁腕人物，他禁止他们加入任何外部组织，并直接指控十九名警官和工会成员违反了他的命令，认定他们有罪，并将他们停职。爱尔兰裔的警察群情激奋，威胁要举行罢工。市长任命的一个委员会为解决争端提出了一个妥协方案，但在柯蒂斯先生看来，这无异于投降，于是他拒绝让步。因此，1919年9月9日，大部分警察在晚间点名时退场。

在一座没有警察的城市里，流氓们开始尽情享乐。当晚，他们砸碎窗户，洗劫商店。市长请求派遣国家军队。第二天，州长调用州警卫队，一支志愿警察部队也开始努力应对局势。警卫队队员和志愿警察——退役军人、哈佛学生、后湾的棉花经纪人——缺乏经验，流氓们也知道这一点。警卫队无奈向南波士顿的暴徒开枪，打死了两个人。一连几天，暴力事件时有发生，尤其是警卫队在清教徒的花园——波士顿广场——驱散暴徒、维护法律威严的时候。伤亡人数越来越多，全美国上下都在惊愕地注视着波士顿。多种工会的代表——中央工会——宣布声援警察，也要举行总罢工。人们认为，也许可怕的革命就在此时此地开始了。

但很快，波士顿的公众舆论和其他地方一样，开始旗帜鲜明地反对警察，他们的罢工注定无功而返。中央工会审慎地决定不再举行总罢工。柯蒂斯局长解雇了之前被停职的十九名警员，并开始招募新的警力。

华盛顿的塞缪尔·冈珀斯意识到局势危急，试图出面干预。他给马萨诸塞州州长发去电报，说警察局长的行为毫无根据，是独裁行为。

马萨诸塞州州长卡尔文·柯立芝是一个喜怒不形于色的人，以沉默寡言而闻名，从来不会因为站队问题而危及自己的政治地位。他现在也采取了正确的行动。他回答冈珀斯说："任何人、任何地方、任何时候都无权举行危害公共安全的罢工。"一夜之间，他成了国家英雄。如果说人们对罢工即将失败还有些许怀疑的话，那么当全美国的媒体都为卡尔文·柯立芝喝彩时，这种怀疑也就烟消云散了。在接下来的许多个星期里，被紧急征召的业余警察晚上回到贝肯街，他们抱怨说指挥交通比在乡村俱乐部打一整天高尔夫还要辛苦。招募一支新的队伍需要时间，但总算做到了，波士顿又重新焕发生机。

波士顿警察大罢工期间，州警卫队代行警察职责，维持社会治安

钢铁工人大罢工集会

然而，有组织的劳工仍在罢工。几天后，几十万钢铁工人走出了钢厂——此前，加里法官和柯蒂斯局长一样表现出强硬的态度，拒绝与工会代表打交道。

钢铁罢工者中几乎没有激进分子。他们的罢工是对低工资和长工时的抗议。他们中有相当一部分人每天工作十二小时，所以罢工的理由很充分。但钢铁巨头们从波士顿警察罢工中学到了一些经验。公众是善变的，他们会谴责任何可以贴上布尔什维克标签的事情。钢铁巨头们发现，给罢工者扣上布尔什维克主义的帽子并不难。威廉·福斯特是罢工组织者中最活跃、最聪明的一位，他曾经是一名工团主义者（后来成了一名共产党员）。福斯特的一本工团主义小册子被人们争相传阅，他也因此被视为一名革命家。福斯特试图用各行业组织的工会来取代无效的手工业工会，因为手工业工会受制于像钢铁公司这样的大型企业。因此，报纸认为福斯特是"蛀虫"，认为罢工是激进阴谋的一部分。美国公众受到足够的惊吓，比起改善每天在钢铁厂工作十二小时的默默无闻的斯拉夫人的命运，他们对抓"蛀虫"更感兴趣。

钢铁大罢工进行了几个星期后，煤炭大罢工也跃跃欲试。在这种情况下，老板们不再需要向公众指出潜伏在罢工矿工背后的赤色幽灵。矿工们热情地投票支持国有化，已经成功地给自己贴上了布尔什维克的标签，而对于不分青红皂白的报纸读者来说，对采矿业的国有化与共产主义、无政府主义、投掷炸弹和普遍的赤色浪潮是一回事。合众国面临着新的威胁，必须采取措施，政府必须采取行动。

它行动了。喜欢被称为"战斗的贵格会教徒"的美国总检察长米切尔·帕尔默看到了自己的大好机会，于是决定出手拯救宪法。

作为政府的最高政法官员，帕尔默先生在接下来的三个月里所做的一切，都打着"实现新自由"①的旗号，目的却是攫取权力，不得不说有点黑色幽默的味道。伍德罗·威尔逊在白宫生病，不问政务，只梦想着他那令

---

① "新自由"是威尔逊竞选总统时提出的政治理念，主要内容是：遏制大企业和政府权力，让小企业和工人获得更多自主权，加强基础设施建设等。——译者注

人惋惜的国联——这是帕尔默取得成功的唯一解释。

在煤炭罢工即将开始的前一天，总检察长从印第安纳波利斯的一位联邦法官那里申请到一项禁令，禁止罢工领导人采取任何进一步推动罢工的行动。这样做的依据是一项禁止在战争期间阻碍煤炭生产的《食品和燃料控制法》。事实上，战争不仅已经结束，而且已经结束了将近一年的时间。但在法律上，战争还没有结束——和约仍被搁置在参议院。这项法案通过之前，参议员胡斯廷曾明确宣布，"劳工部长威尔逊先生承诺，政府不会利用这项法案来禁止罢工和取缔和平纠察队"。但帕尔默先生要么从未听说过这一保证，要么对此毫不关心，要么认为非常之时就得做非常之事。总之，他拿到了禁令，煤矿罢工变成了非法行动，尽管第二天大约有40万煤矿工人走出了煤矿，但他们因联邦政府的法令而变得群龙无首。

当然，美国公众对这一违背承诺的行为一无所知，即使参议员哈斯廷知道此事，也只有最鲁莽的报社老板才会刊登他的声明。当时，只有《纽约世界报》勇敢地说出"美国没有布尔什维克的威胁，一支普通的警察队伍就能对付世界产业工人联盟的威胁"，其他媒体都不敢越雷池半步。实际上，新闻界和卡尔文·柯立芝一样对这一禁令大加赞赏。这位"战斗的贵格会教徒"振奋起来，指挥一系列突袭行动，围捕共产党领导人，并准备用被戏称为"苏联方舟"的"布福德号"轮船把这些人驱逐到俄国。人们又一次热情高涨——显然，美国人对政府是否有权将那些尚未犯罪的人从他们的家庭中驱逐出去并不十分关心。帕尔默先生决定趁热打铁，于是实施了一系列新的突袭行动，创造了美国历史上行政部门侵犯个人宪法权利的新纪录。

根据战时严厉的《煽动叛乱法》，劳工部长有权驱逐无政府主义者、信奉或主张用暴力推翻政府的外国人，或隶属于任何信奉或主张这样做的组织的外国人。帕尔默先生现在决定与劳工部长"合作"，围捕共产党的外籍党员，将他们全部驱逐出境。他的秘密探员已经打入了该组织，据说其中一人还成为所在地区的领导人（这就提出了一个哲学问题，即担任此类职务的政府特工是否会因为劝说同志们保持温和态度而危及自己的工作）。

1920 年元旦，全美几十个城市的共产党人同时在他们各自的总部开会，帕尔默先生的特工、警察和志愿助手一起扑向他们——事实上，是扑向大厅里的每一个人，不管他是不是共产党员（怎么分辨得出来呢）——不管有没有逮捕证，都把他们捆起来关进监狱。不管有没有搜查证，所有能想到的证据——文献、成员名单、图书、文件、墙上的照片等——都被没收了。在这天晚上和随后的几天晚上，其他共产党员和共产党员嫌疑人也在家中被捕。总共有六千多人被捕，并被立即关进监狱数天或数周——他们往往没有机会了解被指控的罪名是什么。有一名不是共产党员的美国公民，由于某种错误——可能是同名——被关押了好几天，好不容易才逃过了被驱逐出境的命运。在底特律，一百多人被赶到一个 7 米 ×9 米的牛棚里，被关押了一个星期。在哈特福德，当嫌疑人被关在监狱里时，当局采取进一步的预防措施，逮捕并关押了所有来看望他们的访客，因为当局认为共产党的朋友就是当局的敌人。

最终，由于没有足够的证据证明他们是共产党员，相当一部分囚犯被释放。人们还发现，在对这些危险人物——据说他们全副武装——开展的全国性搜捕中，只发现了三支手枪，根本没有发现任何爆炸物。但是，当时报纸上充斥着帕尔默办公室的新闻，说已经发现了危害国家安全的巨大阴谋的新证据。虽然钢铁罢工失败了，煤炭罢工失败了，社会主义革命的危险每天都在消退，但是，对于广大美国人民来说，布尔什维克主义似乎比以往任何时候都更加可怕。

帕尔默先生大声疾呼。他在公开声明中提醒 2000 万美元自由债券的所有者、900 万名农场主和 1000 万名储户，红军要夺走他们的一切。他向新闻界散发了模板式的宣传品，其中有长相恐怖、胡子拉碴的布尔什维克分子的照片，并质问这样的人是否应该统治美国。政客们引用美国军人盖伊·恩培的建议，即利用"五金店里的所有工具"来对付红军，或者宣称："我对红军的座右铭是 S. O. S.——投降或枪毙。我认为，我们应该把他们全部安置在一艘石头船上，挂上铅帆，送他们去地狱。"大学毕业生要求开除涉嫌激进主义的教授；学校教师被要求签署效忠誓言；具有非正统政治或经济思想的商人要想保住饭碗，就得学会忍气吞声。歇斯底里达到了顶峰。

它并没有很快消退。因为职业超级爱国者（以及各种伪装成超级爱国者的特殊宣传员）才刚刚开始战斗。无数的爱国社团如雨后春笋般冒出来，每个社团都有自己的团长，而团长要想保住工作，就必须制造出新的、更大的威胁。无数的绅士现在发现，他们可以用布尔什维克的画笔为任何他们想打败的东西上画上显眼的标记，从而打败它。大海军主义者、义务兵役制的信奉者、禁酒者、反香烟运动者、反进化论的原教旨主义者、道德秩序的维护者、书刊检查员、仇视犹太人者、仇视黑人者、地主、制造商、公务员，各行各业中的好人、坏人、普通人，都用美国国旗和开国元勋的披风包裹着自己，把他们的对手划为列宁的盟友。例如，开放式商店更名为"美国计划"；演讲家和作家持续宣扬"险恶和颠覆性煽动者"的故事，让这个国家提心吊胆；在华丽的客厅里，坐在镀金椅子上的老太太们从行政秘书那里听到，政府特工们发现了新的激进阴谋，这些阴谋太过邪恶，在适当的时机到来之前是不能泄露的；她们的丈夫在午餐会上被告知，大学里充斥着布尔什维克主义。空气中弥漫着怀疑的阴云，"零容忍"成了美国人的美德。

威廉·J.伯恩斯认为居住在美国的共产主义者的人数为42.2万，国家安全联盟的 S.斯坦伍德·门肯认为这个数字是60万——至少是沃特金斯教授估算数字的十倍。同盟爱国协会主席德怀特·布拉曼告诉纽约州州长史密斯说，红军每周在全美国举行一万次集会，在过去的六个月里创办了三百五十家激进报纸。

但危险的不仅是共产党人，他们在更受人尊敬的圈子里似乎也有伪装得很好或不知情的盟友。据全美国公民联合会的拉尔夫·伊斯利称，俄罗斯饥荒基金委员会中有六十名布尔什维克主义的同情者。全美裁减军备委员会的弗雷德里克·J.利比被人说成是在俄国接受教育的共产党员（事实上，这位和平主义教会人士从未去过俄国，与俄国没有任何关系，他的委员会中也只有美国公民）。《国家报》《新共和国报》《自由人报》被美国国防协会执行秘书列为"革命性"刊物。甚至连《调查》也被《卢斯克报告》[①]的作者斥责为"革命团体的宣传刊物"。拉尔夫·伊斯利震惊地指出，全美妇女选民联盟、联邦教会理事会和外交政策协会都有问题。在这片土地上，几乎没有一个自由派民间组织不被这些"爱国者"吓得发抖。就连由罗伯特·W.德弗雷斯特这样的纽约名流领导的、负责调查慈善机构的国家情报局也受到了怀疑。人们声称，德福雷斯特先生一定是太忙了，竟然没有发现他的组织里有很多人都与激进派有染。

剧院和电影中也潜伏着危险。莫斯科艺术剧院、戏剧《蝙蝠》和俄罗斯歌剧演唱家费多尔·夏里亚宾都被同盟爱国协会的布拉曼先生视为苏维埃的宣传机构。据美国国防协会的惠特尼先生说，"共产主义档案"中不仅提到了女演员诺玛·塔尔梅奇，还提到了查理·卓别林和作家威尔·罗杰斯。

书籍也必须仔细检查，以发现无处不在的邪恶。赫米娜·施韦德小姐代表由加利福尼亚爱国者组成的"更好美国联合会"发言，她不喜欢辛克莱·刘易斯的小说《大街》，因为它"让人对美国传统美好生活感到厌恶"，并称哲学家约翰·杜威和历史学家詹姆斯·哈维·罗宾逊是"对年轻人最危险的人"。至于学校和学院，更是藏污纳垢。根据惠特尼先生的说法，哈佛大学的费利克斯·法兰克福特教授和扎卡里亚·查菲教授以及耶鲁大学的弗雷德里克·威尔斯·威廉姆斯教授和马克斯·所罗门·曼德尔教授"太聪明了，不会不知道他们公开发表的、在课堂上讨论的言论，保守来看也明显是在鼓励共产党人"。"爱国者"认为学校必须牢牢掌握在他们手中，必须对教科书进行核查，以找出是谁在污蔑美国历史上的英雄人物；他们还认为，除了保守派的演讲者，其他人都不得在学校或学院的范围内发表任何言论，必须普及并强制开设尊崇宪法的课程。

这些告诫产生了压迫性的效果。对激进分子的恐惧伴随着对疑似激进分子的恐惧。如果你想在生意场上混得风生水起，想在地鼠草原或米德尔

---

① 卢斯克委员会是 1919 年纽约州议会成立的调查煽动性活动的委员会，其在 1920 年发布了 4000 页的调查报告。——译者注

敦①的社交圈里受到欢迎，你就必须显得合群。任何偏离加里法官和帕尔默先生观点的行为都会被人嗤之以鼻。一位自由派的记者去采访一位直言不讳的印第安纳州人，但两个人都不敢在办公室里谈论政治，直到主人锁上门、关上窗（窗户外是大约15米宽的通风井，通风井另一侧的其他办公室里难保隔墙有耳）。一位久别重逢的中西部城市的居民说："这些人都在害怕什么？到底是什么呢？"辛克莱·刘易斯在舆论的压力下被迫就范，他痛苦地说："我只想逃避这一切，回到我的书中。"他不敢公开发表自己的经济观点，只要稍稍偏离主流的观点，他就会被打成布尔什维克分子。

凯瑟琳·富勒顿·杰罗尔德早在1922年就在《哈珀杂志》上写道："美国不再是一个传统意义上的自由国家；自由越来越成为一种空谈……我敢说，没有一个有思想的公民能够自由表达其真实的想法。当然，我指的不是那些犯罪的念头。我指的是，在任何地方、任何方面、任何方向上，言论自由都被扼杀了。一个真正关心祖国社会和政治问题的美国公民要想保持言论自由，唯一的办法就是站在暴民的一边，并按照暴民的法则生活。"

诸如此类的观点在后来会被频繁、激烈地表达出来，但在1922年将其刊登出来都是需要一些胆量的。杰罗尔德的文章发表后，数以百计的信件涌入《哈珀杂志》社和她的家中——有些信件用恶毒的语言谴责她是颠覆者和布尔什维克分子，有些信件则为终于有人站出来说出真相而欢欣鼓舞。超级"爱国者"们的叫嚣已经让这个国家到了如此地步。

当时的党同伐异有多种表现形式。它几乎不可避免地表现为针对黑人、犹太人和罗马天主教徒的残忍迫害。忠诚和仇恨的情绪在战争时期膨胀起来，然后突然被剥夺了其应有的表达方式，这种情绪在迫害中得到了变态的释放，不仅迫害所谓的激进分子，而且迫害被美国的主流群体——白人新教徒——视为异类或"非我族类"的其他分子。

在战争期间，成千上万的黑人被高工资以及因征兵而产生的工厂岗位

---

① 地鼠草原是前文提到的小说《大街》中的地名。米德尔敦出自林德夫妇的社会学研究著作《米德尔敦》，在书中是一个3万多人的城镇的化名，后来代指典型的美国小城市。——译者注

所吸引，迁往北方工业区。黑人数量增加之后，他们都别无选择，只能迁入白人的聚居区，与白人在电车站和公共场所爆发冲突。无论是在南方还是在北方，黑人都感受到一种新的独立意识的萌动：难道他们没有像白人一样去参加战斗吗？难道他们没有为民主和被压迫的少数群体而抗争吗？当和平到来时，他们发现自己的工作被人顶替，其中一些人表现出不满，在当时不安的气氛中，这足以点燃人性表面下炽热的种族激情。白人认为，布尔什维克主义已经够糟糕的了，但如果黑人一旦失控……

1919 年夏天一个闷热的下午，一个十七岁的黑人男孩在密歇根湖的芝加哥浴场游泳。根据双方的约定，岸边的一部分划给白人使用，另一部分划给黑人使用。男孩抓着漂浮在水面上的一根铁路枕木，无意中跨过了那条看不见的线。有人向他投掷石块，一个白人男孩开始向他游来。黑人男孩松开了铁路枕木，游了几下，沉了下去。他被淹死了。他是否被石头击中并不确定，但岸上的黑人指责白人用石头砸死了他，于是一场斗争开始了，这件事点燃了种族仇恨的星星之火。芝加哥的黑人人口在十年间翻了一番，黑人挤进了白人社区，双方本就剑拔弩张，如今爆发出来了。骚乱蔓延到城市的其他地方，最终的结果是，在将近一周的时间里，芝加哥几乎处于内战状态。黑人聚众闹事、斗殴、刺杀，黑帮袭击黑人区，黑人开枪自卫，房屋被毁，财产被偷。当秩序恢复正常后，人们发现有 15 名白人和 23 名黑人被打死，537 人受伤，1000 人无家可归、一贫如洗。

不到一年后，塔尔萨又发生了一次大规模骚乱。无论有色人种移居到哪里，种族之间的关系都会出现紧张气氛。洛特洛普·斯托达德等演说家和作家宣扬的白人至上的福音并没有缓解这种紧张局势，他们的著作《肤色浪潮》宣称，深肤色人种对西方文明构成的威胁比德国人或布尔什维克更可怕。

犹太人也受到大多数人的怀疑，因为有些美国人一心想推行纯粹的"美国主义"。在这个群体中，许多成员都是反对布尔什维克和反对移民运动的重要人物。亨利·福特发现了"国际犹太人"的威胁，他在《独立报》上指责这个不幸的种族试图征服整个世界，而且是几乎所有（为了稳

十七岁的男孩溺亡后，黑人和白人聚集在浴场周围

20 世纪 20 年代的三 K 党集会

妥起见）美国苦难的根源，包括高房租、农场劳动力短缺、爵士乐、赌博、酗酒、道德败坏，甚至短裙。福特的攻击虽然荒谬，但只是普遍反犹主义的夸张表现。偏见无处不在。房东越来越不愿意把房子租给犹太房客，学校也越来越不愿意招收犹太学生；安纳波利斯发生了一起欺侮犹太男孩的丑闻；哈佛大学认真讨论了限制犹太学生人数的问题；美国各地的犹太人都感到他们与新教徒之间有了一道屏障。在罗马天主教徒是少数派的地区，他们也没有逃脱责难。这个教会的成员不是听命于外国教皇吗？教皇不是声称拥有世俗权力吗？天主教徒不是坚持用他们自己的方式而不是在美国公立学校教育他们的孩子吗？难道他们做的那一切不也是反美和叛国的吗？

三K党就是在这样的氛围中发展壮大起来的。

三K党早在1915年就由一位名叫威廉·约瑟夫·西蒙斯上校的乔治亚人成立了，但其最初5年的发展并不顺利。1920年，西蒙斯上校的这个和蔼可亲的爱国兄弟会只有几百名成员，其灵感来自重建时期[①]的三K党，总体上代表着白人至上主义和多愁善感的南方理想主义。但在1920年，西蒙斯将组织骑士团的任务交给了南方宣传协会的爱德华·克拉克。此前，克拉克在罗斯福纪念协会和近东救济会等无可指责的事业上发挥了巨大的推销才能。三K党的时机已经成熟，他深知这一点。它不仅可以向潜在的成员表明它是白人反对黑人、非犹太人反对犹太人、新教徒反对天主教徒的捍卫者，从而利用那些易轻信的小市民新近被煽动起来的恐惧心理，而且它的白袍和兜帽、燃烧的十字架、秘密仪式以及它的仪式中荒谬的词汇，都可以成为所有喜欢胡闹和木乃伊的孩子的工具，成为那些命运坎坷的成年人的秘密冒险欲望的载体。这是一个将村里的偏执狂打扮成"无形帝国"骑士的机会。这个方案非常完美。还有一个诱人的事实需要牢记：如果组织得当，这样一个骑士团还能赚钱。

销售会员卡的人被冠以"克莱格"这一迷人的称号；三K党王国被划

---

① 指南北战争结束后的 1865 年至 1877 年。——译者注

分为由克莱格国王领导的王国，而王国又被划分为由"大哥布林"领导的领地；克拉克本人作为主要组织者，成为"帝国克莱格"，而命名艺术在西蒙斯上校的称号上达到梦幻般的顶峰：他被称为"帝国魔法师"。一个会员资格需要十美元，其中四美元落入了销售员"克莱格"的口袋，因此很快就可以看出，勤奋的"克莱格"干劲十足。"克莱格"成为这十年中最赚钱的职业之一。"克莱格国王"和"大哥布林"从剩余的六美元会员费中抽取一小笔，余额则流入亚特兰大的"帝国国库"。

1921 年，国会进行了一次复杂的调查——这主要是由于有涂柏油、粘羽毛和挨鞭子[1]的各种报道，以及《纽约世界报》披露了三 K 党的许多秘密——最终导致"帝国克莱格"克拉克被放逐，西蒙斯上校的"帝国魔法师"职位由一位名叫希拉姆·韦斯利·埃文斯的得克萨斯牙医接替，他自称是"美国最普通的人"，这也许并非虚言。但是，一个忙碌的销售组织已经建立起来，三 K 党继续发展壮大。事实上，三 K 党以惊人的速度发展壮大，据斯坦利·弗罗斯特仔细估算，1924 年初，三 K 党成员已达到近450 万的惊人数字。它掌握巨大的政治权力，一度控制了俄勒冈、俄克拉荷马、得克萨斯、阿肯色、印第安纳、俄亥俄和加利福尼亚七个州。它的主要据点是美国南方各州、中西部和太平洋沿岸，但它几乎入侵了美国的每一个地方，甚至到达了犹太人、天主教和进步文化的据点——纽约市。克拉克的天才和爱凑热闹的时代气息让它四处开花。

骑士团在其章程中规定，骑士团的目标是"团结美利坚合众国土生新教公民中的白人男性，他们不对任何外国政府、国家、机构、教派、统治者、个人或人民效忠；他们道德良好，他们的声誉和职业堪称楷模……培养和弘扬对美国公民政府的爱国主义精神；相互之间践行光荣的三 K 党精神；以身作则践行实际的仁爱；维护家庭的神圣和妇女的贞洁；永远保持白人至上的地位，通过崇高的仪式来忠实地灌输崇高精神理念，并通过实际的奉献来维护和保持纯粹美国主义的独特制度、权利、特权、原则、传

---

① 这些是当时三 K 党侮辱人的常见惩罚。——译者注

统和理想"。

理论如此，但在实践中，"纯粹美国主义"因地而异。起初，在南方，"白人至上"是三 K 党的主要目标，但随着时间的推移和组织的发展壮大，在大多数地方，反对犹太人，尤其是反对天主教徒被证明是三 K 党的最佳谈资。地方三 K 党组织的方法通常无法表明他们拥有"崇高的精神理念"，这些地方组织很大程度上是自治的，不受亚特兰大的控制。他们通常主要来自白人新教社区中教育程度较低、纪律性较差的人群。（印第安纳州一位直言不讳的观察家评论说："你认为有影响力的人会加入这个团体？那就看看他们游行时穿的鞋子吧，鞋面都是破洞。"）虽然"帝国魔法师"埃文斯抨击那些目无法纪的行为，但各地的三 K 党成员并不总是满足于投票反对让孩子们上教会学校，或投票反对天主教候选人竞选公职，或在城镇后面的山顶上燃烧火红的十字架，向"黑鬼们"表明白人是认真的。三 K 党的秘密性促使他们采取更直接的行动。

如果一个白人女孩说一个黑人对她进行了不正当的挑逗——即使这一指控毫无根据，仅仅是基于神经质的想象——一个白人团伙也可能会把这个黑人赶到树林里，用焦油和羽毛或鞭子"教训"他。如果一个白人在种族冲突中为黑人出头，他可能会被绑架和殴打。如果一个黑人妇女拒绝以低价出售她的土地，而三 K 党人想要这块土地，那么她可能会收到三 K 党的最后通牒——要么卖掉，要么被赶走。三 K 党成员会抵制犹太商人，拒绝雇用天主教男孩，拒绝把房子租给天主教徒。路易斯安那州的三 K 党制造了一起可怕的悲剧，五名男子被绑架，后来被发现被用铁丝捆绑后淹死在湖中。R. A. 帕顿在《当代历史》上报道了阿拉巴马州发生的一系列残酷事件："一个小伙子被用树枝抽打，直到背部皮开肉绽；一个女黑人被殴打，无助地感染肺炎而死；一个离婚的白人女孩在自己家中被打得失去知觉；一个刚入籍的外国人因为娶了一个美国女人而被鞭打得血肉模糊；一个黑人被鞭打，直到他将自己的土地以极低价格卖给一个白人。"

即使在没有发生这种暴行的地方，多少也会存在暴力的威胁。白袍军队列队游行，燃烧的十字架在山谷中闪闪发光，人们在黑暗中窃窃私语，猜测"他们这次是冲着谁来的",恐惧和猜疑在各家各户蔓延。此外,罪犯和流氓团伙很快就学会了利用三 K 党的名头:他们如果想烧毁别人的谷仓或袭击铁轨外的贫民窟的话,现在就可以肆无忌惮地这么做了,三 K 党难道还会被追究责任吗?任何人都可以在栅栏上用粉笔写上"K. K. K."的字样,并确信警长不会轻举妄动。因此,就像对于赤色革命的歇斯底里恐惧一样,一场在恐惧中孕育的运动使恐惧永久化,并带来了各种残忍的罪行。

随着岁月的流逝和战时情绪的消退,三 K 党的势力慢慢减弱,渐渐在许多地区消亡,而在另外的地区,它也只是一个由破坏分子控制的政治派别。但它始终有可能成为令数百万男女恐惧的力量。

在 1920 年初的帕尔默搜捕之后,对激进分子的追捕仍在继续。4 月,纽约州议会的五名社会主义者议员被开除,理由是(正如司法委员会的报告所说)他们是"一个完全由叛徒组成的不忠组织"的成员。当小西奥多·罗斯福发言反对开除党籍的动议时,斯威特议长严厉地斥责了他,并登上讲台朗读了其父亲老罗斯福总统的著作,以将父辈的美国主义与子辈的非美国主义展开痛苦的对比。库维利耶议员在演讲时,发现两名社会党议员就坐在他们的席位上,他喊道:"这两个人坐在那里,脸上皮笑肉不笑,他们就像列宁和托洛茨基一样,是俄国苏维埃政府的代表。他们是我们中间的小列宁、小托洛茨基。""小列宁和小托洛茨基"立即被赶了出去。《纽约时报》第二天宣布:"这完全是美国人的投票,是爱国和保守的投票。绝大多数美国人民会赞成并支持议会的行动。"一向谨慎的《纽约时报》都说了这样的话,足以说明当时的风气。

尽管如此,潮流还是要转向了。查尔斯·埃文斯·休斯对议会的行动提出了抗议,这让他的"忠诚联盟俱乐部"的同僚感到震惊,他们不禁要问,这么好的一个共和党人怎么会变成一个激进派呢?1920 年的五一劳动节如期而至,尽管帕尔默先生尽职尽责地提前告知全世界,激进分子已经选定五一劳动节举行总罢工和暗杀,但实际上什么也没有发生。警方全员出动,等待着一场子虚乌有的革命冲击。政治大会轮番举行,虽然卡尔文·柯立芝因其破坏了波士顿警察罢工的功劳而被共和党提名为副总统，但值得注意的是，民主党大会根本没有给这位"战斗的贵格会教徒"任何实际好处，而且他的反对者提出了一些不体面的批评，称他为"颤抖的斗士""虚假的斗士""半途而废的颤抖斗士"。美国似乎开始恢复幽默感了。

针对激进分子的罢工、骚乱，立法和司法裁决仍在继续，但随着1920年夏天的到来，至少还有其他事情需要争夺全美国的注意力。有总统竞选：和蔼可亲的哈定先生在自家门廊上口若悬河地演讲，绝望的考克斯先生在美国各地奔波，试图撇清伍德罗·威尔逊的影响。还有令人头疼的商业形势：几个月来，人们一直在抗议高物价，举行了大游行；费城的乔治·埃尔斯布里牧师穿着工装裤布道；纽约举行了一场集体婚礼（牧师、新娘和新郎都穿着工装裤拍照）；百货公司被迫降价。很明显，无论罢工与否、激进与否，商业都会一落千丈。

波士顿的查尔斯·庞兹①的虚假致富计划被发现后，一片哗然。另外，随着各州于8月18日批准修正案，妇女选举权终于成为现实。禁酒令也终于成为现实，并成为餐桌上引人入胜的话题。那时候，人们屏息静气，聆听某人吹嘘如何在自己的酒窖里酿出了上好的杜松子酒，什么样的配方才能让葡萄酒更美味，以及私酒贩子如何从加拿大运来美酒。这一切都令人感到新奇和兴奋。1920年夏末，"赤色大恐慌"已经明显减弱，9月16日，一个无政府主义团伙造成的大灾难可以从侧面证明这一点。

如果说美国有一个地理位置可以名副其实地称为国家的金融中心，那么这地方就是纽约布罗德街和华尔街的交界处。在华尔街北侧，矗立着国库分库大楼，旁边是美国货币检验局；在它们对面的东南角，一幢毫不张扬的三层石灰岩大楼里，坐落着J. P. 摩根公司——世界上最强大的资本组

---

① 查尔斯·庞兹（1882—1949），历史上著名的诈骗犯，"庞氏骗局"一词的来源。1919年他在美国波士顿成立公司，宣称购买欧洲的某种邮政票券可以获利400%，所有投资者都可在45天内获得50%的回报。实际上他并没有投资任何产品，只是用后来投资者的钱支付给前期的投资人。在一年左右的时间里，他骗到了1500万美元。骗局败露后，他被判入狱九年。——译者注

1920 年，正在工作中的查尔斯·庞兹

1920 年 9 月 16 日，爆炸发生后的华尔街

带；在西南角，纽约证券交易所即将在这里建造附属建筑，旁边的百老汇大街上耸立着交易所本身的科林斯式柱子。政府金融、私人金融、工业大资本家的资金渠道的堡垒在此地并排矗立，仿佛象征着政府实力、货币权力和商业管理合而为一的制度。

9月16日中午前一刻，几乎就在这个地方，附近的店员们准备出去吃午饭的时候，突然闪过一道刺眼的蓝白色光芒和一声巨大的撞击声，接着是无数窗户玻璃掉落的哗啦声和男人女人的尖叫声。一枚巨大的炸弹在货币检验局门前、摩根大厦正对面的街道上爆炸了，爆炸的威力之大令人震惊，这次爆炸炸死了三十多人，炸伤了几百人，炸毁了摩根公司的室内办公室，炸碎了周围几个街区的窗户，还有一枚铁弹头击穿了公平大厦三十四层银行家俱乐部的窗户。

一朵巨大的蘑菇状黄绿色烟云缓缓升上摩天大楼之间的高空。在它的下方，空气中弥漫着从摩根大厦的窗户和其他建筑的窗户中涌出的灰尘，灰尘下的街道被死者和垂死者的鲜血染红。当玻璃和石块碎片从上面的建筑物中飞泻而下时，那些侥幸躲过钢铁冰雹的人惊恐地爬起来逃命；接着，人们又涌向了爆炸地，一大群人围在一起，试图帮助受害者，但又不知道该先做什么，只能相互拥挤，大声喊叫；然后，消防车和救护车哐当哐当地驶向现场，警察和医院的勤务人员在人群中奋力工作，终于使现场恢复秩序。

摩根财团的首席书记员丧生，另有几十人受伤，十七人被送往医院。只有一名合伙人被飞溅的玻璃割伤了手，其余的合伙人都在大楼的另一侧或城外开会。摩根先生在国外。爆炸的受害者不是国家的金融巨头，而是银行职员、经纪人、跑单员、速记员。

距离爆炸地点不到60米的证券交易所，当天的交易量在当时"还算不错"——达到50万股左右。股价一直在上涨。雷丁公司的股价涨到93.75美元，鲍德温机车公司的价格达到110.75美元，中美洲石油公司的交易量很大，美国钢铁公司的价格也不错，达到89.375美元。爆炸的那一刻，大楼摇晃，大窗户化成玻璃雨砸了下来，布罗德街一侧的人拉上了厚厚的丝绸窗帘，否则会有几十个人受伤。刹那间，经纪人们不知道发生了什么，四处逃窜，寻找任何有遮挡的地方。房屋中间的那些人，也就是前一刻聚集在公告栏周围的交易商们，此时纷纷向房间边缘跑去，生怕穿顶掉下来。但是，一直和"有钱人"站在房间边上的交易所总裁威廉·H.雷米克保持着冷静。他对一位朋友说："我想是时候敲锣闭市了。"他登上讲台，敲响了铜锣，从而立即结束了当天的交易（第二天，股价继续上涨，就像什么也没发生过一样）。

在华尔街中央，一匹马被爆炸的威力撕成了碎片，街上到处都是钢铁、木头和帆布的碎片，还有马掌和马具。警方根据这些证据断定是一枚TNT炸弹在一辆马车上爆炸了，车夫提前离开了现场，爆炸时这辆马车无人看管。日复一日，月复一月，警探和联邦探员们追踪着每一条可能的线索。城里的每一辆马车（更不用说火药车）都被追查了。警方对遗留在周围建筑物中的残留弹壳进行了检查，确认用的是切割开的吊窗锤。尽管开展了无休止的调查，警察也只能得出爆炸是一起有预谋的犯罪的结论。马掌被辨认出来，警察并找到了几天前钉马掌的人，他说驾车的人是西西里人，但线索就此中断。警察研究了在附近发现的钢铁和锡的碎片，咨询了制造商，查阅了销售记录。有一块铁片被证明是保险柜的把手，警察查明了保险柜的历史：从制造商卖出后，经过不同的人之手，直到战争期间它随军去了法国，又回到了霍博肯，但此后的踪迹成谜。每一位目击者的证词都经过了考证和分析。商人们收到的恐吓信都被一一查证，但没有任何有实际价值的结果。很多激进分子被当作嫌疑犯逮捕，但毫无结果。此外，还有一点证据，但我们无法确定其重要程度。据说，几乎就在爆炸发生的那一刻，一名邮递员在距离现场两三个街区的一个邮筒里发现了五张纸，上面杂乱地印着拼写错乱的几句话：

> 记住
> 我们不会再容忍
> 释放政治犯
> 否则你们所有人都将

必死无疑

美国无政府主义斗士

爆炸发生时，一位著名的煤老板正坐在摩根公司的办公室里，他当即宣布，毫无疑问，这是布尔什维克分子所为。经过多年无果的调查，那些试图解开谜团的人心中仍有疑问。但从煤老板使用这个词的宽泛意义上来说，他可能是对的。

全美上下都全神贯注地关注着调查。然而，反布尔什维克的骚乱并没有明显增加。如果爆炸发生在几个月之前，它可能会导致非常恶劣的报复。但此时的美国人民已经清醒地认识到，只有少数狂热分子才会支持这种疯狂而可怕的阴谋论。

第四章

美国康复

"赤色大恐慌"正在慢慢地——非常缓慢地——消失。

是什么终结了它?

一方面,人们认识到,美国这样的恐慌并没有任何充分的理由。另一方面,当德国和其他欧洲国家未能被布尔什维克主义的浪潮吞没时,共产主义的威胁就不再迫在眉睫了。此外,激进主义在美国明显消退也是不争的事实。"战斗的贵格会教徒"的审问方法,也起到了唬人的实际效果。到了1921年,美国自由联盟的领袖们开始调整方向,努力表现得像加里法官一样保守,大学教授们取消了对自由主义杂志的订阅,理由是他们不能让这些文学作品出现在他们的桌子上。而一两年前的社会改革者们也厌倦了这场看似吃力不讨好、毫无希望的斗争。另外,也许是越来越多的温和派对政府打击赤色分子的行动失去了热情,他们开始关注个人自由,对联邦探员产生了不信任。然而,还有一个原因或许比上述任何一个原因都更为重要:战后的情绪终于让位于和平的情绪。就像一个过度劳累的商人开始休假一样,这个国家不得不经历一段烦躁不安的时期,但终于学会了如何再次放松和自娱自乐。

一种幻灭感依然存在。就像突然有了闲暇的度假者一样，这个国家觉得自己应该更加享受生活，生活都是瞎忙活，什么都不重要。但在此期间，人们不妨玩一玩——跟在人群后面，拿起逗乐人群的新玩具，追赶新潮流，品味生活中有趣的八卦和琐事。到了 1921 年，新玩具、新潮流和新八卦层出不穷，整个国家都在疯狂地赶时髦。

首先是收音机，它注定要改变美国人的日常习惯，其深刻程度不亚于这十年间产生的其他任何东西。

1920 年 11 月 2 日，第一个广播站在匹兹堡开播——这个日期可能成为未来的学生们的考试题目——转播哈定与考克斯的选举结果。这就是由西屋公司运营的 KDKA 广播站。然而，在一段时间内，这场通信和公共娱乐领域的新革命进展缓慢。听众很少。业余无线电运营商反对从西屋电台发出的音乐电波（主要来自留声机唱片），因为这些电波会干扰他们的重要事务。当用真正的管弦乐队代替唱片时，演奏者所坐房间的共鸣又破坏了效果。管弦乐队被安置在室外的屋顶帐篷里，但帐篷又被吹走了。于是，帐篷又被安置在室内的一个大房间里，直到这时，人们才发现后来成为广播演播室标准配置的布质吊架可以充分消除噪声。

不过，实验仍在继续：其他广播电台也相继开播，股市信息也成了无线电波；匹兹堡的作曲家范·埃腾允许广播髑髅教堂的礼拜仪式；威斯康星大学举办了广播音乐会；政客们也开始对着奇怪的仪器大放厥词，不管是否真的有人在听；1921 年 7 月邓普西与卡朋蒂埃比赛时，三个人在擂台边将激烈赛况输入电话发射机，通过空中转播到全美八十个地方；《纽约时报》在一个不起眼的角落将他们的行动作为"无线电话"的一项成就进行报道；次年 11 月，当无名战士在阿灵顿公墓下葬时，纽约的麦迪逊广场花园和旧金山的礼堂挤满了人，聆听从巨大的扩音器中传出的演说。

然而，那个冬天——1921—1922 年的冬天——来得太匆忙了。很快，所有人谈论的都不是无线电话，而是无线电。旧金山的一家报纸描述道："每天晚上，空气中到处都弥漫着无线电音乐。任何人在家里都能通过接收器听到，任何小伙子都能在一小时内安装好一台接收器。"1922 年 2 月，哈定总统在他的书房里安装了收音机，迪克斯莫尔高尔夫俱乐部宣布将安装"电话"，使高尔夫球手能够听到教堂礼拜。4月，拉克瓦纳火车上的乘客听到了一场广播音乐会。梅纳德中尉从飞机上广播复活节布道，打破了基督教现代化的所有纪录。报纸开辟了无线电专栏，成千上万完全不懂机械的人都在研究有关再生电路、钠管、格兰姆斯反射电路、晶体探测器和调谐放大器的文章。1922年有一首歌讲述一个男人希望他的爱人在"收听广播"时能听到他的声音，这首歌竟然与百老汇《齐格菲富丽秀》中的《我的漫步玫瑰》受欢迎的程度相当。你在街上遇到的每一个人都会告诉你，他在前一天晚上一直坐到凌晨两点钟，头上夹着耳机，真的听到了古巴的广播声音。如果我们都在研究如何建造环形天线这样的重大问题，又怎么会去关心"赤色威胁"呢？

在1919—1921年的《期刊文献读者指南》中，列出了这几年出现的所有杂志文章，其中有两栏是关于激进主义和激进分子的文章，还有接近四分之一栏是关于无线电的文章。相比之下，在1922—1924年的《期刊文献读者指南》中，关于激进主义和激进分子的部分缩减到半栏，关于无线电的部分则增加到十九栏，以至于必须给这类文章加一个索引。

其次，体育也成了美国人的最爱。1921年，杰克·卡恩斯说服特克斯·里卡德在泽西城的"博伊尔三十亩地"竞技场举办邓普西与乔治·卡朋蒂埃的比赛，公众的反响空前热烈。近7.5万名观众支付了150多万美元——是邓普西与威拉德拳赛收入的三倍多——目睹了这位风度翩翩的法国人在第四回合被击倒。而都市报纸也不满足于体育版的几个专栏，第二天用一个又一个版面报道这场比赛的每一个细节。这是20世纪20年代第一场价值百万美元的比赛。1921年，贝比·鲁斯将他的全垒打纪录提高到五十九次，当年的棒球世界杯打破了门票收入和观众人数的纪录。那些从未想过要参加大学入学考试的体育爱好者蜂拥而至，观看大学橄榄球比赛，观看耶鲁大学的马尔科姆·奥尔德里奇队长和哈佛大学的乔治·欧文，阅读数以百计的关于宾夕法尼亚州立大学、匹兹堡大学、爱荷华大学和中心学院球队的八卦专栏。1920年，赛马"战神"取得了空前的成功，为赛

1922 年，一个美国家庭正在收听广播。早期的广播接收器没有扬声器，只能通过耳机来收听

1921 年参加选美比赛的三位女士，最右为"华盛顿小姐"

马运动注入了新的活力。网球俱乐部成倍增加；成千上万的商人发现，四杆洞高尔夫球场是商务洽谈的最佳地点。除了体育运动，还有饮食时尚：巧克力香草冰激凌突然受到热捧，三个月内纽约市场上的可可豆价格上涨了 50%。

1921 年夏天，另一种新的美国体制吸引了公众的目光——泳装选美。7 月初，在华盛顿波托马克河畔的浴场举办了一场服装和选美表演，获奖者们几乎没有受到现场摄影师的影响，她们穿着长衫浴衣，长卷发上戴着帽子，穿着长筒袜，只有一位获奖者大胆地将长筒袜卷到膝盖以下。9 月初，大西洋城举办了第一届选美比赛——有类似的表演，但有所不同。一位惊讶的记者写道："审查员禁止裸露膝盖和穿紧身泳衣的禁令暂时中止了。成千上万的观众一边为姑娘们鼓掌，一边发出惊叹声。""华盛顿小姐"成为美国各城市选美冠军中最美丽的女孩，连体泳衣一夜之间成为泳装美女们的正统穿着（尽管在未来的一两个季度里，塔夫绸和纱质泳衣在海滨浴场仍然广受游客喜爱），海滨度假胜地的宣传者们开始策划新的比赛，摄影记者和小报编辑们也开始兴奋起来。

小报确实在蓬勃发展，而且并非毫无影响。随着小报的兴起，激进主义也随之衰落，这不仅仅是巧合。小报不会把美国人的生活描绘成政治和经济斗争，而是把美国人的生活描绘成体育、犯罪和性的三环马戏表演。在竞争的压力下，其他报纸也不同程度效仿小报的做法。工人们对女权领袖斯克兰顿小姐在木板路上的古怪照片幸灾乐祸，对斯蒂尔曼豪门遗产争夺案和好莱坞明星阿巴克尔奸杀案紧追不舍，对有关赛马"莫尔维奇"的新闻津津乐道，却忘记了自己的阶级意识。

自视清高的读者也有自己的消遣方式。尽管他们还在为《亨利·亚当斯的教育》而头晕目眩，但他们也能津津有味地阅读《世界史纲》中揭示的古生物学知识（他们中的大多数人都在阅读成吉思汗那一节时感到费劲）。他们互相询问美国是否真的像辛克莱·刘易斯在《大街》中描写的那样丑陋，塔希提岛是否真的像弗雷德里克·奥布莱恩在《南洋白影》中描写的那样迷人；他们从《沙漠情茜》中了解到沙漠中的热恋，津津乐道英国时任首相阿斯奎斯的夫人关于英国统治阶级的闲言碎语，为《如果冬天来临》痛哭流涕。

更多的娱乐活动即将问世。如果说在无线电热潮席卷全美国之后，人们还怀疑美国人民是否都能享受这种消遣，那么 1922 年和 1923 年发生的事件则打消了人们的疑虑。1922 年 9 月 16 日，发生了 20 世纪 20 年代最大的谋杀案：爱德华·惠勒·霍尔牧师和他的教堂唱诗班领唱詹姆斯·米尔利斯夫人被发现死于新泽西州新不伦瑞克附近的一座废弃农场。霍尔—米尔斯案具备满足公众八卦心理所需的所有要素。它比 1920 年 6 月的桥牌大师埃尔韦尔谋杀案更吸引人。它很残忍，很戏剧化（尸体并排摆放，似乎在强调一种不光彩的结合），涉及财富和体面，有恰到好处的性元素——此外，它还发生在美国新闻界的大都市神经中枢附近。不识字的美国人就惨了，新闻中德鲁塞的小道、蟹苹果树、"猪婆"和她的骡子、威利·史蒂文斯的精神状况以及唱诗班成员的闲话都与他无缘了。[1]

此时，一种新的游戏也开始征服这个国家。战后一两年，标准石油公司派驻中国苏州的代表约瑟夫·巴布科克对中国的麻将游戏产生了兴趣，将其规则调整简化后带到了美国。怀特兄弟将麻将引入中国上海的英语俱乐部，在那里大受欢迎。麻将传到美国后，立即赢得了旧金山木材商人 W. A. 哈默德的青睐，随即他开始大规模进口麻将。到 1922 年 9 月，他已经进口了价值 5 万美元的麻将。一场声势浩大的广告宣传活动、免费课程和展览推动了麻将游戏的发展，在接下来的一年里，麻将变得非常流行，以至于中国的麻将制造商已经无法满足需求，美国的麻将制造产业如火如荼地发展起来。到了 1923 年，人们开始认为收音机已是家庭必备品，现在他们一边听着收音机，一边叫着"抓牌""吃""碰"，挥舞着麻将盒，

---

① "德鲁塞的小道"是指通向废弃农场的一条小路；两位死者的脚都指向一棵"蟹苹果树"；"猪婆"是指那座废弃农场的女主人简·吉布森，她以养猪和牲畜为生；威利·史蒂文斯是死者霍尔牧师的大舅哥，他很可能患有自闭症（当时医学界尚不了解这种疾病），因而行为和言辞都比较"古怪"。1926 年，警方和检方把霍尔牧师的妻子及其两个哥哥告上了法庭，但因证据不足，三位被告均被无罪释放。关于本案件，本书后文还有叙述。——译者注

20 世纪 20 年代美国人流行打麻将

1922 年，埃米尔·库埃在街头表演催眠术

侃侃而谈"条""饼""发财""南风""红中"。有钱人愿意购买 500 美元一套的麻将；几十家制造商跃跃欲试；美国麻将联盟也成立了；人们激烈地争论着玩什么规则，用什么计分系统，什么是"十三幺"；晚宴结束后，每个人都在绿色的桌子上摆上象牙或竹子做的麻将牌。

　　然而，在麻将达到高潮之前，法国催眠师埃米尔·库埃已经来到美国。1923 年的最初几个月里，这个来自南希的干瘪法国小伙突然成了美国最受关注的人物。库埃学院成立了，听众们蜂拥而至，聆听这位大师的演讲，但当他总是重复那句早已耳熟能详的名言时，全场鸦雀无声："日复一日，我在各方面都越来越好。"几周后，埃及传来了发现图坦卡蒙国王陵墓的消息，这一消息盖过了激进党审判和三 K 党丑闻的风头，全美国又掀起了一股新的热潮，服装制造商开始计划推出埃及风格的服装。另外，这个国家还发现了一种新的痴迷于歌曲的形式：漫画家泰德·多根从一个意大利水果贩子那里撷取一句话作为笑点，后来这句话被改编成诗歌，并被配上音乐，其中大量借鉴《哈利路亚大合唱》《我梦见我住在大理石大厅》《戴娜姨妈的拼布派对》，在长岛的一家公路客栈试唱后被带到纽约，很快取代了《加拉格尔先生和希恩先生》，成为最流行的歌曲。不久，《是的，我们没有香蕉》就传遍了最偏远县里的最偏远的农舍。

　　虽然超级爱国者仍在肆虐，联邦特工仍在追捕机敏的共产主义者，公开承认的社会主义者仍像麻风病人一样受到"热情围观"，三 K 党仍在壮大，但"赤色大恐慌"正在消亡。有太多其他的事情需要关注了。

　　不过，"赤色威胁"的消失或许还有另一个原因——另一种威胁正在危及这片土地，而这种威胁不可能归咎于莫斯科的阴谋，这就是我们即将看到的"一代愤怒的年轻人"。

　　在战后十年的时间里，划清 1919 年和 1920 年自由派与保守派之间界线的，是一次全美国范围内的争论。

　　1920 年 4 月，在"赤色恐慌"最严重的时候，马萨诸塞州的南布伦特里发生了一起无关紧要的犯罪事件，《纽约时报》甚至在接下来的一整年里都没有提及此事。这种犯罪在美国各地时有发生。一名工资管理员和一名警卫在搬运一家鞋厂装有工资单的两个箱子时，被两名手持手枪的男子杀害，之后凶手随即跳上一辆停在路边的汽车，穿过铁轨逃之夭夭。两周后，几个意大利激进分子作为嫌疑人被捕，一年后——大约在华盛顿的泳装美女们正在拉直长袜准备拍照、大卫·萨尔诺夫正在监督用"无线电话"报道拳击比赛的时候——这两个意大利人在韦伯斯特·塞耶法官和陪审团面前受审，并被判有罪。这次审判引起了一些关注，但并没有引起太大的反响。然而，几个月后，从缅因州到加利福尼亚州的人们开始询问这个案子到底是怎么回事，因为发生了一件非常了不得的事情。

在波士顿一间阴冷的办公室里，有三个人——一个西班牙木匠、一个来自纽约的犹太青年和一个意大利新闻记者——一直在辛勤地向法国、意大利、西班牙以及欧洲和中南美洲其他国家的激进分子和激进媒体撰写关于萨科和范泽蒂这两个意大利人的文章。他们这么做引发的结果是：一枚炸弹在赫里克大使位于巴黎的住所爆炸。在巴黎声援萨科和范泽蒂的示威游行中，二十人被另一枚炸弹炸死。人群涌到美国驻罗马大使馆示威；有人企图炸毁驻里斯本总领事的住宅；蒙得维的亚发生了大罢工，美国商品被人抵制。阿尔及尔、波多黎各和墨西哥的激进媒体都在讨论这一事件。在这种情况下，该案件当然也成了美国的热门话题。

爆炸和抵制虽然吸引了人们对这起案件的关注，却永远不会引起公众对萨科和范泽蒂的广泛同情。案件之所以年复一年地拖延下去，一次又一次的上诉被驳回，是因为这两个人本身的举止引发了群众的广泛同情。尤其是范泽蒂，他显然是一个非凡的人——一个品格高尚的知识分子、哲学无政府主义者，似乎不可能是工资单谋杀案的凶手。新的证据使这些人的罪行显得更加可疑。1927年，在谋杀案发生长达七年之后，法官塞耶顽固地拒绝了最后一次上诉，并宣判了死刑。公众舆论迫使马萨诸塞州州长富勒复审此案，并考虑赦免萨科和范泽蒂。州长任命哈佛大学的洛厄尔校长、麻省理工学院的斯特拉顿校长和罗伯特·格兰特法官为咨询委员会成员，进一步研究此案。几周后，委员会提交报告，认为萨科和范泽蒂有罪，不可赦免。1927年8月22日晚，这两个凝聚了全世界数百万人的希

法庭上受审的范泽蒂（左）和萨科（右）

萨科和范泽蒂被执行死刑后，波士顿数千人为他们送葬

望和恐惧的人被送上了电椅。

他们是否真的有罪，也许永远不会有明确的定论——但阅读过他们在法庭上的发言和信件的人，都认为正义得到了伸张。该案的记录篇幅很长，而且充满了技术性问题，双方对该案都开展了单方面的激烈讨论。公众舆论在该案上的分歧主要是：一些人认为激进分子应该按照一般原则受到绞刑，另一些人认为一个国家文明的检验标准在于它保护少数人权利的严格程度。当纠察队在波士顿州政府大楼前游行，呼吁州长释放萨科和范泽蒂时，激情再次被点燃，而波士顿警察——不到八年前，正是他们的罢工将卡尔文·柯立芝送进了他现在所居住的白宫——逮捕了纠察队，并将他们押往拘留所。

现在，牛市如火如荼，工人运动疲弱不堪，繁荣给了激进主义致命一击——但这两个普通意大利人的困境仍然让人短暂地回忆起米切尔·帕尔默到处抓人的日子，并唤起早已平息的恐惧和仇恨。人们几乎忘记了自己是保守派还是自由派，他们发现自己再次陷入激烈的争论之中。因为争论萨科帽子的鉴定或普罗克托上尉关于致命子弹的证词的价值，很多朋友反目成仇。但这只是短暂的，新闻头条大肆宣扬萨科和范泽蒂已被处死，人们读着这些新闻不禁打了个寒战。也许他们在想：如此可怕的结局是罪有应得，还是一个可怕的错误？他们瞥了一眼另一个专栏，想知道林白今天飞往哪里；他们又翻开报纸，翻到了财经版——通用汽车公司在做什么？

第五章

礼仪和道德革命

在战后十年的最初几年里，确实发生了一场挑战美国普遍秩序的"叛乱"，但列宁与这场"叛乱"毫无关系。"起义军"不是外来的煽动者，而是美国富裕家庭的子女，他们对布尔什维克主义知之甚少，也明显不关心布尔什维克主义，他们的反抗不是在晦涩难懂的激进刊物或肥皂盒演说中表达，而是在家庭早餐桌上，在保守的父亲和母亲担忧的耳边表达。男人和女人被"赤色威胁"吓得瑟瑟发抖时，他们醒悟到"年轻一代"的问题同样令人担忧，并意识到如果宪法无法修正，那么国家的道德准则肯定会受到威胁。

这一准则目前与年轻人有关，可以大致概括如下：女性是道德的守护者，她们比男性更有教养，因此也应采取相应的行为规范。年轻女孩必须天真地（也许要加上一点生理指导）期待着一场浪漫的爱情，这份爱情将引领她们走向圣坛，从此过上幸福的生活，而在"对的人"出现之前，她们不能让任何男性亲吻自己。人们认为，有些男人会屈服于性的诱惑，但这种诱惑只能来源于一类特殊的非法女性，体面家庭的女孩应该不会受到这种诱惑。男孩和女孩可以更自由地在一起工作和玩耍，但监护人的管教越来越少，因为新时代的行为规范在总体上非常有效，以至于这种荣誉制度取代了长辈的监督。人们认为，如果孩子从小受到良好的教育，他们永远不会滥用这种自由。尽管在社会的不同阶层和国家的不同地区，人们对女孩吸烟和喝酒的态度大相径庭，但大多数人认为，女孩吸烟在道德上是错误的，而且很难想象她们会喝酒。

战争刚刚结束不久，父母、老师和道德训诫者的惊呼声就响彻云霄，因为刚刚走出青春期的少男少女们正在践踏这种行为准则。

女孩们穿的裙子，以及大多数年长妇女穿的裙子，似乎已经足够令人震惊了。1920年7月，一位时尚撰稿人在《纽约时报》上报道说："美国女人……已经把裙子提到了非常不合适的高度。"换句话说，现在的裙子下摆离地面有25厘米了。人们夸张地预言，1920—1921年的冬天，裙摆会再次降下来，但结果是，裙摆又攀升了几厘米。艳舞女郎们穿着薄薄的连衣裙、短袖，偶尔（在晚上）也穿无袖；一些更狂野的年轻人将长袜卷到膝盖以下，在道德卫士的震惊目光中露出一闪而过的小腿和膝盖；她们中的许多人还明显使用了化妆品。多萝西·斯皮尔在《黑暗中的舞者》一书中恳切地解释道："胭脂是一种阴险的毒药，但沉迷于此的女孩数量之多，是男人无法想象的。"不肯相信的父母坚持说没有女士会做这种事，但他们的女儿们正在做这种事，甚至当众补妆。而且，她们中的一些人还抛弃了紧身胸衣。她们说："如果你穿紧身胸衣，男人就不会和你跳舞。"

当前的舞蹈模式引起了更多的惊愕。现在，主宰乐团的不再是浪漫的小提琴，而是野蛮的萨克斯管，随着萨克斯管热情洋溢的吟唱和哀鸣，狐步舞者们肆意扭动身躯。《霍巴特学院先驱报》的编辑厌恶地称之为"切分音的拥抱"。当他们翩翩起舞时，男女之间不再有两厘米的距离，而是像粘在一起一样，身体贴着身体，脸颊贴着脸颊。辛辛那提的《天主教电讯报》义愤填膺地写道："音乐是性感的，舞伴们的拥抱——女舞伴只穿了半身的衣服——绝对是下流的；而那些动作——在家庭报纸上是无法描述的——无论如何也要尊重礼仪。我只想说，有一些房子适合举办这样的舞会，但这些房子都应该被查封。"

被认为是"好姑娘"的女孩也抽起了烟——有时是尴尬和故意地，但更多是坦然地、蔑视地。她们喝酒——不那么公开，但往往很有效率。据说，最模范的父母的女儿们也会喝得酩酊大醉——她们的同伴乐呵呵地称之为"烂醉如泥"——喝的是新禁酒制度下的酒，并且凌晨 4 点还和男人们出去兜风。最糟糕的是，据说即使是在秩序井然的舞会上，她们也会退到目光最敏锐的监护人无法发现的地方，在昏暗的房间里或停放的汽车里，进行难以启齿的爱抚和搂抱。

此时菲茨杰拉德先生还没从普林斯顿大学毕业，他应该很熟悉他那一代人在做什么，直到他在 1920 年 4 月出版了《人间天堂》一书，父母们才意识到发生了什么，以及它已经持续了多久。显然，"爱抚派对"早在 1916 年就已出现，现在已成为流行的室内运动。菲茨杰拉德先生写道："没有一个维多利亚时代的母亲——大多数母亲都是维多利亚时代的——知道她们的女儿是多么习惯于被随意亲吻……艾莫里看到女孩们做着他从未见过的事情：跳舞到凌晨 3 点，然后在咖啡馆里吃晚餐，带着半是认真半是嘲弄的神情谈论着生活的方方面面，却又有一丝偷偷摸摸的兴奋。艾莫里认为这代表着真正的道德沦丧，但他从未意识到这种现象有多么普遍，因而他把纽约和芝加哥之间的城市看作一个针对少年的巨大阴谋。"这本书让人不寒而栗。菲茨杰拉德先生笔下那个教养良好的女主人公公然承认："我吻过几十个男人，我想我还会再吻几十个。"另一位女主人公对一个年轻男子（年轻男子！）说："哦，五十个人中只有一个人对性有一点了解。我很了解弗洛伊德什么的，但要说世界上所有真正的爱情都是百分之九十九的激情和一点点嫉妒，这也太腐朽了吧？"

太不可思议了，太可恶了！这一切意味着什么？是否所有体面的标准都被推翻了？母亲们读着这些淫荡的字眼，不禁要问，自己"是否知道女儿经常被人亲吻"……但不，这一定是对某些特别堕落群体的不当行为的夸张描述。好女孩不可能有这样的行为，也不可能公开谈论热恋。但在适当的时候，其他书籍的出现证实了菲茨杰拉德先生的发现：《黑暗中的舞者》《塑料时代》《燃烧的青春》。杂志和报纸也重申了这些流言蜚语。可

菲茨杰拉德在阅读自己的处女作《人间天堂》

20 世纪 20 年代前期的女性穿着

以肯定的是，在很多社区里，好女孩实际上并没有"那样的行为"；甚至在更纸醉金迷的城市中心，也有很多女孩没有那样的行为。尽管如此，这些耸人听闻的爆料还是让"年轻一代的问题"成为从沿海到内陆地区都焦虑的话题。

道德力量集结起来进行攻击。基督教奋进协会的创始人兼主席弗朗西斯·克拉克博士宣称，现代"不雅舞蹈"是"对纯洁女性的冒犯，而纯洁女性是我们家庭和公民生活的源泉"。宗教刊物谴责这种新式舞蹈"不纯洁、污染、腐化、贬低女性、破坏灵性、增加肉欲"，并呼吁全美国的母亲、姐妹和教会成员对这些可怕的年轻人进行劝诫和教导，提高他们的灵性。佛罗里达大学的墨菲校长以真正的南方人的热情大声疾呼："低胸外衣、卷下来的长筒袜和短裙是魔鬼和恶魔天使的产物，正把当代人和后代人带向混乱和毁灭。"纽约的一群圣公会女教友以财富和社会地位的权威（包括 J. 皮尔庞特·摩根夫人、博登·哈里曼夫人、亨利·菲普斯夫人、詹姆斯·罗斯福夫人和 E. H. 哈里曼夫人）著称，她们提议成立一个组织来阻止涉及"过度裸露"和"不正当舞蹈方式"的时尚。基督教女青年会在全美国范围内开展了一场反对高中女生衣着不体面的运动，在报纸上做宣传，标题为"职业女性应响应谦虚的呼吁"和"即使在法国，高跟鞋的地位也在下降"。在费城，一个由知名人士组成的服饰改革委员会向一千多名神职人员发出了一份调查问卷，询问他们心目中的得体服饰是什么样的，尽管神职人员们的意见五花八门，但委员会还是着手设计了一种"道德礼服"，并得到了十五个教派的牧师们的赞同。这件道德礼服的显著特点是非常宽松，袖子刚好到肘部以下，下摆离地面不到 20 厘米。

一些州的立法者并不满足于以身作则和训斥，他们提出了一些法案，以彻底改革女性的着装。据《纽约美国人报》1921 年报道，犹他州正在审议一项法案，规定对在街上穿着"裙摆高于脚踝以上 8 厘米"的人处以罚款和监禁。弗吉尼亚州立法机构收到一项法案，拟禁止任何妇女穿着"喉咙以下部位露出 8 厘米以上"的衬衫裙或晚礼服。在俄亥俄州，拟议的低胸衣下限为脖子以下 5 厘米；俄亥俄州立法机构提出的法案还旨在防止销售任何"不适当地展示或突出女性身材线条的服装",并禁止任何"十四岁以上的女性"穿着"裙摆未达到脚背部位的裙子"。

与此同时,无数家庭因香烟、杜松子酒和通宵开车兜风而矛盾重重。父亲和母亲彻夜难眠,努力思考他们的孩子是不是完全迷失了方向;儿子们和女儿们回避问题,无奈而痛苦地撒谎,或者勃然大怒,粗鲁地回答说,至少他们不是思想肮脏的伪君子,他们认为自己正在做的事情没有坏处,并打算继续做下去。那些与时俱进的自由派牧师和教师则来打圆场:这些年轻人至少比他们的长辈更坦率、更诚实;经过他们自己的尝试,他们很快就会发现哪些标准已经过时,哪些标准代表了人类积累的道德智慧。听到这些充满希望的话,许多善良的人又重新振作起来。也许,青春激情的迸发只是昙花一现。也许再过一两年,男孩和女孩们就会清醒过来,一切都会恢复正常。

然而,他们错了。因为年轻一代的反抗只是一场礼仪和道德革命的开端,这场革命已经开始影响美国各地各个年龄段的男男女女。

多种力量共同作用、相互作用,使这场革命必然发生。

首先是战争及其结束带来的精神状态的变化。伴随着士兵们奔赴训练营和战斗前线,整整一代人都被这种"今朝有酒今朝醉"的精神所感染。"上战场之前赶紧结婚"很快就成为潮流,其他不那么传统的恋爱也开始流行起来。在法国,200万男人发现自己离死亡只有一步之遥,还管什么道德准则;卖淫女跟着国旗走,自愿的女性比比皆是;被派来当护士和战地工作者的美国女孩受到欧陆礼仪和标准的影响,却没有受到欧陆体面阶层姐妹们的严格保护。传统的约束、含蓄和禁忌被非常普遍和自然地打破了。磨难结束后,这一代人不可能原封不动地变回原样。他们中的一些人在战时条件的压力下习得了一种新的准则,在他们看来,这种准则是完全站得住脚的;他们中的数百万人得到了一种情绪上的兴奋剂,而这种兴奋是不容易减弱的,他们撕裂的神经渴求速度、兴奋和激情的镇痛剂,他们不觉得自己应该像什么都没发生过一样,安安静静地过着美国人的日常生活,接受长辈们的道德训诫,在他们看来,长辈们似乎还生活在盲目乐观的美好理想中，而战争已经扼杀了他们的理想。他们非常不恭敬地说，他们做不到。

"老一辈人在把这个世界传给我们之前，肯定已经把它毁得差不多了。"约翰·F.卡特在 1920 年 9 月的《大西洋月刊》上写道，准确地表达了无数同时代人的心声。"他们给我们的这个东西，已经被敲得支离破碎，随时都有爆炸的危险；而他们竟很惊讶，我们并没有像他们在 19 世纪 80 年代那样，以自然、得体的热情态度接受它。"

中产阶级没有那么快受到战争神经症的影响。在 1917 年之前，他们有足够的时间养成墨守成规的习惯。但是，随着 1919 年战争的结束，他们也发现自己变得焦躁不安、心怀不满，开始质疑曾经在他们看来真实、可敬和有价值的一切。他们也耗尽了自己的精力，想要享受一段美好时光。他们看到后辈们在探索通往性爱禁地的道路，于是萌生了自己也做一点试验的想法。打败伍德罗·威尔逊，引发罢工、暴乱和红色恐慌的精神幻灭，为新自由的萌芽提供了生长和繁殖的文化环境。

美国妇女日益独立也加速了这场革命。女性在 1920 年赢得了选举权。诚然，获得选举权后的她们似乎对选举并不感兴趣。妇女俱乐部和妇女选民联盟努力唤醒女性的公民意识，她们虽然投票了，但大多数都是按照周围那些顽固男性的喜好投票的。女性候选人很少，其中一些人——如得克萨斯州州长马·弗格森——似乎很难形成令人乐观的精神影响力，而人们曾许诺，这种精神影响力将使公共生活更加光彩夺目。年轻女性中很少有人对政治产生兴趣，哪怕是一闪而过的兴趣。对她们来说，政治是肮脏而徒劳的事业，无聊且没有希望。尽管如此，选举权的获得还是产生了效果，它巩固了女性与男性平等的地位。

更为明显的是，妇女越来越摆脱烦琐的家务劳动。房屋越来越小，也更容易打理。越来越多的家庭开始搬进公寓，而这些公寓对"女管家"的时间和精力要求更低。妇女们开始学习如何轻松地准备饭菜。罐头食品的销量不断增长，1910—1920 年，熟食店的数量增长速度是人口增长速度的三倍。1914—1924 年，面包店的产量增长了 60%。许多过去的家务劳动现在要么完全脱离家庭，要么被机器简化。例如，商业洗衣店的使用量在1914—1924年增加了57%。电动洗衣机和电熨斗为仍在家里洗衣的人提供了帮助。据美国一座小城市的电力公司经理估计，1924年，该市将近90%的家庭已经有了电熨斗。家庭主妇们开始学会电话购物，购买成衣免去制作衣服的烦琐步骤，购买吸尘器以效仿杂志广告中那些无忧无虑的可爱女孩，用纤纤玉手清除灰尘。妇女们逐渐从家务中解放出来，开始"过自己的生活"了。

"自己的生活"是什么样的呢？首先，她们可以找工作。在此之前，想要"有所作为"的中产阶级女孩主要从事学校教学、社会服务、护理、速记和商业机构的文职工作。但现在，她们涌出学校和学院，从事各种新的职业。她们聚集在媒体和广告商的办公室；她们开设小餐馆，直到鸡肉馅饼和肉桂吐司的供应者可能比消费者还多；她们出售古董、出售房地产、开设精巧的小商店，最后侵入百货商店行业。1920年，在普通女大学生的心目中，百货公司还是一个雇用"穷女店员"的资产阶级机构。到了1929年，女大学生们开始排队应聘女士运动服装部的空缺职位，甚至愿意先到柜台后面卖东西，希望有一天幸运之神会眷顾她们，让她们成为采购员或造型师。曾经满足于终日待在中西部小城的姑娘们，如今却向父亲借钱，去纽约或芝加哥的百思特、梅西百货或马歇尔·菲尔德百货公司工作挣钱。已婚妇女因为孩子太多而无法找到工作，她们安慰自己说，做家务和带孩子毕竟也是真正的"职业"。从这个国家的一端到另一端，午餐桌上最热烈讨论的话题莫过于已婚妇女是否应该工作，以及母亲是否有权工作。至于未婚妇女，她不再需要解释为什么要在商店或办公室工作；如今，无所事事的人才需要辩解。

有了工作——至少有可能去工作——就会有一种经济相对独立的感觉。有了经济独立的感觉，丈夫和父母的权威也随之消解。未婚的小姑子和未嫁的女儿离开了家庭的庇护，住进了自己的小公寓。对于城市居民来说，家不再是一个圣地，而更像是一个宿舍——一个从餐馆、电影院到办公室途中停留过夜的临时栖身之所。然而，得到工作也无法让美国妇女获得完全的满足感，管理一个机械化的家庭更不能让她们满足。她仍有精力和情感可以燃烧，她已经做好了革命的准备。

与所有革命一样，这场革命也受到外国宣传的刺激。不过，它不是来自莫斯科，而是来自维也纳。西格蒙德·弗洛伊德早在19世纪末就出版了他的第一本精神分析著作，他和荣格早在1909年就为美国心理学家举办过讲座，但直到战后，弗洛伊德的福音才开始在美国非专业公众中广泛传播。科学是唯一一支没有因战争而声名狼藉的强大力量，受过一定教育的公众现在吸收了大量生物学和人类学方面的科普知识，这些知识给人的普遍印象是，男人和女人不过是更复杂的动物，道德规范并不具有普遍有效性，而且往往建立在奇特的迷信基础之上。弗洛伊德主义的种子已经有了肥沃的土壤，现在，人们甚至开始从轻佻女子①的口中听到关于性的"科学教导"这种令人不安的新东西。看来，性的确是推动人类前进的核心动力和无孔不入的力量源泉。人类几乎所有的动机都可以归因于它：如果你爱国或喜欢小提琴，你就会被性所控制——以一种升华的形式。心理健康的首要条件就是拥有无拘无束的性生活。如果你想健康快乐，就必须顺从你的性欲。这就是弗洛伊德的福音，它经过解释者、普及者、不怀好意的读者的层层过滤之后，深深地扎根于美国人的心中。鸡尾酒盘和麻将桌上开始出现新的词汇和短语——自卑情结、虐待狂、受虐狂、伊底帕斯情结。知识女性去欧洲接受精神分析治疗；分析师们在美国城市从事这个新行业，有意识地将漂亮的病人"移情"到自己身上；宣扬自制美德的牧师被直言不讳的批评家提醒，自制已经过时，而且非常危险。

其余加速礼仪和道德革命的主要力量都是百分百的美国元素了。它们是禁酒令、汽车、《忏悔》②、色情杂志以及电影。

---

① 20世纪20年代年轻女性中涌现出一种亚文化，她们穿及膝短裙、剪短发、听爵士乐、化浓妆、喝酒、抽烟、开车，表现出明显的反抗意识，当时的媒体称这类女生为"轻佻女子"。——译者注

②《忏悔》是一本以年轻女性为读者对象的杂志，创刊于1922年，主要是与爱情相关的浪漫内容。——译者注

正如我们指出的那样，当第十八条修正案获得批准时，禁酒令似乎得到了全美国的支持。然而，违法行为也立即开始了，对法律强烈而真诚的反对——尤其在北方和东部的大城市——迅速凝聚成一股力量。结果是出现了私酒贩子、地下酒吧和知法犯法的行为。在许多社区，喝酒成了"该做的事"。从这些事实中又产生了更多的谈资：蒸馏酒比发酵酒更受欢迎、酒壶的使用、鸡尾酒会，以及饮酒从男性特权普遍转变为男女共享的特权。旧时的酒吧绝大多数是男性的天下，地下酒吧则通常同时满足男性和女性的需求。正如埃尔默·戴维斯所说："以前晚上父亲和其他男孩一起在卡西迪酒吧喝酒的日子已经一去不复返了，而且很可能永远一去不复返了。卡西迪可能还在那里做生意，父亲可能晚上还会去那里，但自从禁酒令实施以来，母亲也会和他一起去。在新制度下，不仅酒水是混合的，连酒友也是混合的。"

与此同时，汽车，尤其是封闭式汽车的使用量大幅增加，使一种新的自由成为可能（1919 年，美国生产的汽车中，封闭式汽车几乎不超过 10%；到 1924 年，这一比例跃升至 43%；到 1927 年，这一比例达到82.8%）。汽车为人们提供了一种几乎普遍可用的手段，使人们可以暂时摆脱父母和监护人的监管，或摆脱邻里舆论的影响。正如林德夫妇在《米德尔敦》中指出的那样，现在的男孩和女孩在开车之前根本不征求任何人的同意，一接到通知就开车去 30 千米外的另一个小镇参加舞会。在那里他们是陌生人，享受着在家不可能有的自由。此外，封闭式汽车实际上是一个不受天气影响的房间，可以在白天或晚上的任何时间使用，也可以随意移动到黑暗的小路或乡间小道上。林德夫妇在书中说，米德尔敦少年法庭法官称汽车已成为"车轮上的卖淫场所"，并列举了这样一个事实：在一年中，因性犯罪而被送上法庭的 30 名女孩中，有犯罪地点记录的有 19 人，她们都是在汽车里犯罪的。

另外，这场革命催生了大量的色情杂志、《忏悔》杂志和淫秽电影，而这些杂志和电影反过来又对那些从未听说过也永远不会听说弗洛伊德和性欲的读者及观众产生了影响。杂志的出版商提供的故事标题包括"我在女儿出嫁前夜对她说的话""放纵的吻""小心进入"，他们学会了如何在不引起审查员注意的情况下激发读者想象力的艺术。《忏悔》杂志的出版商们总是叮嘱作者们要提供一个符合道德的结尾，要写出虔诚的情感，但实际上他们专注于描写所谓"失足"的行为。他们的大部分小说都是由作家编造的，这些作家前一天还能写出《一个合唱团女孩的自白》，第二天就能再次以第一人称叙述那些让出租车司机很容易走神的诱惑。这些杂志都取得了惊人的发行量。伯纳尔·麦克法登的《真实故事》创刊于1919年，1923年读者人数已超过30万，1924年已达84.8万，1925年已超过150万，1926年已接近200万。

与色情杂志和《忏悔》杂志一起挤满报摊的还有电影杂志，这些杂志在《七个电影之吻》的标题下方会写："你还认得出你的小朋友梅·布希①吗？她有过很多吻，但似乎从未厌倦。至少你会同意，可以向她学习如何享受一个吻。"电影每天每夜都吸引着数百万的观众，不停地播放着同样有利可图的主题。一部影片的制片人宣传"出色的男人、美丽的爵士宝贝、香槟浴、午夜狂欢、紫色黎明中的爱抚派对，所有这一切都以一个让人喘不过气来的惊人高潮而结束"；另一部影片的卖方承诺"搂颈、爱抚、激吻、热吻、疯狂的性感女儿、渴求的母亲……真相如谜——大胆、赤裸、轰动"。电影很少能像这些广告承诺的那样，提供那么多的内容，但其中的一些内容足以让一个十六岁的女孩（爱丽丝·米勒·米切尔）做证："那些有热恋镜头的电影，会让坐在一起的女孩和男孩想站起来走出去，去某个地方，你知道的。有一次，电影还没演完，我就和一个男孩走了出去。我们去兜风了。我的闺密每次没看完就和她的男朋友出去了。"

经过来自教会组织的一场批评风暴后，电影制片人任命原来的邮政部长威尔·H. 海斯担任他们的道德和品位仲裁人，海斯先生承诺一切都会好起来的。他在洛杉矶商会上说："这个行业必须像最好的牧师或最优秀的青年教师那样，对孩子的心灵这一神圣的东西，对这一洁净的处女地，对

---

① 梅·布希（1891—1946），好莱坞女演员，早期出演过较多犯罪类爱情片。——译者注

这一没有任何痕迹的白板，肩负起责任和关爱。"海斯先生为"洁净的处女地"所做的努力的结果是，所有电影都必须以大团圆结局给性感的画面加上虔诚的装饰，并将许多优秀的小说和戏剧列入电影制作的黑名单，因为这些小说和戏剧由于其诚实性，可能会被理解为在质疑小城镇传统的性道德。海斯先生是个天才，他让教会人士无话可说。每当审查的威胁减弱时，他就会颁布一系列新的道德戒律，让制片人遵守。然而，关于他的监督所产生的实际效果，或许只需指出上述引文均出自他的独裁统治时期即可。电影业口口声声说要遵守保守的准则，却总是在宣扬粗俗的新事物。

战后的幻灭、女性的新地位、弗洛伊德的福音、汽车、禁酒令、色情杂志和《忏悔》杂志以及电影，这些不同的因素都对这场革命产生了作用。它们中的每一种都受到其他因素的作用，它们中的任何一种都不可能单独改变美国的民风民俗，但它们合在一起的力量是无敌的。

最明显的标志是妇女的着装和外貌发生了巨大变化。

在保罗·H.尼斯特罗姆教授的《时尚经济学》一书中，战后十年间裙子长度的变化趋势被巧妙地用图表展示出来，就像是商业分析家用来计算汽车销量起伏或股票平均值的那种图表。这幅图的基础是《描述者》杂志上的一系列时装图版测量数据；统计学家不厌其烦地测量了每个月裙子下摆离地面的高度与人物总高度的关系，并绘制了相应的曲线。这个非常不寻常的图表显示，1919年，裙子下摆离地面的平均距离约为女性身高的10%，或者换一种说法，在15～18厘米。1920年，下摆距离从10%上升到20%左右。在接下来的三年里，又逐渐下降到10%，1923年达到最低点。然而，1924年，裙子下摆距离再次上升到15%～20%，1925年超过20%。曲线继续稳步上升，直到1927年突破25%的大关——换句话说，裙子下摆到了膝盖，这个高度保持到1929年末。

正如尼斯特罗姆教授所解释的那样，这张图并不能准确地说明实际情况，因为它所代表的并不是任何特定年份或月份实际穿着裙子的平均长度，而是时尚的仲裁者们所期望妇女们穿着的裙子长度。事实上，1921年至1924年的波动没有那么大。巴黎的制衣师预言长裙将回归，美国的造型师和制造商也紧随其后，商店买下长裙并试图出售，但女人们继续购买她们能找到的最短的裙子。1923 年秋季和 1924 年春季，制造商们接到大量零售商的投诉，要求裙子必须更短。裙子终于变短了，但顾客要求更短。事实证明，及膝裙才是女性所需要的。倒霉的制造商们为时尚的风潮作出了巨大的努力。然而，尽管他们竭尽全力，及膝裙仍然是标准款式，直到 1930 年。

　　随着短裙的出现，女装的重量、材质和数量都发生了非同寻常的变化。纤细的身材成了每个女人的追求目标，紧身胸衣被弃之如敝屣，甚至在 1924 年到 1927 年的短短三年时间里，克利夫兰百货商店的紧身胸衣和胸罩的总销售额下降了 11%。丝质或人造丝丝袜和内衣取代了棉质丝袜和内衣，这让棉花商人苦恼不已，却让人造丝生产商欣喜若狂。1920 年，美国工厂的人造丝产量仅为 3630 吨，到 1925 年，产量已达到 24000 吨。肉色长袜和短裙一样成为标准配置。衬裙几乎从美国消失了。事实上，妇女们脱掉一层又一层衣服的趋势变得如此明显，以至于《商业杂志》在 1928 年估计，在十五年里，妇女整套服装（不包括丝袜）所需的材料从 17.6 米减少到 6.4 米。现在，妇女能穿戴的似乎只是一件罩衫（1.8 米）、一条裙子（2 米）、背心或衬衫（0.7 米）、短裤（1.8 米）和长袜，而且所有这些都是用丝绸或人造丝制成的。诚然，关于材质的说法略显夸张，但 1926 年美国干货零售协会根据美国各地百货商店公布的数据进行的一项调查显示，在售出的女士内衣中，只有 33% 是棉质的，36% 是人造丝，31% 是丝绸。丝袜不再是富人的标志。一位家庭年总收入为 1638 美元的工人的妻子告诉《米德尔敦》的作者："没有一个女孩愿意穿着棉袜上高中。即使在冬天，我的孩子们也要穿丝袜或仿丝袜。"

　　女人们并不满足于超短裙的自由，她们还追求短发的自由。在战后十年的最初几年里，波波头曾被纽约棕榈园的老板视为激进主义的标志——在年轻女孩中变得越来越常见，主要是出于方便的考虑。1922 年 5 月，《美国发型师》预言，波波头将继续流行，"至少会持续整个夏天"。实际流行的时间更久，波波头越来越受欢迎。到了 1924 年，该杂志不得不推出

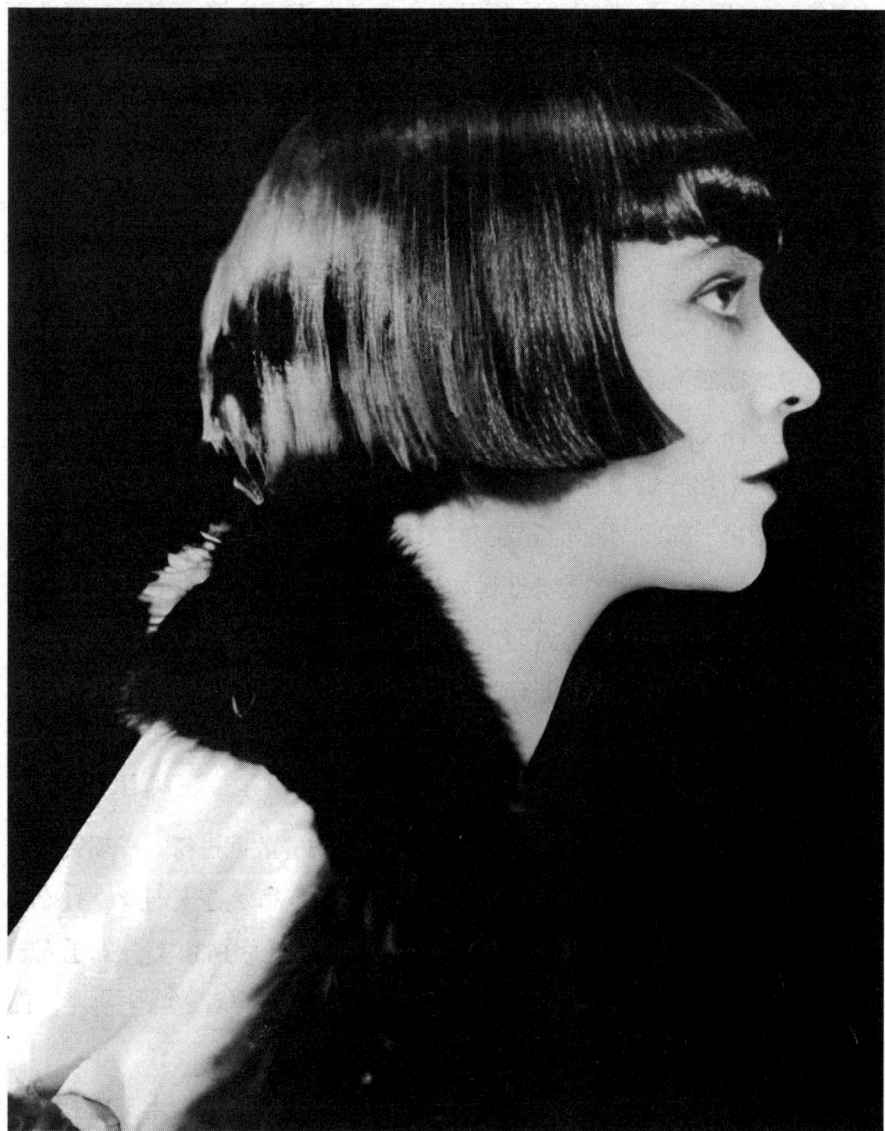

1924 年，女演员玛丽·瑟曼的发型就是时兴的波波头

波波头的特刊，除了向订阅者介绍这种新发型，同时还报道了专业美发师和理发师为争夺这门蓬勃发展的生意而展开的激烈商战。女发型师自然反对妇女去男性理发店理发；男子理发店则试图在各州强行立法，禁止"美发行业"理发，除非他们获得理发师执照。《美国发型师》认为事关重大，"让妇女到男子理发店理发，违背了公众的最佳利益，男子理发店里那种不拘礼节的氛围不适合美国妇女的道德标准"。但是，美国女性只在乎如何获得最好的发型。在战后十年的后几年，波波头成了大多数二十多岁女孩的选择，在三十多岁和四十多岁的妇女中也非常普遍，在六十多岁的妇女中也绝非罕见。妇女们普遍戴上了紧贴在波波头上的小圆顶帽。裁缝材料制造商与发网制造商、发簪制造商、棉织品制造商、毛织品制造商和紧身胸衣制造商展开激烈竞争，价格和利润不断下滑。

然而，对于另一个行业来说，这十年带来了新的巨额利润。化妆品制造商和美容店的老板们喜笑颜开。1920 年曾让年轻一代的父母们惊慌失措的胭脂和口红迅速蔓延到最偏远的乡村。那些在 1920 年还认为使用化妆品是不道德行为的妇女，很快就把经常涂抹化妆品当作理所当然的事，而且毫不掩饰。美容店如雨后春笋般出现在大街小巷，提供"面部护理"，通过涂抹润肤膏和收敛膏，帮助顾客与皱纹和下巴下垂作斗争。各种拔眉、修眉、画眉的方法推陈出新，各种增强和恢复青春光彩的方法层出不穷。一种奇怪的新手术形式——"瘦脸"，在当时的应用科学中占据了一席之地。据弗朗西斯·费舍尔·杜布克称，在 1917 年，只有两个从事美容文化行业的人缴纳所得税；而到了 1927 年，有 18000 家从事该行业的公司和个人被列为所得税纳税人。"美容师"已成为一种职业。

根据保罗·H. 尼斯特罗姆教授在 1930 年的计算，截至 20 世纪 20 年代末，美国妇女在化妆品和美容文化方面的消费总额达到 7500 万美元的惊人数字，更夸张的估算数字甚至高达 20 亿美元。克莉斯汀·弗雷德里克夫人在 1929 年列出了其他一些同样惊人的数字：美国每一位成年女性每年购买的粉饼约为 0.5 千克，胭脂盒不少于 8 个；市场上有 2500 种品牌的香水和 1500 种面霜；如果把美国一年中销售的所有口红从头到尾摆放在一起，能从纽约摆到里诺——对某些人来说，这似乎是一个完全合乎逻辑的目的地[①]。

　　要衡量公众对化妆品态度的变化，最便捷的方法或许是战后十年开始和结束时保守期刊上的广告。尽管1919年6月的《女士家庭杂志》刊登了四则广告，将胭脂与其他产品一并列出，但其中只有一则广告对胭脂进行了评论，称胭脂"涂抹得当，仿佛无妆"。在当时，使用胭脂的女性——至少在阅读该杂志的圈子里——都希望取得这种效果（1919年，滑石粉的广告通常是一位母亲深情地靠在一个蹦蹦跳跳的婴儿身上）。在整整十年后的1929年6月刊上，《女士家庭杂志》的一则口红广告写道："令人欣慰的是，鲜红的诱人色彩至少能保持四小时。"通过对这本杂志的研究，我们还可以看到另一种对比：1919年的强生漱口水广告只简单地写道："及时使用强生漱口水，可以防止小事故变成大感染。"1929年的广告则显得悲惨而夸张："春天的气息！除了她，每个人都有春天的气息……"

　　这些时尚上的变化——短裙、男孩子气的外形、笔直的高腰裙，以及对化妆品的大胆使用——都是美国女性理想发生真正变化的标志（也许，男性对女性理想的看法也发生了变化）。妇女们渴望自由——工作和娱乐的自由，而不像以前那样被束缚在沉闷无聊的生活中。但是，她们所追求的并不是那种"不近男色"的自由，正是那种自由让早期的女权运动者戴上了坚硬的草帽，穿上了男式西装和低跟皮鞋。20世纪20年代的女性希望即使在高尔夫球场上和办公室里也能吸引男人的目光；那个梳着蓬松的头发、戴着一顶小巧的帽子、周末穿上小脚裤的新潮女士，不会拒绝丝袜和高跟鞋。战后女性的理想也不是成熟、睿智或优雅。恰恰相反，她们追求苗条、胸部扁平、时尚短裙（即使短裙会让人觉得像个小女生）、高腰的青春效果——所有这些都表明，这十年的女性自觉或不自觉地崇拜的不仅仅是青春，而是尚未成熟的青春。她们想成为——或者认为男人想让她

---

① 里诺是美国当时有名的"离婚城市"，在美国其他地方离婚手续比较烦琐，而在这个城市，离婚可以无需任何理由，交钱就能办理离婚，以至于当时该城市里有一排排的"离婚帐篷"，里面住满了等待离婚的人。——译者注

们成为——男人随意而轻松的伴侣，不是性情朴实的贤妻良母，而是古灵精怪的玩伴。她们有青春的外表，但并非天真无邪：她们模仿的青春期女子是一个苦闷的青春期女子，她们不是从浪漫爱情的角度来考虑问题，而是从性的角度来考虑问题，她们不靠妩媚来吸引男性，而是通过飒爽英姿来吸引男性。实际上，战后十年的女人是在对男人说："你累了，幻灭了，你不想要家庭的关爱，也不想要成熟智慧的陪伴，你想要刺激的游戏，你想要没有结果的性爱快感，我会给你这些。"她还对自己说："但我是自由的。"

她们对自由的狂热追求而带来的礼仪革命的一个标志就是迅速接受香烟。在短短几年内，数百万不同年龄的美国女性追随 1920 年"轻佻女子"的步伐，开始吸烟。一般来说，风俗习惯仍然不允许她们在大街上或办公室里吸烟，在民风保守的中西部，这种古老的禁忌死而不僵，但在餐馆、晚宴和舞会、剧院大厅以及其他很多地方，她们会让空气中升起蓝烟。我们可以再次通过广告的趋势来衡量公众舆论的走向。在战后十年之初，广告商们意识到，描绘女性吸烟的形象是一种"自杀"行为。然而，在几年之后，他们大胆地描绘了漂亮女孩求男人向她们吞云吐雾的画面。到了战后十年的末期，广告牌上大胆地展示了一位手持香烟、面容姣好的女性。在一些杂志上，尽管农村读者提出了大量抗议，烟草制造商还是宣布："现在，女性可以与她们的丈夫和兄弟一起享受吸烟的乐趣了。"从 1918年到 1928 年的十年，美国的香烟总产量增长了一倍多。毫无疑问，一个原因是男性一度认为"香烟属于娘娘腔"的偏见消失了，伴随着香烟产量的增长，雪茄和烟丝的产量有所下降，咀嚼烟草的产量也大幅下降。另一个原因是香烟更方便，以前更喜欢雪茄或烟斗的男性吸烟者现在改变了习惯，消耗了更多的烟草。但是，如果不是因为妇女们在餐桌上手夹香烟，在举手投足间吸上一口，侵入男性神圣的烟草俱乐部，迫使百货公司在女鞋部的椅子间摆放装饰性烟灰缸，烟草消费的增长也不会如此之大。两性之间一道坚固的屏障被打破了。例如，在正式晚宴后将男女分开的习俗依然存在，但这只是一种空洞的仪式。主人为男客人准备的雪茄往往无人问

1921年，几位女士和男士一起等待地下酒吧开门营业

20世纪20年代流行的舞会

津，而餐厅里的男士们抽的烟和起居室里女士们抽的烟是同一个牌子。

然而，社会意义上更重要的事情是男女共饮。在富裕阶层中，饭前喝鸡尾酒几乎成了一种社会义务。派对上的男女蜂拥至地下酒吧的帷幕格栅前，说出神秘的口令；女人和男人一起站在地下酒吧的吧台前，一只脚踩在老式的黄铜栏杆上。午后的鸡尾酒会成为美国的一种新习俗。当舞会在酒店举行时，人们开始租用酒店客房，在那里可以私密地提供可靠的饮品。男女宾客躺在床上，喝着烈酒聊天。随着住宅和公寓越来越小，乡村俱乐部成了小城市、郊区和避暑胜地的社交中心。每个周六晚上，男男女女（在别人家喝过一轮鸡尾酒后）都会驱车前往气派的俱乐部会所，参加每周一次的晚宴舞会。桌子上摆满了白石酒和姜汁汽水，男性从宽大的臀部口袋里拿出一壶杜松子酒（曾经被调酒师鄙视和拒绝，现在是所有酒类中最受欢迎的）。几年前还为自己会"受酒精影响"而气喘吁吁的女人们，现在却发现自己可以和男人们对饮，并享受着欢快的释放。第二天，流言蜚语会说，某某夫人 11 点从宴会上消失的原因是她喝了太多鸡尾酒，被领到更衣室，但对外说是病了；或者有人要向俱乐部缴纳破损费；或者某某夫人真的不应该喝那么多酒，因为三杯鸡尾酒后，她把面包扔到了桌子上。在一场舞会上，一些已婚男士以绊倒服务生为乐，或者一些参加派对的年轻人直接把车开到高尔夫球场上，在果岭上开出了车辙印。

当然，这些情况是例外，在很多社区从未发生过。禁酒令成功地减少了全美国的饮酒总量，并明显减少了工业区工人的饮酒量，这一点是完全有可能的，尽管职业酒徒们对此矢口否认。大多数有经验的大学管理者都认为，男学生中的酗酒现象比禁酒令颁布前有所减少，女学生中的酗酒现象——至少在她们住校期间——并不严重，这一点倒是令一些男学生感到恼火。然而，事实是，在那些为国家社会行为制定标准的富裕阶层中，酒精比以往任何时候都更加受欢迎，并使礼仪变得前所未有地不拘小节。

同时，它也为男女之间新的坦率交流提供了润滑剂。由于科学怀疑论的传播，特别是西格蒙德·弗洛伊德的出现，保守道德家的教条正在失去力量，而"救赎在于正视性行为"的教条正在获得力量。价值观发生了动荡。谦虚、缄默和骑士精神逐渐过时。妇女们不再希望成为"淑女"，也不再要求她们的女儿"健康"。人们普遍怀疑，传统的"淑女"是虚伪的，"健康"的女孩只是为了约束某些危险的思想。"维多利亚时代"和"清教徒"逐渐成为令人憎恶的词汇：在现代人的眼中，维多利亚时代的人都是穿着半身裙、满脸拘谨的老太太，清教徒则是鼻青脸肿、喋喋不休的扫兴鬼。现代人才是最好的——每个人都想成为现代人，精致、聪明，打破常规、无比坦率。手持鸡尾酒杯的人，是很容易轻松坦率的。

玛丽·艾格尼丝·汉密尔顿在 1927 年写道："用一双敏锐的耳朵聆听现代人的谈话。首先，你会被词汇的局限性所震撼；其次，你会被新鲜词汇占比之高震惊，这些词汇在传统时代是'任何淑女都不会说的'。"由于对烈性酒的喜好，对烈性语言的喜好也随之而来。对于可爱的晚餐伴侣来说，"了不起"和"真厉害"这类语句似乎不再受欢迎，污言秽语才能吸引别人。在纽约的舞台上，一句突如其来的"该死"或"见鬼"不再是让人猝不及防地发出尖锐笑声的信号，这类词语正在成为日常对话中的家常便饭。十年前的酒吧逸事如今在贵族桥牌桌上广为流传。每个人都希望自己语不惊人死不休，而且被人认为有点惊世骇俗，是件令人高兴的事。因此，在言辞大胆方面的竞争一直在持续，直到有一段时间上流社会的谈话就像一个完全用大红色装饰的房间——正如汉密尔顿夫人所说——过度刻意、生硬和无聊。

伴随着谈话中新出现的坦率风气，图书和戏剧中也出现了坦率的风气。举例来说，十年间在纽约上演的几部最佳戏剧的主题都是如此。在《荣耀的代价》中，多情的海军士兵在谈话中使用了舞台上新出现的粗俗脏话；《通往罗马之路》的主要喜剧元素是一位罗马女主人渴望被迦太基人"劫色"；《奇怪的插曲》中一位妻子发现丈夫的家人中有人精神失常，但又想为丈夫生个孩子，于是决定向一位年轻有为的医生借种生孩子，并随即爱上了这位医生；《俘虏》向成千上万的天真无知者揭示了世界上存在同性恋的事实。在战争之前，即使纽约也无法容忍这些剧目。而在 20 世纪 20 年代，所有这些剧目不仅广受欢迎，而且受到了理性观众的推崇。

一位庄重的老太太看完两幕《荣耀的代价》后，训斥她的孙子说："该死的，约翰尼，好好坐着看!"

这十年间的小说也是如此。从《尤尔根》《黑暗中的笑声》到《迈克尔·阿伦的故事》《美国悲剧》《太阳照常升起》《孤独之井》《点对点》，一部接一部，它们以英语世界前所未有的开放、玩世不恭或不道德的客观态度处理性问题。清教律法的捍卫者试图阻止这股浪潮，但这股浪潮的力量太强大了。他们查禁了《尤尔根》，但反而使其成为畅销书，让作者声名大噪。他们把玛丽·瓦尔·丹尼特告上法庭，因为她散发了一本为儿童讲解性知识的小册子——结果她得到了一位自由派法官的支持和公众舆论的认可。在波士顿，他们在顽固的基督新教和罗马天主教的联合支持下大肆禁书，禁止在舞台上演出《奇怪的插曲》，并使一名书商因出售《查泰莱夫人的情人》而被定罪。然而他们也发现整个国家的知识分子都在嘲笑他们，最终他们被迫允许出版十年前本想禁止出版的图书。尽管他们竭尽所能，但美国还是需要新型的读物。

20世纪初，一位杰出的散文家写了一篇文章，她在文章中指出，分娩的生理过程对许多妇女来说是一种羞辱。她把这篇文章给一家顶尖杂志的编辑看，编辑和她一致认为这篇文章不应该刊登：太多数读者会对文章的主题感到厌恶，对文章的论点感到恐惧。几年后，也就是1927年，编辑想起了这份手稿，又重新读了一遍。他看了之后很纳闷：为什么这篇稿子会被毙掉？这样的坦率似乎已经非常自然、毋庸置疑了。文章正式发表后，只引起了轻微的社会反响。

随着礼仪的改变，道德也不可避免地发生了变化。男孩和女孩对性的认识越来越早。《米德尔敦》一书的作者要求高中年龄的241名男孩和315名女孩根据自己的认知，判断"每十个高中生中就有九个参加过性爱派对"这一极端说法的真假，几乎有一半的人判断该说法是真的。当然，在这些年轻人中间有多少实际的性行为是不可能说清楚的，但林赛法官所讲的那些耸人听闻的故事（女孩们把避孕药放在化妆盒里）以及卡洛琳所讲的故事（她认识的58名女孩都有过一次或多次性经历，但没有一个人怀孕）与许多城镇流传的流言蜚语不谋而合。这十年间的卖淫活动是增加了还是减少了，这一点同样无法确定，但可以肯定的是，妓女们第一次面对数量众多的业余竞争者。

至于已婚夫妇中公然出轨的数量，我们没有可靠的数据，因为男女之间的私人关系是统计学家无法了解的。然而，离婚率在稳步上升：1910年每100对婚姻中有8.8对离婚，1920年为13.4对，1928年为16.5对——几乎每6对婚姻中就有1对离婚。离婚带来的羞耻感也在相应减少。在城市社区，离过婚的男人和女人毫无疑问地被社会所接受。事实上，离过婚的人往往有标新立异的气质，以至于被认为是相当潇洒和令人向往的。许多年轻女性可能都像那位纽约女孩一样，在这十年快结束时说，她想嫁给亨利，尽管她并不太喜欢他，因为即使他们合不来，她也可以离婚，毕竟"做一个离婚的女人比做一个老处女要好得多"。

在这十年的最初几年，"爱抚派对"还仅限于十几岁和二十几岁的年轻人，但很快年长的男人和女人就加入了。当酒店舞会上传来琴声，或者周六晚上乡村俱乐部的派对上乐手们吹响萨克斯管时，风流男人和带着半大孩子的女人都尝到了原始激情的滋味。人们开始听说，一些年轻的女孩，聪明伶俐，出身良好，在婚前曾与男人共度周末，并把这一切都告诉了自己未来的丈夫，结果不仅得到了原谅，还被告知这不需要征得原谅。这些男人认为，一点"经验"对任何女孩来说都是有益的。数以百万计的人正在接受一位早年的纨绔子弟所说的他心目中的道德标准——"标准越少、越低就越好"。

当然，我们可以很容易地将这些案例与在这个十年结束时仍然在思想和行为上完全符合卫理公会标准的案例进行对比。有两位在报纸上开辟心理咨询专栏的女士证实，从她们大量的来往信件中可以看出，令美国年轻人烦恼的问题不是是否要把私生子的事告诉男朋友，而是在和男朋友看电影之前是否能先邀请他到自己家来，或者在馅饼聚会上是否应该用刀切蛋糕。在内陆地区，仍然有很多关于性的老式感伤思想，这种思想在一个联合妇女俱乐部的口号中得到了表达："男人是上帝的树，女人是上帝的花。"人们疯狂地尝试通过法律来阻止道德变革的浪潮，其中最引人注目的是 1925 年在阿肯色州诺菲尔特市通过的法令，该法令包含以下条款：

第一条：从今以后，任何男女，在本市范围内的任何地方发生性交行为均属违法。

第三条：本法令第一条不适用于已婚夫妻之间，除非是严重不正当的淫乱行为。

尽管如此，一种明确而迅速的趋势正在从传统美国准则向一种全新的性关系和婚姻哲学发展：人们认为，贞洁和忠诚的美德被过分高估了，伯特兰·罗素夫人所说的"男女平等地享有自由参与性体验的权利"是有道理的，女孩没有必要在婚前剥夺自己的这种权利，甚至丈夫和妻子也没有必要在婚后剥夺这种权利。正是意识到这种情绪的蔓延，林赛法官于 1927 年提议在法律基础上承认"同居婚姻"。他希望将节育合法化（虽然节育仍属非法，但此时除最无知的阶层外，已婚夫妇已普遍实行或相信节育），并允许合法婚姻在双方同意离婚的情况下随时终止，前提是没有孩子。他的建议引起了极大的反响，遭到了广泛而强烈的谴责，但仅仅是对这一建议进行认真辩论这一事实，就表明了早先的法典是如何被动摇的。道德革命正如火如荼地进行着。

然而，革命时期也是令人不安的时期。推翻旧准则比建立新准则要容易得多，与此同时，必然会出现或多或少的摩擦和不愉快。有些人从小就认为，女人抽烟喝酒是有罪的，在午餐桌上讨论性是丑闻，年轻女孩接受男人的挑逗是不可想象的，他们不可能一下子就忘记童年的告诫。煮熟一个人的思想，比煮熟一个鸡蛋要花更长的时间。一些新自由主义的使徒似乎认为，思想习惯可以在一夜之间改变，只要把性的秘密公之于众，让每个人随心所欲，社会就会立刻进入野蛮纯真的状态，就像最偏远的南海岛民一样。但这是不可能的。当你把性的秘密公之于众时，老古板的儿女们做的第一件事就是倾尽全力去看个究竟，其他什么也顾不上了。如果你让每个人都随心所欲，他很可能一开始就会碰一鼻子灰。他甚至可能很快就会发现，自讨苦吃毕竟不是长久幸福的秘诀。战后十年，当旧的规则被打破时，情况就是这样。

革命最显著的成果之一，就是人们对性的普遍痴迷。听了年轻人的谈话，他们的父亲会说这些孩子真是什么都敢说。事实上，年轻人几乎从来不谈别的，只谈论性。公众当时对任何问题的态度都透露出这种痴迷。举个例子，这一时期反对女子大学的时髦论调与女校的课程设置、女毕业生的前途无关，而是指出在女校生活四年很可能会扭曲女人的性生活。公众对读物的喜好也暴露了这一点：且不说色情杂志和小报，以及报纸用大量篇幅报道"老富翁勃朗宁娶了比他小三十五岁的女明星"之类的八卦，值得注意的是，战后知识分子最推崇的小说家几乎个个都与审查员有过节。普利策奖的评委会很难满足获奖小说应"展现美国生活的健康氛围和美国礼仪以及男子气概的最高标准"这一要求，最后不得不修改评奖条款，用"整体"代替"健康"，删除了"最高标准"的提法。那些自诩为"具有现代意识"的读者并不想要"健康"的小说，他们想要的是奥尔德斯·赫胥黎笔下男女的哲学性乱交、迈克尔·阿伦笔下堕落者的香艳放荡、海明威笔下对醉酒的布雷特·阿什利的短暂艳遇的坦率描述、安妮塔·卢斯笔下两个被包养的女人和她们的绅士朋友的喜剧、拉德克利夫·霍尔对同性恋的研究。几年前还在倡导激进的经济或政治理论的青年男女们，如今却在倡导新的道德观，到处谈论它，不停地想着它。性成了人们关注的焦点，年轻的孩子们目不转睛。

革命的另一个结果是，礼仪不仅变得迥然有异，而且在几年内变得毫无风度。无独有偶，在这十年间，女主人——即使是小型聚会的女主人——发现她们的客人在到达或离开时都懒得和她们说话，"闯入"舞会成为一种被接受的做法；成千上万的男男女女在约定时间的半小时后都不去赴宴，以免显得不够淡定；轻佻女子和穿着阔腿裤的追求者把燃烧的香烟留在红木桌上，把烟灰随意地弹到地毯上，把门廊的坐垫放在船上，任凭雨水淋湿，毫无歉意；或者，那些"优越"并认为自己非常文明的男人和女人，喝了几杯鸡尾酒后，马上就把晚宴变成了喧闹的骚乱，忘记了普遍的粗暴行为并不是回归古希腊人美好生活理念的标志。旧篱笆都倒了，新篱笆还没建起来，猪都跑到牧场里去了。也许有一天，战后的十年会被恰当地称为"礼崩乐坏的十年"。

要想抛开旧的道德规范，代之以另一种道德规范，而不造成混乱和困扰，并非易事。宣称已婚夫妇可以随心所欲地探索性趣，这种休闲运动与婚姻无关，这是一回事；而对于一个自幼就根深蒂固地怀有浪漫婚姻理想的人来说，容忍出轨行为的实际发生，则是另一回事。林赛法官讲过这样一个故事：一个女人已经下定决心，她的丈夫可以另有喜欢的人，她会很现代，也不会因此而看轻他。但每当她看到她的情敌时，她就会感到身体不适。她发现，她的思想只是表面上的坚强。在这场道德革命中，有许多类似的女人。在离婚的残酷统计数字背后，有许多这样的案例：丈夫和妻子在尝试新的自由时，突然发现新的自由中蕴含着炸药，它摧毁了相互之间的信任和尊重，没有这种信任和尊重，婚姻（即使是为了孩子）是无法忍受的。

新准则诞生于理想幻灭之时，在其拥护者的夸夸其谈和迎接新时代的言论之下，理想依旧幻灭了。如果说这十年是"礼崩乐坏"的，那么它也是不快乐的。随着旧秩序的消失，一套赋予生活丰富内涵的价值观也随之消失，而替代的价值观并不容易找到。如果道德被废黜，那么取而代之的是什么呢？新时代的一些先知说："是荣誉感。只要诚实，做什么并不重要。"这是一个勇敢的理想，但它并不能让人完全满意，它太模糊，太简单，太难以应用。如果浪漫爱情被废黜了，那么取而代之的是什么呢？性爱？但正如约瑟夫·伍德·克鲁奇所解释的："如果说爱情已不再是一种罪过，那么它也不再是一种至高无上的特权。"正如沃尔特·李普曼在《道德序言》中引用克鲁奇先生的话补充道："如果你一开始就相信爱情是一时欢愉，那么它只能带来一时欢愉又有什么好惊讶的呢？"单纯追求性爱的结局是空虚和徒劳——《太阳照常升起》中的勃莱特·阿什莱和她的朋友们注定要悲剧性地陷入空虚和徒劳。

可以肯定的是，战后十年间，美国没有多少勃莱特·阿什莱。然而，有数百万人在某种程度上一度产生了同样的幻灭感，并随之产生了同样的痛苦。他们无法忍受没有价值观的生活，而他们所接受的唯一价值观正在受到破坏。一切似乎都毫无意义，也不重要。好吧，至少人们可以喝上几杯，从肉体的激情中得到快感，忘记世界正在崩塌……于是萨克斯管呜呜作响，杜松子酒酒壶不停地转圈，舞者们半闭着眼睛原地踏步。在这个躁动的夜晚，把那个如此无情和疯狂的世界拒之门外……

　　建立新的准则需要时间。直到这个十年即将结束时，才有迹象表明，革命者们再次学会了在自己的世界里自得其乐，摆脱了对性的迷恋，在情感上适应了习俗和标准的变化，优雅地过上了新时代更加自由和坦率的生活，并在旧制度的废墟中发现了一系列新的持久的满足感。

第六章

哈定与丑闻

在沃伦·G.哈定担任俄亥俄州参议员之前，哈里·M.道格蒂就开始担任哈定的私人律师，直到哈定去世。

1926年3月31日，哈里·M.道格蒂在纽约市塔切尔法官的要求下为联邦大陪审团提供信息，他给出了如下书面答复（标点略有修改）：

> 在哈定当选总统之前和去世之后的几年时间里，我一直在为哈定夫人服务。
>
> 我曾担任华盛顿宫米德兰国家银行和我哥哥M.S.道格蒂的律师。
>
> 在哈定担任总统期间，以及哈定总统去世后、柯立芝担任总统期间，我曾担任美国总检察长。
>
> 作为律师、私人朋友和总检察长，我与所有这些人的关系都是职业关系，拥有律师的保密特权。
>
> 我拒绝做证和回答向我提出的问题，因为我可能给出或做出的回答以及提供的证词，可能使我入罪。

1921 年 3 月 4 日，一个阳光灿烂的早晨，天气清冷，狂风吹拂着华盛顿的旗帜——虚弱不堪、弯腰驼背的病人伍德罗·威尔逊，他一瘸一拐地从白宫大门走向一辆等候的汽车，在新当选总统的陪伴下，沿着宾夕法尼亚大道驶向国会大厦，然后回到他位于 S 街的私人住宅中。沃伦·哈定宣誓就任美国总统。和平年代的统治开始了。

1921 年 3 月 4 日，这个冰冷的日期意味着什么？让我们回到那一天，看看当时发生了什么。

战争已经结束两年多了，但由于《凡尔赛条约》被参议院否决，伍德罗·威尔逊拒绝与大道另一端的绅士们妥协，严格来说，德国和美国之间仍然没有结束战争。商业在 1920 年年中之前一直繁荣昌盛，但现在陷入了萧条的深渊，并拖累了物价水平的下降，而物价水平引起了人们对高生活成本的广泛担忧；虽然超级爱国者仍在肆虐，萨科和范泽蒂还没有在塞耶法官面前接受审判，但"赤色大恐慌"已逐渐消退；三 K 党正在招募最初的几十万名成员。宪法第十八修正案生效已进入第二个年头，朗姆酒贩子和私酒贩子开始赢得客户的信任；"轻佻女子"的罪恶正在扰乱整个国家；大约就在这个时候，费城制作了"道德礼服"；《文学文摘》刊登了《年轻一代是否处于危险之中？》的文章；美国第一家广播电台成立还不到四个月；收音机热潮还未兴起；裙子已经快到膝盖了，但似乎又要变长了；犯罪委员会刚刚对芝加哥的犯罪风潮进行调查；棒球联盟执行长兰迪斯成为棒球界的"沙皇"；邓普西和卡朋蒂埃签约于第二年夏天再举办一场比赛；《大街》和《世界史纲》成了畅销书。

全美国人民都感到精神疲惫。他们厌倦了战争的刺激和"赤色大恐慌"的紧张，希望得到宁静和治愈。他们厌倦了威尔逊及其关于美国对人类的责任的言论，对政治理想主义不再在意，希望有机会在不受政府干预的情况下处理私人事务，并忘记公共事务。他们的字典里可能没有"常态"这个词，但他们想要的就是"常态"。

华盛顿的每一届新政府都是在充满期待的友好气氛中开始执政的，但这次首都的气氛比较平淡。新总统的笑容就像酷寒冬日之后的春暖花开一样温暖。此前四年，白宫大门紧锁，哨兵把守。哈定的第一个正式举动就是打开大门，允许一大群观光客在院子里漫步，把鼻子贴在行政大楼的窗玻璃上，在巨大的北门廊下互相拍照；允许马车和卡车从宾夕法尼亚大道经过，从总统府大门口驶过。这一举动似乎象征着政府回归人民。威尔逊曾被斥责为独裁者，却骄傲地坚持己见。哈定谦虚地说，他将依靠"最优秀的人才"来为他出谋划策，并根据《弥迦书》中的经文宣誓就职，该经文说道："耶和华已指示你何为善，他向你所要的是什么呢？只要你行公义，好怜悯，存谦卑的心，与你的神同行。"威尔逊似乎永远关注商业事务，并且不信任大多数商人，哈定的意思是让他们尽可能自由地"恢复正常的前进道路"。威尔逊是一位严谨的学术理论家，哈定则是"普通人"，流露出善良的天性，见到记者和白宫访客会热情地握手，和蔼地说话。他还在白宫养了一条名叫"老弟"的狗，从而触动了美国人的感情。爱德华·G.洛瑞在哈定上任不久后写道："今天华盛顿的气氛就像回家探亲或大学同学聚会。这种变化令人惊叹，民众都在咧嘴大笑。"一个充满善意的时代似乎正在开始。

沃伦·哈定有两大优点，而且这些优点非常明显。首先，他拥有美国总统应有的外表。他英俊潇洒，面容和举止具有华盛顿式的高贵和庄严，眼神很慈祥。他的照片拍得很好，这为他赢得了喜爱和尊敬。其次，他是入主白宫中最友好的人。他似乎喜欢每一个人，想帮每一个人的忙，想让每一个人开心。他的亲和力不是冷血政客的伪装亲和力，而是透明而感人的真诚。"我的同胞，"他在战争期间第一次见到赫伯特·胡佛时说，"我想成为一个乐于助人的人。"他是认真的。现在他是总统了，他想帮助家乡的同胞、竞选总部的同胞以及全体美国公众。

他的缺点起初并不那么明显，但实际上是灾难性的。正如威廉·艾伦·怀特所说，除了有限的政治经验，他的"消息闭塞到令人难以置信"。他的头脑模糊不清，这一点从他公开演说的乏味风格、他所选择的冗长而笨拙的语言（"拒绝"欧洲事务、"努力弥合"条约）以及他频繁给词语加后缀就可见一斑。当他面对仅凭善良本性无法找到答案的政策问题时，他

哈定的官方肖像画（埃德蒙·霍奇森·斯马特／绘）

的无助更清楚地揭示了这一点。怀特讲述了这样一个故事：哈定在听顾问为一个税务问题争论了一天之后，走进他的一位秘书的办公室，大声喊道："约翰，我对这个税务问题一点头绪都没有。我听了一方的意见，他们似乎是对的，然后——上帝啊！——我又和另一方的人谈了谈，他们似乎也是对的，结果我又回到了起点。我知道在某个地方有一本书可以告诉我真相，但是，见鬼，我读不懂那本书！我知道在某处有一位经济学家知道真相，但我不知道去哪里找他，也不想去找他，当我找到他时，也不相信他。上帝啊，这工作真难做！"他无法找出问题的关键，也无法思考问题，这使他完全依赖思维过程比他更敏锐的下属和朋友。

如果他在选择朋友和顾问时有所鉴别，一切都会好起来，但他的头脑并没有考虑这一点。他任命查尔斯·埃文斯·休斯、赫伯特·胡佛和安德鲁·梅隆担任内阁职务，是出于一种模糊的感觉，即他们将为他的政府提供必要的政治家风范，但他同样愿意追随道格蒂、法尔或福布斯的脚步。他几乎不认为技术人员适合做技术工作。对他来说，职位就像李子，他就像一位仁慈的圣诞老人，从家乡马里昂的孩子们开始，把李子一个个送出去。他让自己的妹夫担任联邦监狱的负责人。他不仅让马里昂索耶疗养院的平庸医生索耶担任自己的私人医生，还授予他一个白宫公告中所谓的"准将"职位，并委派他研究政府卫生机构之间的协调问题；他还挑选了老乡 D. R. 克里辛格担任货币监理官。克里辛格是马里昂的一名律师，在银行业的管理经验仅限于在马里昂的国家城市银行和信托公司担任过几个月的总裁。

哈定似乎也无法区分诚实与无赖。他是在俄亥俄州肮脏的政治实践中受训出来的。多年来，他身边围绕着一群俄亥俄州的政治说客、掮客和赦免说客，他听取了这些人的很多"商业建议"，和他们做了很多"小买卖"——这些人跟着他来到华盛顿，一起来的还有来自马里昂的老乡们。其中有些人是他安排上位的，另一些人则是靠着他的面子上位的。如果他对这些人了如指掌的话，他一定知道——如果他有一分钟清醒而不带偏见的思考能力的话——他们必然会利用这些职位，但他太喜欢他的老伙计了，太想让他们分享他的好运气了，而且太糊涂了，直到面对这个问题为时已晚。他喜欢从白宫溜到 H 街的房子里，在那里，俄亥俄帮和他们的亲信可以狂欢作乐，酒水管够，不必在意禁酒令，也可以在牌桌上尽情享乐，忘却国家大事。最简单的办法就是不要过多地打听这些人在做什么，希望他们如果在做小买卖的话，也要做得精明一些，不要让老哈定失望。

他为什么要选择这样的同僚呢？事实上，在他威风凛凛的外表下，他只是一个普通的小镇男人，一个"普通的感性男人"，是那种最喜欢和一群老伙计在一起的男人。当他们聚在海军事务局局长乔尔·布恩的住处举行周六晚上的聚会时，他们解开马甲，夹着雪茄，手边有充足的酒瓶和冰块。他的私生活充满了低级趣味。他的情妇声称，作为总统，哈定在当选前不到一年就生了一个私生子。我们读到他的情妇的自白时，会被整个事件的卑劣程度所震惊：在不光彩的酒店、参议院办公楼（情妇认为他们的孩子是在那里怀上的），甚至在白宫行政办公室的衣帽间里秘密会面（有人对总统情妇写的《总统的女儿》中的故事表示怀疑，但很难想象会有人凭空捏造一个由如此卑劣的冒险经历组成的所谓自传故事）。无论从任何角度来看，哈定都是个非常平庸的人：他在火车上被老千骗走 100 美元；当警察闯入百老汇的一家旅馆，把他和情妇捉奸在床时，他天真地向情妇保证，他们不会被逮捕，因为在参议员"前往华盛顿为人民服务的途中"拘捕他是非法的。沃伦·哈定野心勃勃的妻子为他量体裁衣，把他打扮成外表体面、内涵丰富的人，然而，即使在入主白宫之后，俄亥俄州那帮浑蛋从本质上来说还是他的同类。他已经超越了他们，可以和更高层的领导打成一片，但在 H 街那所烟雾缭绕的房子里，他才感到真正的自在。

哈定刚刚入主白宫，唯利是图的政客们就跟来了华盛顿。腮上叼着雪茄、口袋里装着一卷卷百元大钞的吹牛大王们开始出没于华盛顿的酒店。坊间流传着这样一句话：现在你可以和政府做生意了，只要你找对了人。石油商们望眼欲穿，在芝加哥大会上极力游说，希望提名哈定，因为他不会把保护环境的话看得太重，哈定的内政部长阿尔伯特·B. 法尔会让他们以友好而不太苛刻的条件开发国家资源。俄亥俄州的一帮人为美好前途乐开了花。沃伦·哈定越想有所作为，这些人就越有机会中饱私囊。

然而，广大公众对幕后发生的事情知之甚少，也不太关心。他们的眼睛——当他们费心去看的时候——只盯着灯光明亮的舞台，哈定政府正在那里上演着一出谨慎政治家的戏剧。

1921年7月2日，总统签署了一项决议，实现了拖延已久的对德和平。查尔斯·道斯在成为预算局局长后，用他那如诗如画的语言、低垂的烟斗和挥舞扫帚的滑稽表演吸引了报纸读者。移民受到限制，并实行配额制，这让劳工阶层感到满意，也让不看好民族大融合的人感到欣慰。国会提高了关税，所有优秀的共和党国会都应该这样做。梅隆国务卿主张降低对高收入群体征收的高额附加税，这让全美国的金融势力高兴坏了。尽管顽固的农场主与民主党联合起来，将最高附加税保持在50%，但华尔街至少感到政府的用心是正确的。当总检察长道格蒂向罢工的铁路工人下达与米切尔·帕尔默类似的禁令时，每一个工会的敌人都觉得自己有了靠山。1923年1月，一项为英国欠美国的战争债务提供资金的协议在华盛顿达成，并很快得到了参议院的批准。然而，哈定政府的杰出成就无疑是华盛顿军备限制会议——报纸坚持称之为"军备会议"。

战后，世界各大国再次开始了军备竞赛。英国、美国和日本都在拼命建造军舰。太平洋日益紧张的局势使它们之间的竞争变得更加激烈。在战争期间，日本抓住了扩大其商业帝国的大好时机：它的对手们都在其他地方忙得不可开交，它开始把中国视为特殊利益区域，在那里，日本的商业比其他国家的商业享有优先权。与英国的结盟加强了它的力量。查尔斯·埃文斯·休斯就任国务卿后，开始维护美国在东方的利益，再次实行美国传统的门户开放政策，但很快发现形势很严峻。美国反对日本的想法，而且菲律宾就在日本眼皮底下，如果发生麻烦，显然日本会插手！英国、日本和美国这三个大国，如果能就太平洋地区的争议问题达成友好协议，以三方协议取代日英同盟，并做出限制舰队的安排，那么三国都将获益。参议员博拉提议召开一次国际会议。1921年11月12日，美国无名烈士在阿灵顿公墓庄严下葬的第二天，与会代表在华盛顿计会。

　　哈定总统在第一次会议上热情洋溢地致欢迎词，并忠实于他的竞选宣言，将难题留给"最优秀的人才"去解决，让国务卿休斯和他的助手们进行实际谈判。在这种情况下，他的放手政策非常奏效。休斯不仅头脑聪明，而且有明确的计划，并能巧妙地把握复杂的关键问题。哈定总统还没走出宪政纪念堂，国务卿就被任命为会议主席，开始了看似温暾的致辞——然后，令聚集在长会议桌旁的代表们大吃一惊的是，他提出了一个明确而详细的方案：为期十年的海军休息期，在此期间不得建造任何基本舰艇；放弃所有实际或预计的基本舰艇建造计划；三国共削减近200万吨已建或在建舰艇；按照5：5：3的比例限制新造舰艇规模（美国和英国海军保持同等规模，日本海军保持英美规模的五分之三）。

　　休斯国务卿在一片令人窒息的沉默中总结道："随着这项计划的实施，海军军备竞赛的重担将被卸下。我们将腾出巨额资金来帮助文明进步。与此同时，适当的国防需求也将得到充分满足，各国将有充分的机会在十年海军休息期间考虑其未来的发展方向。进攻性海战的准备工作将从此停止。"

　　这一直接而具体的提议产生了巨大的影响。威廉·詹宁斯·布莱恩坐在新闻记者中间，听到海军休息期的提议后，高兴得大叫起来。休斯的演讲结束时，代表们爆发出长时间的掌声。全美国和全世界的媒体都报以热烈的掌声。休斯计划的大胆性和有效性激起了人们的想象力，会议的成功指日可待。

　　经过三个月的谈判，日本、英国和美国的代表达成了一项条约，该条约遵循休斯计划的总体方针：三国与法国一道同意尊重彼此在太平洋的岛屿领土，并通过和平谈判解决所有分歧；为日本从中国山东和苏联西伯利亚撤军铺平了道路；同意尊重在中国的门户开放原则。参议院正式批准了这些条约，太平洋摩擦的直接原因被清除了。尽管愤世嫉俗者可能会指出，巡洋舰和潜艇的竞争几乎没有减弱，战列舰无论如何也几乎过时了，但《华盛顿海军条约》至少减轻了军备竞赛的负担。正如国务卿休斯所预言的那样，它还开创了一个具有深远意义的先例。现在，一个国家建造的

华盛顿会议在 1921 年 11 月 12 日至 1922 年 2 月 6 日举行

哈定总统的葬礼车队经过白宫

军备被明确列为国际关注的问题，需要达成国际协议。

从表面上看，沃伦·哈定似乎一切顺利。他很受欢迎。他对商业的友好态度让这个国家的保守分子感到满意；他的财政部长，在任何银行家或实业家聚集的地方，都会被称为"自亚历山大·汉密尔顿以来最伟大的人"；他的商务部长赫伯特·胡佛，正在像帮助比利时人一样有效地提升贸易；即使是灰心丧气的理想主义者也不得不承认，华盛顿会议取得了不小的成就。虽然有传言说政府的某些部门贪污浪费、管理不善，退伍军人事务局局长不得不黯然离职，国会对多尼和辛克莱先生低价获取油田租约也有激烈的批评，但这些事情都并未引发多大波澜。1923 年初夏，当哈定动身前往阿拉斯加访问时，很少有人意识到他的政府出了什么大问题。在归途中，他因生物碱中毒而病倒，抵达旧金山后，他的病发展成肺炎，全美国人民都在关切地注视着每天的头条新闻。就在危险似乎已经解除的时候，他于 1923 年 8 月 2 日突然去世（医生认为死因是中风），整个国家陷入深深的悲痛之中。

总统的遗体被安放在一列专列上，该专列以最快的速度穿越美国，驶向华盛顿。沿途，成千上万的男人、女人和孩子聚集在一起，目送列车驶过。西部山丘上的牛仔们下了马，站在火车经过的地方。在城市里，哀悼者人山人海，以至于司机不得不降低车速，火车晚点了几个小时。《纽约时报》的记者写道："人们相信，这是美国历史上对死者的爱戴、尊重和敬意的最显著表现。"当沃伦·哈定的遗体被运往马里昂下葬时，他的继任者宣布这一天为公众哀悼日，商业机构歇业，追悼会从国家的一端开到另一端，国旗下半旗，建筑物也披上了黑纱。

当天的无数演讲表达的不仅仅是敷衍的情感，而是人们确实感到，一位心怀大志的人在为他们的事业鞠躬尽瘁之后为国捐躯。逝去的总统被称为"像一块坚硬的岩石一样挺拔的伟人"，有人说"他是一位有远见卓识的人"。纽约主教曼宁在圣约翰大教堂的追悼会上的发言，似乎是在给予这位逝去的英雄应有的评价："如果我能在他的纪念碑上写一句话，那就是：'他教会了我们友爱的力量。'这是任何人能教给我们的最伟大的一课。

这是基督教的精神。本着博爱和仁慈的精神，我们可以解决面临的所有问题……愿上帝永远赐予我们国家的领导人像我们现在悼念的这位领导人一样的忠诚、睿智、高尚。"

但事实上，有些问题——至少对美国总统来说——不是光靠博爱和仁慈的精神就能解决的。比如说，当那些与你情同手足的人使你的政府陷入贪污腐败的泥潭，而你又知道丑闻不可能长久掩盖下去，从而感到自己的毕生心血将付诸东流、自己将颜面扫地时，你该怎么办？这就是让沃伦・哈定丧命的问题所在。

塞缪尔・霍普金斯・亚当斯的《狂欢》是一部主要以哈定政府的真实故事为基础创作的小说，该书出版后，总统服毒自杀的谣言广为流传。加斯顿・B. 米恩斯是司法部的一名侦探，也是道格蒂团伙的成员，他在《哈定总统的离奇死亡》一书中明确暗示，总统是在索耶医生的纵容下被妻子毒死的。根据米恩斯的说法，哈定夫人有双重动机：哈定夫人发现了情妇和私生女的事情，于是产生了痛苦而近乎疯狂的嫉妒，她已经充分了解了哈定朋友们的阴谋诡计以及他们对哈定的控制力，觉得只有死亡才能使他免于诽谤。自杀说和情妇说都很有道理。据说，阿拉斯加之行归来时，总统在船上吃了蟹肉，导致生物碱中毒，但管家茶水间的供应清单上并没有蟹肉，总统一行中也没有其他人生病。此外，致命的"中风"发生时，总统正从肺炎中康复，哈定夫人当时显然与他单独在一起，医生的结论也没有经过尸检，仅仅是一种意见的表达。然而，我们不必接受对这一悲剧的阴谋化描述，也不必承认哈定是死于他所陷入的困境。但他对自己执政期间发生的事情一定有所了解，在阿拉斯加之行中，他显然处于恐惧之中。根据威廉・艾伦・怀特的说法，"他不停地问胡佛部长和他身边值得信任的记者：一个朋友背叛了他的总统应该怎么办"。不管是毒药还是心力衰竭，这两种因素都会让他死得很干脆，因为他已经失去了求生的意志。

当然，当时整个国家对这一切一无所知。他们的朋友和总统死了，他们为他的死而哀悼，哈定纪念协会准备为他竖立纪念碑。只是到了后来，真相才逐一浮出水面。

当参议院公共土地委员会开始揭露茶壶山和麋鹿山海军石油储备出租的特殊情况时，这位殉职的总统还没在坟墓里躺多久。哈定政府最严重、影响最深远的丑闻被一点一点地揭露出来。最终查明的案情简述如下。

自 1909 年以来，政府依法划出三块含油土地，用于满足美国海军未来的石油储备需求——作为在紧急情况下应对石油短缺的储备油田。它们分别是位于加利福尼亚州麋鹿山的海军一号储备地、位于加利福尼亚州布埃纳维斯塔的海军二号储备地和位于怀俄明州茶壶山的海军三号储备地。随着时间的推移，这些土地下的石油显然有可能被邻近的油井抽走，因为地下石油的流动情况是这样的：如果你钻了一口井，你不仅有可能开采自己土地下的石油，也有可能开采出邻居土地下的石油。至于这种危险对这些特定资产的影响有多大，人们众说纷纭。当有人在麋鹿山保护区的入口处开凿油井时，国会采取了行动。1920 年，国会赋予海军部长全权来解决油田保护区问题。显然，他至少有两种可能的行动方案。他可以安排在储油区边缘钻井，自己开采后再注入地下水，形成保护；或者将储油区租给私人经营者，条件是他们必须储存一定数量的石油或燃料油，以满足未来国防的需要。丹尼尔斯部长倾向于前一种方案。

但阿尔伯特·法尔在成为哈定总统的内政部长后，做出了相反的决定。1921 年，在限制军备会议召开前夕，海军中的某些高级军官对可能与日本发生的冲突感到十分紧张，因此宣布海军必须立即在珍珠港和其他战略要地建造和填充燃料油储存库，并做好使用准备。法尔先生对此事非常热衷。他是作为某些大石油利益集团的盟友上台的，作为一个不抱幻想的政治家，他看到了回报金主的机会。他将把储备油田全部租给私人经营者，用这些经营者付给政府的石油特许权使用费来购买燃油，从而满足海军的需要。可以肯定的是，只有海军部长才有权租赁储备油田，而法尔并不是海军部长，但这并不是一个无法克服的困难。

哈定总统上台不到三个月，就签署了一项行政命令，将保护区从海军部长的监管下移交给内政部长。1922 年 4 月 7 日，法尔未经竞标就秘密将 3 号保护区（茶壶山保护区）租给了哈里·辛克莱的猛犸石油公司。1922

年 12 月 11 日，他未经竞标秘密将 1 号保护区（麋鹿山保护区）租给了爱德华·多尼的泛美公司。有人争辩说，这些租约并未让政府吃亏，如果特许合同生效，承租人并不会获得不正当的利润。有人认为，与军事相关的事情有必要保密，这足以作为没有竞标和完全不公开的理由。但后来人们发现，法尔的公司从辛克莱公司那里得到了大约 26 万美元的自由债券，而且多尼公司还"借给"法尔的公司 10 万美元现金，但没有利息，也没有担保。

参议院的调查、政府的诉讼和刑事审判拖了整整十年之久，最终多尼租约被最高法院以"非法和欺诈"为由宣布无效，辛克莱租约也被宣布无效，法尔部长因收受多尼的贿赂而被判有罪，并被判处一年监禁。海军部长登比因同意将保护区管辖权移交给法尔，也在公众的批评声中被赶下台。矛盾的是，多尼和辛克莱都被无罪释放，但辛克莱不得不在 1929 年坐了两次牢：第一次是因拒绝回答公共土地委员会向他提出的问题而被判藐视参议院，第二次是因在第一次审判中陪审团被侦探跟踪而被判藐视法庭（其中一名陪审员声称，一名男子曾向他暗示，如果他投票"正确"，他将获得一辆"和这个街区一样长"的汽车）。

这就是石油租赁交易的基本事实，但这只是故事的一部分。1924 年初，参议院委员会首次披露了一些重要信息，柯立芝总统任命欧文·罗伯茨先生和前参议员阿特利·波梅林组成两党政府检察官小组，代表政府采取法律行动。此后，罗伯茨先生和波梅林先生发现，辛克莱转让给法尔公司的某些债券来自一家闻所未闻的公司——加拿大大陆贸易有限公司（以下简称"大陆公司"）。大陆公司的历史逐渐浮出水面，轰动一时，而且作为当时美国商业道德的一个研究案例，它具有很强的启发性。事情是这样的：

1921 年 11 月 17 日——也就是法尔和辛克莱签订合同的几个月前——一群人聚集在纽约范德比尔特酒店的一个房间里举行商务会谈。这些人有梅克夏油田的老板 E. A. 汉弗莱斯上校、中西部石油公司的哈里·M. 布莱克默、草原石油公司的詹姆斯·E. 奥尼尔、印第安纳州标准石油公司董事会主席罗伯特·W.斯图尔特上校，以及辛克莱联合石油公司的负责人哈里·F.辛克莱。在这次会议上，汉弗莱斯上校同意以每桶1.50美元的价格出售其油田的33333333桶石油。但他发现，他并不能按照通常的做法，直接把石油卖给与会的其他人所代表的公司。他被要求卖给一家他从未听说过的公司，一家刚刚成立不久的公司——大陆公司。辛克莱和奥尼尔代表神秘的大陆公司签订担保销售合同。大陆公司立即将石油转售给辛克莱和奥尼尔的公司，不是以每桶1.50美元的价格，而是以每桶1.75美元的价格，从而将每桶25美分的丰厚利润转入了大陆公司的金库，而这笔利润本来是可以分给其他公司的。补充一句，这笔利润预计将达到800多万美元。

事实上，利润没能达到过这个数额。因为一年多以后，参议院开始介入调查，并认为最好关停大陆公司并销毁其记录。但在这之前，在范德比尔特酒店进行的那笔小交易的利润已经超过了300万美元。

大陆公司的总裁奥斯勒是加拿大著名的律师，他用这几百万美元购买了自由债券，并将这些债券的大部分（自己拿走2%的份额后）打包交给参加范德比尔特酒店会议的四位先生，具体如下：

哈里·M.布莱克默，约76.3万美元。

詹姆斯·E.奥尼尔，约80万美元。

罗伯特·W.斯图尔特上校，约75.9万美元。

哈利·F.辛克莱，约75.7万美元。

这些先生是否立即向他们的董事和股东报告收到债券，并将其存入公司金库？当然没有。

根据布莱克默的律师后来（很久之后）的证词，布莱克默将自己的分成存入纽约公平信托公司的一个保险箱，截至1928年，该保险箱仍在那里。

奥尼尔直到1925年5月才将自己的分成转交给公司。

斯图尔特将自己的分成交给了印第安纳州标准石油公司的一名雇员，

由他代为保管在该公司的保险库中，但除了公司的一名法律工作人员，他从未将此事告诉过其他任何同事，也从未向他的董事透露过他的所作所为，直到1928年，他才最终将债券交给公司。他的信托协议都是用铅笔写的。

根据辛克莱本人的证词，他直到1928年才将此事通报给公司的董事或高管，并将自己的那部分债券存放在家中的保险柜里。不过，他并没有把所有债券都放在那里很长时间，否则大陆公司胆大妄为的历史可能永远不会曝光。他把其中很大一部分（正如我们已经看到的那样）交给法尔公司。另外一大部分，即18.5万美元，他"借"给共和党全国委员会（另外还直接捐赠了7.5万美元），后来又拿回其中的10万美元。这笔"借款"是借给威尔·H.海斯的，他曾在1920年哈定竞选总统期间担任共和党全国委员会主席，后来被哈定总统任命为邮政部长，最后辞职成为电影业的道德监督员（制片人和发行人协会主席）。辛克莱把债券交给他时，海斯先生已经是电影界的"沙皇"了，但作为一个有良知的人，他正试图还清1920年共和党竞选时欠下的债务。为此，他试图以一种非常有趣的方式利用辛克莱的"借款"。他和下属找到一些富人（他们都是潜在的捐款人），并告诉他们，他们如果愿意用捐款来弥补赤字，就可以得到与他们捐款数额相当的辛克莱公司债券。至少在海斯向参议院公共土地委员会提供的证词中，没有明确说明他们可以保留这些债券多长时间。这种隐瞒辛克莱巨额捐款的方法，被电影的道德监督者委婉地称为"利用债券为赤字筹款"。

关于政府惯例和企业高管代表股东履行受托责任的小课就说到这里。下面，让我们来看看石油丑闻中轻松的一面。对于那些没有受到任何牵连的人来说，这个故事是比较轻松的。在蒙大拿州参议员沃尔什无情的盘问下，不情愿的证人饱受折磨，其中不乏某种冷幽默。慢慢展开的调查中的一些场景、有关各方在异国他乡的一些旅途、记忆中的一些混淆，都不乏娱乐元素。让我们重温那段漫长的调查记录，逐条研究其中的一些内容。

第一项：谁把钱借给了法尔的公司？

1923年秋天，在哈定逝世后不久，参议员沃尔什的委员会发现法尔部

1924 年 1 月，茶壶山油田的承租人爱德华·多尼（桌旁，右二）在调查委员会作证

1924 年 1 月，哈里·F.辛克莱（左中）在调查委员会作证

长最近突然阔绰起来。在此之前的一段时间里，法尔一直经济拮据，他甚至已经有好几年没有缴纳地方税了。但现在一切都变了。法尔先生甚至在他的新墨西哥牧场附近购买了更多的土地，并在购买时使用了相当数量的百元大钞。沃尔什委员会立刻成了嗅觉灵敏的猎犬：对调查人员来说，百元大钞就像拒绝作证或拒绝放弃豁免权一样令人兴奋。法尔收了谁的钱？法尔给委员会写了一封长信，矢口否认他从多尼先生或辛克莱先生那里收过一分钱，并以愤慨无辜的口吻解释说，他从华盛顿的爱德华·B.麦克莱恩那里得到了 10 万美元的贷款，麦克莱恩是一位百万富翁、报业老板，哈定和他的同伙经常享受他的盛情款待。

麦克莱恩先生当时在棕榈滩，无法来华盛顿就这笔贷款作证。委员会也许会就此作罢，但他们没有这样做。麦克莱恩先生被通缉了。他似乎极不愿意接受审查，他和他的朋友们通过密码电报与他在华盛顿的助手们进行了大量的通信，在电报中讨论事务的进展情况。

最后，沃尔什参议员义无反顾地前往棕榈滩，听取麦克莱恩的证词。麦克莱恩承认借了一笔钱给法尔，但他是以三张支票的形式借的，法尔部长不久就把支票退了回来，这些支票甚至没有经过银行，也没有任何交易记录。

显然，这笔短暂而不寻常的财务交易并不能解释前内政部长的富裕程度或他使用大面额现金的情况。另一种解释是必要的。于是，1924 年 1 月 24 日，海军一号油田保护区的承租人爱德华·L.多尼出庭作证：他也曾借给法尔公司 10 万美元，这笔钱是装在一个挎包里从纽约带到华盛顿的。但这笔借款与租赁油田毫无关系，只是给老朋友提供的善意借款。这位年迈的石油大亨为他与法尔多年的战友情谊描绘了一幅动人的画卷。如此轻易地借出 10 万美元现金，是不是一笔相当大的数目？当然不是，这对他来说"不过是小事情"，他"用这种方式汇款"一点也不稀奇。有借条吗？有，多尼会去找。后来，他拿出了那张借条，或者说，是那张借条的一个碎片，签名不见了。多尼解释说，他担心自己行将就木，而冷血的遗嘱执行人可能会不顾情面地催促法尔公司还款，于是他把借条撕成两半，把有签名的部分交给了多尼太太，而她把它遗失了。这个解释非常完美——尽管几年后最高法院似乎对此持怀疑态度。

第二项：六头或八头奶牛。

就在慷慨的多尼出庭作证之前，报纸头版报道了一则头等大事。阿奇·罗斯福——伟大的 T. R. 罗斯福的儿子、小 T. R. 罗斯福（曾任哈定的海军部长助理）的兄弟——作为自愿证人来到沃尔什委员会。阿奇·罗斯福是辛克莱公司的一名高管，他有心事要倾诉。他的兄弟劝他把一切都说出来。他（阿奇）从辛克莱的机要秘书 G. D. 沃尔伯格那里得知，辛克莱曾向法尔牧场的经理支付了 6.8 万美元。鉴于沃尔什参议员正在毫不留情地追查证据，这一情况显然让沃尔伯格有些不安。此外，辛克莱已经乘船前往欧洲——走得很隐蔽，没有让他的名字出现在乘客名单上。委员会找来了沃尔伯格。这位先生在委员会议席上显得更加不安，但他对自己所说的话有一个很好的解释。他说，阿奇·罗斯福一定是误会他了，他根本没说过 6.8 万美元的事，他肯定说的是辛克莱把"六头或八头奶牛"送到了法尔的牧场（这是真的：辛克莱确实给法尔送去了活牲口，但准确地说，不是"六头或八头奶牛"，而是一匹马、六头猪、一头公牛和六头小母牛）。你知道误会是怎么产生的吗？你明白"六万八千"听起来多么像"六或八头牛"了吗？

公共土地委员会似乎没有明白，集体皱起了眉头。于是过了一会儿，沃尔伯格又换了个说法。这一次，他的解释更加令人开怀。他"查阅"了自己的记忆，认为自己在说到把 6.8 万美元给法尔牧场或法尔农场的经理时，实际上说的一定是把 6.8 万美元给了"马牧场"的经理——他指的是辛克莱著名的兰科卡斯马场的驯马师。6.8 万美元是驯马师希尔德莱斯的工资，以及他从其他马匹的赛马奖金中应得的分成。

"马牧场"——这句话似乎有些不合常规。皱起的眉头并没有舒展开。

第三项：斯图尔特上校和其他人的沉默。

参议院委员会紧紧抓住线索，准确说是两条线索。但是，从那时起，能够为委员会提供最大帮助的各位先生就开始奇怪地三缄其口，而当他们开口说话时，他们的记忆力又出现了奇怪的状况。法尔部长被他的医生诊断为"病入膏肓"，不应该出庭作证。当他最终出庭作证时，他拒绝回答"可能会使他入罪"的问题。正如阿奇·罗斯福告诉委员会的那样，辛克莱去了欧洲，回来后，他也拒绝回答问题。在逃脱"密谋欺骗政府"这一更严重的指控后，他终于开口说话了。他承认他把债券交给了法尔，但坚称这些债券是为了换取法尔牧场和牛群生意中三分之一的权益。

布莱克默去了欧洲，赶不回来。奥尼尔去了欧洲，也无法回来。大陆公司的奥斯勒在天涯海角的某个地方。至于斯图尔特上校，只有在小约翰·洛克菲勒的坚持下，他才从古巴赶来面对委员会。他在1928年初面对委员会时的证词如下："我个人没有收到任何这些债券。我没有从这笔交易中赚到一美元。"不到两个月后，在辛克莱被无罪释放后，紧张局势有所缓和，他承认收到过价值超过75万美元的债券，而且几年来他一直没有将这些债券的情况告诉他公司的董事们。

第四项：海斯先生的证词。

1924年，电影道德导师威尔·H.海斯被传唤到参议院委员会。他被问到辛克莱为共和党捐了多少钱。他说是7.5万美元。

1928年，在大陆公司债券的历史变得更加清晰之后，海斯先生被要求再次作证。他把辛克莱除了捐赠还"借"给他18.5万美元的事情原原本本地告诉了委员会。为什么他之前没有告诉他们呢？他说是因为没有"被问及任何债券"。

第五项：缄口不言的梅隆先生。

在海斯先生对辛克莱的捐款做第二次粉饰的几天后，查尔斯·普拉特公司的出纳员被传唤到委员会作证，以说明海斯将价值5万美元的辛克莱—大陆公司自由债券留给已故的约翰·T.普拉特，为何恰好和普拉特先生向共和党委员会捐款的金额相同。出纳员出示了一张卡片，普拉特先生在卡片上注明了债券的处置和捐款的支付情况。在这张卡的一角，用铅笔做了如下细小的记号：

50000 美元

安迪

威克斯

杜邦

巴特勒

沃尔什参议员检查了卡片。

　　沃尔什参议员：我认识"威克斯"，认识"杜邦"，也知道"巴特勒"，但另一个名字是谁？好像是"安迪"？

　　出纳（用放大镜）：是"威克斯""杜邦""巴特勒"，另一个名字一定是"坎迪"……额，可能是"安迪"。

　　奈尔参议员：谁是"安迪"？

　　出纳：我不知道"安迪"是谁。我想不出有谁叫"安迪"。

　　房间里的人群发出了一阵哄笑。每个人都知道安迪是谁。沃尔什参议员给财政部长安德鲁·W. 梅隆[1]写了一张便条，问他能否解释一下这个记号。梅隆先生毫不迟疑地照办了。

　　梅隆先生解释说，1923 年末，就在茶壶山调查开始的时候，海斯给他寄来了一些债券。"此后不久，海斯先生打来电话，说他收到了辛克莱先生寄来的债券，并建议我持有这些债券，同时向基金捐献等额资金。我拒绝了他的建议。"

　　梅隆部长的行为非常正直，他退回了债券，并没有采纳海斯的建议，而是直接捐助 5 万美元。他还说，他"对此后发生的事情，即茶壶山租约的事情一无所知"。

　　不过，值得注意的是，这份证词是在 1928 年提供的。三年多来，不仅有参议院委员会，还有柯立芝总统任命的公诉人罗伯茨先生和波梅林先生，都一直在试图查明大陆公司债券的去向，在此期间，财政部长一直知

---

[1] 安迪是安德鲁的昵称。——译者注

道，1923 年有人向他提供了辛克莱的自由债券。他什么也没说，直到那张小卡片出现，上面用铅笔写着"安迪"（也可能是"坎迪"）。也许这只是一件小事，但当财政部长的证词可能会给他所在政党的筹款方法抹黑时，他肯定会表现出沉默寡言的一面。

至此，茶壶山和麋鹿山以及大陆公司的非凡故事告一段落。转让租约的行政命令可以说是这一切的开端，它颁布于 1921 年 6 月，当时哈定刚刚上任，国家城市银行行长斯蒂尔曼离婚案的审判迫在眉睫，拳击手邓普西正准备与卡朋蒂埃比赛，年轻的查尔斯·林白还没有乘坐过飞机。当辛克莱和斯图尔特讲完他们的故事、海斯修正了自己的说法、梅隆部长也克服了沉默寡言的毛病时，林白已经飞往欧洲，赫伯特·胡佛正在为共和党的提名拉拢议员。当哈里·辛克莱从不受欢迎的华盛顿监狱药剂师任期中脱身时，牛市已经一蹶不振，战后十年正在逝去。法尔部长作为哈定政府的国家资源监护人的任期虽然短暂，其后果却是漫长而痛苦且令人警醒的。

对了，还有一件事要补充。石油，一切的始作俑者——海军部的爱国者们一直渴望在太平洋出现问题时能立即得到的石油——怎么样了？人们对债券和 10 万美元的借款非常兴奋，但大家似乎都忘记了石油。租给辛克莱和多尼的油田停止了生产。1921 年，人们曾对向邻近油井注水的危险开展了大量讨论。最终，邻近的油井继续生产，据说其中的部分石油——很可能包括一些从储备油田中提取的石油——卖给了日本政府！

石油案是哈定政府丑闻中的"明星事件"，但还有其他更肮脏、更卑劣的丑闻。让我们简要地回顾一下其中的几件。

例如，查尔斯·福布斯领导下的退伍军人事务局的奢侈和腐败几乎令人难以置信。哈定对福布斯非常欣赏，1921 年，他让福布斯负责安抚伤残的战争英雄们，毕竟每个公众都认为自己有责任为这些英雄流下感激的泪水。福布斯在任不到两年，据估计，在此期间，他的办公室因贪污和公然浪费而损失了两亿多美元。福布斯在美国各地举行了一次臭名昭著的公费旅行，名义是为退伍伤残军人考察医院，但实际上早已暗中选定。例如，北安普顿一家医院的报价，比其他家的最低报价高出 3 万美元，但还是赢得了竞标。据指控，福布斯与一些医院的建筑商达成了协议，他将从中获取三分之一的利润。医院用品的采购也荒唐可笑。例如，退伍军人事务局购买了价值 7 万美元的地板蜡和地板清洁剂——据说足够使用一百年——它为清洁剂支付了每加仑 98 美分的价格。后来专家的证词披露：不加水的清洁剂每加仑价格不到 4 美分。多余物资的出售也同样不考虑价格：84000 张全新的床单，每张成本 1.37 美元，却以每张 26 或 27 美分的价格出售，与此同时，该局以每张 1.03 美元的价格购买 25000 张新床单。布鲁斯·布利文报告说："有一次，刚买进的床单实际上是在仓库（马里兰州佩里维尔市）的一端进货，刚卖出的床单则在另一端出货，其中有些床单刚进库就出库了。"每条 19 美分的毛巾以每条 3 美分的价格售出，卖了超过75000 条。这几个事实足以说明，福布斯是如何慷慨地使用拨款来照顾战争英雄的。1926 年，福布斯因诈骗罪被送往莱文沃思监狱。

外侨财产保管办公室的贪污行为也十分猖獗。加斯顿·B. 米恩斯指控说，来华盛顿申请归还战争期间从德国人手中没收的财产的律师们被建议去咨询一位名叫瑟斯顿的波士顿律师，瑟斯顿会向他们收取一笔不菲的服务费，然后其申请就会被批准，这笔费用则会被那些当权者瓜分。美国金属公司案中提出的证据也足以表明此类交易非常猖獗。

美国金属公司是一家国际性企业，其 49% 的股票在战争期间被外侨财产保管办公室接管，理由是这些股票属于德国人。这些股票以 600 万美元的价格出售。1921 年，一位名叫理查德·默顿的人来到外侨财产保管办公室，声称 49% 的股票不是德国的，而是瑞士的，他所代表的瑞士所有者应该得到补偿。默顿向来自康涅狄格州的共和党全国委员会委员约翰·T. 金赠送了 44.1 万美元的自由债券，作为将他介绍给保管人 T. W. 米勒上校和总检察长道格蒂的手下杰斯·史密斯的"服务费"，随后其要求得到了批准。在对米勒的审判中，有人指出，在这 44.1 万美元中，至少有 20 万美元是付给杰斯·史密斯的，"因为他通过自己在华盛顿的熟人加快了索赔的速度"；总检察长的弟弟马尔·S. 道格蒂至少卖出了默顿给的价值 4 万美元的自由债券，此后不久就将 49165 美元存入他哥哥的账户；米勒上校也分到了一笔钱。1927 年，米勒因密谋欺骗政府而被定罪，并被判处十八个月监禁。道格蒂也被送上了法庭，但他脱罪了。在两个陪审团无法就他是否有罪达成一致意见后，对他的起诉被驳回——但在此之前，有人揭露这位前政府最高政法官员曾在 1925 年前往他兄弟位于俄亥俄州特豪斯市的银行，取出并烧毁了他存放在那里的账簿、他兄弟的账簿以及另一个名为"杰西·史密斯额外账户"的账簿。

就在美国金属公司案审理之前的大陪审团调查期间，哈定的总检察长写下了本章开头的那篇引人注目的声明。在审判期间，道格蒂没有出庭为自己辩护，他的律师马克斯·斯图尔后来在另一份同样引人注目的声明中解释了这一失误：

> 促使他不作证的原因与本案无关……他担心……巴克纳先生会盘问他一些与道格蒂先生无关的政治问题，他知道答案，但他决不会透露……如果陪审团知道销毁账簿的真正原因，他们会赞扬而不是谴责道格蒂先生，但他坚持保持沉默。

还有比这更故意的暗示吗？哈定的总检察长不能说出真相，因为他害怕给死去的总统抹黑。如果你愿意，可以把道格蒂的沉默称为忠诚的沉默，或者把这些声明称为躲在已故总统身后的托词。无论哪种情况，哈定政府都显得光怪陆离。

作家加斯顿·B. 米恩斯在 1930 年大胆地提出了更严重的指控。他说，作为俄亥俄州帮派的党羽，他曾在纽约一家酒店租下两个相邻的房间，愿意为联邦保护支付费用的私酒贩子在此房间内行贿；他会在其中一个房间的桌子上放一个大金鱼缸，他从隔壁房间的门缝里可以看到，每个私酒贩子都会在指定的时间来到这里，并在缸里留下成百上千的现金。私酒贩子一离开，米恩斯就会进来，清点钱款，核对金额。通过这种方式，他总共收了 700 万美元，交给了俄亥俄帮的总收款人杰斯·史密斯——他和总检察长道格蒂在华盛顿共用一套公寓。

米恩斯还声称，从这些和其他形式的贿赂中得到的钱财都藏在一个金属盒子里，这个盒子埋在他在华盛顿第十六街 903 号所住房子的后院里，每次都有几千美元。他描述说，这所房子和院子都用铁丝网保护着，并安装有密码信号系统和其他秘密装置。

杰斯·史密斯于 1923 年在他与哈里·道格蒂合住的公寓里自杀身亡——至少官方是这么说的。米恩斯声称，就在这起悲剧发生之前，俄亥俄帮发现史密斯在被道格蒂带到华盛顿司法部任职之前，一直是个小心谨慎的店主，所有经过他手的现金都被记账了。史密斯一想到自己的罪行和他所知道的秘密就害怕，一直准备作证。根据米恩斯的说法，该团伙随即决定必须处理掉史密斯。虽然史密斯害怕枪支，但在一次去俄亥俄州的旅行中，他还是被说服购买了一把左轮手枪。随后发生的"自杀"——正如米恩斯明确指出的那样，也如许多其他人已经怀疑的那样——根本不是自杀。

最后，米恩斯提请大家注意，那些曾参与俄亥俄帮秘密活动的人的死亡率高得令人吃惊。不仅是史密斯，约翰·T. 金（他曾收到默顿的债券）、C. F. 哈特利（司法部特工）、C. F. 克拉默（退伍军人事务局律师）、瑟斯顿（波士顿律师，曾在外侨财产保管办公室代表许多客户）、T. B. 费尔德（哈定集团律师）、哈定总统、哈定夫人和索耶将军也都死了。他们都在哈定政府结束后的几年内去世了，其中大部分人是突然去世的。

无论人们对后面这些指控及其影响的可信度有多高或有多低，经证实的证据都足以证明，在哈定政府短短的两年零五个月任期里发生的贪腐和帮派事件，比联邦政府整个历史上其他任何政府都要多得多。

美国人民是如何看待这些爆料的呢？他们会愤怒地惩罚罪犯吗？

1924 年初，油田丑闻首次出现在报纸头版头条，引起了巨大的轰动，足以迫使登比和道格蒂辞职，并促使新总统卡尔文·柯立芝任命政府特别顾问来处理石油案件。但是，新闻界和公众最严厉的谴责并不是针对欺骗政府的人，而是针对坚持揭露事实真相的人。领导调查油田丑闻的沃尔什参议员和司法部的惠勒参议员被《纽约论坛报》称为"蒙大拿丑闻制造者"。《纽约晚邮报》称他们为"抹黑高手"。尽管《纽约时报》倾向于民主党，却称他们为"人格杀手"。在这些报纸和美国各地的其他报纸上，人们读到了"民主党的私刑先锋""毒舌的党派主义、纯粹的恶意和叽叽喳喳的歇斯底里"，这些调查被称为"令人感到卑鄙和恶心"。

报纸的读者们也纷纷对这些论调表示赞同。实业家们郑重其事地表示，他们可能是犯了错误，但谴责这些错误并因此"给政府抹黑"是不爱国的行为，而坚持要一查到底的人"简直比布尔什维克还布尔什维克"。美国的超级爱国者之一、美国关键人物协会的弗莱德·R.马文说，石油丑闻是"一个巨大的国际阴谋……是国际主义者、社会主义者和共产主义者造成"的结果。在此期间，一位每天从郊区乘坐火车前往纽约的乘客注意到，在七点钟的火车上，人们对丑闻有些愤慨，但在八点钟的火车上，人们只是对丑闻的曝光感到愤慨，而在九点钟的火车上，甚至没有人提到这些丑闻。几个月后，以民主党候选人身份竞选总统的约翰·戴维斯曾利用哈定的丑闻以获取政治资本，但大多数人似乎都认为他的言论有失风度，戴维斯也因此在投票中一败涂地。事实上，对这些丑闻的不懈调查都有可能扰乱现状，哪怕只是轻微的扰乱，而扰乱现状是占统治地位的商业阶层或整个美国最不希望看到的。

美国人投票支持回归常态，而且仍然坚信这一点。他们对美国政府的最大要求就是不要插手商业活动（除了通过征收优惠关税或其他方式时不时地提振一下），在其他方面也不要引人注目。他们不希望华盛顿出现大胆而有远见的政治家。他们对总统政治家的看法是，总统应该放任自流，给工商业一个获取丰厚利润的机会，而不是"摇摆不定"。他们意识到，他们选择哈定是实现这一适度理想的错误开端。哈定有点过于"友善"了，他的和蔼可亲使他与一些人结交，这给他带来了不幸的名声，而不幸的名声往往导致"水能覆舟"。但是，基本原则仍然是正确的：国家现在需要的是这样的总统，他既要不露声色，又要对商界友好，既要有无可挑剔的正直品格，又要爱惜羽毛。现在他们有了这样一位总统。天意难测，哈定总统的顺位继承者正好体现了这一修改后的总统理想。卡尔文·柯立芝的不露声色达到了极致，他永远不会试图把国家之船驶入未知的水域。

同时，他又足够诚实和谨慎，能够防止甲板上发生任何不体面的狂欢。因此，一切都是理所应当的。为什么要通过回顾过去的不幸事件来削弱公众对哈定政党的信心，进而削弱公众对哈定继任者的信心呢？最好的办法就是既往不咎。

随着时间的推移，揭露出来的丑闻越来越多，范围也越来越广，1921—1923年的"错误"似乎比沃尔什参议员所想象的还要严重。但是，断断续续出现的证词令人困惑，难以自圆其说；普通民众无法在脑海中清晰地记住与大陆公司债券或道格蒂银行账户有关的复杂事实；时间的不断流逝使后来的调查看起来像是在清洗古老的脏衣服。经济很好，柯立芝式的无为而治让全美国人民满意。柯立芝是诚实的，为什么要纠缠于过去呢？对丑闻的怨恨和对丑闻制造者的怨恨都让位于一种深沉而无谓的冷漠。当大陆公司交易的真相大白时，作为印第安纳州标准石油公司的大股东，小约翰·洛克菲勒向斯图尔特上校发起了挑战，并设法将他赶下了公司董事长的宝座。但整个商界似乎都认为斯图尔特上校的表现没有任何问题。

然而，殉职总统的声誉在缓慢而平静地下降。多年来，位于俄亥俄州马里昂的伟大陵墓，由一个悲痛的民族无偿捐献的崇高纪念碑，一直没有题词。显然，美国总统的纪念碑只能由美国总统来题词，然而，哈定的继任者们似乎觉得不方便到马里昂来参加仪式。1930年末，也就是哈定去世七年多之后，哈定纪念协会召开会议，商讨如何解决这一尴尬局面。已故总统的那位无畏的朋友哈里·道格蒂曾经因为知道一些"他永远不会透露的事情"而拒绝作证，此时却在会上发表了华丽的演说，宣称美国人民从未被"诽谤的嘴唇或撒谎的舌头"所动摇。他提议无限期推迟题词仪式。决议获得正式通过。然而，后来一些高层人士决定，此事不能就这样不了了之，优秀的共和党人咽不下这口恶气。总统胡佛和前总统柯立芝接受邀请，参加了1931年6月的陵墓落成仪式，但在仪式过程中表现出某种克制。在1931年，要对这位"教会我们友爱的力量"的仁人志士的公众美德进行颂扬，并不像1923年那么容易。

第七章

柯立芝繁荣

沃伦·哈定去世时，美国商业正蓬勃发展。在佛蒙特州一间原始的农舍里，约翰·柯立芝上校在一盏老式煤油灯的照耀下，为他的儿子卡尔文主持美国总统就职宣誓仪式。1921 年无望的萧条让位于 1922 年充满希望的改善和 1923 年急速的复兴。

当然，普通股的价格也让人感到乐观。1923 年 8 月 2 日，哈定逝世当天，美国钢铁公司的股价为 87 美元（派发 5 美元股息），艾奇逊公司的股价为 95 美元（派发 6 美元股息），纽约中央公司的股价为 97 美元（派发 7 美元股息），美国电话电报公司的股价为 122 美元（派发 9 美元股息）。纽约证券交易所当天的总成交量仅略高于 60 万股，大牛市还遥遥无期，但繁荣的浪潮还是一浪高过一浪。

拿起一张统计学家用来衡量战后十年经济起伏的图表，你会发现，商业活动线在 1920 年上升到一个锯齿状的高峰，1920 年底和 1921 年陡然跌入深谷，1922 年犹豫地向上攀升，1923 年中期达到另一个高峰，1924年有所回落（但回落幅度远不及 1921 年），1925 年和 1926 年再次回升，1927 年底出现短暂但轻微的回落，然后在 1929 年以之字形上升到完美的繁荣巅峰，但最终在 1930 年和 1931 年跌入无底深渊。

把图表拿远一点再看一遍，就会发现，1924 年和 1927 年的低谷只是从 1923 年初到 1929 年末的不规则高原上的浅浅凹痕。这个高原代表着将近七年无与伦比的富足。在这七年里，男人和女人可能对政治、宗教和爱情感到失望，但他们相信在彩虹的尽头至少有一罐可流通的法定货币，由美国工业和美国零售业的利润组成。正如斯图尔特·蔡斯所说，在将近七年的时间里，商人成为"我们命运的独裁者"，取代了"政治家、牧师和哲学家，成为道德和行为标准的创造者"，并成为"美国社会行为的最终权威"。在将近七年的时间里，繁荣的马车在大街上滚滚向前。

但不是每个人都能爬上这辆马车，能爬上马车的农民更是极少数。当然，也有一些奶农、果农和卡车园艺师扒住了马车。由于公众发现了有用的维生素，宣传菜单要更加多样化，并且由于发明了更好的易腐食品运输方法，美国人的饮食发生了巨大的变化。1919 年至 1926 年，全美国牛奶和奶制品的产量增加了三分之一，仅冰淇淋的产量就猛增了 45%。1919 年至 1928 年，随着家庭了解到芹菜、菠菜和胡萝卜中含有维生素，并习惯于全年供应新鲜蔬菜（以及新鲜水果），十九种可用卡车运输的蔬菜作物的种植面积几乎翻了一番。但是，小麦、玉米和棉花等主要农作物的种植者们陷入了困境。在其他国家的竞争压力下，他们的国外市场不断萎缩。妇女们穿的棉衣越来越少。汽车、收音机和电力等新经济领域很少使用农业原材料。对于农民来说，效率越高越贫困，为提高产量而购买的机器越多，他们就越有可能面临生产过剩的危险。农产品价格指数从 1920 年的205 点降到了 1921 年的 116 点——引用斯图尔特·蔡斯的话说，"这也许是美国农业史上最可怕的一次雪橇滑行"——此后仅收复了一小部分失地，到 1927 年为 131 点。贫穷的农民大声抱怨，他们和进步主义运动领袖们拼命争取联邦援助，但仍有成千上万的人离开农场来到城市。

在进步的游行队伍中，还有其他行业没有参与。采煤业、纺织业、造船业、制鞋业和皮革业都受到了影响。美国各地都感受到其中一个或多个行业萧条的影响。南方的棉花销路受阻，西北部农业的小麦种植者惨淡经营，新英格兰地区的纺织业和制鞋业几乎瘫痪。尽管如此，繁荣的大潮并不缺乏参与者，他们的好运超过了在路边哀叹的人的厄运。

汽车制造商高歌猛进，他们的幸运时刻来临了。此时，铺设好的道路、修理厂和加油站已经非常多，汽车驾驶员可以放心地出发，而不必担心被困在泥坑里，或因没有汽油而熄火，或因火花塞坏掉而报废。现在，汽车已经制造得非常精密，驾驶者几乎不需要看到火花塞就能知道它的能力，成千上万的车主甚至从来没有掀开引擎盖看过发动机的样子。此外，由于封闭式汽车已实现批量生产，所以即使在寒冷的 1 月，汽车驾驶员也不需要斯巴达式的勇气了。时尚的新车型令人赏心悦目。在战后十年之初，大多数汽车的颜色都是阴沉沉的，但随着硝化纤维素饰面的发明，它们（在 1925 年和 1926 年）呈现出从佛罗伦萨奶油色到凡尔赛紫罗兰色的绚烂色彩。车身摇摆更小了，专业设计师寻求新的和谐线条，低压轮胎出现了，最后连亨利·福特也屈服于时尚和美感了。

1927 年 12 月，福特 A 型汽车问世，如果需要任何迹象来表明汽车在普通美国人心目中占据的中心位置，那么它就是最好的证明。1926 年春天，亨利·福特关闭了他的巨型工厂，报废了他的 T 型车和成千上万台生产 T 型车的机器，并宣布他将在市场上推出一款新车，自那时起，整个国家都处于期待的状态。显然，他必须做出重大改变。在低价汽车的巨大市场上，T 型车的领先地位已经被雪佛兰所取代，因为人们已经不再满足于丑陋的外形和每小时 60 千米或 80 千米的最高时速，也不再满足于左脚疲惫地踩着低速踏板，在上坡时缓慢地咆哮，看着旁边雪佛兰"罗宾鸟蛋蓝"汽车飞驰而过。同样显而易见的是，亨利·福特是那个时代的机械天才。他会创造怎样的奇迹呢？

一个又一个谣言登上了报纸的头版。人们的兴趣如此浓厚，以至于连布鲁克林的一位汽车经销商"通过其兄弟亨利的电报了解到一些关于新车的信息"都成了头条新闻。当密歇根州布赖顿的《阿格斯周刊》的编辑真的拍下了一张福特新车试驾的照片时，报纸的读者们对这张照片趋之若鹜，热烈地讨论着它的每一个细节。伟大的一天到来了，这个时代发明天才的最新产品将向公众展示。福特汽车公司在 2000 家日报上刊登了为期五天的整版广告，总费用达 130 万美元。每个识字的人都在阅读这些广告。1927 年 12 月 2 日，A 型车亮相，据《先驱论坛报》统计，有 100 万人试图进入纽约福特总部一睹它的风采。查尔斯·默茨后来在他的《福特传》中写道："有 10 万人涌入底特律福特公司的展厅；在克利夫兰，骑警出动维持秩序；在堪萨斯城，大批民众冲进会堂，工作人员不得不搭建平台将新车抬高，让所有人都能看到它。"就这样，新车从美国的一端开到了另一端。数以千计的尼亚加拉蓝色敞篷跑车和阿拉伯沙黄色轿车订单堆积在福特公司的账簿上。几个星期甚至几个月以来，每一辆出现在街头的福特新车都吸引了大批的人群。对于热衷于汽车的美国人来说，一种新型汽车的首次亮相并不仅仅是兴之所至或商业上的兴趣。它是 1927 年的重大事件之一，虽然没有林白的飞行那么惊心动魄，但在引发公众的热情方面，它可以与萨科和范泽蒂的处决、霍尔 – 米尔斯谋杀案的审判、密西西比洪水以及在芝加哥举行的邓普西和唐尼的拳击对决相媲美。

1919 年，美国有 677.1 万辆汽车；1929 年，有不少于 2312.1 万辆。这可能是柯立芝繁荣最有力的统计数据。再补充说明一下：早在 1923 年底，在米德尔敦这个典型的美国城市，每三个家庭就有两辆汽车。林德夫妇和他们的调查人员访问了米德尔敦的 123 个工人阶级家庭，发现其中 60 个家庭有汽车。在这 60 个家庭中，有 26 个家庭的房子破旧不堪。调查人员想了解他们是否有浴缸，结果发现这 26 个家庭中有 21 个家庭没有浴缸。人们宁愿先买汽车！

汽车的到来改变了美国的面貌。曾经因为"毗邻铁路"而繁荣的村庄，现在因经济衰退而凋零，61 号公路沿线的村庄则因修理站、加油站、热狗摊、鸡肉餐馆、茶室、游客休息处、露营地而繁荣富足。城际无轨电车消亡了，即便幸存下来也被人视为一个可悲的过时产物。一条又一条的铁路放弃了其支线，或者在巨型城际公交车和卡车的竞争下，收入慢慢减少。客运公交网络覆盖了整个国家。战后十年之初，在数以千计的城镇中，主街和中央大街的交界处设置一名交通警察就足以控制交通。到了战后十年

福特汽车生产线，摄于 1928 年 1 月

1928 年，富兰克林·罗斯福和他的福特敞篷车

的末期，情况就大不一样了，红灯、绿灯、闪光灯、单行道、林荫道停车站、严格的停车条例以及更严格的停车条例都开始施行，但每逢周六和周日下午，主街的车流仍然堵住好几个街区。蒸汽时代正在缓慢但确定地让位于汽油时代。

在繁荣的大潮中，无线电制造商所占的位置不如汽车制造商重要，但他们是最年轻的参与者。大家应该记得，1920 年秋天之前还没有向公众广播无线电的说法，但到了 1922 年春天，无线电已经成为一种疯狂的事物——就像第二年的麻将和后来的填字游戏一样被人们津津乐道。1922 年，收音机及其零部件和配件的销售额达到了 6000 万美元。人们不禁要问，在斯克内克塔迪或爱荷华州达文波特听到爵士乐团演奏《加拉格尔先生和希恩先生》的新鲜感过去之后会发生什么？接下来几年的年度收音机销售总额的数字表明了实际情况。

1922 年：0.6 亿美元（正如我们刚刚看到的）

1923 年：1.36 亿美元

1924 年：3.58 亿美元

1925 年：4.30 亿美元

1926 年：5.06 亿美元

1927 年：4.26 亿美元

1928 年：6.50 亿美元

1929 年：8.43 亿美元（比 1922 年增加了 1400%！）

不要匆匆浏览这些数字。要记住，每当国家繁荣曲线出现下滑时，几乎所有流行商品的销售量都会出现下滑。例如，1927 年国民经济出现衰退，对收音机的销售有很大影响。1924 年也出现过经济下滑，事实上下滑得更厉害，然而，那一年的收音机销售额却是整个时期增长比例最大的一年。为什么呢？因为在那一年，陷入困境的民主党人在纽约麦迪逊广场花园举行总统候选人提名会议，数以百万计的美国人通过收音机听到了"阿拉巴马，24 票支持安德伍德"的狂热呼声，他们发现，政治会议也可以是一场盛大的听觉盛宴，收音机旁的座位和公园的门票一样受欢迎。事实上，这样更好，因为你随时可以转动旋钮，收听《巴尼谷歌》或《不会再下雨了》等歌曲。无线电广播在其三岁半的时候，就已经进入了鼎盛时期。

在这些收音机销售额的背后，是战后十年生活的重要一面：收音机遍布美国三分之一的家庭；巨型广播站覆盖美国；住户的屋顶上布满了天线森林；《洛克希和他的帮派》《幸福男孩》《A&P 吉普赛人》和歌唱家鲁迪·瓦利的声音在佛罗伦萨的古董橱柜里吟唱；播音员格雷厄姆·麦克纳米的声音是美国公众最熟悉的声音，他的声音在所有人的客厅里呼喊："他做到了，是的，先生，他做到了！触地得分了！孩子，我想告诉你，这是有史以来最精彩的比赛之一……"1927 年，政府姗姗来迟，开始在相互竞争的广播电台之间分配波长；广告商为获得播放贝多芬音乐的特权而支付巨额广告费，并配上几句关于酵母或牙膏的广告词；华尔街交易员迈克尔·米汉亲自操盘，将美国无线电公司的普通股从 1928 年的最低点 85.25 美元抬升至 1929 年的最高点 549 美元。

在繁荣的大潮中，还有其他的参与者。人造丝、香烟、冰箱、电话、化学制剂（尤其是化妆品）以及各种电气设备的需求都在不断增长。在独立店主苦苦支撑的同时，连锁店和百货商店的零售业务量却突飞猛进。1919—1927 年，廉价连锁店的销售额增长了 160%，雪茄连锁店增长了 53%，药品连锁店增长了 124%，杂货连锁店增长了 287%。史密斯夫人不再光顾"老字号"商店，为了节省 27 美分，她爬上价值 2000 美元的汽车，专门开到红色门面的连锁杂货店。电影产业蒸蒸日上，电影胶片传遍了世界各地，查理·卓别林、道格拉斯·费尔班克斯、葛洛丽亚·斯旺森、鲁道夫·瓦伦蒂诺和克拉拉·鲍勃成为爱斯基摩人、马来人和中国人熟悉的明星，而在美国国内，米德尔敦的电影放映厅在一个月内（1923 年 12 月）的观影人数达到了全市人口的四倍半。无论男女老幼、贫富贵贱，米德尔敦人每周都会看一次电影！

柯立芝繁荣是真的吗？农民们不这么认为，也许纺织品制造商也不这么认为。但是，公司利润、工资和收入的数字几乎没有让人怀疑的余地。

左图：格雷厄姆·麦克纳米在
1924年的棒球世界大赛上做广
播

下图：1926年时电影院的巨幅
宣传广告

举例来说，请看财富天平两端的两个重要事实。从 1922 年到 1927 年，美国工资的购买力以每年超过 2% 的速度增长。仅在 1924 年至 1927 年的三年间，年收入超过 100 万美元的美国纳税人就从 75 人猛增到 283 人。

为什么会发生这种情况？是什么让美国如此繁荣？

其中一些原因显而易见。战争使欧洲陷入贫困，而美国几乎没有受到任何影响，因而当和平到来时，美国人发现自己成了世界经济的主人。这个年轻的国家拥有巨大的物质和人力资源，拥有广阔的国内市场。美国已将大规模生产发展到机械化和高效率的新高度。福特的高工资、低价格和细分流水线成为标准化生产的福音，海兰帕克工厂以及成千上万的其他工厂都顺利地采用这些模式。企业高管们回忆起 1921 年堆积如山的库存，不禁心有余悸，他们已经学到了谨慎采购的教训。在高管周围，技术顾问、研究人员、人事经理、统计学家和商业预测专家比以往任何时候都要多。共和党政府是他们的亲密盟友，这种近乎迷信的信念增强了他们的信心。而汽车工业的蓬勃发展也为他们提供了帮助。汽车工业这一个经济领域的惊人繁荣——直接或间接地为近 400 万人提供了就业机会——为所有其他领域注入了新的活力。

两个刺激购买的新因素也为繁荣助了一臂之力，这两个因素都是在预支未来，但为现在注入了资金并使工厂继续运转。一个是分期付款购买的增加。人们开始认为，把购物额度限制在现金余额范围内是过时的做法，现在应该做的是"行使信用"。据经济学家估计，到战后十年后半期，分期付款已占零售总额的 15%，约有 60 亿张"轻松付"账单等待支付。另一个刺激因素是股市投机。1928 年和 1929 年股票暴涨时，可能有成千上万的人在用股市赚的钱购买商品，这些钱本质上是对此后十年商业利润的赌博。繁荣持续时，这样做很令人开心。如果说这些是柯立芝繁荣的主要原因，那么推销员和广告商至少是其代理人和传教士。企业前所未有地认识到终端消费者的重要性。除非能够说服消费者购买乃至大肆购买，否则，六缸汽车、超远程收音机、香烟、胭脂水粉和电冰箱等所有产品都会无法出厂。推销员和广告商掌握着出厂的钥匙。随着竞争的加剧，他们的方法也变得越来越过火。仅仅以谦虚和明确的措辞推荐自己的商品，并将其摆放在柜台上，希望最终消费者下定决心购买已经不可行了。广告商必须精心策划全国性的宣传活动，咨询心理学家的意见，并运用诗人的雄辩来说服、劝说或恐吓消费者购买——"打破消费者的抵触情绪"。不仅每个企业都努力争取在自己的领域获得更大的业务份额，而且整个行业都在公众的耳边相互叫嚣。陷入困境的糖果生产商在报纸上用整版篇幅回应美国烟草公司的口号："口含好彩，何须甜蜜。"[①]《读者文摘》援引贸易期刊的报道，称家具制造商努力使人们具有"家具意识"，服装制造商努力使人们具有"燕尾服意识"。推销员必须有狂热的热情，必须不择手段地闯入人们的家中，必须不让任何东西阻挡他完成销售。正如高管们所说："你不能等着订单上门，必须去推销。"一般说来，公众对广告商夸大其词的宣传和推销员厚颜无耻的行为并不反感，因为公众愿意原谅以商业的神圣名义犯下的一切罪行。

为了取得业绩，销售人员承受了空前的压力。许多企业开始实行指标制，为每个销售代表设定一个比上一年高出 20% 或 25% 的目标，并要求他们必须达到这个数字，否则就会失去雇主的青睐，甚至丢掉饭碗。各种销售竞赛和其他巧妙的手段都被用来刺激销售队伍。有一万多个美国商业机构订购了芝加哥的达特内尔公司的服务，该公司提出的计划之一是购买各种新奇的东西，每隔一周寄给推销员：这周是一个微型鸡毛掸子，上面贴着督促推销员"在客户家掸掸灰尘"的标签；另一周是炮筒型爆竹，上面写着"制造大噪声"的命令；等等。美国切分机公司在圣诞节向每一位完成全年指标的销售员赠送一只火鸡。"我们要求每个人，"销售经理事后解释说，"在他的家庭中指定一个孩子来领奖，这让他们每个人都会在圣诞节拼命工作，同时会让一些孩子很开心。这些年轻人执行计划的方式很有趣，有时他们的兴趣之浓厚几乎令人难以置信。"另一家公司的销售经

---

① 阿尔伯特·拉斯科为"好彩"牌香烟设计的广告词。使用女明星做的这一系列广告打破了女性吸烟的禁忌，使得"好彩"成为当时最畅销的香烟品牌之一。——译者注

理兴高采烈地报告说，他的绝技之一是"让一个人嘲讽另一个人的工作业绩，直到他们大打出手"。据杰西·雷恩斯福德·斯普拉格在《商人的养成》一书中说，还有一家公司发明了一种刺激推销员的方法，这种方法的不人道程度可能创下了整个柯立芝繁荣时代的纪录。该公司举行了一场宴会，宴会上，业绩最好的人可以吃到牡蛎、烤火鸡和最精致的雪糕；业绩第二高的人可以吃到同样的晚餐，但没有牡蛎；以此类推，业绩最差的人只能吃到一小盘煮豆子和几块饼干。

如果推销员时不时会受到这样的压力，那么消费者也会感到压力。有两个极端的例子（出自《商人的养成》一书）足以说明经营方法的发展趋势。一家药品批发公司向业界提供了一张顶部有栏杆的小矮桌，用于展示"推荐商品"，直接摆放在顾客面前。据《印刷品》报道，"当顾客摔倒在桌子上、撞到桌子、小腿踢到桌子或以其他方式接触到桌子时，顾客的注意力自然就会被吸引到这些商品上"。《销售新闻》将"销售创意奖"的奖金颁给了一位电动清洁器销售商，因为他做了这件事：有一天，他从街上抬起头，看到一位女士正在二楼的窗户边抖地毯，"通往她楼上房间的门是开着的。我没有敲门就径直上了楼，对那位女士说：'我没来晚吧。您希望我从哪个房间开始？'她非常惊讶，说我走错了屋。但在我彬彬有礼的道歉过程中，我已经把吸尘器插上了电源并开始工作。结果，我走的时候没带走吸尘器，而是带走了她的购买合同和大笔首付款的支票。"显然，《销售新闻》的读者们对于一名男子未经许可并以虚假的借口侵入一名女子的公寓，并在其中使用吸尘器的事情非常有热情，因为如果你能如法炮制，就会有助于生意，而好的生意有助于繁荣，繁荣对国家有利。

面对新时代的竞争，广告商们采用了更好的设计、具有说服力的照片和铺天盖地的投放。根据弗朗西斯·H. 西森的统计，1927 年的广告额超过了 15 亿美元。他们以一种新的坦率态度来迎接这一时代，向呆板的杂志读者介绍"奥多罗诺除臭剂"和"高洁丝卫生巾"的优点。此外，他们还在技巧上做出了微妙的改变。文案撰稿人开始学会减少对其产品的特殊品质和优势的关注，更多地研究大众想要的那些东西——年轻、令人向往、富有、邻里攀比、令人羡慕等。制胜的法宝是将自己的产品与这些目的中的一个或多个联系起来，合乎逻辑或不合逻辑，实事求是或冷嘲热讽；客户从一些虚构的男人或女人的戏剧性案例中吸取教训，他们的命运因使用某品牌的肥皂而改变；在最时髦的圈子里，人们在双盲测试中更喜欢某品牌的香烟；或者通过名人来证明——往往是花钱买来的——广告产品被时尚女性、电影明星和著名飞行员使用。据说，一位影后从加利福尼亚一路来到纽约，花了一天的时间，身着数十套服装，使用数十种商业用品，拍摄了大量的宣传照片，其中许多产品她可能从未见过，而这一切都是因为广告的曝光有助于宣传她的最新影片。实验室里冰冷的事实又有什么价值呢？牙粉制造商不是通过引用医学权威来迎合牙膏广告的虚假宣传吗？在战后十年之初，广告被认为是一门生意，在柯立芝繁荣初期，它成了一种职业，但到了战后十年的末期，它的许多从业者看到从小报新闻中学到的方法取得了压倒性的胜利，开始了对整个行业的反思。

20 世纪 20 年代的一位智者可能会说，只要能写出轰动性的广告，就不必在乎国家的法律。广告里有这个时代的传奇、浪漫和悲剧，广告描写的人物比任何小说中的人物都更为大众所熟悉。这时的美国人都记住了西雅图的艾迪生·西姆斯先生[1]……在没有使用福尔汉公司产品的人中，五分之四都患上了痔疮，每个人都戴着一个白色的口罩，遮住了他们不开心的嘴巴……那个曾经是高尔夫球冠军的男人，"现在只是一个蹒跚的旁观者"，蹑手蹑脚地跟在明星球员后面，因为疏忽了牙齿，他的健康状况一落千丈……那个曾经坐在出租车里被妻子责备不善言谈的男人，如今的谈吐令全场目眩神迷，以至于旁观者只能惊叹："我觉得他的话堪比雪莱的名言。"……当服务员用法语跟他说话时，他的朋友们大笑不止……认为菲力牛排是一种鱼的女孩……客人走后，一对可怜的夫妇互相羞辱，妻子握着门把手，强忍泪水，丈夫则羞愧地咬着指甲（摆脱一切尴尬！让著名的礼仪之书告诉你在任何场合该做什么、说什么、写什么或穿什么吧！）……

---

[1] 出自一则为"洛斯记忆课程"撰写的广告词："当然，我记得你，西雅图的艾迪生·西姆斯先生。"

一个女孩戴着名贵脚链，却得了脚气病……这些广告版面上的男男女女，或痛苦或胜利，成为当时民间传说的一部分。

有时，广告业的壮举令人惊叹。例如，有一个人买了纳尔逊・道布尔戴的《口袋大学》丛书，一天晚上，他参加了一个聚会，其中有人提到了阿里巴巴：

阿里巴巴？我往前坐了坐，开始给他们讲述这个浪漫的虚构人物。

不知道怎么回事，他们都围着我。我告诉他们航行在七大洋上的金船，一个名人和他的驴在未知的道路上流浪，我们都是他的后代。我告诉他们埃及艳后、古怪的哲学家第欧根尼、罗马城始祖罗慕路斯和罗马建城史等他们从不知道的事情。我告诉他们英格兰王后安妮・博林的悲惨结局……

"你一定是走遍了整个世界，才知道这么多不可思议的事情。"

持怀疑态度的人可能会会心一笑，庆幸自己没有参加那个漫长的聚会，但这则广告深深地印在他们的脑海中。而对于其他不那么成熟的人来说，这无疑为他们打开了欢乐之门。只要他们填好优惠券，他们就能让晚宴变成闪耀的舞台……

在战后十年的这些戏剧性广告中，最有名的是李施德林漱口水的长篇系列广告，这些广告通过描绘一群最亲密的朋友背着口臭者说闲话的故事，讲述了口臭的可怕后果。"常常是伴娘，却从来没有当过新娘……埃德娜的情况真的很可怜"……"她为什么会和他分手？"……"这就是你失败的原因"……然后利用该系列前面的悲剧所引起的恐惧进行魔鬼般的巧妙展示：一个女孩看着李施德林的广告，自言自语道"我不可能买到它"！美国医学协会坚持认为李施德林"不是真正的除臭剂"，它只是用一种气味掩盖了另一种气味，但就像研究所发现"大约5%的人患有痔疮，而不是所谓的80%"一样，科学不如广告有效。夸张的广告让口臭成为众矢之的，李施德林在公众的恐慌中获得了越来越多的利润。

20世纪20年代李施德林漱口水系列广告中的一部分

随着一年又一年的繁荣，新的财富分配带来了显著的成果。战后立即出现了高等教育的大繁荣，尽管速度有所放缓，但教育繁荣仍在继续，直到大学校董们开始发愁如何为蜂拥而至的新生找到宿舍。知识概述和礼仪知识类图书大行其道，这些都是为那些快速致富、希望快速提升文化修养和社交能力的人准备的。威尔斯的《世界史纲》是 1921 年和 1922 年最畅销的非虚构类图书，紧随其后的是房龙的《人类的故事》、J. 亚瑟·汤普森的《科学概要》（这两本书都是 1922 年的畅销书）、双日出版社和艾米丽·波斯特各自出版的《礼仪之书》（这两本书在 1923 年的非虚构类图书排行榜上遥遥领先）、《我们为什么要像人类一样行事》（这本书在 1926 年大获成功）以及《哲学的故事》（这本书在 1927 年的非虚构类图书排行榜上遥遥领先于其他所有图书）。

大批游客涌向国外。根据美国商务部的数据，仅在 1928 年，就有超过 43.7 万人乘船离开美国前往国外，更不用说还有 14000 多人通过铁路进入加拿大和墨西哥，超过 300 万辆汽车在加拿大停留了一天以上。这些天真的美国人肆意挥霍：事实上，他们花在国外的钱（1928 年约达 6.5 亿美元）一度解决了国际金融中的一个难题：美国如何才能在不允许外国商品大量进口、高关税壁垒的情况下，继续收取外债和外国投资的利息。

美国成为世界的银行家和金融仲裁者。当德国和协约国之间的金融关系出现问题时，查尔斯·G. 道威斯将军 [①] 和欧文·D. 杨主导着国际委员会——不仅是因为他们的判断被认为是明智的、在欧洲各国之间是公正的，而且还因为美国有能力发号施令。各国纷纷邀请美国帮他们重塑财政。美国在海外的投资突飞猛进。布罗德街和华尔街拐角处的那座石灰岩建筑，1920 年爆炸时被弹片击中的伤痕仍在，该建筑如今已成为无可争议的世界金融中心。美国只是偶尔才会对其他国家实行武力干预。海军陆战队统治了海地，恢复了尼加拉瓜的秩序。但总的来说，美国不是通过军事征服或政治独裁，而是通过金融渗透来扩张帝国。

---

① 查尔斯·道威斯（1865—1951），美国政治家、诺贝尔和平奖获得者，1923 年他主持制定了解决欧洲"一战"后危机的方案，向德国提供了大笔贷款。——译者注

在国内，繁荣带来的一个最显著的结果是，城市品位、城市服饰和城市生活方式征服了整个国家。乡巴佬消失了。新罕布什尔州和怀俄明州乡村的女孩们和纽约的姐妹们穿着同样的短裙，使用同样的口红。无产阶级——或者说"赤色大恐慌"时期的激进分子所称的无产阶级——逐渐丧失阶级意识；美国劳工联合会的会员人数和影响力不断减少；工人们拥有二手别克车并为吉米·沃克 [①] 喝彩的时代已经到来，他们似乎丝毫不反对吉米·沃克的精致衣着、贴身男仆以及他经常光顾棕榈滩百万富翁聚集地。梅隆、胡佛等人发现自己的财富在公职中是一种资产而非负担，或者说，1924 年美国民众呼吁亨利·福特去竞选总统绝非偶然。拥有百万财富是成功的标志，而成功在美国各地都受到崇拜。

美国人对商业本身有了新的崇敬。曾经，人们认为商业不如高学历职业那么高贵和杰出，但现在，人们称一位神职人员为优秀的商人，认为这是对他的高度赞扬。学院的校友们聚集在年度宴会上，热切地为银行理事鼓掌。人们将教育视为美国最伟大的产业之一，并将校长和院长比作企业高管。这些学院本身也开设了商业课程，并欣然授予文理科学位候选人在广告文案写作、营销方法、初级速记和药店实践方面的学分。甚至连哥伦比亚大学也利用一套函授系统，吸引男女学生参加其家庭学习课程，并派出推销员去按响任何表现出一丝兴趣的学生的门铃，连伟大的芝加哥大学也利用法国政治学者安德烈·西格弗里德所说的"成功的神秘主义"，在其函授课程的广告标题中告诫学生"在家中进步、调查、坚持、成功"。哈佛商学院设立了年度广告奖，将学术荣誉授予措辞精练的商业产品销售论点。教会要抵制商业热情的浪潮并非易事。据《美国信使》的一则报道称，纽约的瑞典伊曼纽尔公理会教堂承认商业吸引力优于精神吸引力，它向所有向其建筑基金捐款 100 美元的人赠送"一张天堂优先股的刻板投资证书"。纽约上城区的一个教堂广告牌也打出了同样具有说服力的标语："来教堂吧，信奉基督能提高你的效率。"

---

① 1926—1932 年担任纽约市长，主政期间建造了大量基础设施，并要求警察不执行禁酒令，赢得了广泛支持，但最终因贪腐被解职。——译者注

在美国的每个城镇，各种俱乐部都聚集了中产阶级市民中的佼佼者，他们每周都会聚在一起共进午餐，他们觥筹交错，其乐融融。这些俱乐部发展迅速。其中最著名的扶轮社成立于 1905 年，到 1930 年，它已拥有 15 万名成员，并在 44 个国家拥有多达 3000 个俱乐部，拥有广泛的国际影响力。基瓦尼斯俱乐部的数量从 1920 年的 205 个增加到 1929 年的 1800 个；狮子俱乐部的数量成倍增加，1917 年第一个狮子俱乐部成立，到 1929 年狮子俱乐部的数量达到 1200 个。这些俱乐部并不满足于唱歌和开展社会服务活动，还表达了美国人民对"商业救赎和新生的影响"的信念。他们的喉舌将商人描绘成建设者、伟大事业的实践者、梦想家，他们的想象力一直在寻找服务人类的新方法。这是一种流行的说法，因为在数以百计的董事会议室里，在数以百计的会议桌旁，柯立芝繁荣时代的美国商人们都把自己看作目光坚定、高瞻远瞩的人。《美国信使》甚至援引爱荷华州滑铁卢扶轮社的一位演讲者的话，宣称"扶轮社是神性的彰显"。

事实上，商业与宗教的结合是当时最重要的现象之一。美国信贷员协会在纽约举行年会时，在圣约翰大教堂为 3000 名代表举行了特别的信仰仪式，并由新教牧师、罗马天主教神父和犹太教拉比主持五场祷告会。S. 帕克斯·凯德曼博士关于"商业中的宗教"的布道使信贷员们精神振奋。同样，联合广告俱乐部在费城举行会议，听取了凯德曼博士关于"想象力与广告"的主题演讲。教会宣传部会议讨论的主题包括"广告中的精神原则"和"通过新闻与广播传道"。在会议期间的每个晚上，从夜晚 11:30 到凌晨 2:00 都会为参会者提供歌舞表演，大西洋城选美比赛的部分节目也会上演。这个迹象表明，即使是有崇高信仰的人也必须找点乐子。

用《圣经》指点商业的课程和用商业指点《圣经》的课程都很多，以至于有时很难确定哪一个从这种互动中获得了最大的收益。弗莱德·弗伦奇是纽约的一位建筑商和房地产商，他告诉他的销售人员："这样做很合理。这个理论的合理性的证据可以在《马太福音》第 7 章第 7 节中找到，这位有史以来最伟大的人性专家所下的命令是：'叩门，就给你们开门。'"他接着引用了"最伟大的诫命——'爱邻如己'"，然后说，弗莱德·弗伦奇公司的推销员们遵循这些崇高的原则，"极大地增强了自身的品格和能力，因此在今年，他们将以较低的佣金率为我们的股东服务，但每个人都能赚到比 1925 年更多的钱"。在这种情况下，《圣经》显然是为企业设定了一个标准，以满足企业自身的金钱利益。然而，有时人们并不确定是否以商业为标准、《圣经》是否应与商业相提并论。

例如，大都会人寿保险公司发行的《摩西：人类的劝说者》小册子（由凯德曼博士撰写序言）宣称，"摩西是有史以来最伟大的推销员和地产商之一"，他是"历史上最辉煌的推销活动的主导者、无畏者和成功者"。最后，我们来看看布鲁斯·巴顿在《无人知晓的人》中所宣扬的非凡信息，这本书深深地打动了美国人的心，连续两年——1925 年和 1926 年——都是美国最畅销的非虚构类图书。巴顿通过展示基督教与商业的相似之处，向公众宣扬基督教。这本书告诉读者，耶稣不仅是"耶路撒冷最受欢迎的晚餐客人"和"户外活动家"，还是一位伟大的管理者。"他从商界最底层挑选出十二个人，将他们打造成一个征服世界的组织……没有任何一个机构能像这个组织的组建方式那样，成为管理成功的惊人范例"。他讲述的寓言是"有史以来最有力的广告……如果生在现代，他会成为全国知名的广告商"。事实上，耶稣是"现代商业的创始人"。为什么？因为他是宗教产业的缔造者。

布鲁斯·巴顿的"福音书"满足了大众的需求。在柯立芝繁荣的有利影响下，商业几乎成了美国的国教。数百万人希望确定这种宗教是完全正确的，赚大钱的规则中包含所有的律法和预言。

奇怪的是，就在巴顿的"福音书"流传最广的那些年，销售和广告活动却变得更加见利忘义，美国商界也拒绝对茶壶山事件的曝光和大陆公司的肮脏历史做出回应，这难道不奇怪吗？也许是的，但必须记住，在所有宗教中，信仰与行为之间都可能存在差距。商人的王冠并不总是应得的，但他总是骄傲地戴着。

于是，繁荣的列车在油门大开、汽笛长鸣中滚滚向前。但是，坐在驾驶座上的那个人，那个为这个时代冠名的人呢？

左图：1919年时的卡尔文·柯立芝

下图：1925年，芝加哥密歇根湖挤满了游客，侧面反映出当时经济的繁荣景象

柯立芝总统没有突出的下巴，没有强大的人格魅力，也没有令人难以抗拒的推销口才。如果你在一群商会的支持者中看到他，一定不会选择他做守护神。他从未做过生意。批量生产和高压推销的拥护者将他奉为圣人是一个悖论，但很大程度上也是合理的。"柯立芝繁荣"中最引人瞩目的就是卡尔文·柯立芝本人。

他是个相貌平平的佛蒙特人，脸型瘦削，头发沙黄，嘴唇紧抿，正如威廉·艾伦·怀特所说，他的表情就像"低头寻找那股似乎永远都在冒犯他的邪恶气味"。他面色苍白，沉默寡言。私下里，他可以喋喋不休，但在公开场合，他就像冰山一样沉默。他在波士顿警察罢工事件中的坚定态度吸引了全美国的目光，因此得以到华盛顿担任副总统，但哈定政府的和蔼热情也无法让他"解冻"。副总统必须出席许多正式晚宴，柯立芝去了，但什么也不说。华盛顿的名媛们大失所望，百思不得其解。爱德华·G.洛瑞写道："她们想，翻过冰封的阿尔卑斯山就是热情的意大利，但她们中没有人登上过山顶，因此无法确定那里的景色是否值得攀登。"柯立芝成为总统后，"冰冻"仍在继续。

这种沉默没有掩盖他广博的思想。柯立芝对美国历史了如指掌，但他和他的智慧从未远涉重洋。翻开他的演讲稿和踌躇满志的自传，你会发现其中最具独创性的东西就是毫无独创性。卡尔文·柯立芝仍然相信美国老一套的教科书式格言，尽管几乎所有人都已经把它们忘得一干二净，或者开始对它们产生怀疑。"在任何生活领域取得的成功，几乎都是以付出的辛勤劳动的多少来衡量的……只有一种政治策略是我有信心的，那就是持续努力做正确的事，偶尔取得成功……如果社会缺乏学识和美德，它就会灭亡……拥有最强道德力量的国家才会获胜。"这种勤劳、节俭、虔诚的成功哲学，可能是从佛蒙特州某个阁楼上积满灰尘的古书中抄下来的。但它过于古老，以至于看起来很有新意，它准确地反映了无数美国人在母亲膝下所受的教育，触动了他们心中仅存的开拓精神。柯立芝以令人耳目一新的简洁方式阐述了这种精神，这种精神彻底地征服了这个国家。如果柯立芝总统宣布"两点之间直线最短"，社论版也会称赞他"说得真精辟"。

他不是一个大胆的领导者，也不愿意成为这样的领导者。他没有任何闪光点，没有攻克任何难题。考虑到他在白宫待了五年零七个月，他的总统生涯出人意料地无聊。但这正是他喜欢的生涯。

在外交政策上，他的政府几乎没有努力去说服美国人民，让他们知道他们并没有愉快地孤立于外部世界。银行家们可能会参与决定德国的赔款数额，非官方观察员可能会旁听欧洲的谈判，但政府牢记伍德罗·威尔逊失势和倒台的教训，精明地保持一种"事不关己高高挂起"的气氛。柯立芝像之前的哈定一样，提议美国加入国际法庭，但态度更温和，以至于参议院最终批准了这一提议，只是提出了其他成员国无法接受的保留意见，而总统也没有达到他的目的就下台了，但没有人觉得他的威望因此受到很大影响。第二次海军会议于 1927 年在日内瓦召开，但以失败告终。尼加拉瓜革命经历相当大的动荡和屈辱之后，美国海军陆战队和亨利·史汀生提出在美国监督下重新选举，这个计划帮助尼加拉瓜恢复了和平。在柯立芝的阿默斯特大学同学兼大使德怀特·莫罗的斡旋下，美国与墨西哥就美国利益集团所拥有的油田的法律地位问题发生了更为激烈的争执。但是，柯立芝政府在外交事务中最显著的成就是，它在促成《凯洛格—白里安公约》方面发挥了主导作用，该公约约定，缔约国不再将战争作为国家关系政策的工具。除了姗姗来迟地解决了尼加拉瓜和墨西哥的困难，并促成了聊胜于无的条约，柯立芝政府的政策就是尽可能地充盈国库（甚至不惜付出相当大的代价），密切关注美国金融帝国的扩张，除此之外，就不再多事了。

柯立芝在国内事务方面的记录更加暗淡，只能说他行事谨慎。哈定的丑闻曝光后，他做了必要的工作，启动了官方起诉，巧妙地将臭名昭著的道格蒂赶出了内阁，从那时起，他就表现出从容不迫、波澜不惊的冷静。当无烟煤矿发生罢工时，他没有贸然出面，而是让宾夕法尼亚州州长吉福德·平肖特出面。在当时最紧迫的政治问题——禁酒令问题上，他除了表示应该执行法律，没有发表任何意见。禁酒令这种事情一碰就炸，卡尔文·柯立芝宁可保持安全距离，睁一只眼闭一只眼。

为了商业利益，他决定萧规曹随。他以《麦克纳里—豪根法案》在经济上不健全为由，两次否决了这部农业救济法案，让构成最坚强后盾的工业界和银行界都非常满意。他还以费用过高为由否决了增加军人奖金的提议，但他的否决被推翻了。他最引以为傲的是，通过有计划的"节俭运动"削减了政府的运行成本，减少了公共债务，并实现了联邦税收的四次削减，不仅帮助了收入较低的人，还显著地帮助了收入较高的人。与此同时，他的商务部长赫伯特·胡佛巧妙地帮助商界自力更生，在各种政府委员会中，商业行为的批评者尽可能地被更宽容的人所取代，白宫周围一直很平静，只是偶尔会出现一些对商业蓬勃和经济繁荣的谄媚之词。

这是缺乏想象力和英雄气概的施政方针吗？是的，但也是真诚的。卡尔文·柯立芝真诚地相信，通过尽可能少地自我标榜和减轻富人的税收负担，能够造福整个国家——他也是这样做的。而且，这完全符合那个时代缺乏想象力和英雄气概的政治气候。因为，在这个富裕的年代里，那些充满欲望的商人已经成为国家舆论的仲裁者，他们并没有把政府看作改造国家的机构、人权的捍卫者或错误的纠正者。他们认为，繁荣的马车正把他们迅速带向心中的愿望，而政治可能会阻碍交通。他们不希望总统职位上出现一个有行动力的人，他们希望政府管得越少越好，成本越低越好。而这个沉闷的新英格兰人以如此松懈的缰绳驾驭着繁荣的马车，体现了他们心目中政治家的最高风范。

卡尔文·柯立芝无疑代表着一种政治家风范。繁荣有其不可否认的好处，一位创造繁荣并洁身自好的总统，或许有理由在其自传中表现自满情绪。也许还可以说一句冷酷的话，小心驶得万年船，总比一失足成千古恨要好。伟大的商业之神在这片土地上拥有至高无上的地位，卡尔文·柯立芝则通过在神坛前谨慎地叩拜，幸运地成了半神。

第八章

喧嚣年代

在历史的各个时代，所有国家都会时不时地因流行、时尚或戏剧性的公共问题而掀起激动人心的浪潮。但是，这些浪潮的规模和频率是千变万化的，引发这些浪潮的事件性质也是千变万化的。柯立芝繁荣时代的一个显著特点是，数以百万计的男男女女以不同寻常的速度和一致的态度，将他们的注意力、谈话和情感兴趣转向一系列喧嚣的琐事——一场重量级拳击赛、一次谋杀案审判、一种新的汽车型号、一次跨大西洋飞行。

从历史学家的传统视角来看，大多数这类轰动全美的事件并不都重要。霍尔—米尔斯案的审判中"猪婆"的证词、试图从肯塔基州的洞穴中救出弗洛伊德·柯林斯的行动①，只对极少数人的未来命运产生了微不足道的影响。然而，这些事情能够吸引无数人的希望和恐惧这一事实并非不重要。对柯立芝时代的任何描述，都有必要回顾一下那些奇怪事件的进程（一个厌倦了"重要问题"的民族会关注这些事件），以及那一连串奇特的境遇，这些境遇造就了时代的英雄——他不是一位伟大的高官，不是一位

① 弗洛伊德·柯林斯是美国著名的洞穴探险家，1925 年 1 月 30 日，他被困在一处洞穴中长达十四天，最终因饥渴交加和体温过低而死亡。——译者注

改革家，不是一位战士，而是一位漂洋过海、赢得奖金的特技飞行员。

当卡尔文·柯立芝入主白宫时，战后十年早期的紧张局势已基本缓和。虽然伍德罗·威尔逊仍在 S 街的阳光屋中虚弱地坚持着，但国联已经名存实亡，只有少数固执的理想主义者认为它仍有机会复苏。激进分子心灰意冷，劳工运动自"赤色大恐慌"时期以来逐渐失去活力，而在富裕阶层——至少包括富得流油的福特家族和雪佛兰家族——的有利影响下，个人主义的资本主义已经稳坐钓鱼台。三 K 党的人数多达数百万，但已经开始失去那种曾在无数山顶上点燃火焰的天真热情；它变得不再是一场"十字军东征"运动，更像是一场政治闹剧。真正能引起广大民众强烈共鸣的公共问题少之又少，当然，禁酒令是其中之一，任何人都会对禁酒令感到兴奋。但由于在酒的问题上的意见分歧跨越了党派界限，所有政治家几乎无一例外地都在尽力绕过这一问题。在农业发达的西北部和中西部，人们强烈要求救济农场，但在逐渐城市化的美国其他地区，人们对这一问题并无那么大的兴趣。公众精神处于低谷，对于国际法庭、石油丑闻、尼加拉瓜局势等问题，美国人民拒绝自寻烦恼。他们把精力投入胜利的事业中，其余时间则沉浸在节日的气氛中。他们可能会说"没有历史的国家、经常有好戏看的国家是幸福的"，他们已经准备好观看任何一场好戏了。

与世界上其他任何国家或历史上任何时期相比，此时的美国"好戏"能同时吸引最多人的目光。大规模生产不仅限于汽车，新闻和思想也在大规模生产。因为全美范围内的便捷通信系统早已使有文化、富裕的美国人民成为新闻狂热分子，这一系统正迅速变得比以往任何时候都更广泛、更集中、更有效。

首先，报纸数量减少了，但发行量增加了。而且由于越来越多地使用新闻协会的素材和一稿多投的稿件，报纸的标准化程度达到了前所未有的程度。正如塞拉斯·本特所指出的，在 1914 年至 1926 年，全美国的日报数量从 2580 份减少到 2001 份，周日报纸的数量从 571 份减少到 541 份，但每期报纸的总发行量从 2800 多万份增加到 3600 多万份。克利夫兰市在 1925 年前有三份晨报，现在只剩下一份；底特律、明尼阿波利斯和圣路易斯各失去了一份晨报；芝加哥在人口翻番的同时，晨报的数量却从 7 份减少到 2 份。美国各地的报纸都或多或少地在集中指导下组成了报业集团：到 1927 年，赫斯特集团和斯克里普斯—霍华德集团实行了一系列削减支出的措施，形成了不少于 55 家报业集团，控制着 230 家日报，总发行量超过 1300 万份。

本地报纸的编辑不再像以前那样依赖本地的作家和漫画家来充实版面，以使该报具有当地特色；报业集团的中央办公室或纽约的报业集团可以为他提供社论、健康讲座、连环画、"泣血姐妹"专栏、家庭建议、体育八卦以及为全美读者准备的周日特刊，这些足以保证让大众心动不已。从缅因州到俄勒冈州，《阿甘家》[①]和多萝西·迪克斯[②]拥有数以百万计的崇拜者，关于拳击手杰克·邓普西训练新闻的每一个字，都会被佛罗里达的房地产商和西雅图的铆工仔细阅读。

与此同时，发行量巨大的全国性杂志数量增加了；全国性广告的数量也增加了，一大批广告代理人学会了将自己的事业或产品与当时公众的想法结合起来的诀窍；广播也是这个时期很重要的新现象。国民的思想前所未有地成为少数人可以利用的工具。正如本特先生所指出的那样，媒体人正在学习以一种新的方式"演奏"新闻——一次只演奏一首曲子。

这并不是他们集思广益、故意决定这样做的。环境和自身利益使他们几乎不可避免地要这么做。他们发现——成功的小报每天都在教导他们——公众往往一次只对一件事感到兴奋。报社老板和编辑们发现，每当发生代顿审判或维斯塔斯号沉船事件[③]，他们如果倾尽全力——明星记者、头版头条和大部分版面——就能卖出更多的报纸。他们充分利用了这一发

---

① 《阿甘家》是 1917—1949 年在多家报纸连载的连环漫画作品。——译者注

② 多萝西·迪克斯（1861—1951），美国著名记者、专栏作家，她主要撰写与婚姻相关的专栏《多萝西·迪克斯有话说》，最高峰时该专栏同时发表在 273 家报纸上，读者高达 6000 万人。前文提到的"泣血姐妹"是她的犯罪专栏，主要报道谋杀案和其审判过程。——译者注

③ 1928 年 11 月 12 日，这艘蒸汽远洋轮船沉入北大西洋，造成 100 多人死亡。——译者注

《阿甘家》漫画

多萝西·迪克斯的专栏《多萝西·迪克斯有话说》创设于 1898 年

1925 年 4 月 22 日，杰克·邓普西把妻子扛在肩上

现：根据本特先生的汇编，无关紧要的格雷—斯奈德谋杀案[1]审判在报刊上的"影响力"超过了泰坦尼克号沉没；林白的飞行超过了停战和推翻德意志帝国。报业集团的经理和作家、广告商、通讯社、电台广播员都意识到，无论当天发生了什么国家大事，引起公众兴趣的反而是那些八卦故事。结果是，当发生了一件可能吸引大众眼球的事情时，人们就会在夸张的标题下读到细节，一页又一页地翻阅报业集团对它的讨论，在广播中听到它的消息，在寻求公众关注的演说家和传教士的演说中一次又一次地想起它，在星期天的报纸和电影中看到它的画面。每个人（除非是一个反常的个人主义者）都享受着与广大民众共鸣的感觉。

这个国家的面包足够了，它想要马戏团——因为现在有一亿人想要娱乐。

1923 年至 1924 年的冬天，麻将仍然风靡一时，当时卡尔文·柯立芝正逐渐适应白宫的生活，博克和平奖[2]开始颁发，石油丑闻爆发，伍德罗·威尔逊去世，道威斯将军出国主持赔款会议，小说《如此之大》的销量超过了其他所有小说，人们厌倦了《是的，我们没有香蕉》。令所有图片编辑欣喜若狂的是，古埃及图坦卡蒙国王陵墓的石棺盖子被揭开了。麻将很受欢迎，但已经不再时髦了。

1924 年的那个冬天，准确地说是 1 月 2 日，纽约的一个年轻人拜访了他的姨妈。这位姨妈有一位亲戚沉迷于每周日在《纽约世界报》副刊上刊登的填字游戏，她问这位年轻人是否有一本关于这些谜题的书，如果有的话，也许会是送给她亲戚的一份不错的礼物。年轻人仔细研究后发现，虽然填字游戏至少可以追溯到 1913 年，而且在《纽约世界报》上刊登了很多年，但从来没有相关图书出版过。就在此时，他本人（名叫理查德·西蒙）正与他的朋友舒斯特一起创办一家图书出版公司，而他们当时只有一

---

[1] 1927 年，家庭主妇斯奈德和推销员格雷发生婚外情，密谋杀死了丈夫并试图骗取保险金。小说《双重赔偿》就取材于这个案件。——译者注

[2] 爱德华·博克（1863—1930）是美国著名杂志编辑、普利策奖得主，他在 1923 年设立了"美国和平奖"。——译者注

个年轻的女员工。西蒙灵机一动，第二天就把这个想法告诉了舒斯特：他们要出一本填字游戏书。两个年轻人请《纽约世界报》的谜题编辑普罗斯珀·伯拉内利、F.格雷戈里·哈茨维克和玛格丽特·彼得布里奇编写这本书。尽管经销商们有些冷淡，告诉他们公众"对填字游戏书不感兴趣"，但他们还是在 4 月中旬推出了这本书。他们的宣传活动非常巧妙，而且被证明很有开创性，因为从一开始，他们就用下面的比喻来宣传他们的书。

> 1921 年：流行催眠师库埃
> 1922 年：流行麻将
> 1923 年：流行《是的，我们没有香蕉》
> 1924 年：流行《填字游戏书》

不到一个月，这本附有铅笔的怪书就成了畅销书。到了第二年冬天，它的销量已经达到了几十万册。其他出版商也在忙着出版类似的图书，没有字谜游戏的报纸简直无趣至极，字典的销量也是节节攀升，专业作家的古老而光荣的助手——《罗杰特辞典》也有了新的需求。在纽约，一名男子因为在尝试解谜四小时后拒绝离开一家餐馆而被送进监狱；芝加哥的玛丽·扎巴夫人据说成了"填字游戏寡妇"，她的丈夫忙于填字游戏，无暇顾及她；报纸还报道了匹兹堡的一位牧师将他的布道文稿拼成填字游戏的消息；巴尔的摩和俄亥俄铁路公司在其主干线的所有列车上都放置了字典；一位来往于纽约和波士顿之间的旅客报告说，车上 60% 的乘客都在努力把字谜的方格填满，而在餐车里，五位服务员正在努力想出一个有五个字母、表示"激发恐惧"的单词。在街上遇到的任何人都能告诉你埃及太阳神的名字，或者告诉你表示印刷量的双字母单词。

1925 年，填字游戏的热潮逐渐消退，随之而来的是问答类图书的小规模流行。在此以前，记性不好的绅士淑女们经常在晚饭后因为无法辨认扬·胡斯[①]或说出什么是欧姆而备受羞辱。直到 1926 年合约桥牌被引入美

[①] 扬·胡斯（1372—1415），捷克基督教思想家、哲学家、宗教改革家，被天主教视为异端并被烧死。——译者注

国，他们才得以轻松地喘息。尽管填字游戏逐渐衰落，但在这十年的其余时间里，它仍然是大多数报纸的必备栏目。西蒙与舒斯特出版公司在 1930 年推出了第 16 本填字游戏书。据统计，自 1924 年初以来，他们的总销量接近 75 万册，包括英国和加拿大销量在内的总销量则超过了 200 万册。

这股热潮与之前的"麻将热"一样，是美国人容易受流行影响的一个新标志，但从任何真正意义上讲，它都不是哗众取宠的报纸销售技巧。报纸是在这股热潮兴起之后才开始关注填字游戏的。新闻界为鸡毛蒜皮的小事激发数百万人情绪的最著名事件还在后面。

当然，1924 年和 1925 年初，当每个人都在做填字游戏时，也有很多东西能引起普通报纸读者的兴趣。利奥波德和勒布因在芝加哥谋杀博比·弗兰克斯而受审[1]；威尔士亲王访问长岛，在此期间，他跳了很多舞，打了马球，开了摩托艇，并在阅读《沃尔特·海因斯·佩吉的生平与书信》时被人发现（顺便提一下，正是在 1924 年，从英国进口的另一种长裤——被称为"牛津包"的灰色法兰绒长裤——第一次出现在新时代男性的腿上）；法国贵族代表和好莱坞贵族代表之间曾有过一次值得一提的联姻：格洛丽亚·斯旺森嫁给了法莱斯·德·拉·库德雷侯爵；为了让东部沿海城市大饱眼福，天意安排了一次绝妙的日食；"芬兰飞人"帕沃·努尔米戴着手表，在木板跑道上跑赢了出租车司机乔伊·雷，后来又完成了在不到 9 分钟的时间内跑完 3.2 千米的惊人壮举；诺姆市因白喉流行病而人心惶惶，几天之内，伦纳德·塞帕拉、贡纳尔·卡森和那只名叫巴尔托的狗成了全民英雄；被困在山洞里的弗洛伊德·柯林斯。

也许正是弗洛伊德·柯林斯的悲剧最清楚地表明，到那时为止，只要事件足够戏剧化，美国人民就会对一个无足轻重的事件感到群情激奋。

弗洛伊德·柯林斯是一位默默无闻的肯塔基州年轻人，他在距离猛犸

---

[1] 利奥波德和勒布是当时芝加哥大学的两名大学生，他们为了证明自己智力超群、能够实施"完美犯罪"而绑架并杀害了一名十四岁男孩。两人最终被判处终身监禁加九十九年徒刑。勒布在服刑期间被狱友杀死，利奥波德于 1958 年获得假释。——译者注

THE CROSS-WORD MANIA.

Doctor (rung up at 2 a.m.) "YES, DR. BROWN SPEAKING. WHAT IS IT?"
Voice. "I WANT THE NAME OF A BODILY DISORDER OF SEVEN LETTERS, OF WHICH
THE SECOND LETTER MUST BE 'N.'"

上图：《笨拙》杂志 1925 年的一幅漫画作品：一
个病人在半夜给医生打电话，询问"一种由七个
字母组成、第二个字母是 N 的身体紊乱疾病是什
么单词"

右上图：1925 年，婚后的格洛丽亚·斯旺森与
法莱斯·德·拉·库德雷侯爵离开洛杉矶，前往
纽约

右图：1925 年 2 月，二十名雪橇手和一百五十只
雪橇犬通过接力的方式，用了五天半时间把白喉
抗毒素运到诺姆市，从而拯救了当地居民。图为其
中一名雪橇手贡纳尔·卡森和他的先导犬巴尔托

洞穴 8000 米的地方探索一条地下通道，其目的不过是发现可能吸引游客的东西。在距离日光约 38 米深的地方，他被一个塌方的石块困住，脚被压在一块巨大的岩石下。通道狭窄而陡峭，试图把他挖出来的人不得不匍匐在冰冷的软泥和水中，用锤子和喷灯撬开泥土和岩石。如果不是《路易斯维尔信使日报》身材矮小、胆大心细、聪明能干的记者 W. B. 米勒，可能只有少数人会知道柯林斯的困境。米勒在湿滑曲折的通道内采访了柯林斯，并全神贯注地报道了营救柯林斯的过程，并用生动的文字进行了描述。柯林斯的困境蕴含着戏剧性的悬念和个人与命运的冲突，这些因素造就了一个伟大的新闻故事，每个城市的编辑日复一日地将其刊登在第一版上。米勒到达沙洞时，发现入口处只有三个人在生火取暖，这些人乐观地表示，他们的朋友很快就会脱险。两星期后，那里变成了一座由一百多顶帐篷组成的"城镇"，人群熙熙攘攘，不得不用铁丝网和上了刺刀的士兵加以限制。1925 年 2 月 17 日，就连《纽约时报》也用三栏头版头条报道了事件的结局：

> 第十八天，弗洛伊德·柯林斯已在洞穴陷阱中身亡；他已经至少二十四小时没有生命迹象；必须截肢才能将尸体取出。

正如查尔斯·默茨后来提醒《新共和》的读者，在那个月，北卡罗来纳州的一个矿井发生了塌方事故，71 人被困，53 人丧生。这件事并没有引起很大的关注，因为这"只是一场矿难"。然而，在长达两个多星期的时间里，肯塔基州沙洞的一个普通探险者的困境引起了全美国的关注。这是一出令人兴奋的好戏，而新闻播报员也学会了"集中资源打大仗"。

几个月后，约翰·托马斯·斯科普斯因在田纳西州代顿市中心中学讲授进化论而受审。

斯科普斯案具有真正的意义。它将这个时代最重要的斗争之一——宗教与科学之间的冲突——戏剧化了。然而，即使是这场审判，在如此勤奋和喧闹的宣传下，也呈现出马戏团的某些特征。

如果说宗教在战后十年中失去了根基，那么现有的教堂统计资料并没有显示出任何败象。当然，这些数据显示，教堂数量增长非常缓慢，但部分原因是现有教堂的合并趋势，部分是由于人口向城市流动的趋势——这种趋势导致会众更愿意去热门的教堂。另外，教会成员人数的增长速度与人口增长速度差不多，教会财富和支出的增长速度则更快。虽然人们普遍认为越来越多的名义上的信徒在周日上午另有安排，但没有人统计实际参加礼拜的人数。从教堂的统计数字来看，教会在美国人生活中显然还有一定的地位。

然而，很难回避这样一个结论：他们主要是靠惯性来维持教会人数的，而且在某种程度上，也许是靠对世俗事务的热切关注。在美国各地，他们采用布鲁斯·巴顿的方式，开展了热烈的入会和筹款运动，还有教会戏剧、公开论坛、篮球和游泳以及肌肉发达的年轻人团契等世俗的诱惑。教堂里已经没有了"属灵"的东西——一种确信教堂是救赎之路的感觉。宗教问题得到了热烈的讨论，从未有过如此多关于宗教话题的图书在市面上流通，著名的神学家也不断为大众杂志撰稿。然而，所有这些讨论本身就表明，对数百万人来说，宗教已成为一个值得争论的话题，而不是被毫无疑问地接受的社会传统。

如果说去教堂的人数减少了，也许是因为，人们不那么确信他们去教堂是为了见上帝。如果说牧师的威望下降了，那么在很多情况下是因为他失去了曾经的信念，不再相信自己有明确而权威的使命。查尔斯·施特尔兹勒牧师是一位精明的宗教状况观察家，他在《世界工作》上发表的一篇文章中直言不讳地指出，教会之所以衰落，主要是因为"那些教会人士实际上并不相信教会"。施特尔兹勒先生曾向一些新教牧师询问，如果他们是局外人，他们是否认可教会计划的内容，结果没有人能找到让自己满意的内容。在会众中，尤其是在年轻男女中，不可否认的是，他们对教会的忠诚度在减弱，对教会能为他们提供什么也没有清晰的概念。

这种宗教活力的丧失有多种原因，有的是战争的压力导致道德感普遍下降；有的是繁荣助长了一种安逸的信念，即如果一个人拥有一辆凯迪拉克汽车并在《美国杂志》上看到一篇赞美该汽车的文章就够了；有的是星期天打高尔夫球和开汽车兜风的风气日益盛行；有的是某些人不赞成教会组织的政治游说，对许多牧师纵容三 K 党的行为感到厌恶。然而，比这些原因更重要的是科学教义和科学思想方法对教会的影响。

科学的威望是巨大的。大街上的男人和厨房里的女人，面对实验室里的新机器和新设备，都愿意相信科学几乎可以完成任何事情。科学信息和理论充斥了所有人的生活。报纸以专栏的形式向他们介绍（或误导）最新的发现：爱因斯坦的一个新论断现在成了头版头条，尽管几乎没有人能够理解它。科普知识从报刊上涌出，告诉人们星子假说和原子的构成，详细描述穴居人的日常生活，让人们了解电子、内分泌、荷尔蒙、维生素、反射和精神病。数百万人第一次发现了进化论这一古老的理论。那些在幼年时顺利吸收了这一学说的人，正在从科普作者那里吸收一系列更新的、更令人不安的思想：我们是一颗非常普通的恒星的一颗微不足道的行星上的居民，这种恒星分布在太空中无数个星系中；我们的行为很大程度上取决于染色体和内分泌腺；非洲游牧民族努力克制的冲动与第一浸礼会教堂牧师的冲动相似，而且他可能比浸礼会会众更适应非洲的环境；性是生命中最重要的事情；"抑制"是不能容忍的；罪是一个过时的术语；大多数不良行为都是幼年时获得的某种情结的结果；无论如何，男人和女人都只是被行为模式束缚的个体而已。如果说大众头脑中的一些科学原则和伪科学原则相互矛盾的话，那似乎也没有什么关系：大众头脑似乎同样愿意相信遗传的力量，也愿意相信环境的力量。

在所有科学中，最年轻、最不科学的科学最能吸引大众，也最能瓦解宗教信仰。其中，心理学是王者。弗洛伊德、阿德勒、荣格和华生拥有数以万计的拥趸；智力测验人员进入学校，用智商判定一切；心理学家被安插在商业机构中，负责雇用和解雇员工，并决定广告政策；人们只需阅读报纸，就会被完全肯定地告知，心理学是解决行为不端、离婚和犯罪等问题的关键。

科学这个词已经成为一种信仰。在陈述前加上"科学教导我们"就足以压制争论。如果销售经理想推销一个促销计划，或者牧师想推荐一个慈善机构，他们都会说它是科学的。

在这十年结束时，哈里·爱默生·福斯迪克博士对于科学的声望对教会人士的影响做了很好的总结：

> 有信仰的人可能会声称他们的立场源于古老的传统、实际的作用和精神的合意，但一个问题就能刺破所有这些泡沫：它科学吗？这个问题在宗教中搜罗了违禁品，剔除了旧的迷信，迫使宗教改变其思想范畴和工作方法。总之，它使宗教感到胆怯和恐惧，以至于许多具有现代意识的信徒……只要听到这个问题，就会本能地举起双手……当一位杰出的科学家坚定地站出来支持宗教时，所有的教会都会感谢上帝，并鼓起勇气，仿佛让爱丁顿[①]相信上帝是对上帝的最高褒奖。科学已经成为这一代人思想的仲裁者。对先知和预言家最高的顶礼膜拜，就是称其是科学的。

科学思想和依赖证明的科学习惯的入侵如此强大，以至于新教教会——美国每八个成年教徒中就有五个是新教教会的成员——分成了两个交战阵营。那些相信《圣经》的文字，拒绝接受任何与《圣经》冲突的内容（即使是科学教导）的人，从 1921 年开始自称为原教旨主义者。现代派（或自由派）则试图将自己的信仰与科学思想相协调，抛弃过时的东西，保留基本的、在知识上值得尊敬的东西，并试图调和基督教与这个时代的怀疑精神之间的冲突。

原教旨主义者的处境似乎几乎毫无希望。理性时代所有理性思想的潮流似乎都在与他们作对，但他们人数众多，至少立场相当坚定。特别是在南方，他们控制着新教的大教派，并展开了激烈的斗争，迫使自由派的福斯迪克牧师离开长老会的讲坛，回到自己的浸礼会，甚至使他因异端邪说而受到审判（尽管在美国没有比他更有影响力的教会人士了）。他们向

[①] 亚瑟·斯坦利·爱丁顿（1882—1944），英国天文学家、物理学家、贵格会信徒。1919 年 5 月 29 日，他率领的观测团队在日全食时证实了爱因斯坦的广义相对论。——译者注

联邦近一半州的立法机构提出了旨在禁止教授进化论的法案，在得克萨斯州、路易斯安那州、阿肯色州和南卡罗来纳州，他们功败垂成，但在田纳西州、俄克拉荷马州和密西西比州，他们实际上成功地将自己不合时宜的愿望写进了所在州法律。

现代派站在时代精神的一边，但他们并不团结。他们对上帝的诠释——作为第一原因、作为绝对能量、作为理想化的现实、作为正义意志的造物主、作为一切最高和最好的事物所向往的理想和目标——五花八门、模棱两可、令人困惑。其中一些解释几乎无法满足崇拜者的需要。一位新英格兰牧师说，当他想到上帝时，他想到的是"一种椭圆形的模糊形象"。现代派抛弃了许多美国新教徒从小就信奉的教义（如圣灵感孕、肉体复活和赎罪），以至于在许多人看来，除了模糊的信仰、普遍的仁慈和向每个人保证自己真的和别人一样虔诚，他们似乎没有任何宗教内涵了。正如沃尔特·李普曼所说，对他们来说，"那种对外部事实的深刻的、强迫性的、自然的信仰已经不复存在，而这种信仰对于所有人来说都是宗教的精髓。只有极少数人能够与圣灵交流，或凭借自己的理解力活在自己的内心世界"。此外，现代派不仅要与原教旨主义作斗争，还要与另一个对手——以科学为纲的怀疑论者作斗争。现代派牧师的布道给人的印象是，现代派试图在不诉诸权威论证的情况下应对怀疑论者的论点，却被迫违背自己的意愿，将自己的信条压缩到几乎一无所有。

整个十年间，三方冲突此起彼伏。1925 年夏天，斯科普斯案件将冲突推向了高潮。

由原教旨主义者主导的田纳西州立法机构通过了一项法案，规定"在全部或部分由该州公立学校资金支持的任何大学、普通学校和该州所有其他公立学校中，任何教师教授任何否认《圣经》中神创造人的故事的理论，并教授人是从低等动物演化而来的理论，都是非法的"。

这项法律刚一颁布，田纳西州代顿这个无名小城的一小群人就决定对它进行检验。乔治·拉佩利亚是一名采矿工程师，当时他正和约翰·托马斯·斯科普斯在罗宾逊的药店里喝柠檬水。拉佩利亚提议让斯科普斯向一个无辜的孩子传授进化论，斯科普斯半是认真半是开玩笑地表示同意，但他被当场抓获。他们的动机显然是复杂的。具有时代特征的是，拉佩利亚宣称，他们的行动将使代顿市声名大噪。无论如何，非法行为很快就实施了，斯科普斯也被捕了。威廉·詹宁斯·布莱恩立即自愿担任该案的公诉人。拉佩利亚给纽约的公民自由联盟发电报，并为斯科普斯争取到克拉伦斯·达罗、达德利·菲尔德·马龙和阿瑟·加菲尔德·海斯的法律援助。审判定于 1925 年 7 月进行，代顿突然发现，它真的声名大噪了。

人民有权决定在他们纳税支持的学校里教什么，这一点是有道理的，即使他们决定的东西是荒谬的。但是，在广大报纸读者看来，斯科普斯案的问题并不像纳税人权利与学术自由之争那么深奥。在公众眼中，这场审判是原教旨主义与 20 世纪怀疑主义（在现代派的帮助下）之间的斗争。双方的拥护者都上了新闻头条。布莱恩曾三次竞选总统，担任过国务卿，是一位著名的演说家，是老式美国理想主义的完美化身，他友善、天真、保守。达罗是个激进分子，是弱者的朋友，是不可知论者，最近因为为利奥波德和勒布辩护而一跃成为公众瞩目的焦点。

这是一场奇怪的审判。田纳西州憔悴的农民和他们的家人坐着骡子拉的马车和破旧的福特车涌进了宁静的代顿市；穿着工装裤、格子衫和黑色衣服的人们安静而虔诚，随时准备捍卫自己的信仰，抵御"异教徒"，却又好奇地想知道这种新奇的进化论到底是什么。各式各样的复兴主义者也蜂拥而至，他们在镇郊的照明灯下举行集会，在法院附近的树上粘贴标语——"一周内每天阅读圣经""请相信你无法逃脱自己的罪"。法院大门口就贴着一条标语：

神的国度

耶稣基督和天堂街的甜蜜关爱就在眼前。你想成为甜蜜天使吗？开始"四十天祷告"计划吧！逐条列出你的罪行和不义，以求永生。如果你坦白交代，上帝会与你对话。

代顿并不仅仅有虔诚的村民。卖热狗和卖柠檬水的小贩沿街摆摊，仿佛当天是马戏节。书商兜售生物学图书。一百多名新闻记者涌入小镇。西联电报公司在一家杂货店外的房间里安置了二十二名电报接线员。在法庭上，随着审判的临近，记者们和摄影师们挤在面无表情的田纳西同胞身边。议论声、脚步声、电报器的滴答声此起彼伏，悬疑气氛就像剧院首晚的演出。法官、被告和律师都脱得只剩衬衫了——布莱恩穿着一件棉衬衫，领口折了进去，达罗穿着淡紫色吊带裤，劳尔斯顿法官则穿着更加素雅的司法制服——然而，时尚并没有完全缺席，美国各地民众都在通过电波收听着这样一条消息：法官的女儿们在和他一起进入法庭时，穿着卷筒丝袜，就像任何大都市的轻佻女子一样。法庭在虔诚的祈祷声中开始，摄影师爬上桌椅，从各个可能的角度拍摄审判的主要参与者。在庭审中，十四岁的霍华德·摩根承认斯科普斯曾向他讲述过进化论，但对他没有造成任何伤害；一位动物学家作证说，生命起源于大约 6 亿年前（这一说法引起了观众席上乡下人的惊叹和质疑）。与此同时，从代顿传出了 200 万字的电报，《芝加哥论坛报》的 WGN 电台实时转播了这场审判，科尼岛的梦幻马戏团向斯科普斯辩护律师送了一条"拉链"，象征"缺失的进化链"。电报公司报告说，跨大西洋的电报收入大幅增加，伦敦的通讯社收到了来自瑞士、意大利、德国、俄罗斯、中国和日本的报道申请。喧嚣已经来到代顿。

这是一场痛苦的审判。田纳西州总检察长斯图尔特大声疾呼，反对这种阴险的进化论，因为它"破坏了田纳西州孩子们的信仰，剥夺了他们永生的机会"。布莱恩指控达罗只有一个目的，那就是"诽谤圣经"；达罗则称布莱恩信奉"愚蠢的宗教"。场面一次又一次地接近闹剧。7 月 20 日下午，辩方律师海斯突然要求让布莱恩作为《圣经》专家出庭作证，布莱恩同意了。

由于当天下午人太多，法官决定将法庭搬到室外，搬到枫树下靠着法院搭建的平台上。平台前摆放着长凳。记者们坐在长凳上、地上或者其他任意一个地方，潦草地写着他们的报道。在坐着的人群外围，一群人站

上图：代顿中心中学教师约翰·托马斯·斯科普斯

上图：代顿审判的双方律师：克拉伦斯·达罗（左）与威廉·詹宁斯·布莱恩（右）

1925 年 7 月 10 日代顿案件开庭，引发人们的广泛关注

在穿过树缝洒下的炙热阳光下，饱受烈日之苦。克拉伦斯·达罗拿着《圣经》，让这位坚定的原教旨主义者接受了法庭上有史以来最奇怪的讯问。

他向布莱恩询问了约拿和鲸鱼、约书亚和太阳、该隐的妻子从何而来、大洪水的日期以及巴别塔的意义等问题。布莱恩重申了他的观点：世界是在公元前 4004 年被创造的，大洪水发生在公元前 2348 年左右；夏娃真的是用亚当的肋骨造出来的；巴别塔是造成世界语言多样性的原因；一条大鱼吞下了约拿。当达罗问他是否知道该隐的妻子是哪里人时，布莱恩回答说："不，先生，还是让不可知论者去找她的出生地吧。"达罗问："你是否说你不相信地球上存在超过 5000 年的文明?"布莱恩坚定地回答："我所看到的任何证据都不能让我得出这个结论。"紧张和炎热让他的脾气越来越暴躁。有一次，达罗宣称他讯问布莱恩的目的是"揭露原教旨主义……防止偏执狂和无知者控制美国的教育系统"。布莱恩跳起来，脸色发紫，向达罗挥舞拳头喊道："我是在维护上帝的道，反对美国最大的无神论者和不可知论者!"

对这位前国务卿来说，这是一场野蛮的交锋，也是一场悲剧。他在捍卫他最珍视的东西。这是他最后一次出现在曾经给过他荣誉的伟大美国公众面前——尽管他自己并不知道（不到一周后他就去世了）。他的脸上写满了屈辱。他所代表的那种宗教信仰无法作为证人出庭作证，无法作为公诉人面对理性的盘问。

7 月 21 日上午，劳尔斯顿法官仁慈地拒绝让布莱恩继续作证，并删去了前一天下午的证词。斯科普斯的律师一直无法将他们的科学证据提交给陪审团，他们发现，为了实现辩护的目标，唯一的机会就是向田纳西州最高法院提出上诉。这次审判结束时，斯科普斯被判有罪，并被罚款 100 美元。后来，田纳西州最高法院维持反对进化论的原判，但以技术性问题为由释放了斯科普斯，从而阻止了进一步的上诉。

理论上，原教旨主义赢了，因为法律仍然有效。但实际上，原教旨主义输了。立法者可能会继续通过反进化论的法律，在内陆地区，虔诚的人们可能仍然会把他们的宗教信仰锁在头脑中的科学隔间里，但各地的文明舆论都以惊奇和娱乐的态度看待代顿的审判，远离原教旨主义的趋势仍在继续。

审判结束后，记者们、电影人、报业集团的作家、电报员们抖了抖脚下代顿的尘土。这场"猴子审判"是一场头版头条的好戏，但也许它的寓意太高深了。接下来呢……来一场与生物学无关的干净利落的搏斗如何？

1925 年慢慢接近尾声。伟大的海军飞艇"谢南多尔号"失事，几天来，整个国家都沉浸在恐惧之中。佛罗里达州的房地产热达到了最疯狂的顶峰。随后的橄榄球赛季揭示了"饱和式宣传"对橄榄球明星的影响——没有学过生物学，也可以欣赏橄榄球明星莱德·格兰奇。

战后十年是一个伟大的体育时代。打高尔夫球的男人比以往任何时候都多——他们穿着宽松的正装，膝盖上系着流苏，脚上穿着格子长裤。美国有 5000 个高尔夫球场，据说有 200 万名参与者，据估计，每年在这项运动上的花费达 5 亿美元。会打高尔夫球几乎成了有抱负的企业高管的必备技能。乡村俱乐部已成为数百个社区社交生活的焦点。但是，在这个时代，观看体育比赛比参与体育比赛更为重要。广告商、商会、报社老板、体育作家、通讯社、电台广播员都发现，利用公众对体育节目的狂热，以及他们对伟大运动员的崇拜，可以从中获利。在此之前，从未有过如此耀眼的宣传光芒照耀着橄榄球场、高尔夫球场和拳击场。

那些在 20 世纪 20 年代之前还不知道胸罩和球棒有什么区别的人，现在拿起了体育版阅读高尔夫球手鲍比·琼斯和他推杆的故事。成为一名成功的高尔夫职业选手可以赚大钱：沃尔特·哈根在那几年的收入在 4 万到 8 万美元之间，有一段时间，他通过给佛罗里达州的一个房地产项目做广告，每年能拿到 3 万美元和一栋免费的房子。人们对橄榄球赛的热情如此高涨，以至于当强队交锋时，能容纳六七万人的体育馆座无虚席，还有成千上万的人坐在温暖的客厅里，听着收音机里的解说。据说，耶鲁大学体育协会一个赛季的门票收入就超过了 100 万美元。代表着高等学府的球队在扬基体育场和芝加哥之间往返比赛时，会在报纸上得到数周的关注。校队球员从得克萨斯州前往参加帕萨迪纳玫瑰锦标赛时在卧铺车上写作业的

上图：美国海军飞艇"谢南多尔号"

左图：1925年的橄榄球明星莱德·格兰奇

新闻也能登上报纸。能认出诺特·罗克内是圣母大学教练的美国人，比能说出谁是美国参议院议长的人还多。当然，与高尔夫球手琼斯、棒球手鲁斯或网球手蒂尔登相比，大多数球员的名气只是昙花一现。奥尔德里奇、欧文、博·麦克米伦、厄尼·内弗斯、格兰奇、"四骑士"、本尼·弗里德曼、考德威尔、卡格尔和阿尔比·布斯都曾短暂地叱咤风云。但是，在卡尔文·柯立芝担任总统期间，当人们的腰包鼓起来的时候，当"喧嚣年代"还充满活力的时候，莱德·格兰杰的事例可以说明一个球场上的英雄可以达到什么样的知名度。

"莱德·格兰杰，1903年6月13日出生于宾夕法尼亚州沙利文县的福克斯维尔"，这是一份发给新闻界的宣传资料，旨在通过宣传伊利诺伊大学最伟大的"产品"以推广学校的知名度。"他的父亲莱尔·N.格兰杰年轻时曾是宾夕法尼亚州山区的伐木工人之王，以力气大、技术好、胆量大而闻名。他的母亲是一个甜美可爱的女士，在莱德五岁的时候去世了，正是这件事促使他的父亲从宾夕法尼亚州搬到了伊利诺伊州的惠顿市……他的父亲再也没有结婚，现在是惠顿市的副警长。"

不过，这篇宣传报道（这种狂热的行文风格持续了许多段落）也许过于悠闲了。我只想说，莱德·格兰杰——人们称他为"惠顿冰人"——在伊利诺伊大学踢得非常出色，以至于在1925年（大四）赛季结束时，他决定不再继续求学，而是追逐名利。让我们通过一系列的新闻报道来了解他的故事。

11月2日：学生们将格兰杰抬着走了3千米。

11月3日：他的橄榄球球衣将在伊利诺伊州立大学展出。

11月11日：尽管他还未到参选年龄，但支持者们仍发起请愿，提名他为国会议员。纽约巨人队为他开出三场比赛4万美元的报价，但他未予答复。

11月17日：房地产公司开出每年12万美元的价格找他做广告。

11 月 21 日：他在伊利诺伊州队打完最后一场比赛，转为职业球员。

11 月 22 日：他与芝加哥熊队签约。

11 月 26 日：他为熊队打了第一场职业比赛，获得 12000 美元出场费。

12 月 6 日：他在纽约的第一场比赛中收获 30000 美元。

12 月 7 日：他与艾睿影业公司签订价值 30 万美元的电影合同；到 6 月就能赚到 10 万美元。

12 月 8 日：他被柯立芝总统接见。

然而，公众是善变的。几个月后，格特鲁德·艾德勒作为第一位游过英吉利海峡的女性在纽约享受了雷鸣般的掌声；邓普西和唐尼正在为费城之战做准备。聚光灯已经离开了莱德·格兰奇；五年后，据说他在好莱坞的一家夜总会工作。另一位橄榄球明星、耶鲁大学的考德威尔则在纽黑文经营一家午餐店。

1926 年 9 月在费城举行的邓普西和唐尼第一场拳击比赛和一年后在芝加哥举行的第二场比赛，使公众对参与体育运动的狂热达到了顶峰。曾经被视为非法的有奖格斗在美国人眼中变得非常受人尊敬，绅士们都挤到了擂台边的座位上。长岛的一位牧师不得不推迟他的教士会议，以让他们能够在收音机旁收听其中一场大型格斗。报纸在几周前就用大篇幅报道来自训练营的小道消息和预言；公众的兴趣被一些手段所激发，比如参赛者互相谩骂的署名文章（有些双方的互骂文章是由同一个"写手"撰写的），甚至像《纽约时报》这种传统上对体育持保守态度的报纸也在头版用三行大字标题宣布了这场重要比赛的结果；13 万人在费城观看了唐尼击败疲惫不堪的邓普西的比赛，门票收入近 200 万美元；14.5 万人观看了在芝加哥举行的复赛，门票收入达到了令人难以置信的 260 万美元。与 1919 年邓普西从威拉德手中夺得冠军时仅有的 45.2 万美元门票收入相比，几年间发生的变化可想而知。芝加哥圆形竞技场太大了，以至于比赛结束时，最外围座位上三分之二的观众都不知道谁赢了。观众也不局限于芝加哥的观众群，因为还有数百万人——电台的人声称有 4000 万人——通过收音机听到了令人屏息的比赛。据称有五人因为在收听广播报道比赛时受到了刺激而死亡。

同样引人注目的是这两场强强对话之后的结果。邓普西在这十年之初曾是一名猛将，而在十年之末，他已不复当年之勇。唐尼则不同，他从此一举成名，进入了文艺界和时尚界的上流社会，在这些上流社会中，重量级拳王们头顶光环，受到了普遍欢迎。由于在拳击场上的出色表现，唐尼在三年内获得了超过 174 万美元的收入。他还在耶鲁大学菲尔普斯教授的课堂上讲授莎士比亚，与桑顿·怀尔德（当年最畅销小说《圣路易斯雷大桥》的作者）一起去欧洲散步，与康涅狄格州格林威治的一位年轻女士结婚。在国外逗留很长时间后，他带着新娘回到美国，并在抵达时发表了一份事先准备好的声明，这份声明的风格虽无法与莎士比亚或怀尔德相提并论，但至少表明了他所做的努力：

> 当我们的船通过纽约湾海峡时，我很难意识到，自从"莫尔塔尼亚号"载着我驶向另一个方向以来，已经过去了十五个月。在这十五个月里，唐尼夫人和我访问了许多国家，结识了一些非常有趣的人。我们非常享受旅行的乐趣，但最大的快乐还是再次回到家乡，与我们的人民和朋友在一起。
>
> 在意大利，我听到国内有传言说我正在考虑重返拳坛，卫冕重量级拳击冠军。这绝不是真的，因为我已经永远结束了我的公众生涯。我现在最重要的工作就是安静而简单地生活，因为这种生活方式能给我带来最大的快乐。

体育记者们对唐尼退役后的生涯明显持冷淡态度。他只是在行使古老的民主特权，一名寒门贵子飞上枝头变成了凤凰。喧嚣声将他捧上了天，而他也借此离开了拳击界，飞向更高的天空。

从 1925 年到 1926 年，公众注意力的探照灯从莱德·格兰杰转向其他

1927 年 9 月 22 日，邓普西和唐尼拳击比赛的观众正在进场

1926 年 5 月 9 日，理查德·伯德驾驶单翼飞机飞越北极点

1926 年，舞者约瑟芬·贝克正在表演查尔斯顿舞

鲁道夫·瓦伦蒂诺在《沙漠情酋》中饰演的艾哈迈德首长

故事：欧文·柏林和埃林·麦凯的婚姻①（这表明数百万人的好奇心并不尊重个人隐私）；豪华游轮"罗斯福总统号"的弗里德船长在大洋中英勇营救"安蒂诺埃号"蒸汽船的船员；以道德败坏这一令人不快的理由将卡斯卡特伯爵夫人驱逐出美国②；美国海军军官理查德·伯德在北极上空勇敢飞行。

　　夏天过去了——英吉利海峡上挤满了游泳者；电影《特洛伊海伦的私生活》中的棕色夹克风靡一时；穿着及膝短裙和横条纹毛衣的女孩们正在学跳查尔斯顿舞；费城的"一百五十周年纪念"在邓普西与唐尼之战的助威声中达到高潮。夏末发生一起引人注目的事件，证明了精明的通讯社可以在全美国引起轰动。一位名叫鲁道夫·阿方索·拉斐尔·皮埃尔·菲利贝尔·古格里尔米·迪·瓦伦蒂诺·德·安通古拉的年轻演员在纽约去世，年仅三十一岁。鲁道夫·瓦伦蒂诺（他喜欢如此简称，这是可以理解的）让无数影迷怦然心动，他在《沙漠情酋》中饰演的"酋长"充满激情，为男性的性感魅力树立了标准。但是，如果不是他的经纪人以惊人的技巧安排了悲痛的场面，如果不是通讯社向报纸提供了他们想要的一切——比如提前分发的演员遗体安放室的照片，以及葬礼队伍的摆拍照片，他在百老汇的殡仪馆里的葬礼就很难吸引到绵延十一个街区的人群。有了这些实际的帮助，新闻界全心全意地投入这件事，以至于殡仪馆周围发生了骚乱，数十人受伤。这就是宣传的妙用，瓦伦蒂诺去世时债务缠身，但根据他的经纪人后来的证词，他的遗作将债务变成 60 万美元的遗产。高尚的市民们

---

① 欧文·柏林是从俄国移居到美国的犹太音乐家，后来取得了很高成就（获得奥斯卡奖、格莱美奖），但结婚时还是一个下东区的穷小子。埃林·麦凯是作家，父母都是银行家，信奉天主教。两个人跨越阶层和信仰的恋爱在当时引发媒体广泛报道和关注。——译者注

② 卡斯卡特伯爵夫人是一位南非剧作家、女演员，1926 年入境美国时，她因为公开承认与一名已婚男子有染而被拘留并被拒绝入境，成为当时广受关注的国际新闻。——译者注

深为遗憾的是，差不多在同一时间去世的查尔斯·艾略特①没有引起如此壮观的哀悼，这是因为没有专业人士为他的葬礼大操大办。

唐尼击败了邓普西；飓风为佛罗里达州的经济繁荣画上了浓墨重彩的一笔；罗马尼亚玛丽王后从远处嗅到了喧嚣的利润，对美国进行了皇室访问；1926—1927 年的冬天，美国人民连续数月深陷丑闻和犯罪之中。

爱德华·W. 霍尔牧师和埃莉诺·R. 米尔斯夫人在新泽西州新不伦瑞克郊外德鲁塞小道的蟹苹果树附近被发现遇害，距此时已有四年之久。1922 年，大陪审团没有提出任何起诉，但在 1926 年，一家小报为了增加发行量，挖出了所谓的重要新证据，并让案件重新开庭审理。霍尔太太被捕了，她与她的两个哥哥亨利·史蒂文斯和威利·史蒂文斯被送上了法庭，从而为这家小报的读者，也为美国其他所有报纸的读者带来了兴奋感。

在这场十年来最轰动的审判中，最轰动的一幕发生在"猪婆"简·吉布森身上，她已经"奄奄一息"，却被人用担架从医院抬到法庭，并被放在一张面对陪审团的床上。吉布森太太讲述了一个奇怪的故事：当时有一群偷玉米的盗贼惦记她家的粮食，在案发当晚，她听到了马车的响声，她认为车上可能有盗贼，于是她给自己的骡子"珍妮"套上了鞍，来到德鲁塞小道"偷偷观察"，她看到小道上有一辆车，车里坐着两个人，她认出是霍尔太太和威利·史蒂文斯。她把"珍妮"拴在一棵杉树上，听到了争吵声和"解释这些信"的声音，她在手电筒的微光中看到了亨利和威利·史蒂文斯，她听到了枪声，然后一路惊恐地逃回家，却发现自己落下了一只软皮鞋。尽管害怕，她还是一路跑回去拿那只软皮鞋，听到了"猫头鹰般的叫声"，发现是一个女人在哭泣——"一个白头发的大个子女人在用手做着什么"，她说这个女人就是霍尔太太。当训练有素的护士站在她身边为她把脉时，"猪婆"在病床上号啕大哭着提供了这些证词。她还向被告喊道："我说的是实话！上帝保佑我！你们知道我说的是实话！"然后她被抬出了房间。

---

① 查尔斯·艾略特（1834—1926），美国学者、教育家，1869—1909 年任哈佛大学校长，他把这所地方院校变成全球知名的研究型大学。——译者注

"猪婆"的证词由于多次变化、前后不一，所以说服力不强，但陪审团不知道的是，所谓的"临终证言"是精心策划的表演，她在作证后还活了四年。霍尔太太和她的兄弟们出色地经受住考验，尤其是迟钝的威利·史蒂文斯顽强地抵制了参议员辛普森的威逼利诱，使数百万谋杀案读者为之欣喜。小报挖出的新证据——主要是一张电话签账卡，上面有威利·史蒂文斯的指纹——并没有让陪审团觉得重要。

尽管检方的起诉因此失败，但史蒂文斯家族的声誉已被玷污，成为新闻媒体损人利己的最早受害者。在审判的前十一天里，从新泽西州萨默维尔发出了 500 万字的报道。现场的记者人数是代顿审判案的两倍。记者中包括小说家玛丽·罗伯茨·莱因哈特、宗教复兴运动家比利·桑德和被谋杀的唱诗班歌手的丈夫詹姆斯·米尔斯。以原教旨主义领袖自居的约翰·罗奇·斯特拉顿牧师每天都要写一篇社论，对案件进行道德说教。通过世界上最大的电报总机，淫欲和犯罪的消息传遍了美国的每一个角落，公众对这些消息津津乐道、乐此不疲。

几个月后，一位名叫阿尔伯特·斯奈德的美术编辑被他的妻子和她的情人——一位名叫贾德·格雷的胸衣推销员——用秤砣杀死了。这起案件并不神秘，受害者的地位也不高，将斯奈德—格雷案的审判放在头版的唯一理由是，这起案件涉及通奸，而且斯奈德夫妇是生活在纽约郊区的普通人——普通读者很有共鸣。然而，人们对代入式恐怖的需求是如此之大，以至于伟大的西联电报总机再一次投入使用，更加强大的特约撰稿人团体（包括大卫·瓦克·格里菲斯、佩吉·乔伊斯和威尔·杜兰特，以及莱因哈特夫人、比利·桑德和斯特拉顿博士）演绎了这场肮脏的戏剧，美国人民再一次尝到了鲜血的滋味。

在霍尔—米尔斯案和斯奈德—格雷案之间，美国人还热议过一桩更刺激的丑闻。女演员弗朗西丝·希南·布朗宁，艺名"桃子"，起诉要求与房地产大佬爱德华·布朗宁分居，据说这位老板尤其喜欢"灰姑娘"式的小女孩。一些号称清醒而严谨的报纸报道了"老爹"布朗宁的冒险经历，《纽约图片报》做了一张"合成照片"：穿着睡衣的"老爹"布朗宁向半裸的

《纽约图片报》上刊登的布朗宁离婚案"合成图"

1927 年 5 月 31 日，查尔斯·A. 林白与"圣路易斯精神号"的合影

1927 年 6 月 11 日，柯立芝总统（前排右）祝贺查尔斯·A. 林白（前排中）凯旋

妻子大喊大叫，据图片旁的文字介绍，布朗宁发脾气是因为妻子拒绝参加"裸体游行"。就连一向热衷于丑闻的《每日新闻》也表示担心，如果这样的事情继续下去，公众将会"沉湎淫逸"。

许多人和《每日新闻》一样，惊愕地发现公众的趣味似乎已经极度堕落。他们认为，变革肯定会到来，这种商业化的堕落狂欢不能再继续下去了。

变化来得很突然。

早在 1919 年，纽约布雷沃尔特酒店和拉斐特酒店的老板雷蒙德·奥尔泰格就为纽约和巴黎之间的首次直飞提供了 2.5 万美元的奖金。就在斯奈德—格雷案审判结束几天后，三架飞机正等待着有利的天气条件，从纽约郊外的罗斯福机场起飞，去争取这笔奖金。"哥伦比亚号"由克拉伦斯·张伯伦和劳埃德·贝尔托驾驶；"美国号"由在北极成名的伯德中校担任机长；从太平洋沿岸匆匆赶来的"圣路易斯精神号"由一位名叫查尔斯·A.林白的年轻人独自驾驶。三架飞机谁先起飞尚无定论，但公众最喜欢的显然是来自西部的年轻人林白。他很谦虚，业务能力出众，他独自踏上这段危险旅程的想法特别大胆，而且他的长相和明星一样迷人。记者们叫他"幸运林迪"和"飞行傻瓜"，这让他很恼火。他成了众人瞩目的焦点，但还没有成神。

1927 年 5 月 19 日傍晚，虽然长岛下着毛毛细雨，但天气预报显示此行有可能天公作美，林白觉得最好做好准备。第二天凌晨，他不眠不休地做着准备，来到柯蒂斯机场，收到了进一步的天气消息。他把飞机拖到罗斯福机场，加满了油，5 月 20 日早上 8 点不到，他爬上飞机，飞往巴黎。

然后，奇迹发生了。

林白已经启程的消息刚一传出，全美国人民就被一种共同的情感所鼓舞。年轻人和老年人，富人和穷人，农民和股票经纪人，原教旨主义者和怀疑论者，高尚的人和低俗的人，都一致地把希望寄托在这位年轻人身上。20 日晚，在纽约扬基体育场举行了马洛尼与沙基的拳击比赛，当播音员要求 4 万名铁杆拳迷为林白祈祷时，所有拳迷全体起立，令人印象深刻。第二天，林白成功的消息接二连三地传来——他已经抵达爱尔兰海岸，他正在飞越英国，他正在飞越英吉利海峡，他已经在布尔歇登陆，受到了大批法国人的热情追捧。林白在巴黎最初几天的报道显示出他迷人的谦逊和礼貌，数百万同胞将他视为心肝宝贝，好像他们从未如此喜爱过一个人一样。

在接下来的几周里，喧嚣年代每一个引发大众兴奋和大众热情的纪录都被打破了。对于报纸和读者来说，除了林白和他的故事，似乎什么都不重要了。在飞行完成的当天，《华盛顿星报》多卖出了 16000 份，《圣路易斯邮报》卖出了 40000 份，《纽约世界晚报》卖出了 114000 份。从缅因州到俄勒冈州，每天都有报纸在头版头条大篇幅报道林白凯旋的消息，这表明公众是多么赞同《纽约世界晚报》大言不惭的论断，即林白完成了"人类历史上最伟大的个人壮举"。林白回到美国后，一份周日单期报纸就有 100 栏文字和图片专门报道。似乎没有人质疑柯立芝总统派遣美国海军巡洋舰将这位年轻的普通公民和他的飞机从法国接回的行为是否妥当。他在华盛顿受到了盛大露天集会的欢迎，据媒体报道，总统在集会上发表了"自国会致辞以来最长、最令人印象深刻的讲话"。在林白抵达时，西联电报公司将 55000 封贺电装上卡车，跟着他穿过华盛顿的游行队伍。其中一封来自明尼阿波利斯的电报上签了 17500 个名字，组成了一个 160 米长的卷轴，10 名信差抬着卷轴蹒跚而行。在纽约的公众欢迎活动结束后，街道清洁部门收集了 1800 吨被撕碎并从办公楼窗户扔出的纸张，堪比一场纸屑暴风雪——而在 1918 年 11 月 7 日的停战日庆祝活动后，只扫出了 155 吨！

林白被授予上校军衔，并获得了杰出飞行十字勋章、国会荣誉奖章以及许多外国勋章和荣誉会员称号，请恕本文篇幅有限，不再一一列出这些勋章和荣誉会员称号。有人出价 250 万美元请他乘飞机环游世界，还有人出价 70 万美元请他出演电影；他的签名以 1600 美元的价格售出；得克萨斯州的一个小镇以他的名字命名；有人提议在芝加哥市建造一座 400 米高的林白塔；为了他，人们组织了"现代史上为个人准备的最盛大晚餐"；数量惊人的街道、学校、餐馆和公司都想分享他的荣耀。

在所有这些喧闹声中，没有任何明显的反对者。无论人们在其他方面有什么不同意见，他们都对他赞不绝口。

要理解这种普遍的钦佩和爱慕是多么非同寻常——用"爱慕"这个词来形容毫不为过——就必须注意两三个事实。

林白的飞行并不是第一次乘飞机横渡大西洋。1919 年，阿尔科克和布朗从纽芬兰直飞爱尔兰。同年，载有 5 人的 NC-4 号飞机经亚速尔群岛飞越大西洋，英国 R-34 号飞艇载着 31 人从苏格兰飞往长岛，然后掉头返回英国。1924 年，德国的 ZR-3 号飞艇（后来被称为"洛杉矶号"）从弗里德里希港飞往新泽西州的莱克赫斯特，机上载有 32 人。1924 年，两架"环球之旅"美国军用飞机经由冰岛、格陵兰岛和纽芬兰岛穿越北大西洋。林白飞行的新颖之处仅在于，他从纽约一直飞到巴黎，而不是从纽芬兰起飞；他准确地到达了目的地，而且是独自一人完成。

另一个事实是，这样做并没有什么实际用处。诚然，它带来了航空业的繁荣，但并不完全是健康的繁荣，它导致许多飞行者盲目地效仿林白，飞向外国的海岸，结果被淹死。时隔多年，当我们回过头来看这一事件，褪去其中的感情色彩，我们会发现这只是一次大胆的特技飞行——截至当时最长的一次——而这个人也明确声称自己只是一名特技飞行员。那么，为什么要把林白捧上神坛呢？

原因很简单。一个以廉价英雄主义、丑闻和犯罪为食的民族对人性的低劣产生了反感。多年来，美国人民一直处于精神饥渴状态。他们看到自己早年的理想、幻想和希望被各种事件和观念的腐蚀性影响逐一消磨殆尽，看到战争令人失望的后果，看到科学学说和心理学理论破坏了他们的宗教信仰，嘲笑了他们多愁善感的观念，看到政治中的贪污腐败和城市街道上的犯罪景象，看到最近报纸上的淫秽和谋杀。浪漫、骑士精神和自我献身精神都被揭穿了；历史上的英雄被证明是迫不得已，而历史上的圣人也被揭露为精神失常。人们可以崇拜商业之神，但始终怀疑他充满铜臭味。铺天盖地的宣传导致公众对当代英雄顶礼膜拜，但这些当代英雄从电影合同和媒体报道中赚得盆满钵满，并不完全令人信服。如果人们要与自己和世界和平相处，他们的生活始终缺少一些他们所需要的东西。林白提供了这种东西：浪漫、骑士精神、自我奉献——这些都体现在一个现代的"圆桌骑士"身上，而这个现代的"圆桌骑士"正是被这一代人所遗弃的。林白没有接受诱人的电影邀请，不做广告，不夸夸其谈，不卷入丑闻，行为举止优雅得体，而且英俊、勇敢。宣传机器已经准备就绪，等着把他抬到万人敬仰的高度。公众对他的欢迎呈现出类似宗教复兴之势，这又有什么奇怪的呢？

林白没有背弃他的崇拜者。他开展了一系列展示性飞行和慈善飞行表演——成功而又不失庄重。他与美国驻墨西哥大使的女儿结婚，因此让全美国人民大为高兴。他与新娘乘汽艇悄悄离开，尽管数百名新闻记者竭力窥探他的蜜月，但他仍隐蔽了好几天。无论他走到哪里，人们都争先恐后地想接近他。奖章被别在他的头上，褒奖被洒在他的身上，他的一举一动都成了新闻。他的确赚了一大笔财富，主要是作为航空公司的顾问赚来的，但这无可厚非。令人难以置信的是，他始终保持着清醒的头脑和谨慎的行为。

他依然是全民偶像。

即使在飞行的三四年之后，他的新泽西农场的道路在周末仍会被崇拜者的汽车堵满。据说，他甚至不能把衬衣送到洗衣店去洗，因为每件衣服都有去无回，被当作纪念品卖掉了。他的照片挂满了数百间教室和数千栋房屋。几乎可以说，没有一个在世的美国人能够赢得如此广泛的爱戴。媒体可以批评柯立芝、胡佛、福特、爱迪生、鲍比·琼斯或其他任何英雄，但如果你谴责林白所做的任何事情，你的读者和听众不会饶恕你。林白已经成神了。

这对一名特技飞行员来说是件好事，但必须补充的是，这对美国人民来说也是件好事。在 1927 年 5 月 20 日之后，美国人民已经证明，他们对英雄的品位比任何人预料的都要高。

在林白的飞行之后，英雄主义大行其道，出现了一大批追求名利的模仿者，但他们似乎都没有意识到，林白让他的崇拜者们爱戴的原因之一，就是他对金钱和掌声都漠不关心。"抄袭"很简单：你有一架飞机、一些资金和一个通讯社的支持，然后首次从一个地方直飞另一个地方（此时还有很多地方之间没有航班）。为了即将到来的成功，你可以提前安排将你的个人故事卖给报业集团。如果有必要，还可以免费得到大量的装备，条件是同意机油、飞行服或置物架的销售商用你的形象做广告。在目的地着陆并登上头版头条后，你就可以立即出售你的书、你的广告，参与舞台表演，在电影中亮相，或者采取其他有利可图的方式。如果不会驾驶飞机，你还可以当乘客。事实上，女乘客比男飞行员更有新闻价值。如果飞行对你来说有点危险，你也可以通过奖励其他人飞行来获得有用的宣传。

克拉伦斯·张伯伦模仿林白飞越大西洋时，飞机的主人查尔斯·A. 莱文是一位利益相关的乘客。他在纽约受到了正式欢迎。在纽约，每个类似的人物都受到了官方的欢迎。衣冠楚楚的警察局长格罗弗·惠伦发现，任何人在中午骑着摩托车在百老汇大道上行驶时，都会发现那里聚集了成千上万的人，都是参加庆祝午餐的。英国高尔夫球公开赛冠军、横渡英吉利海峡游泳选手和意大利足球队都受到了惠伦先生的欢迎，就像波斯财政部长和莱比锡市长一样。

张伯伦飞行几周之后，伯德和他的部下从罗斯福机场启航飞越大西洋，不幸坠落在海中——幸好离法国海岸很近，他们游上了岸。后来，布洛克和施利不仅横渡了大西洋，还继续进行一系列飞行，直到抵达日本。再后来，一位来自佛罗里达州莱克兰的漂亮牙医助手得到了一位柑橘种植者和一位房地产商的支持，由霍尔德曼驾驶飞机，成为第一位跨大西洋飞行的女性。她很不幸地掉进了海里，距离岸边太远，无法涉水上岸。但这又有什么关系呢？她和霍尔德曼被一艘油轮幸运地救起来；她的经纪人为她做了一笔好生意；她受到了欢迎——尽管纽约市只花了 333.90 美元来招待她，相比之下，迎接爱尔兰自由邦总统花了 1.2 万美元，迎接伯德花了 2.6 万美元，迎接林白花了 7.1 万美元。

在鲁思·埃尔德之后，有太多成功的或失败的飞行，以至于人们几乎不再关注。它们总是头版新闻，但都不如新福特汽车的问世（1927 年 12

20 世纪 20 年代的"舞蹈马拉松"

阿尔文·凯利在 20 世纪 20 年代接连创下坐杆的时长纪录

月）和蒸汽轮船"维斯特里斯号"的沉没（1928 年下半年）来得激动人心（美国人以为这是历史上最大的海难）。从此，林白夫妇淡出了公众的视线。

体育英雄的队伍则继续前进。鲍比·琼斯不断取得胜利，直到没有人怀疑他是有史以来最伟大的高尔夫球手。贝比·鲁斯依然是本垒打之王。网球手蒂尔登的成绩有所下滑，但除了法国选手，他仍能击败几乎任何人。然而，有奖格斗比赛却萎靡不振，而且有迹象表明，体育比赛越来越难引起人们的关注。人们努力寻找新奇的东西来唤起热情，这几乎成了一种病态：马拉松舞者不分昼夜、周而复始地相互依偎，在地板上疲惫不堪地踱来踱去；C. C. 派尔的"泛美徒步比赛"的不幸参赛者跑遍了整个美洲大陆，其结果不仅让他们的双脚感到痛苦，也让派尔先生赔了钱。当阿尔文·凯利坐在旗杆上时，成千上万的人站在那里目瞪口呆。打破纪录还是有钱赚的，即使你的成就只是在巴尔的摩的旗杆上坐了 23 天零 7 个小时——你的食物和饮料被装在一个桶里吊给你，如果你有打瞌睡的迹象，雇一个人每隔 20 分钟对你大喊大叫。但似乎没有人相信凯利先生有名垂青史的魅力。坐杆和舞蹈马拉松只是闲暇时观看的怪异表演而已。

也许是风华正茂的美国人厌倦了喧嚣，也许是喧嚣的宣传过于明显，也许是林白把公众宠坏了，让他们不再崇拜英雄。或许，1927 年萨科和范泽蒂惨遭处决以及 1928 年的总统竞选提醒了饱食终日的人们，毕竟还有公共事务这回事。不过，1928 年 3 月，也就是新福特汽车问世仅几个月、林白飞行不到一年之后，大牛市就进入了烈火烹油的阶段。在一天之内，无线电公司普通股上涨了 10 个点，这比世界上所有飞行挑战者和重量级冠军所带来的直接收益都要大。

第九章

知识分子的反抗

> 新的一代……长大后发现所有的神都死了，所有的战争都打完了，所有对人的信仰都动摇了。
>
> ——F. 斯科特·菲茨杰拉德,《人间天堂》

到对德战争结束时，社会对个人的压迫已成为一种民族习惯。典型的老一代美国人对少数人的权力从来都只是抱着半信半疑的态度，在开拓性传统中长大的他们习惯使用最趁手的工具——禁售令、警戒委员会，或者必要时用猎枪——来维持社区的秩序。《独立宣言》和《权利法案》对他们来说都是好东西，但他们在管理事务时，通常会接受这样的建议：自由是放任的另一个名称，《权利法案》是无赖的最后手段。在战争期间，他们发现通过立法、宣传和恐吓邻居，强迫他们做出可接受的行为是多么容易。

他们从战争债券运动——每个人都有配额，那些迟迟不捐款的人往往被视为威胁——转向了社区募捐运动、大学捐赠基金运动、教会募捐运动、城镇促进运动和许多其他公共运动。各种委员会和小组委员会如雨后春笋般出现，通讯社发表新闻通稿，演说家大声喧哗，紧紧抓住自己钱袋子的人感受到令人不舒服的大众舆论压力。正如我们看到的那样，从里通外国和所谓的亲德国人，到胁迫少数种族和所谓的布尔什维克，仅有一步之遥。从战时的新闻审查，到和平时期的报刊书籍和公共言论审查，也仅一步之隔。从战时的立法禁酒，到将禁酒令永久性地写入宪法，再到试图将多数人的道德准则写入法典，也只是一层窗户纸。可以肯定，商业摆脱了 1917 年和 1918 年束缚它的大部分枷锁，因为普通美国人将自己的利益与商业利益捆绑在一起。但在商业之外，他认为自己知道人们应该如何做出行为，不会容忍任何胡言乱语。

在"赤色大恐慌"初期之后，美国中产阶级多数派在严厉打击激进主义和坚持对企业放任自流方面几乎没有遇到什么阻力。当工人们被警察吓倒或被股票所有权和致富希望引诱就范时，几年前还准备为最低工资法、平等选举权和劳资谈判权而死守街垒的自由主义者们陷入了无望的沮丧之中。他们认为，政治是一个庸俗的烂摊子，低能儿的人数总是多于开明人士，吐着烟圈的地区领导人牢牢控制着低能儿，选举权则是一个笑话。福利事业也同样徒劳无益：乏味、让人多愁善感、令人自以为是。1915 年，年轻聪明的大学毕业生曾冒着被剥夺继承权的危险参加社会主义游行，但1925 年，他称这种人为老古董，根本不关心钢铁公司雇员的工资是低了还是高了。时尚变了。现在，年轻的叛逆者只会因反对一夫一妻制或反对上帝而激怒他的父亲。

然而，当多数中产阶级从迫害政治激进分子转向规范个人行为时，他们不仅遭到聪明的年轻大学毕业生的强烈反对，还遭到整个新阶级意识群体的强烈反对。美国的知识分子——《美国信使》喜欢称他们为"文明的少数派"——大声疾呼，奋起反抗。

这些摩拳擦掌的知识分子从来都不是一个有组织的团体。他们之间的意见分歧很大，即使意见一致，作为个人主义者，组织起来的想法也会让他们反感。他们分布广泛。纽约是他们的主要集结地，但在其他城市中心也能找到他们的团体。他们主要由艺术家、作家、专业人士、大学城里智慧非凡的人，以及受过大学教育、能够读懂比《星期六晚邮报》和《麦考尔杂志》的文章更复杂的文学作品的商业阶层成员组成；他们的身后还有一群五花八门的狂热分子，随时准备接受最新的思想。他们可以被粗略地定义为那些听说过詹姆斯·乔伊斯、普鲁斯特、塞尚、荣格、伯特兰·罗素、约翰·杜威、佩特罗尼乌斯、尤金·奥尼尔和爱丁顿的人；他们看不起电影，却尊崇查理·卓别林为伟大的艺术家；他们即使不懂相对论，也能谈论相对论，知道几个专业术语的名称，收集古董家具，对进步教育有想法，怀疑亨利·福特和卡尔文·柯立芝的神性。虽然他们人数不多，但声音很大，他们的影响不仅主导美国文学，而且慢慢地影响整个国家的思想。

当凯旋的军人还在参加胜利游行时，这些知识分子就充分感受到《凡尔赛和约》的幻灭。在菲利普·吉布爵士的《现在可以说了》、约翰·多斯·帕索斯的《三个士兵》、E. E. 卡明斯的《大房间》和约翰·梅纳德·凯恩斯的《和约的经济后果》等书中，残酷的战争和肮脏的和约幕后故事在他们愤恨的眼前铺展开来。他们很早就皈依极具破坏性的新心理学。事实上，他们中较年轻的人是根据弗洛伊德的观点进行爱抚的，而他们同时代较少受教育的人爱抚则只是因为他们喜欢这样爱抚。早在原教旨主义这个词出现或爱因斯坦理论进入研究实验室之前，许多知识分子就已经感受到新科学知识带来的不确定性。西奥多·德莱塞、威拉·凯瑟、卡尔·桑德伯格、埃德加·李·马斯特斯、罗伯特·弗罗斯特、瓦切尔·林赛、艾米·洛厄尔以及意象派和自由诗的倡导者们从战前就开始了新的尝试。二十位知识分子合作撰写《美国的文明》一书时，他们总结了成千上万同阶层人士的意见，一致认为"当今美国社会生活中最有趣、最可悲的事实是情感和审美的匮乏"。但是，如果不是辛克莱·刘易斯在 1920 年 10 月推出了《大街》，在两年后推出了《巴比特》，知识分子对这种情感和审美匮乏的反抗，以及对由此导致的对"琐碎规章"的反抗，强大的力量很难像现在这样迅速聚集起来。

这两本书的影响是巨大的。在这两部无情的文学描述和尖锐的讽刺作品中，刘易斯揭露了美国小镇的丑恶、文化贫乏、大众偏见的专横，以及小镇居民的露骨庸俗和偏狭。他的书并不全面，但因其片面性而被更多的人阅读。到 1922 年底，《大街》的销量已达 39 万册。知识分子只要读了刘易斯的书，就会意识到，他们最鄙视、最惧怕的美国生活中的品质，恰恰是他放在显微镜下冷酷审视的品质。《巴比特》的主人公乔治·巴比特[1]才是开明人士的头号敌人，而阻碍美国文明发展的正是大街小巷的精神状态。

《巴比特》之后，大量反映知识分子对商人统治美国的不满，以及反映他们日益增长的幻灭感的图书涌现出来。H. L. 门肯是这一反抗的主要发起者，也是主要的打手。

门肯是巴尔的摩人，曾在《巴尔的摩太阳报》接受过报业培训，多年来一直与乔治·让·内森合作编辑《时尚圈》。《时尚圈》的发行量不大，它的名字和以前有点可疑的名声都对它不利。就在《时尚圈》奄奄一息的时候，图书出版商阿尔弗莱德·A. 诺夫聘请门肯和内森创办了一份面向左翼知识分子的新月刊——《美国信使》，其创刊号于 1923 年年底出版，也就是伍德罗·威尔逊逝世前几周。当时，沃尔什参议员正在调查是谁给了法尔国务卿一笔钱，理查德·西蒙即将萌生出《填字游戏书》的想法，而博克和平奖即将颁发给查尔斯·H. 利弗莫尔。

《美国信使》的绿色封面及其形式就像门肯在巴尔的摩的房子的大理石镶边外墙一样沉稳，但其内容是爆炸性的。它继承了《时尚圈》的固定特色，包括门肯的文学笔记、内森的戏剧评论、一系列社论杂记，以及一个被称为"美国史料"的荒诞历史专栏。每个月，门肯都会用几个版面对大多数俗人及相关作品展开论战。杂志极力拥护德莱塞、卡贝尔、舍伍德·安德森、威拉·凯瑟和辛克莱·刘易斯等作家，他们蔑视以美国艺术与文学学院为代表的虚伪传统，批判杂志、图书和生活中的多愁善感、逃避现实和学术浮夸，抨击巴比特、扶轮社、卫理公会和改革者，嘲笑柯立

---

[1] 房地产小商人，生意兴隆，过着中产生活，但精神空虚、思想贫乏，为此开始了中年叛逆之旅，最终又无奈回归市侩的庸俗生活。——译者注

《美国信使》的两位创始人：H.L.门肯（左）和乔治·内森（右）

芝繁荣和门肯所谓的"理想主义垃圾",并以喧闹和亵渎的嘲讽看待整个美国。

《美国信使》一炮打响。它新颖,令人震惊,而且具有令人愉快的破坏性。它将成千上万人的疑虑具体化了。很快,它的绿色封面就被几十所大学校园里的年轻叛逆者紧紧搂在怀里。他们认为,门肯这个人即使不是魔鬼的使者,也一定是个放荡无耻的怪物。当门肯到代顿报道斯科普斯审判并称代顿人为"乡巴佬""山地人"和"农民"时,A.C.斯特里布林牧师批评门肯是一个"废话大王"。对于这样的反驳,大部分愤怒的公众舆论都准备喊出"阿门"。几年后,《美国信使》的编辑遭到了太多的谩骂,为了读者,门肯将其结集出版为《骂人词典》——一本完全由对他的极度诽谤构成的书。与此同时,到1927年,他的杂志发行量攀升至77000多份。同年,沃尔特·李普曼毫不夸张地称他为"对这一代受过教育的人影响最大的人"。

在许多读者看来,门肯似乎反对一切。事实并非如此,但反叛无疑是他的特质。他"反对一切神学家、教授、社论作者、右派思想家和改革家"(这是他的自述)。他"反对爱国主义,因为爱国主义要求接受一些明显很蠢的命题——例如,美国长老会成员与阿纳托尔·法兰西[①]、勃拉姆斯[②]或鲁登道夫[③]是平等的"。他不相信"民主制度下的文明生活是可能的"。他说无政府主义者是傻瓜,他反对禁酒令、新闻审查和其他一切干涉个人自由的行为。他对道德和基督教婚姻嗤之以鼻。在这一系列可怕的偏见中,有一个明显的矛盾。他的一些批评家会说,除非知识分子全是门肯这样的人,否则他想要的自由不可能实现。然而,门肯根本不在意这些矛盾之处,起初他的追随者中也很少有人在意这些矛盾,因为面对他这样的散文风格,要冷静地分析并不容易。

---

① 阿纳托尔·法兰西(1844—1924),法国诗人、记者、小说家,法兰西学院院士,1921年诺贝尔文学奖得主。——译者注

② 约翰内斯·勃拉姆斯(1833—1897),德国作曲家、钢琴家、指挥家,浪漫主义音乐的代表人物。——译者注

③ 汉斯·鲁登道夫(1873—1941),德国天文学家、天体物理学家。——译者注

他在攻击低级趣味者时，使用了无以复加的谩骂词汇，他的敌人都被他称为"江湖骗子""冒牌者""诈骗犯""傻瓜""猪""女巫猎手""进化不全"。他说感伤主义者到处喷洒玫瑰水，说布莱恩"天生嗓音洪亮，最适合煽动半吊子"，说他不喜欢的书都是垃圾；他把田纳西州那些不怀好意的农民称为"张牙舞爪的灵长类动物"和"猿猴般的暴徒"。有时——比如在他的学术著作《美国语言》中——门肯能写出有分寸、准确的英语，但在他血气方刚时，他的武器就是夸张和粗俗的比喻。他一出现，空气中就充满了飞砖。第一次读他的文章，如果没有被其激怒，就会体验到强烈的内心愉悦感，这种愉悦感就像是在游乐园中用棒球棒随意砸碎瓦罐一样。

门肯对偶像的大肆抨击首次引起广泛关注的时候，正是经济繁荣如日中天的年代。布鲁斯·巴顿为美化高级推销术而修改基督教教义，原教旨主义者疯狂反对进化论，卫理公会提倡节制和禁酒，公共道德委员会正试图将这个国家塑造成俯首帖耳的国度。在此之前，知识分子一般都处于守势。但现在，有了门肯冲锋陷阵，他们改变了语气。其他杂志也加入了反对的呼声，尽管没有那么强烈。1925年，《哈珀杂志》换上了橙色封面，以新的批判勇气审视美国生活，从而使发行量翻了一番；《论坛》杂志就《大街》的话题展开辩论；《大西洋》刊登了詹姆斯·特鲁斯洛·亚当斯批评美国教育的严厉言论；战后十年末，甚至连《斯克里布纳》杂志也因为刊登了海明威的连载文章而被波士顿的报摊禁止销售。反映少数知识分子对美国生活看法的图书大量涌现。慢慢地，抗议的声音越来越大，以至于到1926年或1927年，在墙上挂着毕加索或玛丽·劳伦辛的画作复制品、书架上摆放《太阳照常升起》或《民主笔记》①的房子里，任何对扶轮社或布莱恩说一句好话的人都有可能被视为不可救药的白痴。

在这些反叛年代，知识分子的信条是什么？他们中并没有多少人接受所有以下粗略概述的主张，但这或许反向表明了他们的总体倾向：

---

① 门肯作品批评了美国式的民主制度迎合暴民、无法选出真正有能力的总统，等等。——译者注

1. 他们相信性自由的程度要大于严格的美国准则所允许的程度。至于
   对性的讨论，他们相信性应该是自由的。他们是第五章所述的礼仪
   和道德革命的先锋。在战后十年的早期，他们为 F. 斯科特·菲茨杰
   拉德等年轻思想家对性爱的淡漠态度而喝彩，后来又为同性恋文学
   作品而激动不已，成千上万的人去观看尤金·奥尼尔长达五小时的
   戏剧《奇怪的插曲》（这部戏剧仿佛是精神病理学课程）。他们阅读
   性、谈论性、思考性，任何异类都会遭到鄙视。

2. 他们尤其蔑视通过立法来强制执行礼仪，并憎恨所有他们认为会对
   礼仪产生影响的因素。他们憎恨卫理公会的游说团体、约翰·萨姆
   纳① 以及所有其他审查制度的维护者；他们把清教徒，甚至是殖民
   地时期的清教徒，描绘成一个蓝鼻子、嗓音嘶哑的伪君子；他们把
   维多利亚时代视为半下流、半滑稽的时代。萨克雷、丁尼生、朗费
   罗② 以及 19 世纪波士顿文人的文学声誉在他们的评价中跌落到有史
   以来的新低。年轻的知识分子深信，短裙和文学暧昧的时代带来了
   新的启蒙，他们嘲笑《生活》杂志所描绘的"淘气的 90 年代"③，并
   与讽刺作家托马斯·比尔一起，居高临下地审视"淘气的 90 年代"
   的华丽服饰和虚构文学。事实上，他们中的一些人似乎认为，现代
   性到来之前的所有时期都是荒谬的——除了古希腊文明、卡萨诺瓦
   时代的意大利、大歌妓时代的法国以及 18 世纪的英国。

3. 他们中的大多数人都是热情的反禁酒主义者，这一事实，再加上他
   们对审查制度的厌恶以及对政治和社会改造的怀疑，使他们对所有
   改革运动都心存疑虑，对所有改革者都不信任。他们坚决不相信自

---

① 约翰·萨姆纳（1876—1971），当时任纽约淫秽物品取缔协会（NYSSV）的负责
人。——译者注

② 威廉·萨克雷（1811—1863），英国作家，代表作为《名利场》《巴里·林登》等。
丁尼生（1809—1892），英国诗人，代表作为《悼念集》等。亨利·朗费罗（1807—
1882），美国诗人，代表作为《人生颂》等。——译者注

③ 指 1890—1900 年。这十年间具有代表性的内容是：王尔德的诙谐戏剧、女权运动、
美国工业企业家崛起等。——译者注

己是同胞的守护者。对他们来说，任何不把宽容视为最高美德的人都是不可容忍的。在进步思想家的晚宴上，总是能听到对"法律管得太多"的批评。1915 年，"改革家"这个词一般都是褒义词；到了 1925 年，至少在知识分子中间，这个词变成了蔑称。

4. 他们大多是宗教怀疑论者，但并非全部。如果说 20 世纪 20 年代喧嚣的不可知论和无神论少于 19 世纪 90 年代，那主要是因为不信教已经变得稀松平常，也因为无宗教信仰的知识分子没有福音派的冲动，不愿意按照自己的思想改造他人，而只是默默地远离教堂。19 世纪 90 年代或美国以往任何一个时期的大学生，是否会像 20 世纪 20 年代的大学生那样轻描淡写地说"聪明人都不信上帝"，这是值得怀疑的。在此之前，从未有这么多面向有思想的公众的书籍在一开始就假定读者已经摒弃了旧神学。

5. 他们一致蔑视资产阶级的大多数，认为资产阶级应对禁酒令、审查制度、原教旨主义和其他压迫行为负责。他们效仿门肯，厌恶扶轮社、三K党、微笑服务、慷慨激昂的演说和超级推销员。生活在城市中心的人以自己优于偏远城镇居民而自豪。例如，《纽约客》在战后十年中期创刊时的座右铭就是如此，"不适合小县城的老太太阅读"。他们尤其鄙视去欧洲旅游的美国富裕游客；在蒸汽轮船上，如果有人把赫胥黎的最新小说放在膝盖上，那么他旁边的椅子上就会有人告诉他，法国某处有一家令人愉快的小餐馆"还没有受到美国人的玷污"。

6. 他们尤其乐于打破大多数人的偶像。因此，W. E. 伍德沃德在 1923 年出版的一部小说中发明了"揭穿"一词，这种做法在他们中间十分流行。莱顿·斯特拉奇的《维多利亚女王》于 1922 年在美国成为畅销书，随后又出现了大量"揭穿式"传记作品。鲁珀特·休斯为乔治·华盛顿去掉了几层粉饰，他在一次演讲中宣称："华盛顿是一个伟大的牌手、威士忌酿造者和骂人冠军。他和他的主要将军的妻子跳了三个小时的舞，从未间断。"这几乎引起了一场骚乱。其他美国名人所犯的错误也被揭露出来，历史上臭名昭著的流氓也被重新审视，成为如诗如画、魅力四射的家伙。直到有一段时间，人们几乎认为，传记作者要想成功，就必须颠倒黑白。

7. 他们担心大规模生产和机器会对自己和美国文化产生影响，努力对抗被福特主义和连锁店思想征服的单调文明。他们憎恨束缚，这推动了进步学校运动，滋养了高等教育的创新。它同样推动了小剧场运动的发展，小剧场运动从沿海到内陆，尤其是在学校取得了显著进展。时下小说中的主人公们被描绘成在家乡的小城镇感到窒息，为了文化生活，他们要么逃到曼哈顿，要么逃到蒙帕纳斯或里维埃拉。在巴黎的任何一家咖啡馆里，你都可能发现一位美国侨民在感谢命运，感谢他终于摆脱了标准化的束缚，却浑然不知即使在汽车和收音机的国度里，也没有比法国路边咖啡馆更标准化的机构了。当最好的杂志月复一月地在他们眼前重复"愚蠢的美国人"和"幼稚的美国人"这样的标题时，知识分子并不反感。很希望别人告诉他们，美国正在陷入野蛮状态，美国是一个文明人完全不可能生活的地方——就像詹姆斯·特鲁斯洛·亚当斯在《大西洋月刊》上感叹的那样，"作为一个人，我很想知道一个实际问题的答案：一个喜欢简单的生活、简单的快乐和心灵之物的中等收入的人，如何以及在美国哪里能够生活下去"。

20世纪20年代的美国知识分子中几乎没有人赞同这些信条中的所有主张，但在开明人士中，不接受任何主张的人都是可疑的——他不是真正的文明人，不是现代人。繁荣的马车滚滚向前，但站在路边的知识分子在冷眼嘲笑或莫名惊诧。

门肯非常享受他的战斗，尽管他很悲观。他走到武装人员面前，在号角声中发出嘲笑的声音。也许美国文明的一切都有问题，但至少为他的炮火提供了一个可爱的靶子。他在《偏见》第五辑中自问自答："如果你发现美国有这么多不值得尊敬的东西，那你为什么还要住在这里？"他的回答是："为什么人们会去动物园?"没有人像门肯一样在美国动物园里玩得如此开心,他甚至还从田纳西州的"猴子审判"中获得了欢笑。

然而,他在知识分子阵营中的大多数朋友并非如此。在这段历史中,"幻灭"这个词被频繁使用,因为从某种意义上说,"幻灭"(除了对商业以及商业所带来的物质奢华和改善的幻灭)是20世纪20年代的基调。对于大多数美国人来说,这种幻灭感也许是无意识的,他们在战后产生了一种奇怪的失望,他们感到生活并没有给他们带来期望的一切,他们知道一些曾经对他们意义重大的价值观正在消融,但他们仍然兴高采烈、充满活力,完全没有意识到自己的思想表面之下正在发生的变化。然而,与其他地方的知识分子一样,美国的大多数知识分子都清楚地知道,他们已经幻灭了。不幸的是,他们中很少有人像门肯一样,在成长过程中对人性抱有如此低的期望。如果你认为动物园是开明公民的家园,你就无法充分享受动物园的乐趣。

知识分子认为应该有更大程度的性自由——他们中的许多人发现,他们希望亲身或通过书籍和戏剧获得这种自由,结果却令他们失望。他们发现,爱情变成了克鲁奇所说的"精心编排的精神错乱",使生活中最美好的片段失去了诗意和意义。正如克鲁奇所说,"情感除非首先得到尊重,否则就不可能有尊严",而爱情变得太容易、太生物化,以至于无法成为尊重的对象。记者埃尔默·戴维斯在他的一篇文章中提到了战后一部小说中的女主人公,"如果我没记错的话,她有过259次艳遇,却没有从其中任何一次艳遇中享受到维多利亚文学中的淑女从一次引诱中得到的情感冲击"。这位忙碌的女主人公在文学上是个常见的人物,在现实生活中无疑也有一些类似的人物,她们明白了,浪漫是无法用数量来衡量的,当爱情变得随意的时候,它也就变得司空见惯了。即使是不那么滥情的同时代人,他也感受到浪漫爱情被贬低时所带来的某种徒劳感。

作为标准化和压迫的敌人,知识分子相信自由,但自由是为了什么?被禁酒人员骚扰、被商会发号施令固然让人不舒服,但从长远来看,拥有自由却不知道如何支配它,也是一件很不舒服的事。在20世纪20年代,没有比里士满·巴雷特在《哈珀杂志》上发表的《树丛里的宝贝》中所描述的景象更令人沮丧的了——美国年轻人为了做水牛城或爱荷华城所不允许做的事情，奔赴自由的巴黎，遇到几个粗鲁的人、品尝几段短暂而无味的爱情、沉迷于杜松子酒中之后，最终在穹顶咖啡馆的一张桌子下默默地死去。当然，巴雷特先生描绘的只是年轻一代知识分子中的极端疯子，但在 20 世纪 20 年代，有谁不认识 F. 斯科特·菲茨杰拉德的《那些忧伤的年轻人》中所描述的那类人呢？评论家沃尔特·李普曼写道："自战争结束后理想主义的低潮以来，接近成熟的一代人的最大特点不是他们对父母的宗教和道德准则的反叛，而是他们对自己反叛的幻灭。青年男女的叛逆是常有的事，但他们的反叛是悲哀的，对自己的反叛没有信心，他们对新自由的不信任不亚于对以往确定性的不信任，这就有些新奇了。"可以补充的是，有一些比他们更年长、更睿智的人以完全不同的方式感受到"自由之后，下一步是什么"这个问题的无解。

这些知识分子还相信科学真理和科学方法，而科学不仅完全夺走了他们的上帝，或把上帝降格为宇宙秩序的原则，或为满足心理需要而臆造出来的一个形象，而且还把人降格为一种生物。正如克鲁奇在《现代的特征》一书中指出的，人的是非观念失去了超验的权威。在威斯康星州被认为是正确的行为，在婆罗洲（根据人种学家的说法）可能会被认为是错误的，甚至在威斯康星州，它的优劣似乎也只是个人的臆断而已。确定性已经远离了生活。更糟糕的是，它已经脱离了科学本身。早先，否认神性秩序的人还能依靠可靠的自然秩序，但现在连这种秩序也摇摇欲坠了。爱因斯坦和量子理论带来了新的不确定性和新的怀疑。没有什么是确定的，生命的目的更无法发现，在所有这些迷雾中，没有一个坚实的东西可以让人依靠，并说"这是真实的，这将永存"。

然而，在所有这些不确定性中，也蕴含着对智慧的新希望。随着原有价值观的瓦解，艺术界旧有的严密批评标准也随之崩溃，这为新鲜而独立的作品赢得认可开辟了道路。更妙的是，一种观念正在逐渐形成，即这种新鲜而独立的作品可能是真正的本土作品，世界上最强大的国家摆脱文化

《芝加哥论坛报》建筑设计竞赛二等奖获奖作品，左侧为沙里宁的作品

1913 年建成的伍尔沃斯大楼

1922—1932 年建成的内布拉斯加州议会大厦

上屈从于欧洲的时代已经到来。

　　要想说服知识分子，让他们相信一流的绘画或音乐可能出自美国，还是很困难的。艺术收藏家们轻蔑地拒绝了学院派的精美作品，却全心全意地追捧法国现代派及其模仿者的作品，以至于从艺术的角度来看，美国几乎成了法国的殖民地。美国的交响乐团仍然受外国指挥家的支配，几乎只演奏外国作品，很少给本国作曲家机会。然而，即使在艺术和音乐领域，也出现了变革的迹象。艺术家们开始注意到摩天大楼和机器的艺术可能性，收藏家们只等乔治·贝洛斯去世，就会竞相购买他的粗犷油画和石版画。音乐爱好者们终于认识到黑人灵歌的光辉，萌生了乔治·格什温可能会弥合流行爵士乐和主流音乐之间差距的想法。玛丽恩·塔利和劳伦斯·蒂贝特这样的美国歌手成为大都会歌剧院的明星，迪姆斯·泰勒创作的美国歌剧（当然没有美国题材）也上演了。

　　在建筑方面，人们更热衷于本土产品。尽管美国的乡村别墅仍然是佐治亚式的庄园、法国式的农舍或西班牙式的别墅，并配有浴室和双车位车库，但即使是在森林湖，人们也试图重新找回房地产经纪人所说的"旧世界的魅力"。尽管美国的银行仍然是一座古典神庙式建筑，仍然有建筑师试图将现代美国大学的生活习惯强行塞进中世纪哥特式的框架中。然而，越来越多的人同意刘易斯·芒福德的观点，即新材料和新用途需要新的处理方法，而无需借助美学艺术。战后十年初获得《芝加哥论坛报》竞赛二等奖的沙里宁的惊人设计，为摩天大楼提出了新的可能性——路易斯·沙利文、弗兰克·劳埃德·赖特和卡斯·吉尔伯特设计的伍尔沃斯大楼已经预示了这种可能性。摩天大楼具有独特的美国风格——为什么不以一种新颖的美国方式来解决钢结构问题呢？渐渐地，美国建筑开始发展起来。古德胡在洛杉矶设计的公共图书馆和内布拉斯加州议会大厦、阿瑟·卢米斯·哈蒙在纽约设计的谢尔顿酒店、巴克利—维西电话大楼（由麦肯齐、沃希斯和格梅林以及拉尔夫·托马斯·卢阿马斯设计）以及其他优秀作品，至少为合理而优美地表达美国人的需求铺平了道路。

　　文学方面，外国的枷锁几乎完全被抛开了。即使知识分子购买了比以往更多的外国图书，但更多外国人移民到美国，他们也希望写作和欣赏美国文学。门肯对本土作品的大力赞扬、优秀评论刊物（如《星期六文学评论》）的创办以及对美国背景的研究影响了牛仔民谣等本土文学素材，以及边疆亡命徒和河上的演艺船 ① 等潜在素材。一股新的热潮正在兴起，终于有一批读者不相信美国文学会永远低人一等或只是一味模仿。当然，在这十年中，辛克莱·刘易斯的《阿罗史密斯》、德莱塞的《美国悲剧》、海明威的《永别了，武器》、威拉·凯瑟的小说、贝内特的《约翰·布朗的尸体》、尤金·奥尼尔的一些戏剧，以及林·拉德纳的《金色蜜月》等短篇小说——仅提及这几部，希望不会令其他人感到不快——都显示出未来可期。

针对巴比特的攻势逐渐式微，这或许只是因为反叛的新鲜感消退了。《美国信使》的发行量（或许还有其编辑的影响力）在 1927 年达到顶峰，此后慢慢下降。《纽约客》不再强调"小县城的老太太"，而是发展出一种随意的、迷人的、对任何人都没有恶意的幽默，城市知识分子消费的其他杂志厌倦了以惊恐的眼光看待美国。性小说的冒险性开始减弱，揭露性丑闻的热潮也随之消退。同样，美国各地也开始出现一些迹象，表明知识分子的精神压抑可能已经到了最糟糕的时候。

1929 年，正是克鲁奇的《现代的特征》问世的那一年，这本书以令人沮丧的方式完整地阐述了时代哲学的幻灭。沃尔特·李普曼试图为一种新的信仰和道德体系奠定基础，这种体系甚至可以满足幻灭者的需求，他的著作《道德序言》的成功表明，许多人已经厌倦了在精神错乱中堕落。同年，知识分子对人文主义大加挞伐。人文主义的热潮并非没有滑稽的一面，因为在那些孜孜不倦地谈论人文主义的人中，很少有人清楚他们心目中的人文主义到底是哪一种，而像保罗·埃尔默·莫尔和欧文·巴比特这样的文学评论家也很难成为民众运动的领袖。此外，人们还普遍努力从怀

---

① 1887 年之后，密西西比河的"棉花号"游轮上开始进行各类表演。1926 年，作家埃德娜·费伯据此创作了畅销小说《演艺船》，后来还被多次改编为音乐剧。——译者注

特海、爱丁顿的科学哲学中寻找一些依据，以相信生活是有价值的。也许，在战后岁月中被一扫而空的价值观已一去不复返，但至少人们在摸索新的价值观以取而代之。

如果有，那也来得太快了。战争时期的乐观主义者和宣传家们如此铿锵有力地宣示着新的一天即将到来，但对于许多男人和女人来说，在这一天到来之前，先要经过黑夜。他们可以反抗愚昧和平庸，可以同情自己是"迷惘的一代"，但他们找不到安宁。

第十章

酒精与阿尔·卡彭

如果在 1919 年——当时《凡尔赛和约》仍然悬而未决，伍德罗·威尔逊对国联赞不绝口，布尔什维克势如破竹，父母刚刚开始为年轻一代担忧——你告诉普通美国公民，禁酒令注定会成为 20 世纪 20 年代最具爆炸性的公共话题，他们可能会说你疯了。如果你能为他们勾勒出一幅实际情况的图景——12 海里界限外的海面上起伏的轮船，在夜间把装满威士忌的货物转运到快速汽艇上；在城市间的林荫大道上，运送啤酒的卡车被手持汤普森冲锋枪的匪徒劫持；非法蒸馏器一车车地生产酒精；时髦的晚宴理所当然地从违禁鸡尾酒开始；女士们和先生们在地下酒吧的帷幕格栅后面接受检查；芝加哥私酒贩子中的千万富翁阿尔·卡彭驾驶着装有防弹玻璃的装甲车穿过街道——无辜市民的下巴都会掉下来。人们普遍相信，第十八修正案已经获得批准，于 1920 年 1 月 16 日生效，将一劳永逸地解决禁酒问题。不管你愿不愿意，这个国家正在走向全面禁酒。

回顾美国近代史，经过几代酒商艰苦卓绝的斗争，禁酒令最终被轻松写入法典可能是最神奇的历史事件。国家不仅心甘情愿地接受了它，而且几乎是若无其事地接受了它。1917 年，第十八修正案被提交至参议院审议，仅经过十三个小时的辩论，就以一边倒的票数获得通过。几个月后，众议院接受该修正案，对整个修正案的辩论只用了一天时间。到1919年1月，即停战约两个月后，四分之三的州批准了修正案，修正案成为宪法的一部分（其余各州随后也都相继批准，只有康涅狄格州和罗德岛州没有批准）。根据反酒馆联盟制定的方案起草的《全国禁酒法》以更快的速度通过了。伍德罗·威尔逊当即否决了该法案，令举国上下大吃一惊，但该法案很快重新获得通过。人们举行了零星的抗议活动：纽约举行了群众大会；巴尔的摩举行了游行；美国劳工联合会通过了一项决议，要求对该法案进行修改，以免剥夺工人的啤酒权，并在华盛顿国会大厦前举行了喧闹的示威游行。但反对派的力量太小。整个国家理所当然地认为禁酒制度是不可避免的，以至于报刊上或餐桌上的争论几乎都没有提出法律是否能被执行的问题。亟待解决的问题是：一个真正禁酒的国家会是什么样子？国家强制禁酒会对工业、社会秩序和下一代产生什么影响？

这一切是如何发生的？为什么如此重要的一项措施会被如此势不可挡、近乎随意地接受？

查尔斯·默茨在其关于禁酒令的历史著作中清楚地表明，支持修正案的力量组织严密，而反对修正案的力量则几乎是一盘散沙。在美国参加对德战争之前，全美国禁酒的前景似乎还很遥远，而要想动员缺乏想象力的公众反对模糊的威胁总是很难的。此外，反对禁酒的领袖信誉扫地，因为酒商是他们的金主，而酒商的名声一直不佳，即使面对日益高涨的禁酒运动，他们也顽固地拒绝妥协。

美国参战给了禁酒领袖们一个大好机会。战争转移了那些可能反对禁酒计划的人的注意力：在国家存亡岌岌可危的情况下，酒的未来地位似乎是一件微不足道的小事。战争使国家习惯于通过严厉的立法赋予联邦政府新的广泛权力。战争要求节约粮食，因此禁酒令作为一项节约粮食的措施受到了爱国者的青睐。而且，战争使公众舆论反对一切德国东西——许多大酿酒商和蒸馏商都有德国血统。战争还带来了斯巴达式的理想主义情绪，第十八修正案正是这种情绪的自然体现。为了效率、生产和健康，一切都可以牺牲。如果你承认一个清醒的士兵是一个好士兵，一个清醒的工厂工人是一个有生产力的工厂工人，那么反对禁酒的论点就无从谈起了。与此同时，美国人民看到了乌托邦式的愿景：如果他们认为这场战争应该终结一切战争，那么胜利应该带来一个崭新而光辉的世界秩序，美国就能进入一个全民高效的清醒时代。多么诱人啊！此外，战争使他们急于求成。在 1917 年和 1918 年，任何值得做的事情都值得立即去做，而不必考虑繁文缛节、反驳意见、舒适度或便利性。这些不同力量的结合是不可抗拒的。整个国家狂热地、急不可耐地走上了通往禁酒乌托邦的捷径。

即使在战争结束后，也几乎没有人意识到该修正案确实难以执行。当然，第一任禁酒专员约翰·克雷默并没有表现出任何怀疑。"这项法律，"他用布道般的言辞宣布，"将在大小城市和乡村得到遵守，不遵守的地方，将强制执行……法律规定，用于饮料的酒精也不得制造。我们将见证这个前景。在地球表面、地下或空中，都不能出售、赠送或托运任何含酒精的东西。"反酒馆联盟估计，国会每年拨款 500 万美元就足以确保法律的实施（大概包括防止走私）。国会的投票结果很快出炉，他们长长地舒了一口气，因为终于解决了一个既不方便又令人烦恼的问题，可以转而处理其他更为紧迫的问题了。1920 年 1 月 16 日上午，承诺的禁酒时代开始了。只是到了后来，禁酒领袖、国会或广大公众才开始意识到，他们如此轻松地获胜，是巨大麻烦的开始。

显然，最可靠的执法方法是从源头上切断酒类供应。但考虑一下这意味着什么。

美国的海岸线和陆地边界向走私者发出了 30000 千米的邀请。数以千计的药剂师被允许根据医生的处方出售酒精，如果不进行密切和持续的检查，这种销售是无法管控的。弱啤酒①仍在法律允许的范围内，而制造弱啤酒的唯一方法就是先酿造真正的啤酒，然后降低酒精含量，而在这个过程中，保留酒精是非常容易的。工业酒精也提供了诱人的机会，只有通过

---

① 指酒精含量极低或不含酒精，但有啤酒味道的啤酒。——译者注

警惕和明智的检查才能防止这种情况的发生，而且在酒精离开生产厂后，没有任何办法可以跟踪它的流向，更无法确保那种不能饮用的成分没有被巧妙的化学家提取出来。非法蒸馏几乎可以在任何地方进行，甚至在家庭的酒窖里也可以进行。花500美元就可以组装一台商业蒸馏器，每天可以生产200升或400升的高利润酒，而一个便携式蒸馏器只需六七美元就能买到。

为了应对所有这些对《全国禁酒法》的潜在威胁，政府拨款设立了一支禁酒探员队伍，1920年只有1520人，到1930年达到2836人，但即使加上海岸警卫队、海关和移民局有时并不热心的援助，这支队伍的力量也是微不足道的。默茨先生形象地指出，如果把1920年的所有探员都集中到沿海和边境地区——暂时不考虑药用酒精、酿造厂、工业酒精或非法蒸馏器——那么在海滩、港口、岬角、森林和河岸上，每隔20千米才能有一个人在巡逻。1920年，探员们的年薪大多在1200美元到2000美元；到1930年，他们的工资被大幅提高到2300美元到2800美元。如果一个人相信，以35美元、40美元或50美元周薪雇用的人，一定会具备专业的技术知识和勤奋的工作态度，能够成功地监督工业酒精厂复杂的化学操作，或者识破走私者和私酒贩子最狡猾的伎俩，而且他们一定会刚直不阿地抵制酒贩子的腐蚀，那么他们也会愿意相信圣诞老人、永动机和小精灵。

然而，即便不考虑其任务的规模和复杂性，以及巨大的诱惑压力，如果这个规模小、报酬低的禁酒机构能得到公众舆论的一致支持，那么它仍有可能会切断酒类的供应。但公众舆论正在发生变化。战争已经结束，到1920年，正常状态即将到来。禁酒运动面临着与伍德罗·威尔逊、礼仪和道德革命同样的抵触。斯巴达式的理想主义正在崩溃。人们厌倦了为崇高的事业鞠躬尽瘁，厌倦了让美国成为适合英雄居住的土地，他们想放松一下，做回自己。人们对禁酒令的态度转变之快令人困惑。在短短几个月内，《全国禁酒法》就遭到了左冲右突的破坏，以前并不起眼的反对禁酒舆论也逐渐壮大起来。法律被写入法典，禁酒局正忙于用扫帚清扫酒类垃圾，街角的酒吧已成为人们的记忆。然而，无酒的幸福时代却被无限期地推迟了。

接下来几年发生的事件呈现出一种悖论，这种悖论令民主政府的观察者着迷。很明显，美国有很大一部分地区的禁酒令并没有起到禁止作用。一个理性的观察者认为，摆脱这种局面的明显办法是要么将执法队伍增加一倍、两倍或四倍，要么修改法律。但是，政府没有采取任何此类行动。禁酒领袖们不愿意承认美国的扫荡任务比他们预想的要艰巨，他们没有冲进国会大厦建议大幅增加执法经费，而是更愿意指责法律的反对者是布尔什维克分子和文明的破坏者，并希望舆论的潮流会再次转向。国会也同样不愿意面对现实，两院中支持禁酒的议员都是多数派，但禁酒是一回事，不惜一切代价、坚决执法又是另一回事。行政部门对禁酒问题的警惕程度不亚于炸药；哈定总统和柯立芝总统在这个问题上的贡献——除了在不增加投入的情况下努力提高执法效率——主要是针对遵守法律的好处发表了一些空洞的陈词滥调。州政府本应为禁酒局提供帮助，但到 1927 年，州政府为禁酒局提供的资金仅占其执行本州渔猎法所花费资金的八分之一。一些州的立法机构完全取消了援助，甚至最坚决的禁酒州也倾向于让联邦政府来承担执法的工作。地方政府本应与地下酒吧作斗争，但除了舆论很有影响力的地方，地方政府对取缔地下酒吧并不感冒。就反对禁酒的人们而言，他们也无法就任何切实可行的计划达成一致。试图废除或修改修正案似乎是毫无希望的，因此他们暂时只满足于大声愤愤不平地哀叹。法律没有起到预期的作用，但似乎没有人愿意或能够采取任何积极的措施。

朗姆酒船从巴哈马、伯利兹或圣皮埃尔出发，伪装之后进入美国港口，或被转运到快速汽艇上，这些汽艇可以在任何海湾靠岸。汽艇载着上好的加拿大威士忌在底特律河上飞驰。货船将违禁杜松子酒混杂在其他完全合法且贴有正确标签的商品中运入美国。酒被藏在穿越加拿大边境的货车里；有时巧妙地改变封条，整车整车的威士忌被走私进来。1925 年，负责执法的财政部助理部长林肯·C. 安德鲁斯将军大胆承认，他的探员只截获了走私酒品的 5% 左右；据商务部估计，1924 年一年中走私流入的酒品价值达 4000 万美元，啤酒从酿造厂大量外流，禁酒探员不知道的小巷酿酒厂蓬勃发展，赚得盆满钵满。在这十年的中间几年，非法挪用的工业酒精数量不详，据估算每年在4900万升到5700万升不等，即使到1930年，在政府改进管控技术（通过对许可证制度和其他方面的谨慎控制）之后，禁酒局局长也承认，每年的挪用量仍然高达3400万升，有的估计则高达5700万升（要知道，一升酒精经过稀释和调味，就足以做出三升酒。这些"刚下船的"私酒，瓶子上贴着可爱的苏格兰标签，堂而皇之地进入了无数市民家中）。

至于非法蒸馏，随着时间的推移，它被证明是所有供应来源中最丰富的。根据禁酒工作人员多兰博士的证词，在这十年的末期，非法蒸馏所提供的酒精数量可能是非法挪用酒精数量的七八倍。要想说明非法蒸馏器在美国有多么流行，可以用玉米糖的生产数字来证明。1919年到1929年，这种商品的产量增长了六倍，但正如《威克沙姆报告》所说，玉米糖的合法用途"很少，而且不容易确定"。毫无疑问，用玉米酿造威士忌是玉米糖产量大幅增长的主要原因。

这股铺天盖地的非法酒品洪流为美国带来了一系列独特的现象，但这些现象并不令人讨厌：在大型橄榄球赛场上，扁平酒壶高高地举在男性和女性的脸上；地下酒吧的老式吧台供应由杜松子酒调制的鸡尾酒，也许是由西西里酿酒黑帮调制的（零售价75美分，警察免费）；贵妇人一边踩着铜栏杆，一边啜饮着马提尼酒；年轻夫妇卧室的壁橱里，一桶葡萄汁正在咕嘟，"服务站"派来的年轻人会定期检查发酵进程；商务主管带着两瓶杜松子酒出发去参加贸易大会；销售经理向来访的买家提供奢侈的"饮料"，就像以前他分发奢侈的雪茄一样；酒店服务员给417号房间又送了几瓶"姜汁汽水"和碎冰，这些都是由酒店提供的，具有讽刺意味的是，这些饮料都标明了"不得与烈性酒混合"；联邦检察官给夜总会和地下酒吧挂上了锁，但发现它们很快就在另一个地址以另一个名字开张了；禁酒探员伊兹·爱因斯坦和莫伊·史密斯伪装成各种身份，奇迹般地抓住了很多私酒贩子；海军陆战队的史沫特莱·巴特勒将军率领军队向费城的朗姆酒贩子开战，经过几个月的艰苦奋斗，他们狼狈地撤退了，并承认由于政

禁酒探员伊兹·爱因斯坦（右）和莫伊·史密斯（左）共逮捕了 4932 人，没收了价值 1500 万美元的私酒

"孤独的我号"在 1929 年 3 月 22 日沉没

治原因，不可能让这座城市滴酒不沾；政府在工业酒精中加入甲醇和其他有毒物质，以防止其被挪用，酒贩子则因此指控政府谋杀；政府探员因未能通过礼貌手段阻止贩酒而恼羞成怒，最终开枪杀人，有时还杀死无辜的旁观者；加拿大注册的"孤独的我号"船只被一艘税务船追捕了两天半，在距离美国海岸346千米处沉没，加拿大政府官方对此大为震惊；联邦法院塞满了禁酒案件，反对禁酒的地区的陪审员拒绝宣判私酒贩子有罪，酒贩子的贿赂流入各种公务人员的手中。

无论禁酒令对戒酒有什么贡献，它至少产生了狂热的宣传和反宣传。几乎任何一个支持禁酒的人都能告诉你，禁酒是美国繁荣的基础，储蓄银行的存款额不断攀升就是证明；一些大制造商也说，星期一早上回到工作岗位的人们变得目光清澈、双手稳健了。或者说，禁酒减少了酗酒致死的人数，清空了监狱，把工人的钱转用于购买汽车、收音机和住宅。几乎所有的反对禁酒者都能告诉你，禁酒与繁荣无关，而是导致了犯罪浪潮、不道德行为和离婚率的上升，以及普遍的违法行为，这危及了自由政府的根基。反对禁酒者说，禁酒令助长了布尔什维克主义，而禁酒令又不可避免地遭到违反；支持禁酒者说，是反对禁酒者对法律肆无忌惮的破坏助长了布尔什维克主义。即使在事实问题上，只要你多读多听，就能找到你想要的任何证据：人们在街上再也看不到醉汉了；人们看到的醉汉比以往任何时候都多。大学里的酗酒现在几乎不成问题；大学里的酗酒已经到了最严重的地步。在宾夕法尼亚州的矿区，每家每户都有蒸馏器；在宾夕法尼亚州的矿区，酗酒已成为过去。因酗酒而致贫的案例大幅减少；贫民窟中酗酒的人数是此前的三倍。A主教、B医生和C州长对禁酒情况欢欣鼓舞；X主教、Y医生和Z州长则对此感到震惊。就这样，争斗无休无止、声势浩大、此起彼伏。

支持与反对禁酒的双方向公众公布的大量统计数据无需在此赘述。其中许多统计数字极不可靠，只能作为逻辑学教师的谬误样本来使用。也许只要指出一个反常现象就足够了。在第十八修正案和《全国禁酒法》生效的情况下，整个20世纪20年代，关于美国的饮酒量是比战前多还是比战前少的问题，实际上一直存在着激烈的争论。按常理推测，除了富裕阶层，其他阶层的酗酒现象应该少了很多，事实上，酗酒现象的减少并不是显而易见的，这表明禁酒令未能实现 1919 年时大众预期的目标。

到 1928 年，关于禁酒令的争论已经达到了激烈的程度，以至于总统再也不能装聋作哑。尽管纽约州州长史密斯反对禁酒，但他还是被民主党提名为候选人，并提出两项竞选纲领：第一，对《全国禁酒法》进行修订，给出"醉酒饮料酒精含量的科学定义"（这对科学来说是一个相当难的事情），允许各州在不超过国会规定标准的情况下制定自己的标准；第二，"修订后的第十八修正案交由各州全民公决投票批准后，各州可以在其境内进口、制造和销售酒精饮料，但销售只能由该州政府进行，不得在任何公共场所消费"。共和党候选人则针锋相对地选择了支持禁酒。赫伯特·胡佛的"禁酒宣言"有所保留，他称禁酒令是"一次伟大的社会和经济实验，动机崇高，影响深远"，但并没有宣称其结果是崇高的。然而，选民几乎没有注意到这一疏忽，因为他们认为对动机的认可实际上等同于对表现的认可。胡佛成了禁酒领袖。

共和党候选人以压倒性优势当选，禁酒派欢呼雀跃。尽管各州公投和投票的结果有些模棱两可，但他们一直声称自己在全美国和国会中都占了绝大多数，现在他们确信无疑了。尽管如此，选举结果还是让人疑虑重重。谁能说得清，那位来自纽约贫民窟的候选人之所以落败，是因为他反对禁酒，还是因为他是罗马天主教徒，或者是因为他可能无法延续柯立芝繁荣，甚至只是因为他是个民主党人？

但赫伯特·胡佛所做的不仅仅是支持禁酒主义者的动机。他承诺由一个政府委员会来研究执法问题。在他入主白宫两个半月后，由纽约的乔治·W.威克沙姆担任主席、由十一名成员组成的委员会成立了，并投入艰巨的任务中。

当威克沙姆委员会从事实、理论和争论的海洋中脱身并向总统递交报告时，战后十年已经结束了。直到 1931 年 1 月，即威克沙姆先生上任十九个月后，他才将十一位调查员的调查结果呈交总统。这份报告值得在此一提，因为它代表了一群睿智、公正的人对 20 世纪 20 年代一个关键问题的调查分析。

这是一份自相矛盾的文件。首先，文件全文非常清楚地揭示了执法人员无力在全美国范围内实施禁酒的遗憾。其次，十一位委员中的每一位都提交了一份个人报告，阐述了个人观点，十一位委员中只有五位——少数人——赞成在不做实质性修改的情况下继续进行禁酒试验；四位委员赞成修改修正案，两位委员赞成彻底废除修正案。但委员会作为一个整体，投票赞成继续试验，并提出了如果时间证明试验失败后应采取的修改方法。弗拉库斯在《纽约世界报》的专栏中对这份报告进行了总结，对报告的混乱效果进行了巧妙的讽刺：

> 禁酒令是一个可怕的失败，
> 但我们喜欢它。
> 它无法禁止想要禁止的东西，
> 但我们喜欢它。
> 它充斥着贪污腐化的痕迹，
> 它让我们的土地充满了罪恶和犯罪，
> 它一文不值，
> 尽管如此，我们还是支持它。

《威克沙姆报告》令人困惑，其实是很正常的，因为禁酒令涉及的情况本身就充满了矛盾。虽然在一个公正的观察者看来，1917—1920 年的美国选择了一条错误的道路，在立法时完全无视基本的化学知识（化学知识能告诉人们酒精是多么容易制造），也无视基本的心理学知识（心理学知识能告诉人们，人类的普通冲动是不容易被命令压制的），但是，国家如何才能最好地摆脱泥潭，这一点还很不清楚。如何能像一些改良主义者所建议的那样，让嗜饮杜松子酒的人们满足于清淡的葡萄酒和啤酒？既然一大批人已经学会了如何肆无忌惮地享用违法的成果，那么任何不那么严厉的政府管制或政府售酒制度又如何能在不继续违法和腐败的情况下运作呢？如果彻底废除禁酒令剥夺了私酒贩子惯用的谋生手段，他们会转而从事什么邪恶的职业呢？甚至在希望修改法律的人中间，对于酒的看法（是诅咒，还是"小酌怡情"，抑或由个人决定的问题）仍然存在着激烈的分歧，在这种情况下，任何新的国家酒类政策又如何能够成功地付诸实施呢？即使绝大多数美国人民都能自己决定摆脱困境的最佳办法，但当十三个禁酒州阻止对修正案的修改时，他们又有什么机会通过自己的方案呢？美国面临着一个无解的问题。

1920 年，禁酒令刚刚颁布不久，芝加哥的约翰尼·托里奥就有了灵感。托里奥是芝加哥黑社会中的一个可怕人物，他发现刚被取缔的酒类生意大有可为，并希望能控制整个芝加哥市的酒类供应。目前的竞争太激烈了，但如果有一帮纪律严明、拳头和枪都很好使的人，就通过恐吓竞争对手的私酒贩子，说服地下酒吧的老板，让他们明白如果不买托里奥的酒，他们的日子就不会好过。托里奥需要的是一个能够调动和领导他的冲击部队的副手。

他出身于声名狼藉的纽约五角帮[①]，是"左撇子路易"和"血手吉普"等"和蔼可亲"的家伙的弟子，因此他很自然地向师傅求助。他在五角帮中挑选出一位二十三岁的那不勒斯粗汉，给了他丰厚的收入和一半的私酒交易利润，只要他愿意来芝加哥解决竞争。这个年轻的流氓来了，在托里奥的赌博场所"四只骰子"安顿下来，他搭建了一间有模有样的办公室，在里面摆放了一本《圣经》，还印了一套名片：

阿尔·卡彭

二手家具经销商

南沃巴什大道 2220 号

托里奥的想法得到了证实。事实证明，芝加哥的私酒生意利润丰厚，有足够的余额来贿赂执法部门。竞争被证明是残酷的：托里奥时不时会发

[①] 纽约曼哈顿下城区的爱尔兰移民帮派，因位于多条街道交会组成的不规则"五角"路口而得名，19 世纪后期至 20 世纪早期存在七十多年。——译者注

现，他的竞争对手会找到地下酒吧的老板，建议他购买他们的啤酒，而不是托里奥—卡彭的牌子，在得到不满意的答复后，他们就把老板打得晕头转向，并砸了他的营业场所。不过，阿尔·卡彭是托里奥攻势首领的不二人选，他很快就学会了如何应对这种紧急情况。

据说，在三年之内，这个来自五角帮的男孩就拥有 700 名手下，其中许多人都擅长使用短猎枪和汤普森冲锋枪。随着啤酒和"醇煮"（非法蒸馏）的利润滚滚而来，年轻的卡彭掌握了更多的技巧，尤其是在管理政治和政客方面。到这十年的中期，他已经完全控制了芝加哥郊区的西塞罗市，安插了自己的市长，在大量赌场和 161 家酒吧都派驻了自己的代理人，并在霍桑酒店建立了个人总部，日进斗金。托里奥逐渐淡出人们的视线，卡彭成为大人物。但他的夺权并非兵不血刃。随着敌对帮派——奥巴尼恩帮派、吉纳帮派、艾埃洛帮派——对他日益增长的统治权的争夺，芝加哥发生了前所未有的凶杀流行病，一种新的大规模谋杀技术应运而生。

在这场帮派战争中，消灭对手的标准方法有一种是用一辆偷来的汽车追赶他的汽车，车上坐满了手持短猎枪和冲锋枪的人，这些人追到汽车旁边，把汽车逼到路边，向汽车开火，然后消失在车流中，并在偏僻处丢弃偷来的汽车。第二种方法最受欢迎，即带受害者"兜风"：换句话说，引诱他坐上一辆汽车，乘其不备向他开枪，然后把车开到城市某个遥远而荒凉的地方，悄悄地把他的尸体扔到海里。还有一种方法是租下目标对面的一套公寓或一个房间，可以俯瞰他的前门，在窗前派几个杀手，在某个阳光明媚的下午，当受害者从房子里出来时，这几个杀手从拉上的窗帘后面用几十发机关枪子弹向他扫射。但也有更巧妙、更精细的屠杀方法。

以杀害迪昂·奥巴尼恩为例（这个帮派的头目曾一度严重威胁到卡彭在芝加哥的统治）。这起谋杀案的准备工作让人想起犹大之吻。奥巴尼恩晚上是个私酒贩子和黑帮头目，白天则是个花店老板：一个奇怪而复杂的人物，一个兰花和杀人的专家。一天早上，一辆轿车停在他的花店门口，车上下来三个人，剩下第四个人坐在司机位上。这三个人显然很小心地赢得了奥巴尼恩的信任，因为虽然他总是带着三支枪，但现在他在花丛中迎候来客时暂时放松了警惕。其中一人亲切地与奥巴尼恩握手，在他的两个同伴向花匠开六枪的时候，他一直都没放开手。三个同谋走出门外，爬上轿车，扬长而去。他们从未被绳之以法，也没有任何记录表明他们中有人因悔恨而上吊自杀。奥巴尼恩举行了黑帮式的一流葬礼：价值一万美元的棺材，二十六卡车的鲜花，其中一个花篮上写着感人的题词"阿尔·卡彭赠"。

1926年，奥巴尼恩帮在失去帮主后仍不思悔改，在帮派战争中推出了另一项新奇的行动。光天化日之下，西塞罗的街道上车水马龙，他们用八辆敞篷车上的机关枪扫射了阿尔·卡彭的总部。第一辆车发射空包弹，驱散无辜的市民，把卡彭的属下吸引到门窗前，后面的汽车则不断发射子弹，把旅馆和毗邻的建筑物打得七零八落。一名枪手甚至下了车，小心翼翼地单跪在霍桑酒店门口的人行道上，向大堂里扫射了一百发子弹，就像在自家花园里使用水管一样。神奇的是，伤亡人数并不多，"疤面煞星"阿尔·卡彭本人平躺在霍桑酒店餐厅的地板上躲过一劫。这次黑帮火并自然引起了公众的关注。即使是在用装甲车运送金银财宝的今天，把郊区的一条街道变成射击场似乎也有点不合常理。

帮派战争仍在继续，一个又一个黑帮分子在枪林弹雨中倒下，直到1929年的情人节，一场空前巧妙和残忍的大屠杀将战争推向高潮。1929年2月14日上午10点半，奥巴尼恩一家七口正坐在北克拉克街一家运输公司的车库里，等待着一批抢来的酒。一辆凯迪拉克敞篷车缓缓停到路边，从车上下来三个警察打扮的人，后面还跟着两个便装打扮的人。这三个假扮的警察进入车库，解除了奥巴尼恩一家七口的武装，让他们靠墙站成一排。受害者们欣然接受，他们已经习惯了警察的突袭，对此不以为意，因为他们总是很容易脱身。但就在这时，两名身着便装的男子走了出来，用冲锋枪扫射了站在墙边举起双手的七个人。三名假冒的警察郑重地将两名便衣杀手带过人行道、走上等候在那里的汽车后，这出小戏就这样结束了。五个人都上了车，然后车开走了——在寒风凛冽的街道上，人们看到了一幅令人满意的"当场抓获凶手"的场景！

芝加哥黑帮头目约翰尼·托里奥

阿尔·卡彭在 1930 年左右的照片

1925 年一次突击检查中发现的私酒

1930 年，杰克·林格尔作为《芝加哥论坛报》的记者和黑帮成员过着双重生活，他在通往伊利诺伊中央郊区的拥挤火车站中被枪杀。这十年里的黑帮谋杀案总共超过 500 起，但很少有凶手被逮捕。周密的计划、金钱、影响力、对证人的恐吓，以及黑帮成员之间互相包庇，导致无论谋杀的手法多么奇怪，杀手都足以安然逃脱。芝加哥市给全美国乃至全世界上了一堂令人震惊的暴力犯罪和逃脱罪责的课。这样的事情怎么会发生，为什么会发生？

如果说禁酒令——或者也可以说是因为公众拒绝遵守禁酒令——导致了帮派无法无天的崛起，这样的解释未免太简单了。还有其他原因：正如被劫银行的职员们所发现的那样，汽车使逃跑变得轻而易举；为适应和平时期的需要，新的武器库中出现了方便而致命的武器；由西西里匪帮引进的黑手党的杀人传统；反对禁酒的社会，对那些为他们提供啤酒和杜松子酒的贸易副产品视而不见；现代大都市社区的庞大和臃肿阻碍了公众舆论对任何与普通公民无直接关系的掠夺行为的关注；当然，还有那个时代普遍的政治冷漠。但帮派兴起的直接原因无疑是禁酒令，或者更准确地说，是啤酒走私（之所以说啤酒而不是威士忌，因为啤酒体积更大；要从事有利可图的啤酒贸易，就必须用卡车运输，而卡车又很难伪装，因此必须通过贿赂禁酒工作人员和警察，以及用枪炮打击其他匪徒来保护啤酒贸易）。啤酒的生产、运输和销售利润巨大。据阿尔·卡彭的传记作者弗莱德·D.帕斯利称，1927 年，联邦探员估计卡彭团伙控制的酒类收入大约为每年6000 万美元，其中很大一部分——也许是绝大部分——来自啤酒。在美国人的生活中，帮派和匪徒一直都有，而且毫无疑问永远都有；城市官员的腐败一直都有，而且毫无疑问永远都有。然而，具有讽刺意味的是，20 世纪 20 年代芝加哥腐败和犯罪的爆发，恰恰是由试图将酒的诱惑从美国家庭中驱逐出去而引起的。

自 1920 年以来，这位来自纽约五角帮的年轻暴徒"高歌猛进"。到这十年的末尾，他已经像国务卿查尔斯·埃文斯·休斯或拳击手吉恩·唐尼一样广为人知，已成为美国的明星。他不仅很大程度上控制着芝加哥上万家地下酒吧的酒类销售，据说还控制着远至加拿大和佛罗里达海岸的供应来源。他积累并隐藏了一笔无人知晓的巨额财产，据联邦探员说，这笔财富高达2000万美元。他曾在费城因携带枪支被捕入狱，但除此之外，他似乎不受法律约束。他乘坐一辆装甲车在芝加哥四处游荡，这辆车就像一座移动的堡垒，第二辆车在前方开道，第三辆车上满是他的武装随从。他去剧院看戏时，有十八名身着礼服的年轻人组成的保镖随行，毫无疑问，他们的左腋下都挂着枪。他的妹妹结婚时，成千上万的人在雪地里守卫着教堂，让他安心向新娘赠送一个接近三米高的结婚蛋糕和一辆蜜月专车。他在迈阿密有一处很好的庄园，有时他在那里同时招待七十五位客人。政界要员，据说还有法官，都通过电话接受他的命令，而他当时只有三十二岁。拿破仑三十二岁时在做什么？

与此同时，帮派统治和帮派暴力正迅速渗透美国其他城市。托莱多、底特律、纽约和其他许多城市都感受到这一点。芝加哥并不孤单，只是带了个头。

到了这十年的中期，黑帮显然在不断扩大自己的事业。在帕斯利先生对联邦探员估算的卡彭团伙1927年总收入的分析中，啤酒和白酒（包括蒸煮酒）收入6000万美元；赌博场所收入2500万美元；色情场所、舞厅、公路旅馆和其他度假胜地收入1000万美元；敲诈勒索收入1000万美元。私酒黑帮正在涉足新的领域和新的工作。

一般意义上的"敲诈勒索"指的是一种容易赚钱的职业，这个词的历史已经很悠久了，但直到20世纪20年代中期，它才以现在的含义被广泛使用，而"敲诈勒索"这一派生词也直到萨科和范泽蒂被处决、林白飞越大西洋的那一年——1927年——才进入美国人的字典。这个词语是战后十年的产物，与之相关的活动也是一样。

与私酒黑帮的凶残活动一样，敲诈勒索行为也是由多种原因共同造成的，其中之一就是暴力社团。白莫利—马奎尔社团① 时代起，有组织的

---

① 19世纪的一个秘密社团，活跃于爱尔兰、利物浦和美国东部，通过在矿区实施谋杀、纵火、绑架等方式来恐吓对手、攫取利益。——译者注

社团就时不时地用指节套环和炸弹为自己的权势而战。在"赤色大恐慌"期间，工会失去了公众舆论的支持，而"柯立芝繁荣"又让他们的处境更加艰难，因为它让成千上万的会员相信，工会卡并不是通往好运的唯一门票。为了保住饭碗和权力，不止一位战斗的劳工领袖再次使用炸药。在许多情况下，工人领袖求助于受雇的暴徒和杀手，并通过贿赂或至少通过政治影响来保护自己免受法律制裁。由于非法酒类贸易使黑社会变得富有、自信、出手迅速，并使许多政客和商人习惯于大规模的贪污和腐败，这些邪恶的联盟现在更容易实现。黑帮分子和其他狡猾的家伙学会了类似的伎俩，并开始以自己的名义组织敲诈勒索。因此，到1927年，这座曾经养育了阿尔·卡彭的城市，也在养育着各种各样的奇特行业。

其中有些是为了达到犯罪目的而变质的工会；有些只是伪装成工会的勒索团伙；有些是伪装成行业协会的团伙，或者是这些不同形式的组合。但基本原则是相当一致的：敲诈勒索是一种向商人收取现金以保护他们免受损害的伎俩。它之所以兴盛，是因为受害者很快就知道，如果他不付钱，他的商店就会被炸毁，他的卡车就会被砸坏，他本人也可能会被冷血地枪杀——而且永远没有机会向当局求助，因为当局已经被吓破了胆或被"搞定"了。

"清洁和染色勒索团伙"向清洁店老板和清洁工师傅收取高额费用，一度完全控制了芝加哥的清洁行业，以至于普通市民清洗西装的价格可以从1.25美元涨到1.75美元。如果一家清洁店和染色店老板不听劝阻，那么他的营业场所可能会被炸毁，他的货运卡车可能会被淋上汽油点燃，他也可能会受到更加邪恶的惩罚：送去清洗的裤子缝隙里可能会被缝上爆炸性化学物质。还有修理厂敲诈勒索，这是大卫·阿布林（别名"椰子眼"·穆里根）的杰作：如果修理厂主人不加入中西部修理厂协会（这是这一团伙的正式名称），他的修理厂就会被炸毁，或者他的技工会被殴打，或者暴徒会在夜间进入他的修理厂砸碎挡风玻璃，拿着大锤在轿车里乱砸，用冰锥把轮胎戳破。还有洗车窗的敲诈勒索——马克斯·威尔纳曾是克利夫兰的一个洗车窗承包商，当他搬到芝加哥并试图在那里做生意时，有人告诉他，除非他买下另一家承包商，否则就不能在那里做生意，但他拒绝了，然后他不仅被打了耳光，还被用炸药恐吓，最终被枪杀了。这类勒索和犯罪的清单可以长达数页。1929 年，根据州检察官办公室的统计，芝加哥有 91 个勒索团伙，其中 75 个活动猖獗，雇主协会估计市民每年付出的总代价为 1.36 亿美元。

正如私酒黑帮最喜欢的武器是机关枪一样，勒索者最喜欢的武器是炸弹。他可以花 100 美元雇一名投弹手用黑火药炸弹完成一次普通的例行工作，但用炸药炸弹完成一次危险的工作可能要花费 1000 美元。从 1927 年 10 月 11 日到 1929 年 1 月 15 日，在 15 个多月的时间里，芝加哥地区至少有 157 枚炸弹被放置或爆炸。根据戈登·L. 霍斯泰特和托马斯·奎恩·比斯利在《这是一场勒索》一书中对这些暴行的仔细整理，没有任何证据表明这些暴行的实施者被绳之以法。

对勒索者来说，这似乎是一个快活的行业，而且相当安全。事实上，在这十年结束之前，敲诈勒索在芝加哥取得了长足的进步，商人们在绝望中向阿尔·卡彭寻求保护。卡彭的心腹悄悄参加勒索团伙的会议，以确保一切都按照大人物的意愿进行。勒索和帮派战争一样，也侵入了美国的其他城市。纽约曾嘲笑芝加哥的无法无天，但纽约也有了大量的敲诈勒索行为——洗衣店敲诈勒索、老虎机敲诈勒索、鱼贩敲诈勒索、面粉敲诈勒索、百合花敲诈勒索以及其他不胜枚举的敲诈勒索行为。现在，在每一个大城市社区，敲诈者都成了潜在的威胁。在短短的几年时间里，勒索者已经遍布全美国。

战后十年接近尾声，禁酒问题、黑帮问题、勒索问题都没有得到解决，对 20 世纪 30 年代的政治家精神构成了挑战。走私朗姆酒的船只依然驶过河面；蒸煮酒酿造者的隐蔽设备依然在生产酒精；走私酒业的企业家们互相"火并"；枪手在芝加哥的街道上左冲右突；满载玫瑰的汽车载着黑帮分子驶向坟墓；职业拳击手对工人大打出手；粗脖子、眼神阴晴不定的绅士们向商人们建议与他们做生意，否则他们就不会对可能发生的事情负责；炸弹把小商店炸成四分五裂的残骸。而小报读者在阅读歹徒杀人的故事时，从中感受到的却是冒险、辉煌和浪漫。

第十一章

家，甜蜜的佛罗里达

……来佛罗里达吧，这里的企业发展如火如荼。你坐在这里，在黄昏时分观赏婀娜多姿的棕榈树叶，夕阳映照的天空熠熠生辉，日月星辰在黄昏时分欢聚一堂，构成了璀璨的银河……低吟的微风从加勒比海畔拂面而来，用难以捉摸的音调唤醒你，就像母亲的摇篮曲。

这篇酣畅淋漓的文章写于 1925 年秋天，当时"猴子审判"正逐渐淡出人们的记忆，圣巴巴拉正从地震的震撼中恢复平静，莱德·格兰奇一举成名，史沫特莱·巴特勒准将懊悔自己在费城的决定，《无人知晓的人》的销量达到上万册，佛罗里达的地产繁荣正处于鼎盛时期。这段引文并非出自一位女学生的歌词本，而是一家银行的副行长为《迈阿密人报》撰写的一篇文章的结尾。它隐约地展示出，在遭遇美国近九十年来最疯狂的房地产投机热潮时，本应头脑冷静的人们的心理过程会发生怎样的变化。

在 1925 年那个令人难忘的夏秋之交，炎热的迈阿密的气氛一点也不慵懒。整个城市变成了一个疯狂的房地产交易中心。据说当时有 2000 家房地产公司和 25000 名经纪人在推销地皮或土地。在佛罗里达引以为傲的阳光下，穿着衬衫的人来来往往，谈论着预付金、期房购买权、临水地块和数十万美元的利润。政府不得不通过一项法令，禁止在街上交易房产，甚至禁止展示地图，以防止交通过度拥堵。温暖的空气中弥漫着铆工的铿锵声，摩天大楼的钢铁骨架正在拔地而起，为迈阿密勾勒出与大都市命运相称的天际线。公交车在弗拉格勒大街上轰鸣，载着"潜在客户"免费游览，观看挖泥船和蒸汽机将外围的红树林沼泽和比斯坎湾的沙洲改造成华丽的水城，供未来的美国家庭主妇和游客游览。迪克西公路上塞满了来自美国各地的汽车。一位陷入交通堵塞的旅行者数了数，在排队等候的轿车和小型货车中，有十八个州的车牌。旅馆人满为患，很多人只能睡在车站候车室或汽车里。为了避免饥荒的危险，铁路公司被迫对不易腐烂的货物实行禁运。现在，建筑材料都从水路进口，港口的航运非常繁忙。新鲜蔬菜十分稀缺，城市的公用事业部门正拼命满足突然成倍增长的电力、煤气和电话服务需求，冰块也经常短缺。

迈阿密发展迅速。1920 年，迈阿密的人口只有 3 万。根据 1925 年的州人口普查，迈阿密的人口已跃升至 7.5 万，如果再算上随后几个月的新移民，以及在有史以来最大规模的移民潮中从北方涌入佛罗里达州的游客，迈阿密的人口可能接近 15 万。据说，这仅仅是个开始。海岸线铁路公司总裁 S. 戴维斯·沃菲尔德曾预言迈阿密在未来十年内人口将达到 100 万。佛罗里达州州长约翰·马丁曾断言"佛罗里达州最近取得的成就令人惊叹，更辉煌的未来还在前方"。

每个人都在土地上赚钱，房地产价格攀升到令人难以置信的高度，那些来看热闹的人也都被吸引留下来参与房地产投机了。

蓬勃发展的也不仅仅是迈阿密。从棕榈滩向南的整条海岸线都被开发成美国的海滨旅游胜地，周围 100 多千米的地方都被迅速划成一块块边长 15 米的地块。这股热潮已经蔓延到坦帕、萨拉索塔、圣彼得堡和西海岸的其他城镇。人们争相在奥基乔比湖沿岸、桑福德附近，乃至全州各地购买地皮。甚至在杰克逊维尔，靠近其北部界线的地方，"杰克逊维尔的信徒"

20世纪20年代佛罗里达的房地产广告

20世纪20年代佛罗里达的房地产交易场所

也在计划一场运动，为他们的城市带来应有的发展和财富。

这股惊人的热潮在数年前就已兴起，但直到 1924 年才引起轰动，其原因是多方面的。让我们一一列举：

1. 首先，当然是气候——佛罗里达州得天独厚。

2. 该州与东北部人口众多的城市之间的交通便利——这是南加州并不具备的优势。

3. 汽车正迅速使美国成为一个"游牧民族"；它教会了人们探索自己的国家，甚至使农夫、避暑旅馆老板和修理厂工人也能把家人装进福特 T 型车，从一个汽车营地开到另一个汽车营，度过一个阳光明媚的休闲之冬。

4. 柯立芝繁荣唤起了人们的无限信心，它让年薪 4000 美元的推销员相信，通过某种神奇的方式，他明天也能买到漂亮的房子和世上所有的好东西。

5. 一种自相矛盾的、普遍的、半知半解的反抗，它反对的正是美国的城市化和工业化，反对的正是工作的集中化，反对的正是柯立芝繁荣的乏味、拥挤和生活标准化。这些东西可能会给美国商人带来金钱，但为了挥霍这些金钱，他渴望逃离这些东西——逃到记忆中乡村的自由阳光下，逃到欧洲过去的悠闲生活和美景中，逃到某个将美国的运动和舒适与拉丁式魅力结合在一起的世外桃源——一个配备浴缸和电冰箱的威尼斯，一个拥有三个十八洞高尔夫球场的塞维利亚。

6. 以南加州为例，该州大肆宣传自己的气候，并因此繁荣昌盛：佛罗里达人思索，为什么佛罗里达不能这样做呢？

7. 柯立芝繁荣的另一个结果是：普通人不仅期待着将来能够买得起旅游胜地的房子，能够在假期里钓鲑鱼或打马球，而且还听到了大胆的商业经营和突然暴富的故事，他们准备相信最疯狂的房地产开发项目可能就是为他们创造奇迹的金矿。

房地产开发进入疯狂状态，但在 1925 年之前，很少有人这么认为。在 1923 年，那些梦幻般的项目似乎是妄想，现在，这些人已经赚取了数百万美元：根据实用主义的检验标准，他们不是疯子，而是——正如广告所说——优秀的梦想家。科勒尔盖布尔斯、海滨好莱坞、迈阿密海滩、戴维斯群岛——它们矗立在那里，不再仅仅是图纸上的图案，而是由砖块、混凝土和灰泥砌成的实际城市。当然，这些城市尚未完工，但正在以惊人的速度发展着，人们排队等候购买，价格也一直在飙升。

多年前，一位名叫梅里克的公理会退休牧师在迈阿密郊外买下了一块廉价的土地，用珊瑚石建造了一座别墅，并将其命名为“科勒尔盖布尔斯”（意为“珊瑚峡谷”）。现在，他的儿子乔治·埃德加·梅里克又买下了邻近的地块，并正在建造广告上所说的“美国最美的郊区”。这个计划非常诱人，因为梅里克非常睿智地坚持采用统一的建筑风格——他称之为“改良地中海”风格。1926 年，他的开发项目已并入科勒尔盖布尔斯市，其中有 2000 多栋已建或在建的房屋，“有繁华的商业中心、学校、银行、酒店、公寓和俱乐部”，有绿树成荫的街道、潟湖和码头。梅里克大胆地以新方式进行宣传：有一次，他请政治演说家威廉·詹宁斯·布莱恩坐在潟湖中的木筏上的太阳伞下，向岸上的人群演讲（价格不菲），演讲的主题不是政治或经济，而是佛罗里达的气候。梅里克还知道如何在必要的情况下营造浪漫的氛围：为了在低洼的土地上排水和建房，他挖了运河，从威尼斯进口了真正的凤尾船和贡多拉船。位于科勒尔盖布尔斯的比尔特莫酒店高达二十六层，乡村俱乐部拥有两个十八洞高尔夫球场。梅里克还制定了更大胆的计划，要建一个大赌场、一个游艇俱乐部和一所迈阿密大学。雷克斯·比奇在一本关于科勒尔盖布尔斯的小册子中写道：“乔治·梅里克计划在他安息之前用十年辛勤工作，花光一亿的辛苦钱。谁能想象十年之后这座仙境之城会变成什么样？你和我都想不到，高瞻远瞩的梅里克先生也想不到。”（也许是好高骛远。战后十年的末期，《纽约时报》上刊登了一则启事，提醒科拉尔盖布尔斯市九种系列债券的持有者，该市“自 1930 年 7 月 1 日以来一直拖欠上述债券大部分的本金和利息”）

20世纪20年代"改良地中海"风格的房子很受欢迎

刚建成的比尔特莫酒店

除了梅里克，还有其他创造奇迹的人。迈阿密海滩曾是一片红树林沼泽地，直到卡尔·G.费舍尔砍伐树木，将树桩埋在 1.5 米深的沙土下，建造了潟湖和岛屿，修建了别墅和酒店——据说卖地就赚了近 4000 万美元。约瑟夫·W.杨以同样宏大的规模建造了海滨好莱坞，当货物禁运切断了他的建筑材料供应时，他购买了自己的海运船队，把这些材料运到他不断扩大的"城市"。在西海岸，D.P.戴维斯在坦帕的海湾里买下了两座小岛——"两小片红树林，涨潮时几乎被淹没"——他准备通过挖沙和堆沙，在岛上建起铺面街道、酒店和房屋。戴维斯向公众出售地块的第一天，就卖出了价值 300 万美元的地块——尽管他当时连一台挖土机都没有！

是的，公众买了。到了 1925 年，只要是在佛罗里达州，他们什么都买，什么地方都买。只要有人宣布一个新的房地产开发项目，无论是真的还是假的，无论是在大西洋边还是在内陆荒地，都会引发争相购买。"曼哈顿庄园"被宣传为"距离繁荣和快速发展的内蒂市不超过 1.2 千米"，但事实上根本就没有内蒂市这个城市，这个名字是一个废弃的松节油生产区的名字，但人们还是买了。购买"墨尔本花园"的人试图找到这个地方，开车沿着一条小路行驶，"穿过草原泥地，发现只有几棵树和几丛蒲葵"，在距离目的地 5 千米的地方还陷入了泥潭。但公众仍然在这里和其他地方盲目地、信任地购买——佛罗里达本地人、佛罗里达的游客，以及从未到过这里的俄亥俄州、马萨诸塞州和威斯康星州的市民，都开出支票购买地皮，因为他们相信这里将成为"另一个科拉尔盖布尔斯"，它"紧邻新铁路"，或将成为一座"价值 2000 万美元的城市"。佛罗里达土地的暴利故事就是足够的诱饵。迈阿密海滩商业中心的一块地皮在开发初期售价为800 美元，1924 年以 15 万美元的价格转手。在棕榈滩的一块土地上，一位纽约律师在繁荣期到来的大约八年或十年前曾出价 24 万美元；1923 年，他最终接受 80 万美元的价格；1924 年，这块土地被分割成建筑用地，并以 150 万美元的总价出售；1925 年，有人声称这块土地的价值已上升到400 万美元。一位贫穷的妇女在 1896 年以 25 美元的价格买下了迈阿密附近的一块土地，在 1925 年以 15 万美元的价格卖出。这样的故事不胜枚举，每一个到黄金海岸的游客都能听到几十个类似的真实故事，但利润大多是镜花水月。佛罗里达土地的抢购热潮中经常出现这种笑话——一个本地人对游客说："想买一块地吗？"游客马上回答："已经卖了。"

投机变得简单快捷。在产权调查和契约记录期间，没有漫长的拖延，这些令人厌烦的手续都可以事后补办。亚特兰大零售信贷公司的沃尔特·C.希尔在其公司发布的检查报告中这样描述当时的销售方式："地块是根据图纸购买的。这样看起来更好看……在迈阿密附近，除大型住宅区外，其他住宅区往往在销售的第一天就被抢购一空。广告会介绍地块的位置、范围、特点和大致价格，并接受预订。买方需要支付预期所选地块价格 10% 的预付金。在销售的第一天，城里的地产商办公室会将预订的地块依次叫出，买主走上前去，从一张绘制精美的图纸（上面清楚地标明地块、面积和价格）上选择一块或多块地块，拿到一张'活页夹'形式的收据，并激动地看到各个蓝色方格地块逐次盖上'已售出'的印章。这些地块通常是佛罗里达的湿地或沼泽地，面积为 15 米 ×30 米。首日销售额高达数百万美元的例子比比皆是。而价格……内陆地块从 8000 美元到 20000 美元不等，临水地块从 15000 美元到 25000 美元不等，海边地块从 20000 美元到 75000 美元不等。而且这些地块都不在迈阿密，而是在 15 千米、25 千米，甚至 50 千米之外。"

当然，活页夹收据并不意味着完成交易。但是，很少有人会担心以后的付款问题。十个买主中有九个买下地块时只有一个念头，那就是转手，他们希望在三十天后第一笔付款到期之前，就把它转手给其他人，从中赚取丰厚的利润。"活页夹"的交易量巨大，利润丰厚。

在 1925 年那个热火朝天的夏秋之交，新的大型开发计划仍在陆续推出。迈阿密海滩的地产广告宣称这里吸引了"美国最富有的运动员、游艇和其他昂贵运动的爱好者"，博卡拉顿的广告商则说此地是"主宰金融和工业的国际财富世界……引领时尚的世界……大生意、精明社交和逍遥自在的世界"。游艇运动的拥趸和逍遥自在的男女的数量都快不够用了。

到处都在计划建造大型新酒店、公寓楼和赌场。在大兴土木的高峰期，一位到西棕榈滩旅游的游客注意到一大片空地上几乎堆满了浴缸。这些浴缸显然已经放置了一段时间，周围的板条箱已经饱经风霜。他被告知，这块空地将是"南方最宏伟的公寓楼之一"——但由于货物禁运，承包商的建筑材料无法运到，只有浴缸运到了！整个佛罗里达州都响彻着无限自信的口号和夸张的广告。1925 年夏天的一天，《迈阿密每日新闻》印刷了 504 页的报纸，这是报纸史上最厚的一期；《迈阿密先驱报》在 1925 年刊登的广告量超过了任何一家报纸一年的广告量。迈阿密不仅是"奇迹之城"，还是"公平女神之城""世界游乐场"和"无敌之城"，劳德代尔堡成为"热带仙境"，奥兰多成为"美丽之城"，桑福德成为"牢固之城"。

佛罗里达州每天都在为自己的辉煌而兴高采烈。迈阿密、迈阿密海滩、海厄利亚和科勒尔盖布尔斯的市长们（他们谦虚地称自己的城市是"宇宙中最富有进取精神的人民的最富饶的州的最富有的社区"）发表的联合声明或许将这一切推向高潮——1925 年的最后一天和 1926 年的前两天被定为"美洲热带地区的狂欢节"。"届时整个地区将充满友爱、友好、欢乐和有益健康的运动"。市长们承诺将举行舞会，"我们宽阔的大道、美丽的广场和舞厅、露台、俱乐部和旅店，都将成为市民们优雅起舞的舞台"。他们还特别承诺，"在我们的街道和大道上，将举行盛大仪式，用可爱的花朵描绘出友好的太阳、亲切的雨水和舒缓的热带风赐予我们的祝福"。

据推测，狂欢节取得了圆满成功。但到了 1926 年的元旦，人们开始怀疑，新的土地买家不再像 1925 年 9 月和 10 月时那么多了，很多持有契约的人都非常急切地想要处理掉他们在这个最富有的社区中的地产，因为友好的太阳和亲切的雨水无法支付地块的款项。冬季游客的数量并没有达到预期。也许这股热潮应该有一个"健康的喘息时间"。

事实上，迎接它的不仅是"喘息时间"。1926 年春夏之交，地产热明显开始崩溃。那些持有活页夹却未能将其处理掉的人开始拖欠款项。有一个人在 1925 年初以每英亩 12 美元的价格卖出了一英亩地，晚些时候他发现每英亩的价格涨到了 17 美元、30 美元，最后是 60 美元，他暗骂自己愚蠢，但一两年后，他惊讶地发现，高价卖出的所有土地都被拖欠了款项，他无法收回款项，唯一的补救办法就是再次收回土地。在有些情况下，土地不仅又回到了原来所有者的手中，而且还背上了沉重的税收和估价费用，其数额超过了他所收到的现金。此外，他还发现自己的土地被半吊子开发商弄得满目疮痍。

就在人们开始意识到全面通货紧缩不可避免的时候，两场飓风向人们展示了从西印度群岛吹来的热带风暴的威力。

在佛罗里达州的飓风中，第二场也是最严重的一场飓风的袭击目标最为精准，让人见识了大自然的威力。飓风集中袭击的正是繁荣最喧嚣的地区——迈阿密周边地区。1926 年 9 月 18 日清晨，飓风袭击了黄金海岸，将比斯坎湾的海水冲进了可爱的威尼斯开发区，将一艘五桅钢制双桅帆船吹到了科勒尔盖布尔斯的街道上，将大型蒸汽游艇抛上了迈阿密的林荫大道，卷起了树木、木材、管道、瓷砖、瓦片，甚至小型汽车。数千栋豆腐渣工程的别墅及其屋顶被掀翻，奥基乔比湖上的摩尔海文镇几乎被摧毁，共有约 400 人死亡、6300 人受伤、5 万人无家可归。佛罗里达人英勇地说，损失并非无法弥补。事实上，他们过于英勇，以至于美国红十字会会长约翰·巴顿·佩恩说，该州官员"实际上破坏了美国红十字会救济无家可归者的活动"。迈阿密市长罗姆夫宣称，没有理由认为"本市在下一季度不能像往年一样舒适地接待冬季游客"。但是，热带风暴已经达成了目标，摧毁了佛罗里达剩余的繁荣。

据霍默·B. 范德布卢称，到 1927 年，迈阿密弗拉格勒大街上大多数精心设计的房地产办公室要么已经倒闭，要么几乎空无一人；戴维斯群岛项目"烂尾"后被一个财团接管；包括迈阿密在内的佛罗里达州许多城市在税收方面都遇到了困难。1928 年，亨利·维拉德在《国家报》上撰文，这样描述迈阿密的街景："公路两旁是死气沉沉的小区，它们华而不实的名字在破败的灰泥大门上残缺不全。在数英里长的水泥人行道上只有孤零零的白色路灯，草地和蒲葵取代了原本的房屋……外围小区的整片区域都是无人居住的房屋，人们在宽阔的大道上飞驰而过，仿佛穿越一座死亡之城。"1928 年，佛罗里达州有 31 家银行倒闭、1929 年有 57 家银行倒闭。

1926 年 9 月 18 日飓风过后的迈阿密海滩

被佛罗里达飓风摧毁的桥梁

在这两年中，倒闭银行的负债总额超过了美国其他任何州的记录。1929年，地中海果蝇肆虐柑橘作物，使当地经济形势更加严峻。迈阿密的银行资产在 1925 年曾一度攀升至 10 亿美元以上，但随后开始走下坡路：

1925 年：10.67 亿美元。

1926 年：6.33 亿美元。

1927 年：2.60 亿美元。

1928 年：1.43 亿美元。

1929 年：1.42 亿美元。

而就在这些年里，美国其他地方却欣欣向荣。到 1930 年年中，在商业全面萧条之后，佛罗里达州至少有 26 座城市拖欠债券本金或利息，其中拖欠最严重的是西棕榈滩、迈阿密、桑福德和沃思湖。

开发公司将房地产开发项目合并为"城市"，用"免税市政债券"为各种项目的建设提供资金，以位于繁荣地区的新建筑为抵押发行房地产债券，这些令人欢欣鼓舞的习惯揭示出 1925 年那些充满灵感的梦想家并未意识到的弱点。纸面上的巨额利润大部分已经化为乌有，开发项目的巨额投入有许多已经打了水漂，巨大的信贷扩张已经崩塌，建立在宏伟计划、荒谬期望和热烈气氛之上的土地价值的泡沫，已经在漫长的通货紧缩中得到了教训。为了安慰自己，人们只能抓住一些救命稻草：佛罗里达仍有宜人的气候和自然资源，佛罗里达人民仍然精力充沛、意志坚定，他们将从颓废中恢复过来，从无情的事态发展中吸取教训。并非所有在富裕时期搬到佛罗里达的北方人都在逆境中离开，事实上，1930 年人口普查显示，自1920 年以来，佛罗里达州的人口增长超过了 50%，这一增长幅度超过了除加利福尼亚州以外的其他任何州。佛罗里达州仍有前途，这一点毋庸置疑，尽管需要走更远的路才能抵达。1925 年的疯狂也不止是佛罗里达人民的责任。他们也许发出了大部分的呐喊，但以佛罗里达州为中心的歇斯底里是一种全美国性的狂热，外来人口的涌入极大地加剧了这种狂热。

事实上，佛罗里达州的繁荣只是战后十年间一系列房地产繁荣景象中的一个，却是最引人注目的一个，每一次房地产繁荣都对国民经济和国民生活产生了显著的影响。

战后十年起初，农业市场就开始剧烈波动。小麦和其他农作物价格暴涨，以这些夸大的价值为基础，成千上万的抵押和贷款被发放出去。1920—1921 年农业市场跌入谷底，农民的苦恼加剧了，因为他们无法从农作物中获得足够的钱来支付银行到期的利息，无法支付根据增加的估价征收的税款。成千上万的乡村银行背负着拖欠的抵押品和贷款，最终走向绝路。在一个农业大州，所有国家银行和州立银行在 1924 年至 1929 年的平均收益率不到 1.5%。在七个州里，在 1920 年之前一直营业的银行，有 40%～50% 在 1929 年之前倒闭。在这些倒闭的银行中，有多少是直接归因于房地产价格无节制的上涨和随后的下跌，无从考证，但毫无疑问，如果没有农业的剧烈波动，许多乡村小银行是不会损失惨重、关门歇业的。

在整个十年间，尤其是在佛罗里达地产热和紧随其后的时间里，投资人和宣传员策划了一系列雄心勃勃的计划，通过华丽的广告、通告以及由熙熙攘攘的商会发布的新闻稿，将各个城市、城镇和度假胜地描绘成"正在崛起的工业帝国的中心"或"美国富人的新乐园"，从而为美国的各个城市、城镇和度假胜地带来繁荣。其中一些企业获得了成功。例如，在加利福尼亚，宣传技巧早已达到诗意的完美境界，协调一致的宣传活动带来了工业、冬季游客、夏季游客，以及商人和旅馆老板的好生意。据估计，每年有 100 万人前往加利福尼亚"只是为了看看和玩玩"——当然还有花钱。但并不是所有这样的企业都能兴旺发达，因为工厂和富有的度假者的数量都很有限。一个又一个城市希望在自己的范围内吸引工业，它们雄辩地指出自己的"优势"，试图"让人们感受到它的个性"，并"向美国人民传达它的积极信息"。但最终，宣传员们开始意识到，吸引工业与"劫富济贫"有些相似，如果所有城市都转向推动工业发展，那么每个城市都有可能成为"炮灰"，而不是"赢家"。正如佛罗里达热带仙境的开发商们后来认识到的，能够并愿意为豪宅赌博的土地投机者的数量是有限的，那些在北卡罗来纳州或其他地方为富人建造游乐场的人最终也悲哀地了解到，富人不可能同时在所有地方玩耍。他们美好愿望的破灭再一次带来了经济上的影响，企业的破产导致一家又一家银行倒闭。

同样，在整个十年中，尤其是在这十年的中段，几乎每座美国城市外的郊区都在蓬勃发展。随着400万名灰心丧气的美国人离开农场，美国城市居民的比例从51.4%上升到57.6%。城市的规模越来越大，城市交通变得更加嘈杂和拥挤，新的高楼大厦隔绝了城市居民的光线和空气，家庭从城市向邻近乡村的城乡接合部迁移的速度越来越快。汽车在改变美国人的生活条件方面再次发挥了作用，它使郊区火车站和大城市近在咫尺，使大片的林地和田野成为宜居地，而在几年前，这些地方似乎还很遥远，难以到达。迷人的郊区以惊人的速度发展起来，崭新的殖民地风格农舍（附带车库）、都铎式平房（古老的下垂屋顶）和西班牙式灰泥别墅（内置收音机）遍地开花。房地产开发商再次迎来了千载难逢的机会。农场的果园和雏菊田被划出一块块地块，被用蒸汽铲铲平，建起了高耸的屋顶、宽敞的阳台或奢华的花园，还有铺设好的道路、20世纪的舒适设施、旧世界的魅力。

在纽约、芝加哥、洛杉矶和底特律等大城市的近郊，对土地的开发也不遑多让。与纽约隔河相望的皇后区发展迅猛，其人口在这十年间增长了一倍多，总数超过100万。在底特律的郊区，大片土地被分割成住宅，许多穷人买下了这些土地，获得了建造"车库住宅"——临时性的单间小屋——的许可证，并在里面居住了多年，却从未建起真正的房屋。开发商之间的竞争非常激烈，据估计，芝加哥地区在一年之内分出的地块足以容纳该市未来二十年的发展（按照之前的发展速度计算）。到战后十年末，从长岛帕乔格到纽约市边界之间分出的地块足以容纳整个大都市的600万人口。

一时间，佛罗里达州的房地产繁荣对各城市郊区的发展产生了别致的影响。许多郊区开发项目都采用威尼斯风格。例如，距离纽约长岛55千米的美国威尼斯要建的第一座桥就是"威尼斯著名的麦秆桥的复制品"，据宣传者说，整个场景"与威尼斯很相似，只是更迷人，更像一个家"。

针对股票经纪人和保险推销员的一则广告写道："住在美国威尼斯，就是在品尝生命之酒……海蓝色天空下的碧绿潟湖！慵懒的贡多拉船！美丽的意大利花园！……还有，永远存在的大南湾的海水，整天懒洋洋地拍打着洁白细腻的沙滩。你能在这里找回童真。"长岛还开发了比尔特莫海岸（由电影界的威廉·福克斯和服装界的雅各布·弗兰克尔开发），1926 年，广告宣称那里"艺术性的运河和水道系统即将完工"。

"威尼斯式郊区"繁荣的阶段持续时间很短：1926 年以后，提到潟湖，潜在购房者的脑海中就会浮现出痛苦的担忧。但直到 1928 年或 1929 年，大部分地区的郊区建设热潮才开始消退。那时，许多郊区已经明显建设过剩：人们驱车沿着高速公路行驶时，开始注意到一些房屋肯定已经长期无人居住，一些商店的橱窗空空如也，一些地区因烂尾和废弃而变得破败不堪。人们听说郊区的公寓房因抵押权被取消而一再易手，或者听说烂尾小区的住户因承受着意想不到的税收而痛苦不已。然而，即使在当时，郊区显然也像佛罗里达州一样拥有光明未来。男人和女人对空间和自由的需求，以及城镇化的需求并没有终结。

20 世纪 20 年代房地产繁荣的最后阶段集中在城市。要想了解那几年美国的都市面貌发生了什么变化，可以将 1920 年飞机上拍摄的大城市景象与 1930 年拍摄的景象进行比较。几乎没有一个城市的中心不耸立着崭新明亮的摩天大楼群。高楼狂热在纽约达到了顶峰——因为高楼在大都市中是一种强有力的广告，尤其是在纽约的核心区。这里的建筑热潮在 1928 年达到了顶峰。新的尖顶建筑拔地而起，有四十层、五十层的，还有更高的；从 1918 年到 1930 年，该区大型现代建筑的办公面积大约增加了十倍。在一张 1931 年初从东河附近拍摄的纽约上城区照片中，最引人注目的二十座建筑都是战后十年的产物。当然，其中最高的两座建筑是在 1929 年的恐慌之后才竣工的。当帝国大厦华丽闪亮的塔楼搭好脚手架时，马路边上的苹果推销员还在瑟瑟发抖。然而，帝国大厦仍不失为一座丰碑，彰显当时人们对未来的无限信心。

美国人自信爆棚，摩天大楼则建造过剩。1931 年春，据可靠消息称，

1930 年一名在帝国大厦施工的建筑工人

1931 年从东河附近拍摄的纽约上城区照片

纽约中央大区大型写字楼约有 17% 的面积没有收益，而远在上城区的广场区大型写字楼约有 40% 的面积空置；新摩天大楼的业主通过向企业提供免租期或承接企业在其他大楼的租约，诱使企业占用空置楼层；金融家们对纽约许多房地产投资的不稳定状况摇头叹息。这个大都市也有未来，但投机热情让它上升得有点太快了。

佛罗里达飓风过后，大部分普通人对房地产投机失去了兴趣。除了作为房主或旁观者，他们中很少有人关心郊区开发项目或四十层现代主义建筑实验。然而，1925 年佛罗里达黄金海岸的投机热潮并没有受到冷落，只是受到了遏制。佛罗里达的住宅地块是个糟糕的赌注？仍然被柯立芝繁荣的巨大可能性所迷惑的公众说：这怎么能算赌博呢？没过多久，新一轮的大众投机浪潮就蓄势待发了。这次不是房地产，而是另一种完全不同的东西。投机感染的焦点从迈阿密的弗拉格勒街转移到纽约的布罗德街和华尔街。大牛市开始了。

第十二章

大牛市

　　1928 年 2 月的一天，一位投资者向一位精明的银行家询问购买普通股票是否明智。银行家摇了摇头说："在我看来，股票价格高得危险。牛市已经持续了很长时间，虽然最近价格略有下滑，但很容易再下滑更多。生意都不太好。当然，如果你买对了股票，从长远来看，可能会一切顺利，甚至会获利。但如果我是你，我会再等等，看看会发生什么。"

　　根据保守的金融原则，银行家是对的。对柯立芝繁荣的巨大信心使商人在美国人的生活中占据了新的重要地位，并说服无数男人和女人把他们的积蓄赌在佛罗里达的房地产上，这种信心也使普通股票的价格自 1924 年以来一路上扬，直到达到许多头脑冷静的金融家都感到震惊的水平。在整个 1927 年，投机活动一直在增加。这一年，经纪人为交易者开立保证金账户[①]的资金从 28.19 亿美元增加到 35.54 亿美元，增幅巨大。在 1927

---

① 美国股市中的保证金账户是指买家购买股票时不用支付全款，只需支付一定比例的保证金，余额由经纪人发放的贷款补足。以保证金比例为 10% 为例，买家购买 1000 美元的股票时，自己出资 100 美元，其余 900 美元是经纪人贷款（需支付贷款利息），当股票上涨时，这种交易方式能放大利润；当股价下跌到一定幅度时，经纪人会要求追加保证金，如无法追加保证金会被强制平仓。——译者注

年 12 月 3 日的一周内，股票的成交量超过了纽约证券交易所历史上任何一周。无论是在纽约、旧金山，还是在平原最偏僻的村庄，人们发现，对股票代码一无所知的各色人等，都拿着 100 股斯图贝克汽车公司或休斯敦石油公司的股票，了解诸如资产负债表、X 线和 ITT 等深奥术语的意义，翻开下午报纸的早报，捕捉华尔街下午 1：30 的报价。

1927 年 8 月，联邦储备系统将再贴现率从 4% 降至 3.5%，并在公开市场上购买政府证券，这一行动加剧了投机热。采取这一行动的动机是值得称赞的：一些欧洲国家在稳定本国货币方面遇到了困难，欧洲的汇率疲软，在美联储看来，放宽美国的货币利率可能会阻止黄金在美国的进一步上涨，从而有助于欧洲的复苏，并有利于对外贸易。此外，美国的商业开始失去动力，降低利率可能会刺激商业。但降低货币利率也会刺激股市。每当信心出现减弱的迹象时，柯立芝总统和梅隆国务卿就会适时地发表令人宽慰的声明，从而使价格再次上扬。1928 年 1 月，总统采取了前所未有的措施，公开表示他并不认为经纪人贷款过高，显然白宫支持通货膨胀，尽管金融界的清醒人士有所担忧。

虽然股票价格一直在攀升，但商业无可否认地出现了衰退。1927 年下半年出现了明显的衰退，以至于到了 1928 年 2 月，纽约慈善组织协会的负责人报告说，失业情况比战后任何时候都要严重。在 1 月和 2 月，股票市场变得动荡，因为价格仍然接近创纪录的高位，而且未来的商业趋势非常可疑，人们很容易预见到未来将是一个清算的时代。

商业分析师和预测师——他们的人数和影响力近年来都大幅增加——的语气并不乐观。1928 年 1 月 5 日，穆迪投资服务公司表示，股票价格"超过预期的折现幅度"，并怀疑"需要进行多少调整才能使股票市场趋于稳健状态"。3 月 1 日，该机构仍然感到不安："在货币过量、银行鼓励信贷扩张之前，公众不应改变看跌心态。"两天后，哈佛经济学会从其统计图表中得出了一个冷酷的结论："2 月份的进展表明，商业正在进入一个暂时的调整期。"哈佛预言家们所能提供的最好预言是："股市的中等幅度下跌不会发展成商业萧条的大震荡。"国家城市银行预计商业将逐步好转，标准统计公司则认为转机已经到来，但也明智地预测未来几个月股票的走势将"几乎完全取决于货币状况"。《纽约时报》的金融编辑说，商业机构对当前形势的描述"游移不定"。报纸上的投资服务广告证明了华尔街的不安，广告标题是："你能'熬过'这个牛市吗？""通货紧缩的过程正在进行吗？"空气中弥漫着不确定的气氛。

如果有人选择在这个时候预测牛市即将狂飙突进、更上一层楼，那他一定是疯了——也可能是准确地把握了大众心理。建议谨慎行事的银行家对金融形势的判断是完全正确的，预测者也是如此，但他们没有考虑美国人民无可救药的商业浪漫主义，而柯立芝年复一年的繁荣让这种浪漫主义气势更盛。1928 年 3 月 3 日，就在哈佛大学的预言家们谈论中等幅度下跌、《纽约时报》谈论游移不定的当天，股市进入了激动人心的阶段。

让我们先来看看第二天早上的报纸。那份 1928 年 3 月 4 日星期日的报纸，是一份让人如鲠在喉的读物。卡尔文·柯立芝以其特有的质朴态度表示，他并不打算"在 1928 年竞选总统"，而他的商务部长（八年前曾因被称为政坛业余选手而恼羞成怒）已经在以专业效率召集代表们参加即将召开的共和党大会。亨利·福特推出 A 型车已经有三个月了，但每当一辆新福特车从身边经过，人们还是会注目观看，那些轻率地订购了一辆沙黄色轿车的人开始怀疑，他们是否要等到 9 月份，然后被迫接受黎明灰色的轿车。林白上校在这九个月里一直是个英雄，但他尚未结婚——1928 年 3 月 4 日那份周日报纸的第 21 页引用了他的话，说他不赞成国会提出的将位于明尼苏达州小瀑布的林白故居改建成博物馆的议案。伯德司令即将宣布他的南极飞行计划。百货公司广告中的女装裙子达到最短，几乎遮不住膝盖。体育版刊登了 C. C. 派尔可悲的"泛美徒步比赛"即将从洛杉矶出发的消息，共有 274 名选手参赛。在另一页上，三位贵妇为席梦思床垫代言，体现了贵族义务的原则。《圣路易斯雷大桥》宣称在 90 天内售出了 10 万册。文艺版面还说，有声电影即将问世：阿尔·乔尔森宣布将出演电影《爵士歌手》，福斯电影公司的两部"交响乐伴奏"电影也已上映。至于股票市场的消息，并不需要翻到财经版，因为在头版就有一则预言性的新闻。

通用汽车公司的股票在前一天早上以 139.75 美元的价格开盘，短短两个小时内飙升至 144.25 美元，自周五收盘以来上涨了 5 块多。当天的交易量不超过 120 万股，但其中近三分之一是汽车公司的股票。1928 年春季的投机热已经开始。

周一，通用汽车公司股份又上涨了 2.25 美元，周二上涨了 3.5 美元，股价令人激动地"突破了 150 美元"。随着股市新闻日复一日地"登上头版头条"，其他股票也水涨船高：美国钢铁公司、无线电公司和蒙哥马利·沃德公司的股价也在攀升。经历了周三和周四的停顿之后，通用汽车公司在周五宣布，其证券经纪公司在公开市场上以 150 美元左右的价格为其高管回购了 20 万股股票，这让所有人都大吃一惊，该公司股票随即大涨 9.25 美元。周六，美国无线电公司的普通股一跃而起，净涨 12.75 美元，收于 120.5 美元，涨幅比通用汽车公司还高。

究竟发生了什么？难道不是生意不好、信贷膨胀、股价高得危险吗？市场疯了吗？假设所有这些坚持以高价购买股票的疯子都在同一时刻试图卖出股票……精明的投资者在看到无线电公司股票的疯狂上涨后，与几天后穆迪投资服务公司的预测者的感觉一样：实际问题是"在顶部卖出的机会还能维持多久"。

实际情况是，一群在汽车业、谷物市场和早期股票牛市中赚得盆满钵满的强大投机者——W.C.杜兰特、阿瑟·卡特顿、费舍尔兄弟和约翰·J.拉斯科布等——正在以空前的数量买进股票。他们认为商业将走出低谷。他们知道，随着福特汽车生产的推迟，通用汽车公司很可能会有大的发展。他们还知道，无线电公司一直在巩固自己的地位，现在准备赚取比以往任何时候都多的钱，而且随着科学发现的接踵而至，这家最大的无线电公司未来的发展前景令人振奋。汽车和收音机——这是"咆哮的 20 年代"中最有特色的两种产品，是"柯立芝繁荣"最鲜艳的花朵，对投机者有着天然的吸引力。大牛市中的企业经营者也知道，成千上万的投机者一直在卖空股票，预期市场会崩溃，这些人会继续卖空，如果价格被无情地推高，他们可能会被迫平仓。而且，他们了解美国公众，知道美国公众无法抗拒市场飙升的吸引力，他们有一种完全正常的暴富欲望，愿意相信任何有关美国商业前景大好的说法。如果股票开始上涨，无论预测者怎么说，无论商业前景多么渺茫，公众都会买进。

这些人是对的。公众买进了。

3月12日星期一，股市再次成为头版头条。无线电公司以120.5美元的价格开盘，以138.5美元的价格收盘。其他股票也取得了令人瞩目的涨幅，交易量打破了所有已知的纪录，达到了387.6万股。由于交易量过大，股票价格收报机的信息落后于市场6分钟。据证券交易所旁听席上的来访者称，无线电专家迈克尔·米汉成为场内长达5个小时的混战的中心。一位观察家说："场面看起来就像一场街头斗殴。"

3月13日星期二足以让任何人目瞪口呆。无线电公司以160美元开盘，比前一天的收盘价高出整整21.5美元，涨幅惊人。证券交易所官员宣布开始调查该股是否存在技术性拐点。随后其股价跌至155美元，收盘价为146美元，仍比周一收盘价高出7.5美元。有传言称一位大空头交易商已被"消灭"。这一次，股票价格收报机晚了12分钟。

就这样，日复一日，周复一周。3月16日，股票价格收报机晚了33分钟。人们开始听到有人说，有一天可能会出现500万股的交易量——这似乎令人难以置信。3月20日，无线电公司股价跳涨18美元，通用汽车公司股价跳涨5美元。3月26日，总交易量记录再次被刷新，但这个新纪录只维持了24小时，因为在3月27日，市场上出现了莫名其妙的抛售风暴，通用汽车公司的股票突然下跌，随后又因大量买盘而回升，这一天的交易量达到了479万股。投机热席卷全美国。一夜暴富的故事传到了每个人的耳边。一位财经评论员报道说，他的医生发现病人谈论股市时完全忘记了病痛，而他的理发师谈论蒙哥马利·沃德公司前景的次数，远远超过使用热毛巾敷脸的次数。妻子们问丈夫为什么这么慢，为什么不参与这一切，丈夫则说在当天早上刚买了100股美国亚麻籽公司的股票。经纪人的办公室里挤满了男男女女，热情地注视着股票价格收报机传来的动态信息。

随着时间的推移，新的宠儿逐渐成为人们关注的焦点。零售企业蒙哥马利·沃德公司的股价不断攀升，航空股也一路上扬。在 5 月份的一个星期里，莱特航空股价上涨了 34.75 美元，达到 190 美元；柯蒂斯公司上涨了 35.5 美元，达到 142 美元。1928 年春天，纽约证券交易所有好几次不得不在周六休市，以让经纪人有机会从数量空前的文书工作中解脱出来。当然，经纪人的贷款也在不断增加，美国信贷的膨胀正在持续加剧。

美联储感到不安。他们在 2 月份将再贴现率从 3.5% 提高到 4%，原因是：如果 1927 年降低再贴现率鼓励了投机，那么现在提高再贴现率就会抑制投机。但他们目睹了与所有逻辑和所有经济理论背道而驰的股市狂热。他们在 5 月份再次将利率提高到 4.5%，但在短暂的震荡之后，市场继续沸腾。他们抛售了 1927 年囤积的政府债券，但只导致了政府债券持续低迷。谁会想到局面会如此失控呢？

1928 年 5 月下旬，牛市步伐放缓。股价下跌，上涨，再下跌。期待已久的清算似乎终于到来。经历了数日的价格下跌之后，清算终于在 6 月份到来。太平洋沿岸的投机宠儿贾尼尼公司股票突然暴跌，投资者损失惨重。在旧金山证券交易所，意大利银行的股票在一天之内（6 月 11 日）下跌了 100 美元，美国银行下跌了 120 美元，联合证券下跌了 80 美元。同一天，在纽约路边交易所，意大利银行从 200 美元垂直下跌到 110 美元，连累了一大批小投机者。尽管 A. P. 贾尼尼①本人曾警告说该股票价格过高，但这些投机者还是天真地认为该股票"会涨到 1000 美元"。

第二天，即 6 月 12 日，这场西部龙卷风猛烈袭击了华尔街。随着卖盘的大量涌入，"有朝一日交易所将出现 500 万股交易量"的预言很快就应验了。股票价格收报机在记录场内价格时落后了近两个小时。5 月份曾一度突破 200 美元大关的无线电公司下跌了 23.5 美元。当然，以后来的标准来看，这一天证券市场的总体损失并不大，《纽约时报》五十种主要股票的平均价格仅下跌了三块多。但是，经历了前几天的损失之后，许多观

① A. P. 贾尼尼（1870—1949），美国银行家，意大利银行和美国银行的创始人。——译者注

A. P. 贾尼尼在 1927 年的照片

1929 年纽约证券交易所休市后，清洁人员在打扫场地

察家认为，似乎末日终于来临了，纽约一家最保守的报纸在头版头条报道这一事件时，用了这样一句话："华尔街的牛市昨天崩溃了，爆炸声传遍了全世界。"

（如果商务部长是个迷信的人，他可能会认为那天的恐慌是麻烦来临的预兆，因为在同一份报纸的头版上，新闻标题上写着："大会开幕，胡佛肯定会在第一轮投票中胜出。"）

但牛市是否已经崩溃？6月13日，牛市似乎恢复了冷静。6月14日，即胡佛被提名的当天，牛市继续复苏。"清算"只完成了一部分，股票价格仍然远远高于2月份的水平。几千名交易者破产，几笔巨额财富损失殆尽，许多漂亮的纸面利润消失了，但大牛市远未结束。

在共和党不温不火地提名赫伯特·胡佛几周后，民主党这个对手提名了纽约州州长阿尔弗莱德·史密斯，这位和蔼可亲的寒门贵子有着政府管理的天赋，嗜好棕色德比鞋。阿尔弗莱德·史密斯是一个非比寻常的选择。他与坦慕尼协会①的关系以及反对禁酒令的立场，尤其是他是罗马天主教徒这一事实，使他受到南方和大部分西部地区的排斥。虽然三K党最近宣布放弃戴面具并改名为"大森林骑士团"，但反天主教的情绪仍然高涨。民主党毅然决然地在第一轮投票中提名了史密斯，这有力地证明了他的人格魅力，证明了人们对他的能力的广泛认可，证明了人们相信任何民主党人都能在坚实的南方取得胜利，相信一个反对禁酒的移民候选人会从北方工业地区和城市的共和党人那里拉来选票，也证明了民主党没有其他候选人可供选择。

1928年的选战开始了。

这是一场奇怪的竞选。一个重大问题使候选人之间产生了分歧。正如第十章中已经记录的那样，艾尔·史密斯毫不掩饰他对禁酒令的厌恶；胡佛则称禁酒令是"一项伟大的社会和经济实验，动机崇高，影响深远""必须以建设性的方式加以实施"。尽管反对禁酒的东部城市共和党人似乎认

---

① 1789年成立的一个民间机构，最初是慈善团体，后来成为纽约很有影响力的政治机构，曾卷入操控选举的丑闻。——译者注

为胡佛的真正意思是"建设性地解决"，但南部和西部农村的民主党人则解释说，史密斯反对禁酒只是一种奇怪的个人想法，他无力将这种想法强加给他的政党。总之，禁酒令终于被迫进入了总统竞选之中。还有一个表面上的农业救济问题，但在这一点上并没有什么真正的分歧，相反，双方在竞争，看哪位候选人能为不幸的西北地区提供救济。史密斯重视的水电问题也是如此，但这并没有激起选民的热情，可能是因为太多有影响力的市民对电力债券与股份公司或城市服务公司的未来抱有美好的希望。当然，还有许多不宜公开宣扬的分歧：数以百万计的人支持胡佛，因为他们认为史密斯会把白宫变成梵蒂冈的一个分支机构；很多人支持史密斯，因为他们追求宗教宽容；很多人反对胡佛，因为他们认为他是一个顽固的教条主义者；有些人反对史密斯，主要是因为不喜欢史密斯的帽子和衣着。但是，这场竞选最有趣的地方莫过于它很大程度上反映了美国人民对牛市繁荣的痴迷。

1928 年没有像 1924 年那样强大的第三党派。那些窃窃私语的激进分子已经被新经济时代的预言家们哄睡了。社会党提名了诺曼·托马斯，但他从一开始就被淘汰出局。事实上，美国人民与华尔街之间的联系如此紧密，以至于连民主党人也发现自己处境艰难。前些年，他们对银行业和工业界的领袖表现出一定的冷淡，但现在绝对不行了。批评坐在繁荣马车前排的先生们，或者暗示马车的最终目的地可能不是应许之地，这些做法都是自寻死路。他们也无法否认，在共和党政府的领导下，好日子已经到来。他们所能做的就是用言行来证明，他们也能让美国安全地获得红利和不断上涨的股票价格。

现在，他们痛苦而急切地做到了这一点。对于民主党全国委员会主席一职，艾尔·史密斯没有选择野心勃勃的国会议员，而是选择了约翰·J.拉斯科布，他是通用汽车公司副总裁兼财务委员会主席、通用汽车验收公司副总裁、杜邦公司副总裁兼财务委员会成员、银行家信托公司董事、美国担保公司和纽约信托公司董事，被誉为通用汽车公司大牛市的操盘手。拉斯科布先生是政坛新秀，在《名人录》中，他的职业是"资本家"，而且曾是共和党人，但这又有什么关系呢？许多民主党人认为，艾尔·史密斯在最后关头请他出山是非常值得称赞的行为。有约翰·J.拉斯科布站在民主党一边，谁又能说民主党获胜会阻止普通股上涨二十倍呢？

拉斯科布先生将民主党总部迁至纽约的通用汽车大厦，这里是"大牛市"的地标建筑。他自豪地宣布，"标准石油公司的金融家"哈克内斯先生、"银行家和糖精炼商"斯普雷克尔斯先生以及"产业涵盖铁路、证券公司、房地产和商品销售的纽约金融家"詹姆斯先生并不认为他们的利益"会因史密斯当选的前景而受到丝毫威胁"（民主党的无数演说家都曾经歌颂过"新自由"，并对标准石油巨头和纽约金融家说过狠话）。拉斯科布先生和史密斯州长都对民主党古老的低关税理论小心翼翼地踩了一脚刹车——他们完全没有意识到，在两年之后，他们的许多对手都会希望共和党取消高关税政策。

至于共和党人，他们自然而然地宣称繁荣是共和党的成绩，只要交给他们掌舵，繁荣仍会继续。赫伯特·胡佛本人在提名演说中为共和党人确定了基调：

> 人类最古老，也许也是最崇高的愿望之一，就是消除贫困……今天，我们美国人比任何国家的任何历史时刻都更接近于战胜贫困。贫民窟正在我们中间消失。我们还没有达到目标，但是，如果有机会继续推行过去八年的政策，在上帝的帮助下，我们很快就会看到贫穷从这个国家消失的那一天。消除贫困的保障莫过于每个人都有工作。这就是我们所倡导的政策的主要目的。

胡佛先生也许会为那次提名演说中的乐观自信而后悔。演说只有一个漏洞：它规定上帝必须帮助共和党政府。

胡佛先生的乐观情绪情有可原。1928年夏天的商业形势不是比前一个冬天好得多吗？大牛市在经历了6月份的低迷之后不是又开始启动了吗？人们从周围的空气中感受到乐观情绪。毕竟，候选人的首要职责就是让自己当选。对于严谨的工程师和经济学家胡佛来说，消除贫困是非常令人怀疑的事情，但对于站在麦克风前的政治家胡佛来说，情况截然不同。对1928 年的共和党人来说，繁荣是一个稳操胜券的议题。

艾尔·史密斯进行了一场英勇的斗争。他在各个城市之间来回奔波，在棕色德比鞋上签名，谴责禁酒令，谴责偏执，并承诺为农民的"伤痕"提供新的治疗方法，但这一切都没有用。对他不利的因素太多了。选举日到来，胡佛横扫全美国。他的民众选票接近 2150 万张，史密斯的选票为 1500 万张；胡佛的选举人选票为 444 张，史密斯的选票为 87 张；胡佛不仅赢得了史密斯所在的纽约州以及俄克拉荷马州、田纳西州和肯塔基州这些摇摆的边疆州，还打破了南方的惯例，赢下了佛罗里达州、得克萨斯州、北卡罗来纳州，甚至弗吉尼亚州。

这是一场著名的胜利，为了庆祝这场胜利，股市（在整个竞选过程中，股市一直在向新的高点挺进）又陷入了新的狂热。现在牛市有了新的口号，那就是"再繁荣四年"。

在 1928 年 11 月的"胡佛牛市"中，年初创下的纪录被打破。经纪人们曾经以敬畏的口吻谈论过 500 万股交易量的可能性，现在，500 万股的交易日已经频繁出现。11 月 23 日，交易量几乎达到 700 万股。他们是否对证券交易所席位价格的上涨感到惊讶？11 月份又创下了 58 万美元的新纪录。他们是否对无线电公司 150 美元的高股价感到不安？11 月下旬，它的价格达到了 400 美元。一天涨 10 美元、屡创历史新高现在已是司空见惯。蒙哥马利·沃德公司的股价在 1927 年春天一直在向 200 美元攀升，11 月 30 日达到了 439.875 美元。铜业股票一飞冲天，帕卡德公司攀升至 145 美元。莱特航空最高达到 263 美元。经纪人的贷款比以往任何时候都要高，但人们相信，这只是繁荣的标志——表明美国人民只需一部分自有资金，就能购买到国家未来进步的合作伙伴关系。货币利率大约在 8% 和 9% 之间。也许有点高，但如果人们愿意贷款，又有什么坏处呢？商业并没有因为高利率而受到影响，而且比以往任何时候都繁荣。新时代已经到来，消除贫困指日可待。

12 月份，市场忽然再次崩溃，而且比 6 月份更加剧烈。12 月 7 日星期六是一个令人恐惧的日子，疲惫的股票价格收报机远远落后于场内交易，但无线电公司股票下跌 72 美元的新闻还是播报了出来。经纪人办公室里惊恐的看盘人看到股票以 361 美元开盘，微弱地挣扎到 363 美元，然后一块一块地下跌，一直跌到 296 美元——在那一刻，这似乎是一个大甩卖的价格（无线电公司在 1928 年前九个月的收益为每股 7.54 美元，按照"十倍收益"的老规矩，股票价格应该不会超过 100 美元，但这种价格标准早已被抛弃了）。蒙哥马利·沃德公司在那个令人神经紧张的星期六上午下跌了 29 美元，国际收割机公司从 368.5 美元跌到 307 美元。但是，就像 6 月份一样，市场触底反弹，几周不安的动荡过去后，股价再次开始上涨。

美联储发现自己陷入了左右为难的困境。投机显然正在吸收越来越多的国家剩余资金，信贷膨胀也变得越来越危险。在这种情况下，储备银行的正常做法是提高再贴现率，从而迫使用于投机目的的货币价格上涨，降低投机的吸引力，清算投机性贷款，减少未偿还的信贷量。但是，储备银行已经在 7 月把利率提高到 5%，投机只是暂时受到影响。显然，只要股价继续攀升，投机者就愿意支付任何数额的利息。美联储一直在耐心等待投机热的自愈，但投机热愈演愈烈。现在情况已经到了这样的地步，如果他们再进一步提高利率，不仅有可能给市场带来巨大的冲击，而且还会因为迫使企业为资金支付高利率而严重阻碍企业的发展。此外，他们还担心黄金在美国的进一步积累，这可能对世界贸易产生的影响。财政部对利率还有最后一个特别的担忧——它有自己的融资工作要做，梅隆部长自然不会热衷于强迫政府为自己使用的资金支付高利率。几乎可以说，没人想要通货紧缩。

美联储最终想出了一个巧妙的新办法来解决这一难题。他们试图在不提高再贴现率的情况下，防止储备资金转贷给经纪人。

1929 年 2 月 2 日，他们发表声明说："联邦储备委员会认为，《联邦储备法》并未考虑利用联邦储备银行的资源来创造或扩大投机信贷。当成员银行为发放投机性贷款或维持投机性贷款而借款时，其对联邦储备银行再贴现工具的要求并不合理。"不到两星期后，联邦储备委员会致函各储备银行，要求"尽可能防止将联邦储备资金挪用于证券贷款"。与此同时，储备银行大幅减少了在公开市场上购买的证券持有量，但不能提高再贴现率。从 2 月开始，纽约储备银行的董事们一次又一次地请求华盛顿允许提高纽约的利率，但每次都遭到拒绝。联邦储备委员会宁愿依靠他们的新政策。

1929 年 2 月 2 日声明的直接结果是股票价格短暂崩盘。随后，随着储备银行对其成员银行施加压力，要求只为所谓的合法商业目的借款，利率自然进一步提高。3 月下旬，在赫伯特·胡佛入主白宫后不久（之前的繁荣守护神也已退居北安普顿，开始探索写自传的乐趣），货币紧缩突然达到一个令人震惊的高潮，股票价格持续下跌。3 月 26 日，活期存款利率从 12% 跃升至 15%，随后又升至 17%，最后达到 20%——这是自 1921 年以来的最高利率。股票价格仍在令人目眩地下跌。交易所的股票日成交量打破了 11 月份的纪录，达到 8246740 股。投机者的信箱里再次收到成千上万份追加保证金的请求，成千上万参与国家未来繁荣的人被出卖，他们损失了自己所拥有的一切。大牛市似乎又一次走到了尽头。

当天下午，纽约的几家银行决定出手相救。无论他们对联邦储备委员会的新政策有什么看法，他们都看到了可能正在酝酿的恐慌——他们认为，任何事情都比恐慌要好。第二天，国家城市银行行长查尔斯·米切尔宣布，他的银行已准备好 2000 万美元贷款，随时可以发放，其中 500 万美元的利率为 15%，另外 500 万美元的利率为 16%，以此类推，最高可达 20%。

于是，股票不仅停止了急剧下跌，而且还欣然回升！

教训是显而易见的：除非发生重大灾难，否则公众根本不会退场。

在接下来的一两个月里，股票涨跌不定，5 月份一度跌得很惨，经纪人的贷款额也略有下降，但没有出现全面崩盘的情况。尽管联邦储备委员会设置了重重障碍，但资金仍然大量进入投机领域。很多公司把自己的活期资金取出来，以 8% 或 9% 的利率借给那些炒股者，而无需通过联邦储备系统的成员银行；公司渴望将其资金用于这种能挣钱的用途，"企业间借贷"的增加就表明了这一点；而美联储成员银行也意识到这种贷款难以监管。到了 6 月份，股市再次上涨，几乎就像什么也没发生过一样。美联储被打败了。

到了 1929 年夏天，股票价格已经远远超过了前一年冬天的暴跌水平，飙升到了万里无云的蓝天之上。衡量一支有前景的普通股价格的所有旧标准早已不复存在。如果一支曾经价值 100 美元的股票涨到了 300 美元，那么有什么能阻止它驶向 400 美元呢？为什么不轻松惬意地顺势赚个 50 美元或 100 美元呢？

从各种逻辑规则来看，现在的形势比以往任何时候都更加危险。如果说 1927 年的通货膨胀是严重的，那么 1929 年的通货膨胀则要更加严重，因为经纪人的贷款总额已经攀升到 60 亿美元（1927 年底时只有 35 亿美元）。如果说 1927 年的股价水平是奢侈的，那么现在则是荒谬的。在经济学中，就像在物理学一样，不能否认"涨得越高，跌得越重"这一古老的原则。但投机者的记忆是短暂的。1929 年夏天，当人们回首往事寻找先例时，他们感到欣慰的是，过去几年的每一次暴跌之后都会出现复苏，而每一次复苏最终都会将价格推向一个新的高点。涨两步，跌一步，再涨三步，这就是市场的规律。如果卖出，就只能等待下一次暴跌（每隔几个月就会出现一次），再买进。其实根本没有理由卖出：如果你的股票稳健，你最终一定会赢。看来，"买入并持有"的人才是真正的智者。

经济学家们和预测家们一次又一次地喊"狼来了"，而狼每次都是昙花一现。储备委员会一次又一次地表达了对通货膨胀的恐惧，而通货膨胀并没有导致经济困难。商业面临危险？胡说八道！工厂在开足马力生产，统计指数显示工业健康状况一流。存在生产过剩的威胁吗？又是胡说八道！难道企业不是在"手脚并用"地采购吗？难道商品价格不是维持在合理的水平上吗？商业分析家们普遍认为是危险信号的超负荷货架和大量库存去哪儿了？再看看现在领涨的股票的特点！在前几个月许多高涨的股票纷纷失守的时候，美国钢铁公司、通用电气公司和美国电话公司等经营稳健、管理保守的公司的股票取得了令人咋舌的上涨，而这些公司恰恰是最谨慎的投资者着眼于长远未来而选择的公司。它们的上涨似乎只是一个信号，表明它们具有稀缺价值。正如《波士顿新闻局》引述戴尔—哈德逊公司的乔治·R.戴尔将军的话说："任何人如果购买我们最高级的铁轨和工业品，包括钢材、铜和建设物资，并持有它们，都会赚大钱，因为这些证券将逐渐退出市场。"牛市操盘手的话肯定是真的。这是一个新时代。繁荣之花正在盛开。

尽管如此，怀疑者依然存在，但是反对这些观点的论据更加有力，以至于最后，即使是清醒的国家金融领袖中的绝大多数人也某种程度上被说服了。他们认识到，通货膨胀最终可能是一个威胁，但前一个冬天笼罩着他们的恐惧正在消散，事情没有他们原以为的那么可怕和严重。这轮牛市经受住一些巨大的冲击，也许它注定会"长牛"。

在每一个角落，人们都能听到新的智慧箴言："繁荣会衰退吗？为什么？伙计，我们还没开始呢！""看好美国！""永远不要卖空美国！""我告诉你，再过一两年看，现在的股票价格其实低得离谱。""看着那只股票，它要涨到 500 美元了。""那家公司的前景不可限量。""永远不要抛掉好股票。"每个人都听说过，如果一个人在 1919 年买入 100 股通用汽车公司的股票并持有，将会赚到几百万美元。每个人都会时不时地被提醒，银行家乔治·F.贝克从不出售自己的股票。至于投机的威胁，人们轻而易举地确信，正如新泽西州前州长斯托克斯在一次雄辩的演讲中宣称的那样，哥伦布、华盛顿、富兰克林和爱迪生都曾是投机者。约翰·J.拉斯科布在《女士家庭杂志》上发表了一篇《每个人都应该致富》的文章，诱人地写道："致富之道，就是买入国家财富生产源头的公司的股票。"他指出，一个人每月只需拿出 15 美元，将其投资于优秀的普通股票，让红利和股权不断积累，20 年后，他将至少拥有 8 万美元，每月的投资收入至少有 400 美元。这样挣钱太容易了。通往财富的大门已经敞开。

与此同时，人们听说，通过应用现代的经济原则，美国工业的未来必定一片光明。正如经济学家瓦迪尔·卡钦斯和企业家威廉·T.福斯特所指出的，增加消费是通往繁荣的道路。如果我们每个人都能越来越自由地消费，那么每个工厂的烟囱都会冒出浓烟，股息也会越来越多。旧的经济秩序已经让位于新的经济法则。查尔斯·阿莫斯·戴斯博士是俄亥俄州立大学的教授，他研究的是商业组织的课题，他在《股票市场的新水平》一书中写道，"工业、贸易和金融领域正在发生一场巨大的革命"，而股票市场只是"记录了正在发生的巨大变化"。

戴斯教授所谈到的金融业的变化是属实的。公众不再需要债券那种陈旧和无利可图的东西，他们需要的是能带来利润的证券。一家又一家公司精明地利用这一新需求，撤销债券，发行新的普通股来代替它们。如果发行了新的债券，则通过可转换为股票或购买股票的认股权证，使其具有投机的味道，这已成为一种时髦的做法。公众似乎也更喜欢持有价格为 50美元的 100 股股票，而不是价格为 250 美元的 20 股股票——能够大量买进卖出让人感觉富裕多了。因此，无论股息是否增加，越来越多的公司都选择将其普通股分拆，以吸引更多的买家。长期以来，许多企业通过向股东发放以优惠价格购买新股票的权利来获得新资本，这种做法现在已广为流行。工业企业和银行的合并比以往任何时候都要频繁，这不仅是为了减少管理费用和避免残酷的竞争，也是出于纯粹的自我炫耀。每一次关于合并、拆分或发行股票的传言，都是股票价格飞涨的信号——于是，许多企业的经理人在安排拆分、合并或发行股票时，都在精明地考虑自己的投机收益，这对他们来说太有诱惑力了。

多年来，资本主义利益集团一直在模仿西德尼·米切尔[①]的高明手段，试图控制当地的电灯、电力、煤气公司和自来水公司，并将它们连成一体。由于公用事业的未来可能性令投机者浮想联翩，这些集团之间的争斗导致了公用事业控股公司的激增。到了 1929 年夏天，这些相互竞争的公司已经变得非常复杂，普通人很难弄清楚飙升的股票的实际价值。即使是金融行业的专业分析师，有时也会感到困惑，因为他发现 A 公司持有 B 公

---

① 西德尼·米切尔（1862—1944），早期是爱迪生电灯公司的代理商，后来成为水电开发商、金融家，1927 年帮助通用电气公司组建通用电气债券和股份公司并任总裁。通过一系列资本运作，该公司在美国控制了 121 家子公司。1935 年美国通过《公用事业控股公司法》后，该公司被拆分重组。——译者注

司 20% 的股份，B 公司持有 C 公司的股份，而 C 公司又投资于 A 公司，D 公司持有其他每家公司的股份。但似乎很少有投资者关心实际价值，知道公用事业有前景、价格在上涨，这就足够了。

与此同时，投资信托公司像蝗虫一样泛滥成灾。据说现在已有近 500 家，实收资本总额约为 30 亿美元，持有的股票（其中许多是以高价购买的）约为 20 亿美元。这些信托公司中，既有管理诚实、投资明智的公司，也有由无知或奸诈的投资人建立的投机性公司。据说，其中有些公司的资本化程度很高，甚至无法从所持证券的收入中支付优先股股息，而必须几乎完全依赖利润。必须承认，一些投资信托公司不时购入控制它们的银行家可能难以在公开市场上出售的证券，以达到方便的目的。这应该受到谴责吗？当然，但这太容易了！只要价格上涨，人们就可以心安理得地纵容各种可疑的金融行为。大牛市掩盖了无数罪恶。

庞大的资本金字塔拔地而起。当汽车、收音机和其他上百种小商品的超级推销员向消费者推销光鲜亮丽的新产品时，证券超级推销员也在向客户推销投资信托公司的股票，这些公司持有控股公司的股票，而控股公司又拥有银行的股票，银行的附属公司又控制着控股公司，如此循环往复，无穷无尽。尽管制造公司、零售商的货架还没有超负荷，但终端消费者和证券分销商的钱包在呻吟。麻烦正在酝酿之中，虽然不是 1921 年的那种麻烦，但也是麻烦。夏天天空中的乌云看起来还没有一只手掌大。

在 1929 年这个神话般的夏天，究竟有多少美国人以保证金方式持有股票，我们似乎无从计算，但可以肯定的是超过了 100 万人（据经济学家估计，当时有 3 亿股股票是用保证金持有的）。当然，还有更多的人直接持有普通股，并像保证金交易者一样全神贯注地关注着每日行情。人们在 5 点 27 分走在街道上，或者在无轨电车上找到座位时，三分之二的人都会打开报纸上股市行情的版面。华尔街大公司的分支机构在每个城市和许多郊区村庄遍地开花。1919 年，这样的办事处有 500 家；到 1928 年 10 月，有 1192 家，在 1929 年的大部分时间里，这样的办事处越来越多。经纪人发现自己受到了新的瞩目和尊敬，因为普通人对华尔街的奥秘没有那么了解，对经纪人的一言一行都十分关注。只要他暗示通用工业联营公司可能分拆，他的邻居第二天早上就会火速下单买进。

富翁的司机开车时竖起耳朵捕捉伯利恒钢铁公司即将发生变动的消息，因为他以 20 美元的价格持有 50 股。经纪人办公室的擦窗工也停下来看股票行情，因为他想把辛苦积攒的积蓄换成几股西蒙斯公司的股票。财经记者埃德温·勒费尔讲述了一个经纪人的贴身男仆在股市上赚了将近 25 万美元的故事；一个训练有素的护士根据病人给她的提示赚了 3 万美元。还有一个怀俄明州的牧牛人，离最近的铁路也有 30 英里，但他每天买进或卖出 1000 股股票，通过无线电公司股票获取市场回报——他把订单传到最近的大城市，再通过电报传到纽约。纽约的一位退休女演员把她在公园大道的公寓布置成了办公室，周围摆满了图表和财务报告，她通过电话操控市场，规模越来越大，玩得越来越尽兴。在餐桌上，人们听到很多暴富的奇妙故事：一位年轻的银行家把他的每一美元小资本都投入奈尔斯—贝门特—庞德机械制造公司，现在已经财富自由；一位寡妇用她在肯尼科特矿业公司赚的钱买下了一栋乡间别墅。成千上万的人进行投机，还赚了钱，但他们对那些公司的性质一无所知，就像那些买了美国海岸快线公司股票的人一样，他们以为这是一支航空股票[①]。杂货店老板、汽车司机、水管工、女裁缝和酒吧服务员都投身于股市。就连反叛的知识分子也参与其中：他们大声哀叹标准化和大规模生产给美国生活带来令人沮丧的影响，但又发现自己可以趁机大捞一笔。那些对美国氰胺化肥公司寄予厚望的文学编辑与那些对城市服务化工公司满怀期待的诗人共进午餐，离开餐桌时，他们在股票经纪公司的分支机构驻足片刻，获取最新的报价。曾经只对高更滔滔不绝的艺术家放下画笔，大谈国家贝拉斯赫斯邮递公司的优点。大牛市已经成为全美国性的狂热。

9 月份，市场达到了最辉煌的顶峰。

从赫伯特·胡佛冒雨宣誓就任美国总统算起，已经过去了六个月。他

---

① 其实这是一家铁路公司。——译者注

20世纪20年代美国网球明星蒂尔登

鲁迪·瓦利1929年在美国国家广播公司打造一个音乐节目，备受欢迎。图为他和他的管弦乐团

任命了威克沙姆委员会，负责调查禁酒令执法情况。在总统的推动下，国会通过了《农产品销售法》。亚历山大·莱格作为新成立的联邦农业委员会主席，承担"防止和控制任何农产品过剩"的任务。《非战公约》[①]宣布生效后，英国首相拉姆齐·麦克唐纳准备启程前往美国，讨论一项削减海军军备的新条约。关于哈定石油丑闻的长期争论终于有了明确的结果：斯图尔特上校被洛克菲勒的代理人压得喘不过气来，辞去了印第安纳州标准石油公司的董事长职位，哈里·F. 辛克莱则被关进了监狱。林白上校不愧是国家超级英雄，他娶了安妮·莫罗小姐。在无数个美国海滩的沙滩上，女孩们拉下泳衣的肩带，露出时髦的后背，她们想知道，开车进城时是否可以不穿长裤，以及，是否真如时尚杂志所说，每件晚礼服都必须长及地面。

这一年，蒂尔登赢得了他的第七个也是最后一个美国业余网球冠军。这是鲍比·琼斯作为业余高尔夫球手的倒数第二年——他连续第七年获得美国业余或公开赛冠军。贝比·鲁斯仍然像 1920 年一样成功地击出全垒打，但他也老了。体育运动热潮的周期即将结束。邓普西把王冠拱手让给了唐尼，唐尼把王冠挂在了墙上，去和文人雅士聚在一起了。没有人再追随他们，更没有人会掏出 200 万美元看他们的比赛。

每个人都在读《西线无战事》，唱鲁迪·瓦利在收音机里唱的歌。文学期刊大肆宣扬人文主义。但是，与大牛市相比，即使是日光浴、拉姆齐·麦克唐纳提议的善意航行、人文主义和《西线无战事》也都是无趣的话题。高盛公司出资成立蓝岭公司以表达它对目前价格水平的信心，该公司是一家投资信托公司，愿意以目前的价格（联合化学和染料公司的股票为 424 美元，美国电话公司的股票为 293 美元，联合煤气公司的股票为 179 美元，通用电气公司的股票为 395 美元）用自己的股票换取主要蓝筹股的股票。

请稍停片刻，看一看 1929 年 9 月 3 日——道琼斯指数达到全年最高

[①] 1928 年 8 月 27 日在巴黎签署的一项国际公约，公约规定各国应放弃战争手段，以和平方式解决国际争端。——译者注

点的那天——疲惫不堪的股票价格收报机上记录的一些价格，然后将它们与 1928 年 3 月 3 日的开盘价比较一下，就会发现当时牛市似乎已经攀升到一个危险的高度。我们在此把它们排列在一起——1928 年 3 月的数字在前，1929 年 9 月的数字在后，最后将 1929 年的数字转换成 1928 年的数字——或者换句话说，因中间发生了拆股和配股等变化而对股价进行了调整（只有这样，才能正确判断这 18 个充满信心的月份里的真实涨幅）。

公司名称	1928 年 3 月 3 日 开盘价（美元）	1929 年 9 月 3 日 最高价（美元）	1929 年 9 月 3 日 调整后的股价（美元）
美国制罐公司	77	181.875	181.875
美国电话电报公司	179.5	304	335.625
亚钠康达铜业	54.5	131.5	162
电气债券与股份公司	89.75	186.75	203.625
通用电气	128.75	396.25	396.25
通用汽车	139.75	72.75	181.875
蒙哥马利·沃德公司	132.75	137.875	466.5
纽约中央铁路公司	160.5	256.375	256.375
无线电公司	94.5	101	505
美国联合碳化物公司	145	137.875	413.625
美国钢铁公司	138.125	261.75	279.125
西屋电气和机械公司	91.625	289.875	313
伍尔沃斯百货公司	180.75	100.375	251

注：通用电气公司、无线电公司、联合碳化物公司和伍尔沃斯百货公司的价格根据1928年3月3日之后发生的拆股情况进行了调整。美国电话电报公司、亚钠康达铜业、蒙哥马利·沃德公司、美国钢铁公司、西屋电气和机械公司、电气债券与股份公司的价格根据中间配股的情况进行了调整。

你在看到 1929 年 9 月 3 日创下的纪录时，请记住，那一天，几乎没有人想到实际上已经达到了顶峰。绝大多数人都以为大牛市会一直持续下去。

因为美国人的血管里仍然流淌着开拓者的血液，以为越过山丘，远方的风景会更加美丽。如果 1919 年的失望、威尔逊理想主义的崩溃、政治犬儒主义的蔓延、宗教确定性的缓慢衰退以及爱情的破灭摧毁了美好的希望，那又会怎样呢？在大牛市中，人们得到了补偿。

美国人仍在编织美好的梦想——在想象中，他将以神话般的价格卖掉西屋公司的普通股，住进大房子，拥有一队闪亮的汽车，在棕榈滩的沙滩上悠闲地躺着。他展望自己国家的未来时，可以预见一个自由的美国——不是从贪污、犯罪、战争中解放出来，不是从华尔街的控制中解放出来，不是从无宗教信仰中解放出来，也不是从欲望中解放出来，因为早期的乌托邦很大程度上让他持怀疑态度或无动于衷。他预见的是一个从贫穷和劳苦中解放出来的美国。他看到了建立在新科学和新繁荣之上的神奇秩序：数以百万计的汽车在公路上穿梭，飞机在天空中翱翔，高压电线从一座山顶延伸到另一座山顶为无数节省人力的机器提供动力，摩天大楼耸立在曾经的村庄之上，巨大的城市以巨大的石块和混凝土的几何形状拔地而起，完全机械化的交通工具在其中咆哮穿梭——衣着光鲜的男男女女们用他们1929 年凭借高瞻远瞩赚来的钱，去挥霍、挥霍、挥霍……

第十三章

崩盘

1929 年 9 月初，股市崩盘，但很快回升。事实上，9 月 19 日，《纽约时报》统计的平均股价达到比 9 月 3 日更高的水平，此后股市再次下滑，而且下滑得更快更远，直到 10 月 4 日，许多股票的价格已跌至"骨折价"。例如，美国钢铁公司的股价在几周前触及 261.25 美元后，最低跌至 204 美元；美国制罐公司的股价在 10 月 4 日收盘时比同年的最高价低了近 20 美元；通用电气公司的股价比最高价低了 50 多美元；无线电公司的股价从 114.75 美元跌至 82.5 美元。

1928 年 6 月和 12 月以及 1929 年 3 月和 5 月都曾出现过股市下跌，投机者们吸取了教训：股价下跌就是买入的好时机。这一场巨大的崩盘前，纽约联邦储备银行统计的经纪人贷款在 10 月 2 日创下新高，达到 68.04 亿美元——这无疑表明保证金买家并没有离场，而是大量涌入市场，至少数量没有减少（贷款数字的增加可能部分是由于交易商手中未售出的证券堆积如山，因为投资信托的催生和各种商业机构新普通股的发行有增无减）。历史似乎即将重演，那些在 109.75 美元的价位，甚至在 281 美元价位买入美国电话电报公司股票的人将成为明智的投资者。果然，股价再次开始攀升。在 10 月初的那个星期天，当拉姆斯·麦克唐纳与赫伯特·胡佛坐在瑞皮丹营地的原木上，讨论限制海军规模与和平的前景时，股价就已经开始上扬了。

然而，事情有些不对劲，下滑再次开始。华尔街的智者们四处寻找原因，他们将目光锁定在英国哈特里金融集团的倒闭上（这导致许多外国投资者和投机者被迫抛售股票），以及马萨诸塞州公用事业部门拒绝波士顿爱迪生公司拆分股票。他们还指出，钢铁行业无疑正在滑坡，"未消化"的证券正在积累。直到 10 月 21 日那一周，人们才真正意识到问题的严重性。在此期间，舆论一致认为，9 月份的秋季风暴还没有完全过去，市场正在重新调整到"更安全的技术位置"。

考虑到即将发生的事情，回顾一下金融预言家们在这一时刻的看法是很有启发的。这些先生的名声是建立在能力基础上的，他们能够研究统计学家带来的一组组图表，并从曲线与曲线、指数与指数之间的关系中发现事情会变得更好还是更糟。当然，他们的观点各不相同，优秀的金融观点从来就不会一致。在研究这些观点和知名银行家的言论时，我们还必须承认，看涨的言论并不总能被照单全收，但很少有人喜欢做出可怕的预测、"传播恐慌"，手头有未售出证券的银行家也不可能说出任何会增加处理这些证券的难度的话，尽管他的内心可能并不平静。我们还必须承认，预言家充其量只是一种危险的职业。然而，1929 年 10 月金融舆论的总体状况与 1928 年 2 月和 3 月的状况形成了富有启发性的对比。

当然，有些预测者不按常理出牌，建议谨慎行事。罗杰·巴布森是一位投资顾问，在华尔街内部圈子中的声望一直不高，他长期以来一直警告客户未来会有麻烦，并在 9 月初预测平均指数会下跌 60 点或 80 点。10 月 7 日，标准统计公司的标准贸易和证券服务部建议其客户采取"极端保守的策略"，并大胆作出了如下预测："我们仍然认为，在未来几个月里，普通股价格的趋势将是走低。"《商业与投资周报》就"巨大的普通股错觉"发表了自己的看法，并预测"股票将进一步清算"。在大银行家中，保罗·沃伯格在几个月前就已经表明他意识到了形势的危险。这些评论家，以及《商业与金融纪事报》的编辑和《纽约时报》的金融编辑等人，似乎都应该获得 1929 年的"先见之明奖"。

但是，如果真的颁发了这样的奖章，那就必须同时分发大量的"得分最少奖"。哈佛经济学会不一定能获奖，尽管它在 10 月 19 日解释了商业"正面临另一个调整期"之后，预测"如果经济衰退威胁到商业的严重后果（目前还没有迹象表明会如此），毫无疑问，美联储将采取措施放松货币市场，从而遏制这一动向"。哈佛大学的预言家们证明了他们很容易犯错：早在 10 月 26 日，在股市出现第一次大跳水之后，他们就做出了令人高兴的判断："尽管情况严重，但我们相信，股票价格的暴跌将被证明是一种暂时的调整，而不是商业萧条的前兆。"这一判断被证明是可笑的错误，但哈佛经济学会并没有把话说绝。克利夫兰信托公司的伦纳德·P. 艾尔斯上校也与这个奖章失之交臂。他在 10 月 15 日做出"目前似乎还没有太多真正的证据表明股票价格的下跌可能预示着商业的普遍严重衰退"的判断，还算情有可原。尽管钢铁生产、汽车产量和建筑业都在放缓，但导致严重商业衰退的条件并不存在。但在艾尔斯上校看来，天空至少有一部分是阴云密布的。他说："看来，股票不是从强者手中流向弱者，而是从聪明者手中流向愚者。"

不过，欧文·费舍尔教授更为乐观。据 10 月 17 日的报纸报道，他告诉采购代理协会，股票价格"将永久处于高位"。他预计，在几个月内，股价将"比现在高出一大截"。就在 10 月 24 日的恐慌前夕，他又说预期价格会回升。在恐慌发生的前两天，《波士顿新闻局》援引麦克尼尔金融服务公司主管 R. W. 麦克尼尔的话说，"真正聪明的人现在都在购买股票"。麦克尼尔先生说："除非出现恐慌——没有人会相信——否则股票已经触底。"至于伟大的纽约国民城市银行董事长查尔斯·E. 米切尔，则一直热情洋溢、自信满满。10 月初，米切尔先生肯定地说，尽管股市出现了休整，但"美国的工业形势绝对稳健，我们的信贷状况也绝不危急……公众对经纪人贷款的兴趣总是被夸大"，他还补充说，"人们对它的关注太多了"。几天后，米切尔先生再次发言："尽管在某些情况下，美国的投机行为太过分了，但现在市场总体上处于健康状态。过去六周的价格下跌带来了巨大的好处……我国的总体繁荣为股票市值奠定了坚实的基础。"10月22日，也就是恐慌发生的前两天，他结束了在欧洲的短暂旅行，带着这些令人宽慰的话抵达了美国："据我所知，股票市场或基本的商业和信贷结构并没有什么根本性的问题……公众患的是'经纪人贷款炎'。"

米切尔先生的观点也绝非孤例。说实话，他与金融界其他人士的主要区别在于他发出的声音更大。1929年初秋，美国一位最杰出的银行家在结束一笔交易时私下说，他在天空中看不到一丝乌云。当然，像传奇交易员阿瑟·卡特滕这样的惯性看涨者"仍然坚持看涨"。一般的交易员大概都赞同《波士顿新闻局》"布罗德街闲话"专栏在10月中旬引述的"股市大户"的观点，即"最近的修整为这年最后一个季度的大牛市奠定了坚实的基础"。毫无疑问，许多投机者认为仲夏时的价格过高，现在他们认为降价后最适合买进。10月16日"布罗德街闲话"专栏中的另一种说法也得到了普遍认可，即"现在的商业规模太大、太多样化，国家太富裕，不会受到股市波动的影响"。同样，《波士顿新闻局》10月19日的社论观点也广受欢迎，即"无论说什么（商业）衰退，都是杞人忧天……总体状况令人满意，基本面良好"。

即将到来的灾难注定会让富豪、权贵和惯常的睿智者困惑和恐惧，也会让愚蠢和不谨慎的散户困惑和恐惧。

预期中的股市复苏并未到来。10月22日星期二，股市似乎开始回升，但在最后一小时，白天取得的涨幅基本丧失殆尽。23日周三，出现了完美的"瀑布式"清算，交易量超过了600万股，当3点钟的锣声结束当天的交易时，股票价格收报机已经晚了104分钟，《纽约时报》上五十种主要铁路和工业股票的平均价格下跌了18.24点——这一跌幅使之前最突然的下跌都显得微不足道。每个人都意识到，一定有数量空前的追加保证金通知正向缺乏保证金保障的交易商发出，情况终于变得严重起来。但也许明天就会出现转机。与过去两年的破位相比，这次破位已经使价格下跌了很多。这种情况肯定不会持续太久。

转过天来，是 10 月 24 日星期四。

在这个重要的日子里，股票开盘价格还算稳定，但成交量巨大。20000 股肯尼科特公司的股票出现在显示屏上，同样数量的通用汽车公司的股票也出现在显示屏上。刚开盘，股价收报机就开始落后于场内交易。卖单压力之大令人不安。价格开始下跌……且下跌的速度相当快……在第一个小时的交易结束之前，价格显然在以前所未有的惊人速度下跌。在美国各地的证券公司分公司里，看盘的人都面面相觑，惊诧不已，百思不得其解。这股卖单洪流究竟从何而来？

这个问题的确切答案可能永远不会揭晓。但是，在 10 月 24 日的第一个小时里，价格出现破位的主要原因似乎很可能不是恐惧，也不是卖空，而是被迫抛售，是利润已经耗尽或即将耗尽的悲惨交易商向市场抛售了数十万股股票。高耸的股价大厦被投机信贷填满，现在正不堪重负而轰然崩塌。

然而，恐惧并不会推迟崩盘的到来。随着股价的崩溃，市场上突然出现了一股割肉潮流。到 11 点钟，证券交易所大厅里的交易员们疯狂地争相随行就市。在滞后的股价收报机还没有反应过来发生了什么事情的时候，人们就通过电话和电报得知股市跌穿了。晚一秒交易，主要龙头股就能下跌两个、三个甚至五个点。下跌、下跌、下跌……本该在这种时候出手相救的投机商去哪儿了？投资信托基金在哪里，它们本应通过低价购入新产品来为市场提供缓冲？那些宣称仍然看涨的操盘手去哪儿了？本应随时能够支撑价格的强大银行家们去哪儿了？似乎没有任何支撑。下跌，下跌，下跌……交易所大厅里响起的怒吼声变成了恐慌的咆哮。

美国钢铁公司开盘价为 205.5 美元，先是跌穿了 200 美元，又降到 193.5 美元。通用电气公司几周前的股价还在 400 美元以上，当天上午的开盘价为 315 美元，很快就跌至 283 美元。无线电公司的情况更糟：开盘价为 68.75 美元，突破 60.5 美元关口，跌到了 44.5 美元的惨淡价位。至于蒙哥马利·沃德公司——成千上万的人把这家连锁店视为新经济时代的先驱、希望的载体——从 83 美元跌到 50 美元。在短短两个小时的时间里，数十只股票失去了在牛市中数月才获得的涨幅。

如果人们能够准确地知道发生了什么，即使是这种突然下降也可能不会令人完全恐慌。未知才是真正的恐慌。

假设一个人在 10 月 24 日 12 点到 1 点走进一家证券公司的分公司，想了解一下情况。他首先瞥了一眼房间一面墙上的大黑板，上面记录着当天主要股票的价格。上面写着的最低价和最新价让他大跌眼镜，但很快他就意识到，这些数字并不可靠：那些把记录最新价格的卡片贴到股价收报机上的小伙子也无法跟上价格的变化，因为这些变化实在是太大了，也太快了。他转向闪闪发光的屏幕，屏幕上不间断地显示着报价单上的数字。通常情况下，熟练的交易者只要看一眼屏幕，就能知道情况如何，尽管交易所只公布每个报价的最后一位数字，其他数字都省略了。他只要看一眼黑板，就能知道缺失的数字是多少。但今天，当他看到一连串的符号和数字，如"无线电公司 6.5/5.4""西屋电气 9.8/8.75/7"时，他不知道"6.5"前面的数字是几，是 66、56 还是 46；也不知道西屋电气是从 189.8 降到 187，还是从 179.8 降到 177。后来，他又听说股价收报机晚了一个半小时；下午 1 点钟的时候，它显示的还是上午 11 点半的价格！他看到的这一切都已成为历史，那真实的情况是什么？

每隔十分钟，角落里的股价收报机就会直接敲出一份精选股票的价格表，然后经纪人会抓起那张卷好的纸，用一把剪刀剪开，面无表情地用喃喃自语的单调语调向场内每个座位上和挤在房间后面的男人们朗读这些数字。他念出的价格比股价收报机上记录的价格低十个、十几个甚至更多点。那份精选名单上没有的股票呢？他们无从得知。电话被打爆了，因为来自美国各地的询问和订单都汇集到了证券交易所。偶尔会有一个声音从经纪人的后方办公室里传出来，一个疯狂的职员正在那里拼命地接通电话："钢铁公司 96！"然而，知道钢铁公司的价格并不能让人欣慰，因为有很多人买的不是这只股票，他们几乎完全被蒙在鼓里，他们的想象力可以自由发挥。即使他们下单买进或卖出，也不可能知道结果如何。交易所记录当前价格和传达订单的整个系统根本无法应对这一紧急情况，随之而来

1929 年 10 月 24 日股市崩盘之前的华尔街

1929 年 10 月 25 日纽约证券交易所中忙碌的交易员

的是恐慌的蔓延。

人们在经纪人的办公室里看到的都是沮丧的面孔。其中一个人缓慢地走动着，机械地把一张纸撕成一小块一小块的碎片。一个人咧着嘴羞愧地笑着，就像一个小男孩在葬礼上傻笑一样。一个人卑躬屈膝地向书记员打听电力公司的最新价格。还有一个人一动不动地坐着，好像被吓呆了，双眼无神地盯着屏幕上移动的数字。那些看起来天真无邪的数字，此时意味着多年的希望破灭了……

中午刚过几分钟，证券交易所外的街道上聚集了一群人，其中一些比较警觉的人认出了曾经的牛市吹鼓手查尔斯·米切尔，他悄悄地溜进了对面街角摩根公司的办公室。此时距摩根大厦被华尔街爆炸的弹片击中已有九年多的时间，现在，摩根大厦的住户们面临着另一种同样近在咫尺的灾难。紧随米切尔先生之后的是大通国民银行行长阿尔伯特·H.威金、担保信托公司总裁威廉·波特和银行家信托公司总裁苏厄德·普罗瑟。他们是来与摩根公司的托马斯·W.拉蒙特商谈的。在几分钟的时间里，这五个人与第一国民银行的小乔治·F.贝克一起，代表各自的机构同意各拿出4000万美元来支撑股市。拉蒙特先生后来解释说，这样组成的2.4亿美元资金池的目的并不是把价格维持在某个特定的水平上，而只是实行必要的购买，以保证交易的有序进行。他们决定，他们的第一项行动是努力稳定龙头股的价格。这是一个危险的计划，因为随着歇斯底里情绪的蔓延，不知道会有什么样的骚乱即将发生。但此时此刻，只能采取最大胆的行动。

银行家的会议结束后，拉蒙特先生在摩根办公室召开发布会。他面容严肃，但言辞舒缓。他的第一句话是有史以来最低调的声明之一。他说："证券交易所出现了一些抛售窘境，我们召集了几家金融机构的负责人开会讨论情况。我们发现，没有任何公司陷入困境，经纪人的报告表明，保证金的维持情况令人满意。"他接着解释说，发生这种情况是由于"市场的技术调整"，没有任何深层原因。

随着银行家们开会的消息在交易所传开，价格开始稳定下来。很快，价格开始迅速反弹。美国钢铁公司的价格一跃回到当天早上开盘时的水平。但是，只靠银行家们的吹风，无法拯救奄奄一息的牛市。

下午一点半左右，交易所副总裁理查德·惠特尼（他通常担任摩根利益集团的场内经纪人）走进交易所，以 205 美元的价格竞购 10000 股美国钢铁公司股票——这是最新的交易价格。他亲手买了 200 股，其余的订单留给交易员继续买入。随后，惠特尼先生又来到场内其他各点，以最新的成交价买入其他十几种龙头股股票，每种 10000 股，除了即时成交的股票，他仍将剩余的订单留给专业交易员继续操作。简而言之，惠特尼先生在短短几分钟内就提出购买价值两三千万美元的股票。这种规模的购买不是随便哪个人就能完成的，很明显，惠特尼先生代表的是银行家。

救命稻草奏效了，信心似乎又回来了。价格暂时保持稳定，虽然许多股票在最后一小时再次滑落，但总算避免了更糟的结果。实际上，钢铁公司的收盘价比周三还高出 2 美元，在全天交易中，大多数其他主要证券的净跌幅都不到 10 美元。

尽管如此，这一天还是过得惊心动魄。当晚 7 点，上千家经纪公司办公室里的股价收报机仍在喋喋不休；直到 7 点零 8 分之后，它们才最终记录下 3 点钟在大厅里的最后一笔交易。交易量创下了新纪录——12894650 股（20 个月前，金融街的智者们就曾说过："我们可能会看到日成交 500 万股的交易日！"）。令人难以置信的谣言在午后疯狂传播——十一名投机者自杀，水牛城和芝加哥交易所关闭，军队守卫着纽约证券交易所，以防愤怒的暴徒搞破坏。整个国家都尝到了恐慌的苦果。尽管银行家们的联合行动暂时阻止了经济的瞬间崩溃，但不可否认的事实是，经济已经裂开了一个大口子。

周五和周六的情况有所好转。交易规模仍然很大，但价格大多保持不变。就在银行家们谨慎地处理周四积累的存货，从而为将来的紧急情况做好准备的时候，那些在高位抛售的交易商又重新回到市场上购买股票，祈祷股价已经触底（就像那句老话说的，"最黑暗的时刻就是买入的时机"）。报纸上刊登了商界领袖令人欣慰的一连串声明；赫伯特·胡佛也在白宫的一份声明中指出，"国家的商业基本盘，即商品的生产和销售，正处于稳健和繁荣的基础上"。但在周六收盘时，价格又开始下滑。到了周一，崩盘再次发生。

星期一，美国钢铁公司下降了 17.5 美元，通用电气公司下跌了 47.5 美元，联合化学公司损失了 36 美元，西屋公司跌去了 34.5 美元。整个周六下午、周六晚上和周日，经纪人们都在拼命交付保证金，查看他们客户的账户，并催促进一步追加保证金，结果又是一场被迫抛售的雪崩。惠特尼先生在周四买入的龙头股的价格被轻易突破，庄家们立刻明白，银行家已经做出了战略性撤退。事实上，该资金池的经纪人正忙于堵住名单上的"空洞"，换句话说，就是卖出那些根本没有人购买的股票。即使是六家大银行也很难阻止整个美国的崩溃，它们只能暂时遏制一下。

股票行情再次大幅下跌，经纪人办公室和银行的灯一直亮到黎明，电报公司发出了成千上万份追加保证金的通知，要求银行提供更多的抵押品。银行家、经纪人、办事员、信差几乎已是山穷水尽，几天几夜以来，他们都在拼命工作，以应付前所未有的巨大业务量。他们似乎再也无法忍受下去了，但最糟糕的情况还在后面。第二天，也就是 10 月 29 日星期二，最糟糕的事情发生了。

周二上午 10 点，交易所大厅里的大锣还没敲响，已经山雨欲来风满楼。大量的股票被抛向市场，5000 股、10000 股的股票以令人恐惧的下跌幅度出现在劳累的股价收报机上。不仅是无数的散户在抛售，大户也在抛售，他们是新经济时代的主角，几周前还认为自己是百万富翁。做市商发现自己被争相抛售的经纪人包围，而根本没有人想买进。仅举一例：在牛市期间，怀特缝纫机公司的普通股最高曾涨到 48 美元；10 月 28 日星期一，它的收盘价是 11.125 美元。在那个黑色的星期二，有人——据说是交易所的一个机灵的信差——灵机一动，下单以 1 美元的价格买进，由于没有其他出价，他居然以每股 1 美元的价格买到了股票！交易所里一片混乱。尽管通讯系统受到干扰，但买入和卖出的指令——主要是卖出指令——还是以超出人类处理速度的频率出现；就在那一天，一位精疲力竭的经纪人在收盘时发现了一个大垃圾箱，里面塞满了要执行的指令。开盘不到半小时，成交量就超过了 300 万股，12 点时超过了 800 万股，下午 1 点半时超过了 1220 万股，当收盘锣声敲响时，1641 万股的空前纪录诞生了。临近收盘时，股价有所回升，但此时《纽约时报》统计的五十只主要股票的平均价格已下跌了近 40 点。与此同时，其他市场——外国证券交易所、美国较小的证券交易所、粮食市场——几近恐慌。

股票市场的士气如此低落，经纪人和证券交易所的雇员如此疲惫不堪，以至于当天中午，在恐慌最严重的时候，管理委员会悄悄召开会议，讨论是否需要关闭交易所。理查德·惠特尼几个月后发表讲话说："为了不引起令人震惊的谣言，这次会议没有在管理委员会会议室举行，而是在证券交易所大厅正下方的证券清算公司总裁办公室举行……四十位理事三三两两地进入办公室，尽可能不引人注意。这间总裁办公室本来就不是为这种大型会议设计的，于是大多数行长不得不站着，或者坐在桌子上。会议进行期间，楼上的交易大厅正在承受恐慌……与会者不断点烟、吸一两口、熄灭、再点新烟的动作暴露了他们的心情——狭窄的房间很快被烟雾熏成了蓝色……"摩根公司的两个合伙人应邀参加了会议，他们试图神不知鬼不觉地溜进大楼，以免引起新的谣言，但被一名警卫拒绝，不得不留在外面，直到管理委员会的一名成员路过，他们才得以解救。经过一番商议，理事们最终决定不关闭交易所。

10 月 29 日星期二对银行来说是个关键的日子。许多公司为了获得 8% 或 9% 的利息，曾通过银行乐此不疲地向经纪人提供贷款，而现在这些公司却吵着要收回贷款——银行面临着一个抉择，要么自己接手贷款，要么冒着进一步破产的风险。要承担价值数以千万计的贷款，而这些贷款的抵押品到最后可能一文不值，可不是一件好笑的事情。当天的经纪人短期贷款利率略低于 6%，股票恐慌没有加剧货币恐慌，华尔街的几家机构也没有立即破产，这很大程度上要归功于几位银行家挺身而出的勇气。有一个故事说：一位银行家面无表情地继续批准接手一笔又一笔贷款，直到他的一位下属脸色煞白地跑来告诉他，银行已经资不抵债了。银行家说："我知道。"然后他继续面无表情地批准。他知道，如果他不这样做，将有不止一家企业面临破产。

又过了一天——10 月 30 日星期三——前景突然变得光明起来。美国钢铁公司的董事们宣布了额外的股息；美国制罐公司的董事们不仅宣布了额外的股息，还提高了定期股息。又有一大批令人欣慰的声明涌现出来——尽管此时金融家的振奋人心的声明已经变得可疑。胡佛先生的商务部助理部长朱利叶斯·克莱因继续为繁荣唱赞歌。约翰·J. 拉斯科布宣称股票价格低廉，他和他的朋友们正在买进。约翰·D. 洛克菲勒将标准石油公司推上了风口浪尖："我和我的儿子相信，国家的基本状况是良好的，商业形势中没有任何东西可以证明过去一周交易所发生的价值破坏是合理的，几天来，我和我的儿子一直在购买状况良好的普通股。"更妙的是，这天的股票价格稳中有升。现在，终于可以缓解交易所的压力了。下午 1 点 40 分，副总统惠特尼在讲台上宣布，交易所要到第二天中午才开市，周五和周六全天休市。

在周四半天的短暂交易中，复苏仍在继续。股票价格剧烈波动——既然所有既定的价值标准都被打破了，谁又能合理地判断某只股票的价值呢？金融界终于可以喘口气了，现在，他们有时间理理头绪了。

诚然，最严重的恐慌已经过去，但最糟糕的价格尚未到来。随着经纪人的账目逐渐理顺，银行要求更多的抵押品，于是恐慌再次出现，太多的强制清算还在继续。第二周，在一系列短暂的交易中，价格再次回落，直到 11 月 13 日，终于达到了 1929 年的最低点。与 9 月份阳光明媚的日子里挂出的数字相比，这些数字显示出了悲剧性：

公司名称	1929 年 9 月 3 日 最高价（美元）	1929 年 11 月 13 日 最低价（美元）
美国制罐公司	181.875	86
美国电话电报公司	304	197.25
亚钠康达铜业	131.5	70
电气债券与股份公司	186.75	50.25
通用电气	396.25	168.125

公司名称	1929 年 9 月 3 日 最高价（美元）	1929 年 11 月 13 日 最低价（美元）
通用汽车	72.75	36
蒙哥马利·沃德	137.875	49.25
纽约中央铁路公司	256.375	160
无线电公司	101	28
美国联合碳化物公司	137.875	59
美国钢铁公司	261.75	150
西屋电气和机械公司	289.875	102.625
伍尔沃斯百货公司	100.375	52.25

《纽约时报》五十种主要股票的平均价格几乎下降了一半，从 9 月份最高的 311.90 点跌至 11 月 13 日最低的 164.43 点；《泰晤士报》二十五种主要工业股票的平均价格表现更差，从 469.49 点跌至 220.95 点。

大牛市已死。价值数十亿美元的利润——纸面利润——消失了。杂货店老板、擦玻璃工和裁缝都失去了本金。每个城市都有一些家庭从暴发户突然跌入债务泥潭。那些梦想着退休后靠自己的财富生活的投资者，现在发现自己又回到了通往财富自由之路的起点。报纸上日复一日地刊登着自杀的噩耗。

柯立芝—胡佛的繁荣尚未消亡，但已奄奄一息。在恐慌冲击的影响下，一直被忽视或被股市乐观情绪所抵消的诸多弊病开始困扰经济机体，就像重要器官停止正常功能后毒药渗入人体系统一样。虽然清算了近 30 亿美元的经纪人贷款，收缩了信贷，储备银行降低了再贴现率，而且国内的大银行和大公司在紧急情况下也没有出现大面积的倒闭，这些都给人们带来了真正的鼓舞，但毒药并未清除：资本生产过剩；企业扩张过度；在分期付款购买和股票市场获利购买的刺激下，商品生产也过剩；许多商品的价格被人为地维持在高位；欧洲贸易状况低迷。无论多少高级金融预言家宣称一切顺利，无论总统多么诚恳地安慰公众、通过白宫会议来弥补损失，一场大萧条不可避免地正在发生。

　　这也不是全部。繁荣不仅是一种经济状况，更是一种精神状态。大牛市不仅是商业周期的高潮，也是美国大众思想和大众情感周期的高潮。美国几乎所有人的生活态度都在某种程度上受到大牛市的影响，现在也同样受到突然而残酷的希望破灭的影响。随着大牛市的消失和繁荣的消逝，美国人很快就会发现自己生活在一个变化了的世界里，这个世界需要新的调整、新的观念、新的思维习惯和新的价值秩序。心理氛围正在发生变化，美国生活中不断变化的浪潮正在奔向新的大江大河。

　　战后十年结束了。一个时代结束了。

第十四章

余波

经过很长时间之后，美国人才终于接受了柯立芝—胡佛繁荣的崩溃是一个不争的事实。对于共和党来说，这是一杯难以下咽的苦水，因为该党已经忘记了商业周期的独立性，以至于自认为繁荣是共和党的发明；而对于赫伯特·胡佛来说，更是一杯苦水，因为他曾满怀信心地宣称要消除贫困。

1929 年 10 月和 11 月，股市暴跌、商业下滑的情况令人震惊，全美国都向总统求助：必须立即采取行动，恢复公众信心，防止损失过分扩大。无论胡佛先生在与政客打交道和处理纯粹的政治问题方面有什么不足之处，全美国人民都认为，在这种公共紧急状态下，如果世界上有任何人知道该做什么和如何去做，那个人就是美国总统。

总统迅速采取行动。他承诺减税；他召集了一系列商界领袖会议，这些领袖公开表示反对降低工资的想法；他建议兴建公共工程，以填补即将出现的就业缺口；他和他的同僚们果断地宣布，一切都很好，现在会更好；他不断重申，"状况基本良好"，以此来鼓舞企业界的士气。总统在 12 月的年度致辞中说："我深信，通过这些措施，我们重新建立了信心。"1930 年新年伊始，国务卿梅隆预测"春季将复苏"。商务部长拉蒙特在 2 月份说："形势没有什么可担心的……有理由认为今年是正常的一年。"3 月份，拉蒙特先生说得更具体，他预测两个月后商业将恢复正常。几天后，总统亲自为承诺的复苏确定了一个明确的日期：失业的情况将在 60 天内结束。3 月 16 日，总统的啦啦队长、新成立的美国商业调查委员会的负责人朱利叶斯·H. 巴恩斯发表了讲话，说困难状态已经结束，"1930 年的春天，标志着一个令人严重担忧的时期的结束……美国商业正在稳步恢复到正常的繁荣水平"。

　　起初，政府似乎不仅成功地避免了立即大幅削减工资，而且通过催眠式的宣传恢复了经济健康。在 1929 年底跌至低谷、约 300 万人流落街头之后，工业指数出现了明显的好转迹象。股市重新振作起来，开始了新一轮的上涨。普通股并没有失去诱惑力，每一个没有在恐慌中倾家荡产的投机者都在急切地寻找复仇的机会。1930 年的前三个月，"小牛市"似是而非地模仿了"大牛市"。交易量变得和 1929 年的黄金夏天一样大，龙头股的价格实际上收复了在危机期间的一半以上的失地。一时间，似乎华盛顿那些充满希望的预言家是对的，繁荣将再次到来，我们应该趁早入场，弥补 1929 年的惨痛损失。

　　但到了 4 月，这种短暂的幻想开始破灭。商业界的反应又开始了。在总统和商务部长设定的 60 天复苏期结束时，商品价格下跌，生产指数下降，股票市场出现了一系列令人痛苦的暴跌，希望的破灭让美国人心碎。"催眠"失灵了，因为经济疾病不仅仅是暂时性的神经衰弱，而是有机的、根深蒂固的顽疾。

　　华盛顿的专家们面带微笑地重复之前的话语。他们的经济治疗方案从一开始就进行了大肆宣传，现在要改变处方难免有些尴尬。5 月初，胡佛先生说，他确信"我们现在已经度过了最糟糕的时期，只要继续团结一致，我们就会迅速恢复"。5 月 8 日，联邦储备委员会理事承认，美国正处于"似乎是商业萧条的时期"，但华盛顿似乎没有人愿意面对严峻的现实。据报道，5 月 28 日，胡佛先生预测，到秋天，商业将恢复正常。灰暗的闹剧仍在继续，专家对病人说着安慰的话，而病人却日渐衰颓，直到有一段时间，每一次振奋人心的宣言之后都会有新的崩盘。只有疗效到了让人觉得羞辱的地步，政府才会陷入暂时的沉默。

企业正在遭受哪些经济疾病的困扰？我们可以归纳出几种：

1. 资本和商品的过度生产。20 世纪 20 年代，工业变得更加机械化，因此比以往任何时候都更有能力进行大规模生产。在 1928 年和 1929 年的牛市时期，分期付款购买和股票利润暂时提高了美国人民的购买力，无数企业兴高采烈地过度扩张，导致美国工业的资本化与银行信贷一起膨胀。当股票利润消失，新的分期付款买主变得越来越难找，当男人和女人都在想如何才能支付汽车、收音机或家具的下一期付款时，制造商们被迫在等待购买力恢复的过程中，把刚刚扩大规模的工厂进行缩减，或者在不赚钱的情况下勉强支撑。

2. 商品价格虚高。正如密歇根州农学院校长戴维·费迪所指出的，在 1929 年，许多产品的价格被联营企业稳定在较高的水平上。例如，铜和棉花有联营，加拿大有小麦联营，巴西有咖啡联营，古巴有糖联营，澳大利亚有羊毛联营。这些联营体刻意维持的价格导致了生产过剩，而生产过剩变得越来越危险。这些商品的库存积累速度与消费量完全不成比例，最终，联营企业再也无法支撑市场，当不可避免的清算日到来时，价格出现了灾难性的下跌。

3. 白银价格暴跌，部分原因是多国政府努力建立金本位制度，导致东方购买力下降。

4. 大量黄金转移到法国及美国，造成国际金融混乱。

5. 外国局势动荡。随着国际经济萧条的加深，战争造成的政治和经济混乱变得愈发明显，世界大战的阴霾即将笼罩全球。世界各地的革命和动荡加剧了普遍的不确定性和恐惧感，也危及了美国在海外的投资。

6. 经济萧条本身的自发效应。每一次破产、每一次暂缓付款、每一次缩减运营计划，都会影响其他企业，最终，商业世界几乎就像多米诺骨牌一样，随时准备在倒下时相互撞击。每一个失业的员工都会降低国家的潜在购买力。

7. 1929 年的繁荣带来的深刻心理反应。或许从根本上说，商业周期是一种心理现象。只有人们对艰难时期的记忆逐渐淡化后，信心才能完全建立起来；只有信心导致过度膨胀时，信心才能得到遏制。胡佛先生很难阻止心理钟摆的下摆，正如美联储很难阻止它的上摆一样。

胡佛乐观主义运动失败后发生的事情令人悲哀。商品价格暴跌到令人震惊的地步。以小麦为例，1929 年的最后几天，芝加哥冬小麦的价格为每蒲式耳（约合 35.24 升）1.35 美元；一年后，它的价格仅为 76 美分。在同一时期，夏小麦从 1.37 美元跌至 61 美分。莱格先生的联邦农业委员会并非没有意识到这一可怕的下跌给小麦种植区造成的困扰。由于法律授权该委员会负责"防止和控制任何农产品过剩"的任务，它试图通过在崩溃阶段购买小麦来稳定价格，但能做到的，只是让小麦更加过剩，因为它违背了比《农产品销售法》更古老的规律——供求规律。当尘埃落定时，联邦农业委员会手中的小麦已超过 2 亿蒲式耳，但价格一路跌至谷底。尽管莱格先生的继任者声称，农业委员会的收购行动使数百家为小麦作物提供贷款的银行免于倒闭，但这对痛苦不堪的农民来说并不是什么安慰。1930 年夏天的一场大旱加剧了许多社区的凋敝。农民们似乎再一次被恶毒的命运扼住了喉咙。他们从柯立芝的繁荣中获益甚微，而现在，他们成了 1930—1931 年噩梦中最痛苦的人。

与此同时，工业生产持续下降。到 1930 年底，业务量比正常水平下降了 28%。股票价格在 1930 年夏季略有回升后，于 9 月再次转为下跌，到 12 月，一长串崩盘式的震荡使价格水平远远低于前一年恐慌后的水平。唉！可怜的牛市！在 1928 年和 1929 年攀升到如此令人目眩的高度的无线电公司股票，在不到三年的时间里，又回落到——是的，甚至超过了——

它开始轰动性上涨时的价位。而在许多其他股票上，回落的幅度更大，也更加无序。经纪人贷款的急剧萎缩证明了有大量交易账户被迫销户。在熟人眼中，经纪人已不再是一个神秘莫测的职业，如今，人们会因为股市的情况而同情他。有几家经纪公司倒闭了，在牛市的快乐日子里成立的蓝天投资公司也倒闭了，后续演变成了凄惨的无赖故事。1930年，由于房地产和证券的减价，有一千多家银行倒闭。1930年12月发生了美国金融史上最大的银行倒闭事件——名不副实的美国银行倒闭了。失业率持续上升，到1930年底，失业人数大约在600万。苹果推销员站在街角，行政人员、文员和工厂工人夜不能寐，不知道自己什么时候也会被解雇，盘算着能领取多少失业补助金。一位在百老汇闲逛的人看到剧院外排起了长队（查理·卓别林主演的《城市之光》上映），他关切地问："你们在干什么——排队领面包还是排队取钱？"

1931年初，出现了一些微弱的好转迹象，疲软的股票市场开始振作，但到3月，人们发现黎明并未到来。整个春季的几个月，经济再次下滑，生产再次萎缩，商品价格下跌，股票价格下跌，1929年11月大恐慌的价格此时都显得高不可攀，股息减少或取消，破产成倍增加，挫折感进一步加深。难道永远不会触底吗？

1929年的美好愿景并没有完全消失：1930年，大多数大公司的普通股持有者数量都有所增加，这一点非常重要。投资者们固执地期待着有朝一日会出现转机，他们希望在转机出现时能亲临现场。然而，跌入萧条的无底深渊所带来的震撼让他们的神经绷得紧紧的。1930年12月，《世界晚报》上刊登了一则广告，称"从商人到工人，有太多的人太热衷于倾听疯狂的谣言和恶意的流言蜚语，这些谣言和流言蜚语会摧毁人们的信心，造成普遍不信任的气氛。在街头和市场上，恐慌的受害者对社会造成了威胁……他们制造并加剧了群众的心理恐慌"。

两年前，胡佛先生在谈到消除贫困时，谨慎地加上了"在上帝的帮助下"这句话。他现在一定觉得，上帝为他准备了一个残酷的玩笑。胡佛先生对20世纪20年代商业希望的破灭所负的责任并不大，但他被要求救济美国人，以免他曾经轻描淡写地谈论过的贫穷在美国人中间造成悲剧性的影响。他是一位能干的经济学家，在公共危机中也是一位能干的领导者，然而，他领导企业走出萧条的尝试却以明显的失败告终。其他经验丰富的商人和他一样，都不相信通货紧缩会持续很长时间，而且如此痛苦，然而，企业走上毁灭之路时，这些人却忘记了自己曾经的乐观，指责总统缺乏远见、缺乏领导能力，甚至缺乏基本常识。他们可以不承认自己曾经的想法，但总统说过的话都被记录在案。他们没有期待繁荣重新到来，而总统如此宣称了。到了 1931 年春天，总统的声誉随着物价和利润的下降跌到一个新的低点，而民主党人则因为在 11 月的选举中取得了引人注目的成果而欢欣鼓舞，对 1932 年投下了充满希望的目光。卡尔文·柯立芝现在住在北安普敦的避风港里，看到胡佛先生的困境，他一定会感谢上天，感谢自己没有选择在 1928 年竞选总统。毫无疑问，政府的乐观主义运动过于狂热，但胡佛先生最大的错误是让自己在 1928—1932 年的任期内当选。

　　事实是，自大牛市以来发生的不仅仅是股价和生产的周期性下降，还有国民经济的重大变化。即使在情况最糟糕的时候，也有一些令人鼓舞的迹象。例如，资本和劳动力之间没有发生严重冲突，即使银行倒闭，联邦储备系统也有能力防止货币恐慌。毫无疑问，繁荣最终会如潮水般涌来，但它不可能是 20 世纪 20 年代的那种繁荣：不可避免的是，它将建立在不同的基础上，有利于不同的行业，并激起不同形式的热情和歇斯底里。总之，恐慌结束了美国经济史的一个篇章。

　　随着 20 世纪 30 年代的到来其他一些变革迹象也出现了。其中一些早在恐慌之前就已开始，另一些则在恐慌之后一段时间才显露出来，但综合起来看，它们揭示出美国人的民族性格和生活方式发生了惊人的变化。

　　在美国的任何一个城市或城镇，走过任何一个街区都会注意到其中的一些现象。比如女装，裙子的长度随着股票价格的上涨而下降。白天穿的裙子长了几厘米，晚礼服则长至拖地。波波头逐渐失宠。褶边、荷叶边和飘带再次流行起来，紧身胸衣制造商们也再次开心起来。拘谨的感觉逐渐回归：长白手套、男性化的丝绸帽子和燕尾大衣重新流行。这些变化并不只是制造商和造型师的一时兴起。制造商和造型师可以发布命令，但除非公众愿意追随，否则时尚不会真正改变。在 20 世纪 20 年代，服装业曾试图让长裙回归，但没有成功。1930 年和 1931 年的长款白手套是两性关系发生微妙变化的外在表现。美国女性最渴望的不再是在高腰童装中伪装成一个平胸、长腿、无忧无虑、知书达理的青少年。1930 年和 1931 年的时尚广告描绘的是另一种类型，更优雅、更活泼、更微妙诱人。礼仪和浪漫再次成为主流。

其他各种证据也证实了时尚所揭示的情况：礼仪和道德革命已经停战。

人们并没有普遍回到 20 世纪 20 年代被推翻的旧习俗中去。"年轻一代"的轻佻女子们拼命赢得的自由并没有丧失，消失的是一种兴奋感，即禁忌即将被打破、道德正在被颠覆或消灭、整个行为准则都在不断变化的兴奋感。战后十年对性的歇斯底里的关注也消失了，至少某种程度上消失了。关于性的书籍和关于性的谈话成为生产过剩的商品之一。专栏作家罗伯特·本奇利在 1930 年末的《纽约客》戏剧版上表达了一种广为流传的观点："我现在可以肯定地宣布，作为一种戏剧属性，性就像旧房抵押贷款一样令人厌倦，我不想再听到有人提起它——我已经厌倦了叛逆的年轻人，我已经厌倦了维多利亚时代的父母，我不在乎美国各地区的所有小女孩是否会被毁掉，或者想被毁掉，或者不被毁掉。我所要求的是：不要写关于它的剧本，不要让我坐着看完它们。"

显然，许多戏剧观众和读者开始产生与本奇利先生一样的感受。戏剧评论家乔治·让·内森注意到百老汇出现了一批新的浪漫而富有诗意的剧作家，并说："戏剧和文学中的硬汉派……显然正在式微。"评论家亨利·赛德尔·坎比在《星期六文学评论》上也得出了同样的结论。

现在，人们也不再那么积极地认为维多利亚时代和 19 世纪的一切表现都会被"现代人"嘲笑。收藏家们开始不再以轻蔑的眼光看待维多利亚时代的家具，而那些本来居高临下的人，几年后发现自己正以怀旧的眼光阅读《福尔摩斯探案集》。

20 世纪 30 年代初的年轻人大概与 20 世纪 20 年代初和 20 年代中期的年轻人一样了解生活，但他们没有那么明显和自觉地想向世界展示他们是多么进步的年轻人。拉玛·沃里克在一所中西部的大型大学任教，她在 1930 年秋天的《哈珀杂志》上报告说，在她班上的学生中，奥尔德斯·赫胥黎的小说、约翰·B.沃森的心理学和伯特兰·罗素的哲学"很快就……过时了"。她发现新的年轻一代对"现代主义感到厌倦，这种现代主义让你在三十岁时就变得颓废和愤世嫉俗"。

知识分子的反抗力量已经耗尽。门肯的声音不再能震撼整个国家，那些总是谴责标准化危险的人也开始显得有些乏味。许多曾经忧心忡忡的知识分子现在开始怀疑生活是否像他们想象的那样是一场可怕的闹剧。在哲学和文学中，"徒劳无益"的主题被演绎得淋漓尽致。甚至连海明威也在 1929 年末出版的《永别了，武器》中发出了新的声音，几乎是浪漫的声音——这部小说讲述的不是一系列肤浅而短暂的激情，而是一段伟大的爱情。文学评论家刘易斯·芒福德在 1931 年宣称，文明只是蜕去了一层死皮，而没有走向解体。芒福德先生代表 20 世纪 30 年代的年轻知识分子宣布："失败的情绪已死。我们还没有放下我们的旗帜，因为，就像惠特曼笔下的船长一样，我们仍然可以一起说，我们还没有开始战斗。"1925 年的时髦姿态不是好战，而是优雅地承认失败。现在，知识分子的幻灭情绪和屈服心态正在消退。

宗教是否能挽回失去的声望？1930 年，美国所有教会的净成员人数增长略高于 10%，这是自 H. K. 卡罗尔博士于 1890 年开始进行年度统计以来增长幅度最小的一年。但至少宗教场景发生了变化。原教旨主义者和现代派已经厌倦了争斗。代顿审判已经成为古老的历史。科学的声音似乎不再那么响亮而权威地否认宇宙中精神价值的存在，科普图书的读者得出结论，科学唯物主义的严密体系终究存在裂缝，现代派神职人员急忙报告说，这条裂缝宽得足以容纳上帝，他们的论断招致的反驳没有以前那么激动人心了，这仅仅是因为新的科学哲学太难理解，而且争论已经持续那么多年，令人疲惫不堪。心理学的声音曾经是那么震耳欲聋，令人困惑，现在格外褪去了权威；很明显，无论是弗洛伊德还是华生，对于人类的所有问题都没有无懈可击的答案，心理学家们也不像民主党人那样团结一致。随着 20 世纪 20 年代向 30 年代的过渡，那些观察高校宗教生活的怀疑论者和无神论者发现，总体态度发生了变化：对任何宗教和所有宗教都充满敌意的青年男女越来越少，甚至在怀疑论者中，也有更普遍的愿望，希望为积极而富有成效的人生信条找到一些依据。学校的情况大概也是整个国家的情况：虽然教会的势力几乎没有扩大，但宗教的势力或许也没有减弱。与礼仪和道德一样，宗教也显示出稳定的迹象。这种变化是否只是暂时的，还有待观察。

伟大的美国公众一如既往地容易受到流行时尚的影响。自 1929 年慌乱的秋天以来，每天晚上 7 点钟，数百万收音机都会响起弗里曼·F. 戈斯登和查尔斯·J. 科雷尔的声音，他们就是人们熟知的"阿莫斯与安迪"。1930 年 9 月，商务部至少发现了一个可以公布的繁荣商业统计数字：有近 3 万个迷你高尔夫球场在运营，投资额达 1.25 亿美元，其中许多球场的月收益率高达 300%。如果说美国人在 1930 年夏天不买别的东西，那么他们至少买到了击打高尔夫球的权利。

然而，在 20 世纪 20 年代曾盛极一时的喧嚣媒体，如今已失去了一些活力。伯德少校飞往南极的壮举使他成为全美国人民心目中仅次于林白的英雄，但在人口较多的中心地区，人们对他的英雄事迹明显有些嗤之以鼻，他的壮举被过度宣传了，而英雄主义无论多么英勇，当它受到科学的质疑并在每日快报中被报业集团报道时，就失去了一些自发的魅力。伯德到达南极几个月后，科斯特和贝隆特首次成功地不间断向西飞越大西洋，然而在 1930 年年底，能认出科斯特和贝隆特名字的美国人并不多。此时，飞行者仍然日复一日地在空中盘旋，追求新的纪录，但他们发现观众越来越稀少，头条新闻和现金收益也越来越少。至于 20 世纪 20 年代最重要的坐杆者阿尔文·凯利据说在 1930 年从派拉蒙大厦的屋顶摔了下来，但当时似乎没有人在看。选美大赛也出了问题，大西洋城在 1927 年就放弃了一年一度的选美比赛。整个 1930 年，没有发生一起全美国关注的谋杀案审

弗里曼·F.戈斯登（右）和查尔斯·J.科雷尔（左）创作《阿莫斯与安迪》广播剧，从
1928年一直延续到1960年

1930年，为欢迎高尔夫球手鲍比·琼斯获得英国公开赛冠军凯旋，纽约举行了"彩条
游行"，市民从路边的建筑中丢下彩条、纸屑和撕碎的电话簿。这类游行在20世纪20
至30年代非常盛行

判，没有一场一流的拳击比赛，没有一位伟大的体育新英雄加冕。

一个体育时代正在逝去。拳击手里卡德已经去世，邓普西也退休了。唐尼在读莎士比亚著作。鲁斯仍在击出本垒打，琼斯和蒂尔登都已转为职业球员。20 世纪 20 年代最伟大的橄榄球教练克努特·罗克内在一次飞机事故中丧生，美国总统对此深表遗憾。1930 年，百老汇消耗了多年来最少的彩条和撕毁的电话簿。也许是艰难的岁月导致了英雄主义的衰落，但也许原因不止于此。媒体的叫卖技巧已不再具有新鲜感。时代变了。

1929 年秋天，拉姆塞·麦克唐纳带着和平与善意的信息来到美国，受到了惊人的热情欢迎，一时间，理想主义似乎又要卷土重来。这种情绪持续了足够长的时间，以至于重新限制海军军备的《伦敦条约》得以在参议院顺利通过。与阿尔·卡彭狼狈为奸的芝加哥市长威廉·汤普森下台，纽约市的坦慕尼协会操纵选举的丑闻也引起了一些人的不满，但随着 1931 年夏天的临近，人们的普遍态度似乎仍然是"反正也改变不了什么"。敲诈勒索者仍然像顽强的野草一样蓬勃发展，私酒贩子、朗姆酒贩子和禁酒令问题也是如此。

但是，如果说这个国家对政治和政客的期望还是一如既往地低，对黑帮的统治还是一如既往地顺从，那么至少它对商业自由放任的满意度要比卡尔文—柯立芝时代低一些。1930—1931 年经济萧条时期的公众态度与以往经济萧条时期的公众态度形成了鲜明对比。站在肥皂台上的激进分子远没有"赤色恐慌"时期那么可怕。其中一个原因可能是，许多大公司的雇主尽可能维持工资水平、减少工时，而不再动不动就解雇员工；另一个原因是，在大牛市期间，无数潜在的激进分子从股票市场接受了保守的金融教育。然而，人们自然普遍认为，个人主义资本主义已经出了问题，必须加以纠正——现有的制度正将数百万家庭拖向饥饿和匮乏，怎么可能不纠正呢？

人们对苏联的社会实验产生了新的兴趣。1929 年夏天，苏联似乎和中国一样遥远；1931 年，随着街头面包断档，苏联的五年计划成为美国人热切讨论的话题。工业瘫痪持续的时间越长，人们就越迫切要求美国制定某种经济计划，以防止此类灾难再次发生，但同时又担心美国无能或腐败的官僚机构是否应该拥有这种权力。

随着柯立芝繁荣的发展，这种需求无疑会减弱，然而，不可避免地缓慢走向集体主义的趋势尽管在 20 世纪 20 年代被打断，但在大萧条之后有望再次缓慢恢复。尽管美国显然不喜欢国家社会主义的理念，但不可否认的是，经济体系已经过于复杂，机器生产过于强大，无法继续肆无忌惮地发展下去。最主要的困难或许在于，要找到足够聪明的人或团体，让他们知道如何使用缰绳，并有足够的说服力让他们继续控制缰绳。过去几年的经验并没有提供令人信服的证据，证明金融家或经济学家有能力诊断国家的商业状况，也没有证明情绪激动的公众有能力应对这种状况。然而，问题就在那里，在柯立芝繁荣盛世的时候，大多数美国人几乎做梦都没有想到这个问题。1931 年一个月又一个月地过去了，人们没有看到任何商业复兴的希望，这才是最重要、最紧迫的问题。

其中许多具体的变化迹象意义不明，有些可能是虚幻的。但不可否认的是，1931 年的美国与战后十年的美国已不可同日而语。新秩序正在取代旧秩序。

20 世纪 20 年代的轮廓很快就会模糊，成为历史记忆中的一个片段：那时收音机是令人兴奋的新奇事物，女孩们梳着波波头，穿着及膝的裙子，横跨大西洋的飞行者一夜之间成神，股票即将把所有人带入一个奢华的乌托邦。也许，战后希望的破灭、苦难时代令人痛心的幻灭感、油田丑闻、精神的麻痹、欢乐的残酷都会被遗忘，留在记忆中的只有美好时光……

20 世纪 30 年代会发生什么？

只有一件事可以肯定，那就是不会重复。时间的流速常常加倍，但它总能为自己开辟一条新的通道。

附录

资料来源和致谢

　　编写这部编年史，我大量借鉴了某些作家的著作，在此深表谢意。我不仅在第五章中，而且在其他地方也经常使用罗伯特·S.林德和海伦·梅雷尔·林德在《米德尔敦》一书中收集的异常丰富和精确的信息，该书是他们对美国一座城市的杰出的社会学研究，任何研究战后十年的历史学家都不可能忽视这座材料宝库。查尔斯·A.比尔德和玛丽·R.比尔德所著的《美国文明的兴起》一书的最后几章在很多方面都很有帮助，尤其是在我对于华盛顿会议及其前因后果的简短叙述。威廉·艾伦·怀特的《伍德罗·威尔逊传》以及他在《盛会中的面具》一书中对沃伦·G.哈定和卡尔文·柯立芝的详细描绘尤其有用，不仅因为该书中包含具体的信息，还因为书中对这三位总统做了富有启发性的解读。查尔斯·默茨的《禁酒十年》为我提供了许多关于禁酒令的事实和结论，他对禁酒令时期的描述非常公正，令人钦佩；我还从他的著作《福特崛起》和《伟大的美国货车》中汲取了其他事实。另外，我还经常使用《世界年鉴》（本卷中的许多统计数据都来自该年鉴）、《纽约时报索引》，以及纽约公共图书馆中的《纽约时报》档案。这类资料不可避免地要很大程度上依赖当代报纸和杂志的资料来源。报纸的价值不仅在于其对重要事件的新闻报道，还在于其广告专栏和图片栏目对当时的时尚、思想和总体氛围的描述。

第一章和第四章中关于无线电广播起源的叙述部分基于1928年4月21日西屋电气和制造公司副总裁H. P. 戴维斯在哈佛商学院发表的演讲。

在编写第二章"回归常态"时，我发现雷·斯坦纳德·贝克的《伍德罗·威尔逊与世界和解》一书特别有价值，因为它详尽地描述了威尔逊在巴黎和会中的经历。当然，我对贝克先生的研究结果与豪斯上校、兰辛国务卿等人的研究结果也进行了比较。艾伦·内文斯的《怀特传》披露了洛奇给亨利·怀特的秘密备忘录。对伍德罗·威尔逊生命最后时光的描述是根据1923年11月对他的一次个人访问整理而成的。

在第三章"赤色恐慌"中，关于帕尔默抓捕罢工者的许多事实都要归功于查菲的《言论自由》一书中的描述。1919年煤炭大罢工时，《新共和》封面引用了参议员胡斯廷的誓言。关于超级爱国者的大部分材料来自西德尼·霍华德1924年为《新共和》撰写的一系列文章。关于芝加哥种族骚乱的描述是基于查尔斯·S. 约翰逊的《芝加哥黑人》一书的仔细研究。关于华尔街爆炸的描述参考了西德尼·萨瑟兰1930年4月26日发表在《自由》上的一篇文章。

在第四章"美国康复"中所引用的有关萨科—范泽蒂案件的事实主要来自《纽约世界报》上的一系列当代新闻报道。

第五章"礼仪和道德革命"借鉴了前面提到的《米德尔敦》、保罗·H.尼斯特罗姆教授的《时尚经济学》、沃尔特·李普曼的《道德序言》和约瑟夫·伍德·克鲁奇的《现代的特征》。

撰写第六章"哈定与丑闻"时，我参考了怀特的《盛会中的面具》和比尔德的《美国文明的兴起》（如上所述），还借鉴了M. E. 雷维奇的《茶壶山的故事》（它生动记述了截至1924年油田丑闻的进展情况），以及布鲁斯·布莱文在《新共和》上发表的关于俄亥俄帮的系列文章。本章开头引用的哈里·M. 道格蒂的话是布莱文先生在《新共和》杂志上发表的一篇文章中编排和重新标注的。费城一家律师事务所的乔治·G. 钱德勒在石油丑闻的叙述方面给予了我宝贵的帮助。

第七章"柯立芝繁荣"很大程度上以斯图尔特・蔡斯的简明著作《繁荣：事实还是神话》中的事实和概括为基础，还引用了《最近的经济变化》中的大量数据。关于超级推销员和宗教与商业的章节包含杰西・雷恩斯福德・斯普拉格在《哈珀杂志》上发表的多篇文章中提供的大量材料。关于会所的一些资料，还要感谢查尔斯・W.弗格森，他在准备即将出版的《会员》一书时收集了这些资料；关于大学商业课程和商业方法的一些事实，来自亚伯拉罕・弗莱克斯纳的《大学：美国、英国和德国》。

第八章"喧嚣年代"的基本思路是从塞拉斯・本特的《喧嚣》一书得到的，我从该书中摘录了许多事实。关于这十年间宗教状况的统计数据来自 C.路德・弗莱的《为总统研究社会趋势而组织的宗教初步报告》。关于代顿审判的叙述大量参考了亚瑟・加菲尔德・海斯在《让自由之声响彻云霄》一书中的叙述。西蒙与舒斯特出版公司的理查德・F.西蒙为我提供了许多有关填字游戏热潮的资料，而《路易斯维尔信使日报》的前记者 W.B.米勒则向我讲述了弗洛伊德・柯林斯事件的第一手资料。

沃尔特・李普曼的《道德序言》和约瑟夫・伍德・克鲁奇的《现代的特征》对 20 世纪 20 年代的幻灭现象进行了出色的分析，在此特别致谢。

第十章"酒精与阿尔・卡彭"特别大量地使用了四个资料来源：查尔斯・默茨的《禁酒十年》《威克沙姆报告》，弗莱德・D.帕斯利的《阿尔・卡彭》，以及戈登・霍斯泰特和托马斯・比斯利的《敲诈勒索》。

第十一章"家，甜蜜的佛罗里达"中的许多数字和事件以及沃尔特・C.希尔的引文均来自霍默・B.范德布鲁在《土地和公共事业经济学杂志》中发表的两篇文章。在其他资料来源中，格特鲁德・马修斯・谢尔比发表在 1926 年 1 月《哈珀杂志》上的《佛罗里达狂热》尤为珍贵。纽约市办公空间的租金数据是当地一家大型金融机构的房地产官员提供给我的。

在第十三章"崩盘"中，我引用了 1930 年 6 月 10 日理查德・惠特尼在波士顿证券交易公司协会发表的题为"1929 年大恐慌中纽约证券交易所的工作"的演讲中列举的一些事实。

最后一章"余波"中引用的胡佛政府领导人的乐观言论，引自詹姆斯·特鲁斯洛·亚当斯发表在 1930 年 8 月《哈珀杂志》上的文章《总统的繁荣》。

这些只是书中所引用的无数资料中的一小部分，我把它们单独拿出来提及，是因为这些资料在正文中未被提及，而且有些资料对于本书极为重要。

我非常感谢众多朋友，他们或为我搜集资料，或抽出时间阅读并点评手稿的部分内容，尤其要感谢纽约公共图书馆的罗林·阿尔杰·索耶、阿瑟·贝斯、约翰·G.麦肯提、厄尔·贝利、C.艾莉森·斯卡利、迈拉·理查森、戈登·艾玛、阿格尼丝·罗杰斯·海德、斯图尔特·蔡斯、罗伯特·K.哈斯、阿瑟·C.霍尔登和艾米莉·林纳德·科布。特别感谢查尔斯·默茨，感谢他在一开始就鼓励我从事这项令人着迷的工作。最后，我必须感谢我的妻子多萝西·彭罗斯·艾伦，她在去世之前给予我帮助，我对她的感激之情不胜言表。

弗雷德里克·艾伦
写于纽约州斯卡斯代尔
1931 年 6 月

从大繁荣
到大萧条

SINCE YESTERDAY :
THE 1930S IN AMERICA

自　序

　　自从我在上卷中尝试讲述美国战后十年的生活故事以来，我就一直惦记着有朝一日能为 20 世纪 30 年代的这十年做一次类似的尝试。1938 年下半年，我开始着手这项计划，到 1939 年夏末，已经完成了四分之三，但当时我还不知道故事的结局是什么。欧洲战争的爆发提供了一个显而易见的结局，因为它结束了一个时代，也许就像 1929 年的大恐慌结束一个时代一样。巧合的是，英法两国政府对德宣战发生在 1929 年 9 月 3 日的十年后。这让我意识到，事件的发展过程为我提供了多么精确的编年史素材。

　　上卷的时间跨度是从 1918 年 11 月 11 日停战到 1929 年 10 月至 11 月的大恐慌，最后一章回顾了大恐慌之后的余波，并试图说明在大恐慌后的这段时期内美国的风气发生了怎样的变化。当下卷计划出版时，很明显有些重叠是必要的，因为大萧条年代的故事应该从大恐慌之前开始，并让人们对 1929—1932 年经济崩溃期间的情况有所了解。因此，我决定从研究 1929 年 9 月 3 日的情况开始，并在第二章中介绍大恐慌直至 1931 年春季的事件进程。不过，关于大恐慌的故事本身，我在本书中做了缩写，因为我在上卷中已经做了相当详细的讲述。

　　选材和突出重点一直是个难题，当一个人的写作内容离事件如此之近时，这个问题当然会加倍困难。在上卷中，我将礼仪和习俗、时尚和嬉笑怒骂，以及日常的生活环境描写得比较细致。在本卷中，我在某种程度上做了同样的事情，但做得还不够，因为这十年的美国故事的核心显然是巨大的经济和政治变革。相比于大萧条，美国生活的琐事似乎不那么重要了。未来的事件可能会让我对材料的选择和评价显得非常过时，因此，我只能希望我的错误判断可能具有某种自相矛盾的价值，因为它表明了在1939年人们很容易陷入的那种误区，即使人们有意识地想要做出公正的评价。

弗雷德里克·艾伦

第一章

序曲：1929 年 9 月 3 日

1929 年 9 月 3 日发生了什么？

我们要了解美国人在 20 世纪 30 年代的生活变化，就必须首先追忆这一时期开始之前的情况——也就是引发大萧条的恐慌之前的情况。要做到这一点，最便捷的方法或许是"穿越"回到 1929 年的某一天，看看当时发生了什么事情，听听人们的谈话，读读报纸、杂志和图书，留意人们心中的想法、假设和期望是什么——用今天的眼睛、耳朵和知识视角来做这一切。

我选择 1929 年 9 月 3 日作为起点，因为正是在这一天，大牛市达到了顶峰：道琼斯平均价格在很长时间里疯狂地上涨，创下了有史以来的最高纪录。20 世纪 20 年代的繁荣浪潮和投机浪潮达到顶峰与一泻千里的分界点，就是 1929 年 9 月 3 日那一天。

因此，让我们穿越回去，看看周围都发生了什么吧。

1929 年 9 月的第一个星期二，天气非常炎热。当然，并不是所有地方都是如此，在偏远的西部和南部，气温适中。但从缅因州的海岸到内布拉斯加州的麦田，太阳无情地炙烤着大地。

　　前一天是劳动节①。这一晚，随着长假的结束，通往美国大城市的郊区高速公路堵成了一锅粥，满载着被太阳灼伤、酷热难耐、心态焦灼的度假者和周末旅游者的汽车排成了无尽的长龙，在夜色中一寸一寸地向城市驶去。在新泽西州通往纽约的高速公路上，拥堵情况十分严重，以至于成千上万的人在数小时内无法抵达荷兰隧道，只好将车停在纽瓦克或霍博肯，然后乘坐地铁完成前往纽约的旅程。火车站也挤满了人，不仅有度假者和过周末的人，还有大批返城的露营者。劳动节的交通从未如此拥挤，劳动节旅行的集体不适感也从未如此强烈（当时还没有空调车）。

　　9月3日星期二早晨，你在一个闷热的夜晚之后起床，晨报上的天气预报并没有让你感到轻松。天气预报说："今天和明天天气晴朗而温暖。"纽约的气温高达34.6℃；芝加哥、底特律和堪萨斯城有32.2℃；圣路易斯是33.3℃；明尼阿波利斯有34.4℃；波士顿高达36.4℃。

　　早餐后，你来到街上。你在街上看到的男人与十年后的男人看起来并无太大区别，只是相比于往年，更多人穿上了硬领衬衣和马甲，很多人还戴了帽子。女人们的差异更明显。此时流行的身材是直上直下的——无胸、无腰、无臀；虽然你看到的女性中很少有人能接近这种理想身材，至少她们在朝此目标努力着。梅·韦斯特的身材曲线还没有在全美国范围内产生影响。腰围——如果可以称之为腰围的话——与臀围一样。裙子很短，只到膝盖以下六七厘米，比1939年的裙子还要短（新款晚礼服有露背和无袖款式，在脚踝处有镶边、褶裥或悬坠物，但裙子本身仍然很短）。每件连衣裙，甚至几乎每件毛衣都有V领。如果这不是夏天最热的一天，而是寒风凛冽的一天，你就会看到每个女人都使劲地抱着自己，以固定她那笔挺的紧身大衣。女帽是一种小头盔，紧紧地贴在头发上，包围着脸部，从侧面看去，几乎只能看到一只眼睛，一两绺头发装饰着脸颊和头盔。并不是所有的女性都留短发，但流行的发型是将头发梳在后面，然后向前拉过耳朵。

---

① 美国的劳动节是每年9月的第一个星期一。——译者注

上图：梅·韦斯特是当时知名的性感明星之一

左图：1929—1930年流行的女性着装

下图：1929年流行的短发样式

在大城市，你可能偶尔看到一两件露背装和几双露出的大长腿，因为晒黑热潮正处于时髦的巅峰。正如《女士家庭杂志》的广告所宣称的那样："今年是崇拜太阳的一年……全世界都在晒太阳。"不过，你得仔细观察才能发现染指甲的痕迹，这种风格尚未流行。

从你身边驶过的汽车棱角分明，没有一辆是流线型的。线条都是水平或垂直的，车顶是方形的，车尾上部几乎没有圆角，挡风玻璃是垂直或几乎垂直的，引擎盖也是直线型的。此时还没有尖的或圆的车头，没有倾斜的车尾，也没有通风口。

在任何一座大城市的中心地带，你走不了多远就会听到震耳欲聋的铆工的嘈杂声，因为尽管佛罗里达州的房地产繁荣在1926年就一蹶不振，郊区开发的热潮自1927年以来一直有些停滞，但公寓住宅建设和办公楼建设的热潮仍在如火如荼地进行。在柯立芝—胡佛繁荣的最后投机阶段，证券持有者和操纵者是主要受益者。你看到的高高耸立在街道上的钢梁框架，将成为一座豪华的合作公寓①；人行道上搭着脚手架，蒸汽铲车正在大肆挖掘的地方，将成为经纪人办公室、投资信托办公室和抵押债券推销员的新摩天大楼。

在纽约，他们正在拆除旧的华尔道夫—阿斯托里亚酒店，以建造一座摩天大楼，即帝国大厦。小约翰·D.洛克菲勒的建筑师们正在悄悄地为市中心的一个大型开发项目制定初步计划，他希望该项目能以一座新的歌剧院为中心（他还不知道歌剧院会拒绝进驻，他的巨额投资将不得不以无线电城的新形式出现）。克莱斯勒大厦和其他几座主要的摩天大楼仍在拔地而起。美国的大多数其他城市都在尽力模仿纽约的建筑模式，建造更高大、更雄心勃勃、更能表现投机金融时代的钢铁和石头纪念碑。

走着走着，一个男人吹着《雨中曲》的口哨从你身边经过，这首歌目前的流行程度可以与《异教徒情歌》和《流浪情人》相媲美。

这里有一家电影院在宣传阿尔·乔尔森主演的《用歌声说出来》；街对

---

① 合作公寓指住户拥有住宅的股份但没有所有权，所有权属于管理公司的公寓。——译者注

面的另一家电影院在宣传琼·克劳馥和罗德·拉罗克主演的《摩登女郎》；再往前走一点，就能看到罗纳德·科尔曼出演的《名媛双胞案》——这部影片被宣传为科尔曼先生的"第一部有声电影"，这一事实证明有声电影尚未完全统治电影市场。即使在大城市，仍有无声电影与有声电影之争。百老汇舞台的明星转向好莱坞发展已经有一段时间了，因为电影制片人正在寻找台词功底更强的演员，但电影制片厂仍在摸索这项新技术，影评人仍把"有声电影"看作一种趋炎附势的东西。当你的本地剧院顺应时代潮流安装了音响设备时，它们发出的声音有时确实非常美妙，但有时演员们的口齿不清令人啼笑皆非，在"无声片段"之后突然响起的歌声也常常令人错愕。正如吉尔伯特·塞尔德斯在《哈珀杂志》上发表的一篇文章中所说的那样："玻璃杯的叮当声、左轮手枪的枪声、踩在硬木地板上的脚步声以及洗牌的声音，听起来都差不多。"

不过，这种技术正在稳步改进。事实上，在这个工程技术突飞猛进、商业企业大刀阔斧的时代，有许多人都在猜测，有声电影是否很快就会被电视取代。塞尔德斯先生写道："在十二个月后——最迟十八个月——有声电影将不得不面对家庭有声放映机的竞争……这种设备目前还在完善之中，但再过一年，我们可能就能拥有这种简单而相对廉价的装置，它将在家庭收音机旁的小屏幕上播放从中央广播站发送过来的动态影像。"

如果你今晚在纽约，也许舞台剧比电影更符合你的口味。那部残酷的战争剧《旅程的终点》正在上演，如果你喜欢现在最畅销的小说《西线无战事》，你可能会更喜欢它。如果你喜欢尝鲜，可以去观看一部名为《甜蜜的艾德琳》的新音乐剧的首场演出，它体现了一种萌芽中的趋势，即渴望回到"淘气的 90 年代"的怀旧情绪。在这样一个炎热的夜晚，如果你想安静地坐在家里收听广播，你可以收听法达交响乐团、纯油乐队、惠特曼的老金乐队或自由管弦乐队。虽然广播综艺节目的技术尚未完善，你也无法收听到全球范围的广播，但以鲁迪·瓦利为首的歌手已经在广播中大显身手。一台收音机的平均价格仍然高达 135 美元，低价的小型收音机尚未上市。在这个繁荣的时代，尽管收音机体积大、价格高，但人们还是大量购买，目前已有大约 1200 万个美国家庭拥有收音机。

让我们再来看看报纸。它们可以帮助我们确定方向：明早的头条新闻
会对今天的事件作何评论？

1929 年 9 月 3 日最激动人心和最重要的事件，除热浪和纯粹的地方性
事件之外，就是英国首相的一次演讲、一场高尔夫球赛和两起航空事故。

英国首相拉姆斯·麦克唐纳在日内瓦国联大会上发表了演讲（是的，
1929 年的国联是国际关系中的一个重要因素，尽管它并不是决定性因素）。
麦克唐纳在讲话中宣布，英国和美国关于限制海军军备的谈判进展顺利，
即将达成全面协议。他希望不久后能访问美国，以推动这一协议的达成
（稍后他将和胡佛总统坐在瑞皮丹营地的一根原木上交谈）。

1929 年的这些军备谈判是上次战争之后、希特勒上台之前为达成和
平协议和国家利益而进行的长期斗争中的一个重要事件。德国是一个共和
国，也是国联的成员国；向德国收取赔款的"道威斯计划"即将被压迫性
较小的"杨计划"取代；欧洲大陆上最强大的国家法国仍然占领着莱茵地
区；日本尚未侵略中国东北，意大利也没有进入埃塞俄比亚；西班牙还没
有被内战撕裂；阿道夫·希特勒只是德国褐衫军中少数喧闹者的首领，很
少受到关注，大多数美国人还不知道他的名字。

可以肯定的是，局势非常紧张，民族情绪高涨。多年来，国际事务的
细心研究者一直断断续续地预测着一场大战的到来。此时此刻，苏联和中
国正面临着战争的严重威胁；墨索里尼正在做着帝国梦；巴勒斯坦发生了
阿拉伯人暴乱；甘地在印度给英国人制造了麻烦。但总的来说，1919 年在
凡尔赛划定的界线仍然有效，民主国家处于上风。

对大多数美国人来说，比拉姆斯·麦克唐纳的演讲更令人激动的是 9
月 3 日的另一个头版头条事件：在加利福尼亚圆石滩举行的美国业余高尔
夫球锦标赛，无与伦比的博比·琼斯在资格赛中与吉恩·霍曼斯并列第一。
琼斯是否会取得胜利，赢得他的第五个美国业余比赛冠军呢？他不会的，
明天他将被年轻的约翰尼·古德曼击败，而后者又将被十九岁的劳森·利
特尔击败。直到下一年，琼斯才有可能在一个赛季内包揽英国业余和公开

赛冠军，以及美国业余和公开赛冠军。与此同时，琼斯能否夺冠的问题牵动着全美国数百万人的心。多年来，有抱负的公司高管一直被灌输这样一种观念，即下午在高尔夫球场上度过的时光不仅是一种享受，也是一种有益的商务接洽。乡村俱乐部变得越来越豪华、越来越昂贵，会员们抵押的债券也越来越多。

在航空业的两起重大事件中，一起是胜利，另一起是灾难。胜利属于伟大的德国飞艇"格拉夫·齐柏林号"。9月3日傍晚，它已经完成了漂洋过海的旅程，西班牙小城镇的观察者们看到它在头顶上飘浮，它的舱室在天空中发出耀眼的光芒。格拉夫·齐柏林飞艇飞行的展示给人们留下了深刻的印象，以至于帝国大厦的设计师们准备在摩天大楼的顶部建造一根系泊桅杆；他们将于12月11日宣布他们的决定，并做出这样一个为时过早的预言："帝国大厦公司的董事们相信，在相对较短的时间内，齐柏林飞艇将开辟跨大西洋、跨大陆和跨太平洋航线，并有可能开辟一条从纽约港通往南美洲的航线。着眼于未来，我们决定建造这座停泊塔。"

与格拉夫·齐柏林飞艇的胜利形成鲜明对比的是9月3日的空难：一架横贯大陆航空运输公司的飞机在新墨西哥州的一场雷雨中坠毁，造成八人丧生。这是航空业的一次严重挫折。

人们可能会被"横贯大陆"一词误导。1929年美国东西海岸之间还没有航空客运服务。在夏季，由林白上校担任顾问的横贯大陆航空运输公司与宾夕法尼亚州和圣达菲铁路公司合作，开始了一项试验性服务：乘客乘坐过夜火车从纽约前往俄亥俄州的哥伦布市；白天从哥伦布市飞往俄克拉荷马州的韦诺克；再乘坐过夜火车前往新墨西哥州的克洛维斯；然后继续乘飞机前往洛杉矶。在报纸广告上，你可以看到好莱坞演员莱昂内尔·巴里摩尔从飞机上下来的身影，该飞机将纽约到洛杉矶的旅程缩短到破纪录的四十八小时。然而，航线运营的第一个夏天尚未结束，一架大型福特三旋翼飞机撞上了新墨西哥州的泰勒山。这场灾难对刚刚起步的航空运输业来说是一个沉重的打击。自林白于1927年飞往巴黎以来，空中冒险家们人胆地跨越了大洋，航空股票一路飙升，邮政部也成功地将邮件空运到美

1929 年 3 月 26 日，"格拉夫·齐柏林号"飞艇飞越耶路撒冷

阿尔弗雷德·E.史密斯（右）在 1929 年成为帝国大厦总裁

国各地，但美国的客运飞行仍处于危险和不确定的初级阶段。

1929 年 9 月 3 日的报纸还刊登了其他值得关注的内容。你会从这些报纸上了解到，在北卡罗来纳州的加斯托尼亚，已经选出了一个陪审团，对十六名罢工者和涉嫌杀害警察局长的嫌犯进行审判（是的，20 世纪 20 年代偶尔会发生激烈的劳资冲突，尽管工会力量薄弱，美国劳工联合会的会员人数减少，激进主义几乎可以忽略不计）。你会了解到，伯德司令——还不是海军上将——正在小亚美利加的皑皑白雪中等待飞越南极。你会发现，贝比·鲁斯仍然是棒球界的佼佼者，虽然他在 9 月 3 日没有打出全垒打，但他本赛季的全垒打纪录为四十个，而吉米·福克斯为三十一个，卢·盖里格为二十九个。比尔·蒂尔登有望赢得在森林山庄举行的业余网球锦标赛冠军（他将第七次夺冠），但他的霸主时代与鲍比·琼斯和贝比·鲁斯一样，不会持续太久（第七次夺冠将是他的最后一个冠军）。从报纸的社交专栏中，你可以了解到阿尔弗雷德·E. 史密斯已经远离纽约熙熙攘攘的人行道，成为时尚的南安普顿午餐会的座上宾。史密斯在 1928 年的美国大选中败给了赫伯特·胡佛，现在他正准备担任更"高"的职位——帝国大厦的总裁。

但是，1929 年 9 月 3 日被美国人铭记最久的事件，在报纸上根本找不到。今晚不会有任何头条新闻宣布大牛市已经达到高潮，因为没有任何头条新闻作者或其他人能够预见未来。财经记者肯定会很随意地评论说，看涨热情导致"股票市场连续创下新高"，因为这种事情太平常了，不会激发人们的热情。在 1929 年 9 月 3 日，美国人都没有意识到，美国正在跨越国家历史上的一大鸿沟。前方的道路一如既往地被迷雾遮蔽。美国人以为，前方肯定有更美的风景。然而，就在此时此刻，脚下的道路即将急转直下。

假设我们当天上午走进一家经纪人的办公室，会看到里面挤满了男男女女。每个座位都被占满了，男人们靠墙站着，午餐时间门口也会有密密麻麻的人，因为商人们在去吃午饭的路上会顺便来看看他们的财运如何。所有人的目光都集中在屏幕上，上面无休止地显示着各种字母和数字——

这是纽约证券交易所的销售记录。当天的交易量虽然在 1929 年不算惊人，但也很大：一天的总交易量将达到近 450 万股。在座的人中，大概有一半是用保证金购买股票的，在美国，大概有超过 100 万人是这样用借来的钱进行投机的，每个人都满怀希望地注视着市场价格的每日波动。所有这些投机性借贷的融资为股票市场吸纳了大量信贷。此时此刻，经纪人贷款——银行贷款和通过银行下属的商业公司的贷款——总额超过了 80 亿美元，然而，需求仍然远远超过供给，经纪人贷款的利率很快达到了 9%。

如果你能解读匆匆划过灯光屏幕的符号，请注意它们记录的价格。美国钢铁公司的价格上升到 261.75 美元；亚纳康达铜业公司的价格为 130.875 美元；美国电话电报公司的价格为 302 美元；通用电气公司的价格为 395 美元；通用汽车公司的价格为 71.875 美元；无线电公司最近将其股份一拆五，按新的基准报价为 99 美元（按旧的基准报价为 495 美元）。这些价格高得离谱吗？在座的大多数人并不如此认为。如今，只要是有产者聚集的地方——商务办公室、郊区俱乐部的汽车里、市中心的餐桌上、乡村俱乐部的更衣室里——你都会听到这样的话：这是一个新时代，蓝筹股的未来令人浮想联翩；只要在牛市里，怎么买都不会错。"那些新的投资信托基金快把最好的股票买光了，最好现在就买，趁你还能买得到。""价格太高？但看看蓝岭公司的最新股价吧！那些家伙知道他们在做什么。""昨天华尔街的一个大人物告诉我，他预计通用电气公司的股价会涨到 1000 美元。""我告诉你，想想公共事业的未来，电气债券与股份公司 183 美元的价格太便宜了。"

并不是只有在富人聚集的地方，人们才会听到关于市场的讨论。如今，看门人把积蓄投进了蒙哥马利·沃德公司的股票，牛仔们为美国制罐公司开立了保证金账户，护士们刚买了 200 股城市服务公司的股票。在晚宴上、在电车上、在通勤火车上、在加油站员工之间、在自动售货机旁吃午饭的记账员群体中，有关股票市场的话题不绝于耳。关于大赢家的故事，关于股票市场预测万无一失方法的猜想，关于帕卡德公司当前收益的八卦，构成了这个时代的谈话主旋律。

每个时代的青年知识分子都有叛逆的倾向。在 1929 年，他们会反抗金融资本主义的投机狂热吗？很少有人会这样做。如果说他们中的大多数人对美国企业和美国商人不屑一顾，那只是因为他们认为这些人庸俗不堪、唯利是图。1929 年，年轻知识分子的天堂不是莫斯科，而是法国巴黎的蒙巴纳斯街区；他们的上帝不是激进的经济学家或无产阶级反叛小说家，而是普鲁斯特、塞尚、荣格、门肯、海明威和 T. S. 艾略特。

在芝加哥，塞缪尔·英萨尔现在正处于事业的顶峰。他正看着英萨尔公用事业投资公司的股票——几个月前，他以每股不到 8 美元的价格购买的股票达到了每股 115 美元的高价。他正准备成立另一家超级大公司，并见证他赞助的公民歌剧院的第一个演出季。在克利夫兰，有识之士正把赌注押在那些铁路界的奇才范·斯韦林根兄弟身上，他们现在已经控制了六家铁路公司，并正在获得第七家铁路公司的控制权。在底特律，大银行家和汽车业高管们屈服于金融集中的流行热潮，正在讨论将密歇根州的几十家银行合并成一个庞大集团。在太平洋沿岸，A. P. 贾尼尼的美国银行是当前金融界的大鳄，似乎正准备吞并加利福尼亚的所有银行业务，甚至主宰美国银行业的大部分业务。查理·米切尔的纽约国家城市公司业务员正在向小银行推销南美公司债券，并向该银行行长推销亚钠康达铜业公司的股票。繁荣的乐观情绪无处不在。

嗯，也不是无处不在。美国的农民并不富裕：自 1921 年农产品价格暴跌以来，农场的日子几乎一直不好过。新英格兰地区的纺织城也不景气。在南方腹地和阿勒格尼山脉的高地，以及密歇根州北部的荒芜地区，人们的生活十分困苦。失业也是不争的事实。套用 F. C. 米尔斯在《美国的经济趋势》一书中的话来说，机器取代了人的工作，人在行业内的流动和跨行业流动使工作变得不那么稳定，尤其是年过花甲的人，一旦被取代，就很难再找到新的工作。男性就业的报酬往往很高，但机械的改进和工作节奏的加快使他们更难坚持下去。我们也必须承认，当我们使用"繁荣"一词时，其实我们使用的是与其相对的含义。根据布鲁金斯的估计，即使在 1929 年这个繁荣的年份，也有不少于 78% 的美国家庭收入低于 3000 美元或个人收入低于 1500 美元，大约有 40% 的家庭收入低于 1500 美元或个人收入低于 750 美元。美国并非世外桃源。然而，按照目前世界上其他地方的所有标准，以及按照人们记忆中美国的所有标准，美国平均幸福指数是很高的，在富裕阶层中，平均幸福指数更是耀眼夺目。

胡佛总统刚刚从瑞皮丹营地结束一周的行程，回到酷热难耐的华盛顿。这次会议的内容未做记录，但我们可以大胆猜测一下会议讨论的一些话题。话题可能是与英国的军备谈判，也可能是一些棘手的关税调整问题，还可能是中苏因中国东北铁路而爆发战争的危险。胡佛先生可能会咨询他的内阁，是否应该谴责那些让威廉·B. 希勒作为"观察员"参加日内瓦军备会议的造船公司，据推测，这些公司的目的是阻碍海军的裁减（他将在三天后谴责这些公司）。会议上还可能涉及与禁酒令、农场救助和墨西哥政策有关的棘手问题。今天，那些聚集在白宫办公室长桌旁的人是否会把注意力转移到能否保持繁荣的问题上呢？有可能，但可能性不大。

与人们的印象不同，赫伯特·胡佛并不认为股票市场的过度投机是一种快乐而健康的现象。相反，他一直支持联邦储备委员会为遏制信贷流向投机而做出的徒劳无功的努力，他也对股价崩溃可能造成的后果忧心忡忡。但是，到了这个时候，经济泡沫已经完全无法控制，除非采取一些严厉的措施，而这些措施本身也可能会带来崩溃。除此之外，经济的天空似乎是晴朗的。不可否认，商业正在蓬勃发展。也许投机风暴会自行消散，一切都会好起来。如今，繁荣已被视为理所当然，忙碌的人们的办公桌上堆满了亟待解决的问题，他们不会因为争论繁荣何时以及如何走向终结而徒增烦恼。

此外，在 1929 年，维持经济繁荣一般不被视为总统的责任。当晚，《纽约先驱论坛报》将对胡佛上任后的头六个月发表一篇赞誉性的评论，而在这篇评论中，没有一个字提到股市，也没有丝毫内容暗示维持总体经济稳定是政府的事情。当然，在每一次政治选举中，执政党都会例行公事般把所有的功劳归于自己，而在野的政党则会抨击一切艰难困苦都是执政党造成的。但是，人们对政府每个月在国民经济发展方面的最大期望是，政府的税收、监管、补贴等政策应尽可能地对商业有所帮助而不是有所损害，尤其是对那些能够把自己的愿望写入法律的利益团体有所帮助。否则，政府就应该袖手旁观。只要经济机制能自动运行，公民们就不会指望华盛顿的政治首脑来指导经济，而是指望华尔街的金融首脑。繁荣的设计师和守护者不是赫伯特·胡佛和他的内阁，而是银行家、实业家和控股公司的老板。

但是，如果说维持繁荣还不算是当前的问题，那么禁酒令显然就是了。第十八修正案已全面生效，私酒贩子和朗姆酒贩子也已经火力全开。阿尔·卡彭因携带手枪而在费城服刑一年，但他很快就会出狱；与此同时，他的芝加哥黑帮和其他城市的类似黑帮组织正在火并，伤人无数。很少有人相信能够废除第十八修正案。任何一个精通政治的学者都会告诉你，几个禁酒州就可以无限期地拖延下去。于是，道德家们只好将犯罪盛行归咎于地下酒吧的恶劣影响。

如果你今天下午在纽约市中心漫步，你可能会注意到一些衣着光鲜的男男女女从台阶上走下，来到某些褐石房屋的地下室入口。他们不是来拜访厨师的，而是准备进入一家地下酒吧。他们耐心地站在门口，直到里面的"托尼"或"米诺"透过小铁窗打量他们一番后打开门。城里人的钱包里都装着一些地下酒吧的卡片，证明自己是这家或那家"俱乐部"的会员，以防万一他想去某个地方喝酒，而那里的人不认识他。

胡佛总统已经任命了一个委员会来研究整个执法和犯罪问题。就在当天，委员会主席乔治·W. 威克沙姆正在从纽约开往华盛顿的火车上，研究下一天会议的议程。禁酒只是该委员会要调查的议题之一，事实上，虽然明天的会议记录将有五页纸，但只有两行文字涉及禁酒令。但对普通公众来说，除了禁酒令，委员会计划中的其他内容都不重要，因为禁酒问题是美国政治中最热门的问题。

在历史的洪流中，一些潮流随时都在减弱，而另一些潮流则在增强。有的故事逐渐偃旗息鼓，大众的兴奋浪潮正在消退，人们正在步入职业生涯的暮年；有的故事则正在开始，未来的事件正在悄然准备，默默无闻的名字很快就会出现在每个人的嘴边。

在 1929 年 9 月的这一天，墨西哥战争最后一位幸存的老兵奄奄一息……前总统威廉·霍华德·塔夫脱现任最高法院首席大法官，他的健康状况每况愈下，只剩下几个月的生命……托马斯·爱迪生作为发明家的成就已经过时，因为他已经八十三岁了。在这个炎热的日子里，他正从肺炎发作中恢复过来，但还是在椅子上坐了起来，并宣布他希望在几周后前往迪尔伯恩，庆祝他发明白炽灯五十周年。卡尔文·柯立芝的毕生心血也已付诸东流。1928 年 3 月，他离开白宫，搬到北安普顿马萨索伊特街的一间简易复式公寓，那里的月租金是 36 美元。虽然据说自 3 月 4 日以来，他在杂志上撰写文章赚了 10 万美元，但他仍然使用二楼的一间小办公室，里面有一张桌子、两把椅子和一个装满旧法律类图书的书柜。这些日子，他的生活很平静，太平静了，曾经的喧嚣都已远去……当天的新闻中出现了柯立芝政府之前的油田丑闻的最新进展：哈里·F. 辛克莱尔因在油田丑闻调查期间蔑视参议院而在哥伦比亚特区监狱服刑，作为监狱医生的"药剂助理"，他被禁止离开监狱外出办事。

有人说，即将发生的事件会对人们产生重大的影响，但人们并不知道这一点。在老朋友艾尔·史密斯的紧急邀请下，富兰克林·罗斯福参加了上年的州长竞选并当选为纽约州州长。1929 年 9 月 3 日，他正在等待"社区如何购买电力"这项调查的结果——是从私营公用事业公司还是从市政发电厂？这个问题似乎具有预言性，但对于没有预言天赋的凡人来说，似乎并不特别重要。那些将公用事业股票价格推高到喜马拉雅山高度的人并没有受到很大的干扰，因为在奥尔巴尼的任何人都会告诉你，罗斯福只是在收集他认为需要的信息，以便执行艾尔·史密斯的电力政策。

如果仔细阅读自由派的周刊，你会发现其中不时提到那个独裁的反动分子、美国劳工联合会的顽固领袖约翰·刘易斯……底特律郊外皇家橡树镇的考夫林神父，在播放他布道的唯一一家广播电台的广播范围内很有名，但在广播范围之外几乎无人知晓……在加利福尼亚长滩，有一位名叫弗朗西斯·E. 汤森的老年执业医师，除了他的病人和私人朋友，几乎无人

1929 年拍摄的一张照片，从左至右分别是：亨利·福特、托马斯·爱迪生和哈维·凡士通（凡士通建筑公司创始人）

认识，汤森养老金计划还很遥远 [①]……休伊·朗正在度过路易斯安那州州长任期中最风雨飘摇的时期，但北方人对他还鲜有耳闻……那些习惯于坐在格林威治村的地下酒馆里，偶尔听年轻的工程师霍华德·斯科特阐述他奇特经济理论的人，如果被告知四年之后"技术专家治国"将成为美国的热门话题，一定会大吃一惊 [②]。

广播公司每周休息一天，因此在 9 月 3 日，《阿莫斯与安迪》在美国国家广播公司播出两个星期后，弗里曼·F. 戈斯登和查尔斯·J. 科雷尔将得以休息。再过两个月，他们的节目将从傍晚时段改为东部标准时间晚上 7 点，一年之后，他们的节目将大受欢迎，届时，在美国城市的大街小巷，都会听到一扇又一扇敞开的窗户里传出他们俩的声音。他们知道自己的未来会是怎样吗？田纳西州瞭望山的加纳特·卡特今天正登上开往迈阿密的火车，准备在佛罗里达州建造第一个迷你高尔夫球场，他是否梦想着到第二年夏天，迷你高尔夫球场将如雨后春笋般出现在全美的每一条高速公路旁？沃尔特·迪士尼在经历了多年的逆境之后，终于为他的米老鼠电影找到了观众，并刚刚推出了他的第一部《傻子交响曲》，他是否预见到自己作为《三只小猪》和《白雪公主》的创作者将名利双收？

纽约州卡泽诺维亚的天气开始转热，一位名叫赫维·艾伦的年轻作家坐下来，开始创作一部巨著的第二章，这部三卷本小说《安东尼的逆境》将在四年之后出版；在纽约的约翰·戴出版社，编辑们正在决定出版一部名为《东风西风》的小说，这部小说已经被许多出版商拒绝，作者甚至懒得告诉她的经纪人，她已经离开中国前往美国访问。在她的脑海中，另一部小说正在成形，谁能猜到这本尚未写成的书《大地》会为赛珍珠赢得诺

---

① 他在 1933 年提出了一项养老金计划，提议为六十岁以上的老人每月提供两百美元，并要求其在规定期限内用完。这项计划很受民众欢迎，美国国会在构建社会保障体系时受到了一些影响。——译者注

② 霍华德·斯科特（1890—1970）是美国技术主义运动的创始人，他主张建立一个由技术专家领导的社会，他们的决策会更加合理，社会的生产力也会大幅提高。——译者注

作家赛珍珠在 1932 年的照片

贝尔文学奖？谁又能猜到加利福尼亚奥克兰一个满脸雀斑的十四岁男孩唐纳德·巴吉会成为未来的世界网球冠军呢？毕竟他从十一岁起就再也没有碰过球拍；马萨诸塞州阿什伯纳姆库欣学院的应届毕业生都记得他们的同学露丝·伊丽莎白·戴维斯，但不知道她会去好莱坞，在 1930 年开始她的银幕生涯（后来更名为贝蒂·戴维斯）；在中西部的某个城市，如果你今晚走进奥芬杂耍巡回演出的剧院，你可能会被一个名叫埃德加·伯根的年轻口技演员对着一个他称之为查理·麦卡锡的假人说话逗乐；如果你在纽约，炎热的天气驱使你去屋顶花园过夜，而你又碰巧选择了中央公园酒店，你可能会欣赏到乐队中一位二十岁的单簧管演奏家的出色表演，但他的名字本尼·古德曼对你来说非常陌生，有人（包括他自己）会认为他是未来的摇摆乐之王吗？

在 1929 年，凡是密切关注报纸的人，都能一眼认出坎农主教、女演员"得克萨斯"·圭南、海夫林参议员、纽约市市长吉米·沃克、齐柏林飞艇公司经理雨果·埃克纳、黑帮头目莱格斯·戴蒙德、执行禁酒令的司法部长助理梅布尔·沃克·维尔布兰特、原住民裔的副总统多利·甘恩。但是，即使是以知道公众人物名字而自豪的当地报纸编辑，要想认出休·约翰逊将军（将成为罗斯福总统的演讲撰稿人）、艾尔夫·兰登（将与罗斯福竞选总统）、哈里·霍普金斯（罗斯福总统时期的商务部长）、托马斯·杜威或埃莉诺·罗斯福，恐怕也得翻阅参考书。在任何参考书中，他都找不到乔·路易斯（未来的重量级拳王）、布鲁诺·理查德·豪普特曼（林白之子绑架案的凶手）、罗伯特·泰勒（未来的偶像明星）、公共事业振兴署或罗斯福新政。

在整个美国，此时还没有流线型火车，没有公开合法经营的酒吧，也没有靠联邦救济金生活的人。秀兰·邓波儿还是一个不到五个月大的婴儿，迪翁五胞胎还未出生。

大萧条也尚未出现。事实上，如果你在 1929 年 9 月 3 日刺眼的阳光下对那些人说，两个月后他们将目睹美国历史上最严重的金融恐慌，并将迎来一场旷日持久、令人绝望的经济危机，他们会把你看作疯子。

第二章

繁荣退场

1929 年 9 月 3 日之后，股价急剧下跌，再次飙升，再次下跌，但没有再次回升。随着 9 月的结束，股价越跌越低。

尽管如此，起初人们心里并没有多少不安。在前两年的大牛市中，曾多次出现过持续数天的暴跌，数以千计的投机者出局，但价格还是会恢复，并攀上了新的高峰。为什么现在要担心呢？为什么不抄底呢？于是，之前大赚一笔的保证金股民又纷纷涌入，把他们之前的赢利押在美国钢铁公司会从 230 美元回升到 260 美元，或者通用电气公司会从 370 美元回升到 395 美元甚至更高的价格上。与此同时，金融预言家们的大合唱比以往任何时候都更加响亮，他们向所有人保证，一切都没有问题，价格只是暂时受挫。

然而，市场仍然萎靡不振。外国资金不断撤出，部分原因是英国哈特里的投机泡沫破灭[1]，部分原因可能是纽约的投机活动让欧洲投资者感受到

---

[1] 克拉伦斯·哈特里（1888—1965）创办的哈特里集团的业务横跨金融、投资、零售等多个领域，1929 年 9 月因其金融欺诈行为被曝光，整个集团轰然倒塌。该事件被认为是导致华尔街崩盘的其中一个因素。——译者注

危险，产生顾虑。一些美国投资者也在谨慎地撤出，因为他们注意到工业生产量正在一点点下降。随着股价的下跌，缺乏保证金的股民也被迫抛售股票。10月份股市继续下跌，没有出现明显的复苏，尽管市场还存在"一切正常"的呼声，但更多人感受到一种不确定、紧迫，甚至咄咄逼人的气息。跌势变得更加迅猛，当然，这一定是底部，是最后的抄底机会——或者，这是末日的开始？

10月19日星期六的短盘交易很糟糕，奥本汽车公司和凯斯机械设备公司等波动较大的股票在两个小时的交易中分别下跌了25美元和40美元，甚至通用电气公司也下跌了9.25美元。10月21日星期一的情况更糟，因为此时越来越多的交易者已经到了山穷水尽的地步，被迫抛售所有股票，因此交易量达到了600万股。周二的情况要好一些：国家城市银行的查尔斯·E.米切尔从欧洲归来，显得信心十足。但到了周三，风暴再次爆发，损失空前惨重：亚当斯特快货运公司当天跌了96美元，奥本公司跌了77美元，西屋公司跌了25美元。当天晚报的股票市场版面上，"净变"①一栏下的负数排列得令人吃惊：–6.5、–3、–14.385、–7、–2.5、–16.25、–12，等等。此时，由于卖出量太大，股价收报机远远落后于实时价格。下午3点钟，当交易所收盘时，美国各地经纪人办公室的屏幕上显示的数字是1点16分——也就是1小时44分钟之前——的交易价格！

10月24日星期四……

那个星期四上午，卖盘像洪水一般汹涌而至。其中有多少是卖空，我们永远不会知道，因为没有对总数进行统计记录，但卖空数量显然不是很大。当然，其中有些是恐慌性的抛售，人们已经惊恐地发现，几个星期和几个月的累积收益可以在几个小时内一扫而空。但即使在周四的第一个小时，大部分卖盘肯定也是被迫卖出。在这样一个充斥着信贷的市场中，股票赌徒的保证金因市场价格下跌而耗尽，导致股票被自动卖出，这种精心设计的系统成了压垮股价的稻草。成百上千的卖单蜂拥而至，但似乎没有

---

① 指当日收盘价与前一日收盘价的差额。——译者注

1929 年 10 月 24 日"黑色星期四"，
纽约证券交易所外挤满了恐慌的人

人愿意买进。随着价格的下跌，证券交易所里哀嚎的经纪人开始争先恐后地卖出股票。大恐慌开始了。

到了当天中午，各地经纪人办公室里的男男女女都沮丧地看到了记录着令人难以置信的价格的股价收报机，并且发现，它远远滞后于市场，根本无法从中看清华尔街风暴中实际发生的事情。交易所里，蒙哥马利·沃德公司从 83 美元跌到了 50 美元，无线电公司从 68.75 美元跌到了 44.5 美元，甚至美国钢铁公司也从 205.5 美元跌到了 193.5 美元。

大银行家们来救场了。中午刚过几分钟，他们中的五位——J. P. 摩根公司的拉蒙特先生、国家城市银行的米切尔先生、担保信托公司的波特先生、大通国民银行的威金先生和银行家信托公司的普罗瑟先生——在摩根大厦会面，组建了一个支撑股价的资金池。金融界对他们的智慧和能力信心十足，甚至在他们做出任何决定之前，开会的消息一传出，股价就稳定和回升了。华尔街之神仍然可以让暴风雨停止。

当晚 7 点 8 分，夜幕降临，经纪人办公室的窗外漆黑一片，交易所大厅里的股价收报机终于停下。近 1300 万股股票易手。一整天都有疯狂的传言：交易所关闭，纽约出动了军队，十一名投机者自杀。毫无疑问，这是一场恐慌。但人们希望，银行家们挽救了这一天。

又过了两天，市场仍在苦苦挣扎，一直没有企稳，而华尔街的灯光彻夜通明，经纪公司的办事员们在努力整理记录，要求增加保证金的电报成百上千地发出。然后，崩盘又开始了。这一次，银行家们即使想阻止也不可能了。他们所做的只是为那些无人购买的股票出价，让股市的溃败显得更有秩序一些。

10 月 29 日星期二，股市交易量达到高潮。据官方统计，当天的成交量为 1641 万股，但没有人知道在大呼小叫的争相抛售中，有多少抛售没有记录在案。有人认为，真实的成交量可能达到 2000 万股，甚至 2500 万股。大牛市中的弄潮儿——包括大户和散户、内部人和局外人、昔日的百万富翁和他的司机、叱咤风云的资金管理员和他的小跟班、持有 2000股股票的董事长和持有 10 股股票的助理簿记员、银行行长和他的速记员——都被一扫而空。以下是当日个股的一些跌幅——请记住，这些跌幅都是在之前长期连续下跌的基础上出现的：美国电话电报公司和通用电气公司，各跌 28 美元；西屋公司，19 美元；联合化工公司，35 美元；北美公司，27.5 美元；奥本公司，60 美元；哥伦布碳业公司，38.75 美元。

11 月 2 日出版的《商业与金融纪事报》清醒地指出："本周见证了有史以来最大的股市灾难。"

有人站了出来。老约翰·D. 洛克菲勒宣布他和他的儿子正在购买普通股；两家大公司也宣布额外分红，以表示信心；纽约证券交易所宣布休市，并缩短了交易时间，让憔悴的经纪人和不眠不休的职员们有机会从堆积如山的工作中解脱出来。但是，股价仍在下跌、再下跌。日复一日，下跌仍在继续。直到 11 月 13 日，价格才终于跌至 1929 年的谷底。

股市的灾难可以用一个数据来概括。在短短几周内，300 亿美元化为乌有——这个数字几乎相当于美国参加对德战争的全部费用，几乎是全部国债的两倍。

胡佛总统开始采取行动。他说服梅隆部长宣布，即将召开的国会会提议削减个人和企业所得税。他召集大银行家和实业家、铁路和公共事业管理者、劳工领袖和农场领袖等团体到华盛顿，并做出保证：资金支持将继续下去，工时工资不会削减，除了谈判中的工资要求，不会再要求企业增加工资支出。他敦促各州州长和市长尽量增加公共工程，并将联邦公共建筑开支增加近 5 亿美元（这在当时看来是相当大的政府开支）。胡佛和他的同僚们一有机会就开始宣称经济状况"基本良好"，预测春季商业会复苏，坚持认为没有什么可担心的。

于是，银行家、经纪人、投资者、商人以及普通市民都松了口气，对新的形势进行了评估。他们表面上信心十足，实际上却忧心忡忡。当然，一切看起来都很好。报纸和杂志上的广告散发着欢快的气息："华尔街可能会出售股票，但老百姓仍在购买商品。""好了，先生，既然已经痊愈，那就去工作吧。"就在恐慌后不久的那些日子里，一首新歌《快乐的日子又来了》迅速流行起来——这首歌发布于 1929 年 11 月 7 日，当时股价仍在下跌。

但是，仅仅宣称只有许多赌徒输了钱，荒谬的价格结构得到了有益的平抑是没有用的。因为，无论是百万富翁还是普通职员，个人的损失都会立即产生影响。人们开始节省开支。事实上，在恐慌最严重的日子里，一些企业几乎陷于停顿，因为买方在等待危机自行解除。如果说暴跌的主要直接受害者是富人而不是穷人（那年秋天从窗户上跳下去的不是铁匠和佃农，而是经纪人和推销员），那么随着穷人被解雇，麻烦也迅速蔓延开来。珠宝店、高价服装店和其他奢侈品店发现生意不景气，纷纷辞退闲散员工；忧心忡忡的管理人员决定推迟扩建工厂，或放弃那些无利可图的部门，或减少生产，等待销售前景更加明朗那一天。很快，不确定性和裁员的涟漪扩大了，失业潮蔓延开来。

其次，投资价值的崩溃在无数个环节上破坏了国家的信用体系，危及贷款、抵押和公司结构，而就在几周前，这些似乎还像基石一样安全。美联储官员向胡佛报告说："可能需要几个月的时间才能完成调整。"更为严重的是，大牛市的崩溃使通货膨胀的强大风箱失去了作用——国民经济出现各种问题时，通货膨胀的风箱是保持工业运转的重要手段，比如通过不断向经济血液（投机热潮）中注入新的资金，这种手段为柯立芝—胡佛时期的繁荣续命了很长时间。

最后，大恐慌给美国资本主义生活的美满幻想带来了第一次冲击。就像一个健康状况良好的人第一次患上急性病一样，美国商人突然意识到自己也可能成为经济危机的猎物。这种冲击不仅限于美国。在全世界范围内，美国表面上无与伦比的繁荣成为政治民主和经济金融资本主义优势的广告。在整个欧洲，各国都背负着战争债务，为财政预算而挣扎，为各自无法扩大贸易份额而相互咆哮。人们看着来自美国的新闻，心想："现在，也许，就连那里也要完蛋了。"

但是，如果说在1929—1930年的冬天，商业受到了恐慌的严重冲击，对政府为其开出的药方反应迟钝的话，那么股票市场则更容易站稳脚跟。于是，老调重弹又开始了。那些还有一定资金的股票交易商又开始推高股票价。投机者，无论大小，都深信他们所遭遇的不过是商业周期的衰退，底部已经过去，繁荣的马车正在重新起步，每个人都跃跃欲试，以挽回损失。价格一跃而起，交易量变得与 1929 年一样大，小牛市开始了。股民对合并、联合和控股公司的狂热再次显现，忘了这种狂热曾在 20 世纪 20 年代激怒了粗犷的个人主义者。范·斯韦林格家族完成了对密苏里太平洋木材公司的收购；航空业和许多其他行业的合并进程重新开始；纽约大通国民银行吞并了两个竞争对手，成为世界上最大的银行；投资推销员向傻瓜们推销了价值 5 亿美元的最新投资产品——固定投资信托股份。这些股份将可用来购买最好的股票（截至 1930 年），持有这些股票可以让他们苦尽甘来。

有谁注意到，合并企业的热情超过了扩大企业或创办企业的热情？用当时最流行的一句话来说，每个人都以为"繁荣指日可待"。

但是，新的繁荣并没有到来，小牛市只是回光返照而已。美国钢铁公司股价为 198.75 美元，美国电话电报公司股价为 274.25 美元，通用汽车公司股价为 103.625 美元，通用电气公司股价为 95.375 美元，新泽西标准石油公司股价为 84 美元……那又怎样呢？即使在小牛市的鼎盛时期，街头巷尾也出现了排队领取面包的现象。1930 年 3 月，纽约州工业专员弗朗西斯·珀金斯小姐宣称，失业率比纽约州自 1914 年开始收集数据以来的所有情况都要糟糕。在一些城市，成百上千的失业者组成可悲的游行队伍，却遭到警察的野蛮镇压。4 月，商业指数再次下滑，股市也是如此。5 月和 6 月，市场严重衰退。胡佛强颜欢笑，宣布"我们现在已经度过了最困难的时期，只要继续团结一致，经济就会迅速复苏"，并预言商业到秋季就会恢复正常。但是美国商业却又一次开始了漫长的、令人心碎的衰退。

然而，此时人们并不相信经济大萧条已经到来，特别是富裕阶层中，1930 年很少有人觉得大难临头。他们中的许多人在大恐慌中遭受了严重损失，但他们试图一笑置之，对坊间流传的关于经纪人和投机者的笑话嗤之以鼻（"你听说过那个家伙吗？他订了一个旅馆房间，店员问他是想睡觉

317

还是想跳楼?"没有,但我听说有两个人手牵手跳楼了,因为他们开的是联名账户!")。随着 1930 年的到来,他们意识到经济大萧条使生意变得不温不火和不稳定,并对证券价格造成了可怕的影响。对于中西部小城的商人来说,直到 1932 年,"他们主要是在报纸上了解大萧条的"——尽管在 1930 年,该城每四名工厂工人中就有一人失业。在全美国范围内,几乎所有的高管职位都没有变动,奖金几乎和 1929 年一样多,很少有人猜到这场经济风暴会持续多长时间。许多高收入阶层的人尚未发现失业的明显迹象,直到 1930 年秋天,国际苹果承运商协会在苹果供过于求的情况下,想出了一个好主意,以批发价将苹果赊销给失业者,由他们以每件 5 美分的价格转售出去。

1930 年 1 月,美国经济联盟就他们认为的"1930 年美国最重要的问题"进行了民意调查,结果显示以下问题排在前列:1. 执法监督;2. 禁酒令;3. 不遵守、不尊重法律;4. 犯罪;5. 执法实施;6. 世界和平。他们把失业问题排在第十八位!甚至在 1931 年 1 月,"失业、经济稳定"也只上升到第四位,排在"禁酒令""执法监督"和"不遵守法律"之后。

这些民意调查不仅表明,美国"最优秀的公民"对 1930 年的经济问题反应有多么迟钝,以及他们多么容易以"道德反应"来应对公共事务,也表明公众对禁酒令的形同虚设、非法酒类贩运、罪犯和勒索者之间的明显联系有多么无知。

当然,人们比以往任何时候都更普遍、更公开地蔑视禁酒令,即使在以前相对支持禁酒令的清教徒社区也是如此。正如一位商人所说的那样:"1927 年和 1928 年,这里的饮酒量明显增加,到了 1930 年更加严重,而且越来越公开。随着经济大萧条的到来,公共道德似乎崩溃了。我不知道是不是因为经济大萧条,但在 1929—1930 年的冬天和 1930—1931 年,这里的酒馆都很繁荣。酗酒的人很多,人们在浴缸里举行杜松子酒派对。妇女酗酒和醉酒的现象大增。"1930 年秋天,在华盛顿,一名私酒贩子被发现在参议院办公大楼的僻静处贩卖私酒。在纽约,到 1931 年,禁酒令的执法已经被群嘲,想喝酒的人不再只是去地下酒吧或打电话给私酒贩子;

禁酒令时期，很多私酒贩子用这种双桅船走私朗姆酒

执法人员将查获的私酒倒入下水道

有一些"酒水和饮料商店"开始公开售卖，只是不在橱窗里公开展示酒瓶而已（展示的是一排排石膏小雕像），巡警也丝毫不以为意。到了1930—1931年的冬天，从纽约出发的轮船公司又为那些寻欢作乐的人开发了一个新创意项目——周末坐船到12海里界线外巡游，其中有些巡游除"公海可以自由喝酒"之外根本没有其他目的。

每一条黑帮新闻——《芝加哥论坛报》的双面记者杰克·林格尔被杀；纽约发生了一场黑帮战争；纽约私酒贩子发生火并；"双枪"克劳利（一个模仿黑帮作风的年轻人）在纽约上西区藏身的房子里被警方抓获；阿尔·卡彭从宾夕法尼亚州的监狱获得假释，尽管人们都知道他一直是芝加哥有组织犯罪的首领，但他仍然逍遥法外——每一条这样的新闻都在提醒公众，歹徒们无法无天，而为他们提供最可靠收入的正是啤酒和"蒸煮酒"。传教士、毕业典礼演说家和餐后演讲者都对"犯罪浪潮"作出了抨击。纽约地方检察官克莱恩说，勒索者"涉足从摇篮到坟墓——从婴儿牛奶到殡葬车——的所有行业"；胡佛总统说，打击敲诈勒索所需要的不是新的法律，而是严格执行现有的法律。

与此同时，反对禁酒令的情绪明显高涨。1930年初，《文学文摘》对近500万人进行了一次关于第十八修正案和《全国禁酒法》的调查，只有30.5%的人赞成继续严格执行，29%的人赞成修改，40.5%的人赞成废除。南方卫理公会的小詹姆斯·坎农主教曾是最积极的禁酒领袖之一，他被发现在纽约一家投机商的支持下在股票市场上投机，这让反对禁酒的人们欢欣鼓舞，因为他的行为显然无助于正直执法的事业。

也许威克沙姆委员会在结束对执法问题的长期调研之后，会给这一混乱局面带来一束清晰的光线。1931年1月19日，该委员会就禁酒问题提交了报告，但混乱局面因此变得更加严重。首先，威克沙姆报告的正文包含明确而令人信服的证据，证明禁酒令行不通；其次，委员会的十一名成员分别得出了十一项结论，其中两项总体上主张废除，四项主张修改，五项主张进一步试行禁酒令；最后，委员会作为一个整体，矛盾地表示支持进一步试验。

面对纷繁复杂的分歧和矛盾，困惑的市民只能确定一件事：调研已经变成了一场闹剧，令人头疼的禁酒问题依然存在。

还有很多其他娱乐活动可以让人们忘却大萧条。比如，迷你高尔夫球的兴起就拉动了 1.25 亿美元的投资。人们一直在说，国家需要的是一个新的产业，现在，这个产业出现了，尽管有些拙劣。1929—1930 年冬天，加纳特·卡特在佛罗里达州发起的微型高尔夫运动取得了轰动性的成功，到了夏天，成千上万的美国人把他们的轿车停在 2000 平方米的路边球场上，沿着棉籽绿化带，穿过木路障上的小鼠洞，越过小桥，认真地击打高尔夫球。而这些新游乐场的经营者听着收银机发出的叮当声，乐得合不拢嘴，并决定在 1931 年再接再厉：租下路对面的场地，建立一个高尔夫练习场，配备一桶桶高尔夫球，招募一群当地男孩做球童。

鲍比·琼斯在高尔夫球比赛中取得了四连冠——英国和美国的业余及公开赛冠军——这比 1930 年其他任何个人的体育成绩都更能引起人们的关注。飞行家们仍能引起轰动：林白是美国飞行员中的白马王子，他开辟了通往巴拿马运河区的空中邮路（不久之后，林白成为一位父亲，而他的儿子注定要以悲剧收场）；1930 年 9 月，科斯特斯和贝隆特驾驶"问号号"飞机在巴黎起飞，在长岛着陆，首次成功实现了横跨大西洋的西向点对点飞行。

"坐杆"仍是一种非常奇妙的流行病，成千上万的男孩不分昼夜地在杆上栖息，希望"创造新纪录"，偶尔也会发生一些不幸事件：沃斯堡的一个男孩睡着了，直接摔到地上，断了两根肋骨；尼亚加拉瀑布的一棵树的主人要求把树枝上的男孩移走，男孩的朋友们从另一棵树上砍下一根树枝，把他抬到一个新的栖息地，让他继续"守望"；新罕布什尔州曼彻斯特市的一个男孩坚持了很长时间，直到一道闪电把他击落。20 世纪 20 年代后半期，"坐杆"和"舞蹈马拉松"都相当狂热。

随着 1930—1931 年冬季的到来，除日益严重的失业救济问题和美国银行的倒闭之外，还有其他事情值得谈论。一些新汽车配备了"单盘离合器"（如果你向外拉仪表板上的一个按钮，汽车就会在你松开油门的一瞬

1929年1月，"问号号"飞机（下方）在飞行途中接受道格拉斯C-1飞机（上方）的空中加油

大萧条时期的迷你高尔夫球场

间开始惯性滑行。当你再次踩下油门时，发动机会发出轻微的呼啸声，然后再次开始工作，中间不会有任何顿挫）。这个装置引起了人们无休止的讨论：它有用吗？它省油吗？热闹的西洋双陆棋热潮则让百货商店的经理们感到欣慰，无论圣诞节期间如何不景气，至少西洋双陆棋的棋盘还在热销。当一家之主坐在办公桌前苦思冥想自己的财务状况时，他十八岁的儿子正哼着《身体与灵魂》，努力鼓起勇气在腰间的酒壶里装满老头子的杜松子酒，准备参加晚上的舞会。

不是每个人都在担心经济大萧条——至少暂时如此。

但是，赫伯特·胡佛忧心忡忡。他在总统任上兢兢业业，眼看着自己的威望不断下降，商业指数嘲笑着他的乐观预测，于是他更加忧心忡忡，更加努力地工作。但对于这位伟大的经济工程师来说，进展并不顺利。

伦敦军备会议尽管做好了最精心的准备，但达成的协议还是不完全令人满意：它设定了"限制"，但要达成这些"限制"，美国需要花费10亿美元。

国会在修改关税时失控了，没有按照胡佛的主张进行有限的修改，而是提出了新的天价关税法案。用美国政治评论员 D. F. 弗莱明的话说，新的关税法案等同于"对整个文明世界的经济宣战"，"其他国家自然也会对美国商品征收报复性关税，实行配额和禁运……我们的战争债务人也会发现，他们可能无法兑换美元来偿还债务"。上过幼儿园的人都清楚，美国不可能既有繁荣的出口贸易，又能从国外收回巨额欠款，除非美国借钱给外国，让它们用这笔钱付款（20 世纪 20 年代美国一直在这么做，现在已经停止了），或者允许大量进口。一千多名美国经济学家这一次取得了一致的意见（20 世纪 30 年代仅有的一次），抗议全面提高关税。胡佛不是经济盲，但是，他天生就是一个政客，而不是一个政治家。在漫长的关税争论中，他在政治上一直摇摆不定，以至于新的关税法案于 1930 年 6 月摆在他的办公桌上时，他在无可奈何的情况下签署了该法案。

他的农业委员会一直试图通过在市场上购买小麦和棉花来维持价格，到 1930 年的收获季节结束时，该委员会已经成功地囤积了 163 万吨小麦和130万包棉花，但除减缓价格下降之外，没有起到任何作用。如果说农场的情况还不够糟糕的话，从东部沿海的弗吉尼亚州和马里兰州一直到密苏里州和阿肯色州的地带在夏季又出现了严重的旱灾（这预示着未来还会发生更可怕的旱灾）；当干旱蔓延，田里的庄稼枯萎时，新的悲剧又出现了，困扰着白宫里的人。到1930年底，失业人数已从春天的三四百万人增加到五六百万人。

自从胡佛在大恐慌之后开始刺激经济以来，他就一直谨慎地拒绝对经济大萧条采取任何直接攻势。他更愿意让经济自然发展。他坚持认为，"经济萧条是无法通过立法行动或行政声明来解决的。经济创伤必须通过经济体细胞——生产者和消费者自身——的行动来疗愈"。因此，他静观其变，等待着疗愈过程的到来，因为根据自由放任经济学的神圣原则，这个过程理应如此。

但他同时也没有闲着，因为已经出现了要求联邦援助、提供某种福利的强烈呼声。在这种呼声中，他看到了联邦预算、美国人民的自力更生以及地方自治和地方负责慈善救济的传统所面临的严重威胁。他决心消除这一威胁。尽管他成立了一个全国委员会来关注失业救济情况，但该委员会并不是为了发放联邦资金，而只是为了协调和鼓励各州和地方尝试利用州拨款和地方慈善活动来救济失业者（富人认为，像英国那样的"救济"会"摧毁人的灵魂"）。他强烈反对退伍军人获得更多退伍金，但"调整补偿"法案在他的否决下获得通过。他否决了养老金法案。为了应对旱灾造成的减产和苦难，他敦促红十字会开展救助活动，并建议给农业部拨款，让农民能够贷款"获得牲畜的饲料和种子"，但他反对联邦政府为任何人提供任何食物。

在所有这些方面，胡佛都是非常真诚的。他认为自己不仅是财政部的监督者，也是美国"粗犷的个人主义"的监督者。他在向新闻界发表的声明中说："这不是美国人民是否会挨饿受冻的问题，而是防止饥寒的最佳方法问题。这是美国人民是否会通过自愿捐赠和地方政府的责任来保持慈善和互助精神的问题，而不是联邦财政为此拨款的问题……我一生中大部分时间都在与国外和南方各州的困苦和饥饿作斗争，我不认为我应该被指控对那些受苦受难的人缺乏人类同情心，我记得，在这些年我所参与的所有组织中，其基础都是最大限度地号召自助……我愿意向自己保证，如果有一天，我国的志愿机构以及地方和州政府无法获得资源来防止我国的饥饿和苦难，我将请求联邦政府提供一切必要的援助，因为我和任何参议员或众议员一样，都不愿意看到我们的同胞挨饿。我相信美国人民不会看到这一天的到来。"

这就是胡佛的信念。但是，对于阿肯色州饥肠辘辘的农民来说，总统借出联邦资金喂养牲畜，却不借钱给他们喂养孩子，这当然显得冷酷无情。胡佛对自力更生的赞美也没有打动工业城镇的失业男女。

即使是相信繁荣的保守派也没有成为他全心全意的盟友。虽然他们自己也不知道应该做些什么，或者说他们的意见分歧很大，但他们渴望有一个领导者，因此觉得自己没有得到这样一个领导者。他们怨声载道，其中一些人称胡佛为"软骨头"。与此同时，民主党的领袖查尔斯·米切尔森正在精心策划一连串攻击胡佛的新闻稿和演讲稿，并利用胡佛的每一个弱点来加强民主党的反对力量。而总统由于无法吸引和哄骗华盛顿的记者们，也承受了负面的报道。1930 年 11 月的国会和各州选举中，民主党取得了胜利，胡佛即将面临一个充满敌意的国会。

顺便提一下，富兰克林·D. 罗斯福州长在纽约州的选举中大获全胜，出人意料地以 72.5 万的多数票再次当选。选举结束后的第二天下午，民主党全国委员会主席詹姆斯·法利在罗斯福的政治导师路易斯·麦克亨利·豪的帮助下发表了一份声明。声明中说："尽管八字还没一撇，但我觉得罗斯福先生无法逃脱成为其政党下一任总统候选人的命运。"法利在纽约比尔特莫尔酒店发表声明后，打电话给罗斯福，告知了自己的所作所为。罗斯福笑着说："无论你说什么，我都没意见。"这是胡佛将要面对的另一个劲敌。

即使没有未来的麻烦，情况也已经够糟了。仲冬时节，商业出现了令人鼓舞的好转，但随着 1931 年春天的临近，衰退再次开始。在事态发展面前，胡佛的信念开始崩塌。

在这段时间里，许多人都在认真地研究 1857 年、1875 年和 1893 年经济萧条时期所遭受的苦难，以此证明美国除商业周期性地下行之外，并没有什么特殊的问题。这种说法看起来非常合理，但这些人错了，比这更深刻的事情正在发生，而且不仅仅发生在美国。

19 世纪与 20 世纪之交的那几年，发生了一系列引人注目的变化，这些变化不可能无限期地持续下去。这些变化包括：

1. 工业革命的迅猛发展带来了蒸汽动力、汽油动力、电力动力以及各种科技和发明；带来了规模越来越大的工厂生产；将人口从农场吸引到越来越大的城市；将大量人口从独立的经济主体转变为就业者，并使他们越来越依赖日益复杂的经济分工和经济体运作。

2. 人口大幅增长。根据社会学家亨利·普拉特·费尔柴尔德的研究，如果世界人口继续以 20 世纪头十年的速度增长，那么在一万年后，世界人口将达到一个以 221848 开头的数字，后面至少有 45 个零。

3. 西方世界人民向地球上的空地和文明程度较低的地区扩张，大英帝国开创了帝国主义的模式，而美国则开创了国内开拓的模式。

4. 世界自然资源——煤炭、石油、金属等——以前所未有的速度被开发和利用，这种情况不会无限期地持续下去。

5. 通信的迅速发展——这实际上使世界变得更小，世界的各个部分比以前更加相互依赖。

6. 随着新的企业和金融工具的发明和应用，资本主义在更大范围内迅速发展和完善。这些新的手段（如控股公司），再加上为减轻不受约束的资本主义的残酷性而增加的手段（如工会主义和劳动立法），深刻地改变了国民经济的运作方式，使其在许多方面变得更加僵化，不太可能按照自由放任的经济规律行事。

在 1914 年之前的一个世纪中，这些现象中哪些是经济世界变化的原因，哪些是结果，见仁见智。我们不必纠结于先有鸡还是先有蛋，问题的

20 世纪 20 年代，美国农业的机械化设备越来越多

1931 年的纽约曼哈顿

关键在于，世界经济已经发生了巨大的扩张和复杂变化，它不可能以这样的速度无限期地发展下去，当它达到收益递减的临界点时，各种压力就出现了。这些压力既包括国际上对殖民地的争夺（因为最好的殖民地已经被开发，而且也无法再给其母国那么好的回报），也包括国内社会对工商业成果分配的冲突。由国际竞争引发的1914—1918年的世界大战使欧洲变得衰弱和痛苦，并导致强大的国家分崩离析、负债累累。

目前有一些不祥的迹象表明，大扩张时代已经结束。人口增长正在放缓；世界上的空地基本上都被抢占了；自然资源有限，很难再以如此快速和廉价的方式开采；随着经济视野的缩小，争夺明显有利可图的垄断权的斗争变得更加激烈；有些国家寻求对世界资源的国家垄断；企业和金融集团寻求对国家资源和民族工业的私人垄断。与此同时，每个国家的经济都变得越来越复杂，越来越缺乏灵活性，越来越容易因无法承受的债务而面临破产的危险。

扩张的道路依然畅通，发明创造并没有停止，通过效率越来越高的机械化生产（以及通信手段的改进）来提高舒适度和安全性的可能性几乎是无限的。但是，现有的经济结构以及人们的思维习惯和观念，已经适应了开拓性扩张的时代，而不是仅仅依赖不断提高的效率。新时代可能需要什么样的经济结构，没有人知道。

在20世纪20年代，美国相对来说没有受到战争的伤害，而且善于发明创造和机械化生产，因而继续急速前进，仿佛开拓扩张的时代尚未结束。然而，它仍然是开拓进取的恶习的牺牲品——乐观地准备为未来堆积债务和信用，热衷于房地产和股票投机，倾向于金融和企业垄断或准垄断，这往往会使不太灵活的经济变得更加僵化。这些弊端结合在一起，导致了经济的衰败。正如作家罗伊·赫尔顿所说，一个人长大成人后，就不能再肆无忌惮地沉溺于年轻时的愚蠢行为。当投机和信贷膨胀煽风点火时，繁荣之火熊熊燃烧，但一旦风箱停止吹风，火光就会暗淡下来。当美国的繁荣之火熄灭时，欧洲的繁荣之火也随之熄灭，因为战后欧洲的繁荣之火一直燃烧得很微弱。

随着一个又一个国家经济的萎缩，人们变得疯狂起来。传统的经济规律和习惯似乎不再起作用，有识之士和其他人一样困惑，似乎没有人知道经济之谜的答案。苏联提供了一套可供选择的法律和习俗，但美国人对这种方式的热情有限。人们还能寄希望于什么呢？没有人知道，因为这种紧急情况是前所未有的。于是，世界进入了一个困惑、猜疑和准备采取绝望措施的时期。

从经济成功的顶峰跌落下来的美国也未能逃脱重新调整带来的混乱和沮丧。

第三章

下滑、下滑、下滑

1931 年 6 月，大恐慌二十个月后。

百货商店的广告上开始出现尤金妮帽，预示着这种热烈但短暂的时尚即将开始流行；威利·波斯特和哈罗德·盖蒂正准备驾驶单翼飞机"云妮·梅号"环游世界；纽约附近的长滩发现一具漂亮女孩的尸体，死者名字叫斯塔尔·菲斯福尔，引起了报纸读者的关注。

1931 年 6 月，在纽约的舞台上，凯瑟琳·康奈尔在《温波尔街的巴雷特一家》中慵懒地躺在沙发上，德·劳德在《绿色牧场》中漫步原野，此外，《大饭店》和《一生一次》也颇受欢迎。在电影院里，人们可以在《大探险》中看到非洲狮子，听到原住民的呐喊声，也有很多人爱看爱德华·G. 罗宾逊主演的《挥金如土》或格洛丽亚·斯旺森主演的《不检点》。度假者们在收拾行囊准备度假时，最有可能随身携带的小说是赛珍珠的《大地》，该书在畅销书排行榜上名列前茅。20 世纪 20 年代的体育英雄们几乎都离开了舞台：鲍比·琼斯在前一年秋天转为职业运动员；蒂尔登在前一年夏天失去了网球冠军头衔；邓普西和唐尼早已丢失了拳王的头衔；圣母大学的橄榄球教练诺特·罗克恩刚在一次空难中丧生；贝比·鲁斯也不再是无可争议的球王，卢·格里格在全垒打上与他不相上下。

1931 年 6 月，美国银行的三名官员在 1928 年和 1929 年的投机盛宴期间因对银行资金管理不善而被曝光后，被纽约的陪审团定罪。6 月 10 日，一位居住在伦敦的年轻美国女子欧内斯特·辛普森夫人被带到宫廷，第一次见到了威尔士亲王。在新泽西州的霍普韦尔，十年来最悲惨的犯罪事件的舞台正在搭建中：林白上校的新房子——报纸标题称之为"孤鹰之巢"——正在建设中，脚手架已经搭起，一楼部分完工。

在那个月里，一位来自圣路易斯的年轻人来到纽约，按照他的设想，一切都已安排妥当，他将获得纽约证券交易所的一个席位。但有一个细节被忽略了：交易所实际上是一个俱乐部，会员候选人必须有两个担保人。这位来自圣路易斯的年轻人名叫威廉·麦克·马丁，他在华尔街举目无亲，没有人愿意担任他的担保人。华尔街的先生们对未来几年的变化一无所知，如果有人告诉他们，到 20 世纪 30 年代末，这个名不见经传的年轻人将成为纽约证券交易所的总裁，他们一定会惊诧不已。1931 年的总裁是理查德·惠特尼，他是银行家对抗恐慌的英雄；1931 年 4 月 24 日，惠特尼先生在费城商会发表了题为《商业诚信》的演讲，令人印象深刻。交易所的股价一直在下跌，经纪人们都拉长了脸，但对于那些知道凯斯机械设备公司或奥本汽车公司股价走势的人来说，还能喝到一点汤。

1931 年 6 月的一个星期天上午，两个人在纽约海德公园一栋很大的房子里的一个小房间里忙碌了几个小时，研究美国地图、铁路时刻表和人员名单。他们是纽约州州长富兰克林·D. 罗斯福和纽约州民主党委员会主席詹姆斯·法利。法利先生萌生了参加即将在西雅图举行的麋鹿慈善保护会①的想法，他正在计划如何充分利用这次远征，在十九天内走遍十八个州，并与无数民主党领袖交谈——他已经与其中的大多数人进行了深入而友好的交流。不用说，这次旅程的目的就是探询西部民主党人的口风，并

----

① 麋鹿慈善保护会最初是成立于 1868 年的一个演艺行业互助会，而不是动物保护组织，后来逐渐发展成为退伍军人、青少年、残疾人等弱势群体服务的大型社会组织。——译者注

1930 年电影《罗曼史》上映后，葛丽泰·嘉宝的"尤金妮帽"造型风靡一时。这种斜戴式、用羽毛装饰的帽子，影响了 20 世纪 30 年代的女帽风格

1931 年，富兰克林·D.罗斯福（前）与商人查尔斯·克莱恩（后左）、纽约州民主党委员会主席詹姆斯·法利（后右）的合影

尽可能不露声色地建议这些领导人在 1932 年团结在罗斯福州长的身后。

正是在 1931 年 6 月，胡佛总统放弃了等待经济状况自行好转的想法，开始了他对经济大萧条的真正进攻。起初，他在国际金融领域采取一种政治家式的策略，这种策略看似取得了短暂的胜利，但最终失败了，因为经济衰退的破坏力太大了，胡佛的武器无法战胜它。6 月 20 日，一个炎热的星期六下午，胡佛提议国际社会暂停收取战争赔款和欠款。

在过去的很长一段时间里，随着欧洲商业活动的放缓，欧洲的金融业逐渐走向瘫痪。国家债务和私人债务曾经似乎是可以承受的负担，现在却变得沉重得令人难以忍受；新的金融信贷几乎没有增加，有的只是借新还旧；股价下跌，焦虑蔓延，整个金融体系几乎停滞不前。1931 年春天，情况变得十分严重。

现在回过头来看，具有讽刺意味的是，德国和奥地利为了经济目的而联合起来，建立起一个关税同盟，而法国人激烈反对该计划。任何可能使德国和奥地利联合起来并加强两国实力的做法都是法国人所厌恶的，因为法国人当时并没有意识到中欧崩溃可能带来的后果。

奥地利最大的银行安斯塔特信用社已经陷入困境。关于关税同盟的争论进一步加剧了普遍的不确定性，奥地利信贷银行不得不向没有太多偿付能力的奥地利政府求援。恐慌立即蔓延开来，并迅速蔓延到德国。1931 年 5 月和 6 月，两国资本纷纷外逃，外国贷款被收回，全面崩溃似乎近在眼前——这种崩溃可能导致德国民主政府倒台。在 1929 年，德国地平线上的那片乌云似乎还没有人的手掌大，现在却在迅速扩大：希特勒的褐衫军变得越来越强大。

1931 年 5 月 6 日，当时很少有美国人了解欧洲金融形势有多么危急，但美国驻德国大使已经向胡佛总统通报了情况。从那时起，总统担心欧洲的崩溃可能会给美国带来严重后果，他一直在思考延期偿债的想法——将政府间债务的所有偿付推迟一年，包括德国当时必须支付的赔款以及此前欧洲盟国欠美国的战争债务。随后，胡佛先生开始了与内阁成员、美联储官员、各国大使和银行家进行长时间的磋商。他总是非常勤奋——早上 8

点半之前就坐到办公桌前，午饭时间只有 15 分钟（除非有客人来访），而且经常在林肯书房里工作到深夜。没过多久，他就初步起草好了一份精心准备的声明，据说起草过程中折断了很多根铅笔尖。

然而，他迟迟没有签发这份声明。该计划的危险显而易见。国会可能会反对，这对总统来说将是致命的。其他国家，尤其是骄傲而嫉妒的法国，也可能会反对。胡佛一心想实现的预算平衡也可能因此受到威胁。此外，这样的建议会引发国际性的恐慌，可能会加剧而不是缓解恐慌。与此同时，欧洲的风暴正在蔓延。胡佛的顾问们恳求他采取行动，但他仍举棋不定。他在等待。6 月中旬，他前往中西部发表演讲（其中包括在哈定总统纪念碑的落成典礼上发表演讲，这让他有些不愉快）；他带着尚未发表的声明出发了，而几乎每时每刻都有来自华盛顿的内部消息转达给他：欧洲的崩溃正在加速。

回到华盛顿时，显然，他必须立即采取行动，否则就太晚了。他开始给参议员和众议员打电话，希望得到他们的事先批准。当时国会没有开会，电话接线员不得不为他接通分散在全美国各地的议员们的电话，他们有的在演讲，有的在驾车旅行，有的在高尔夫球场，有的在森林深处钓鱼。一位议员听说白宫找他，就从加拿大的一家药店给白宫回了电话；另一位议员刚要起身发表餐后演讲，电话就接通了。一个小时又一个小时，不屈不挠的胡佛坐在电话机旁，向一个又一个人解释他想做的事情，并担心在他行动之前会走漏消息。终于，在 6 月 20 日那个炙热的星期六，消息还是泄露了，他不得不在法国仍未同意的情况下宣布了这一消息。

他把报界人士叫到白宫，向他们宣读了一份长长的声明，其中既有他提出的延缓偿付的建议，也有已经同意该建议的二十一名参议员和十八名众议员的名字。记者们拿起声明，冲向电话。

这一消息传遍世界，人们热情高涨。纽约股市跃升，欧洲股市回升，银行家们赞扬胡佛，社论作者们欢呼雀跃；沉稳的伦敦《经济学人》发表了一篇题为《拨云见日》的文章，称这一建议呈现出"伟人的姿态"；千百万美国人，之前都曾模糊地感觉到政府应该"做点什么"，并指责胡佛的无所作为，现在都加入了鼓掌的行列。尽管他们可能对国际金融形势知之甚少（新闻界对国际金融形势的报道远远不及斯塔尔·费斯福尔谋杀案），但政府终于行动了，还是令人开心的。令忧心忡忡的总统大吃一惊的是，他的这一举动竟然赢得了满堂彩。这是他担任总统期间最高光的时刻。

只有法国人不同意。胡佛派七十七岁的财政部长安德鲁·梅隆去跟他们讲道理，越洋电话让这位老人疲惫不堪。经过两个多星期的漫长协商，法国人同意了经过修改的计划，总算化险为夷。

但危险并未真正解除。

目前，德国的恐慌在不断加剧，达纳特银行倒闭。恐慌蔓延到了英国，英镑现在岌岌可危。由工党领袖拉姆斯·麦克唐纳领导，但主要由托利党人组成的英国新政府上台后试图挽救英镑，可很快就放弃了。英国脱离金本位制后，所有仍在使用金本位的国家都受到了冲击，大多数国家都跟随英国开始了货币体制的新冒险。

1931年9月的这一轮冲击，对美国形成了巨大的影响。古老的美国银行体系，在较为繁荣的时期未能迅速发展，现在受到了严重的影响。美国各地的银行纷纷倒闭——这些银行曾在债券和抵押贷款方面进行了大量投资，现在却发现外国债券价格暴跌，国内债券价格在崩盘大潮中下滑，抵押贷款也被冻结得结结实实。1931年9月，共有305家美国银行倒闭；10月，共有522家银行倒闭。惊慌失措的资本家们开始囤积黄金，以防美国也脱离金本位；保险箱里塞满了金币，就连许多床垫底下也塞满了金券[1]。

美国企业比以往任何时候都更快地衰弱下去。9月，美国钢铁公司——该公司总裁詹姆斯·A.法雷尔此前一直坚决拒绝削减工资——宣布减薪10%，其他公司也纷纷效仿。当年秋天，美国各地的男人们从办公室或工厂回家后告诉妻子，下一张工资支票会少一点，他们必须想出新的省钱办法。失业者队伍逐渐壮大，到年底，失业人数达到了1000万左右。

---

① 美国财政部在1865—1933年发行的一种代用货币，可以凭券兑换等额的黄金。——译者注

1931 年，赫伯特·胡佛（左）在白宫椭圆办公室内与幕僚商议

胡佛及其内阁成员

至此，在短短几个月内，恐慌和沮丧的涟漪已从维也纳蔓延开来。

胡佛再次采取金融行动。美国的银行体系急需拯救，但银行家们并没有这样做，因为当时盛行"无为而治"的理念。胡佛与其金融顾问召集了十五位银行界的霸主，在梅隆国务卿位于华盛顿的寓所举行了一次秘密的晚间会议，并向他们提议由全美国的强势银行组成一个信贷池来帮助弱势银行。与会人员认为这样做还不够，因为实力雄厚的银行不会冒险，而国家信贷公司几乎不肯贷出任何款项。于是胡佛建议成立一个大型的政府信贷机构——复兴金融公司——向银行、铁路和保险公司贷款 20 亿美元。

当 1931 年的冬天到来时，美国的黄金继续遭到挤兑，美国似乎很快就会被迫脱离金本位制。胡佛公开呼吁民众不要囤积黄金，然后提议改变联邦储备的要求，《格拉斯—斯蒂格尔法案》的出台缓解了这一局面。出于改善信贷条件的考虑，胡佛敦促并建立了一系列住房贷款贴现银行，并为联邦土地银行提供额外资本。他坚定地反对那些他认为不公正的措施：他在美国退伍军人协会呼吁会员们不要要求立即用现金支付剩余的退伍金；他否决了一项直接发放联邦救济金的法案；他一次又一次地明确表示反对任何通货膨胀或（用他自己的话说）"乱花钱"的建议。

经济萧条仍在加剧。

经济压力已经把这位粗犷的个人主义使徒推向了国家社会主义，以往任何一位总统在和平时期都不曾做出类似的举动。胡佛的复兴金融公司使政府深度介入了商业领域，但这只是一种非常有限和特殊的国家社会主义。当时的情况或许可以概括如下：

胡佛曾试图不插手国家的经济机制，允许所谓的灵活体系自行调整供求关系。但可以肯定的是，他在两点上进行了干预：他试图抬高小麦和棉花的价格，但没有成功；他试图抬高工资，取得了部分和暂时的成功；除此之外，他基本上置身事外，让价格、利润和工资顺其自然地发展变化。但是，除非债务负担也能通过破产而自然减轻，否则萧条就不可能实现自然调整。而在美国，正如在世界其他地方一样，经济体系现在已经变得过于复杂、相互依存，大范围的破产对银行、保险公司、大型控股公司以及依赖它们的众多民众可能造成骇人听闻、难以想象的后果。理论上必要的调整变成了实际上无法承受的调整。因此，胡佛不得不采取干预措施来保护债务结构：首先是在不取消国际债务的情况下暂时缓解国际债务的压力，其次是用联邦资金支持银行和大公司。

因此，理论上灵活的经济结构在关键时刻变得僵化，债务负担几乎没有减轻。在债务和其他刚性成本的重压下，企业的发展速度进一步放缓。在发展放缓的同时，企业会解雇工人或减少工时，从而降低了工人的购买力，加剧了危机。

要问胡佛是对还是错，是没有太大意义的。除非让货币贬值以促进经济复苏，否则他在形势所迫下采取的方法最多会使经济非常缓慢地复苏，甚至根本无法复苏，而货币贬值对胡佛来说是不可想象的。当处于饥饿边缘的人们得不到个人救济金时，胡佛却允许金融高管到华盛顿来领取公司救济金，这是不是保守党的无情之举？可以肯定的是，在这样一个普遍遭受苦难的时代，任何一个民主政府如果在帮助金融家的同时又无视其卑微公民的困境，那么他必然会失去公众的信任，因为失业者带着劳动工具到别处谋生或到西部边疆开垦荒地的日子，已经一去不复返了。现在劳动者失业后，束手无策。他们绝望地求助于唯一对他们负责的机构，以纠正盲目运作的经济社会对他们造成的伤害。他们怎么能支持一个"不给面包，只给石头"的政府呢？

资本主义制度已经发生了巨大的变化，现在它无法以惯常的方式运作，而它停摆的后果也已经残酷到无法承受的地步。时代在前进，赫伯特·胡佛和旧时代的传统经济理论一起成为时代的牺牲品。

随着大萧条第二年的结束和第三年的开始，美国人民的情绪发生了变化。

正如彼得·德鲁克所说，"经济萧条显示出人类是一台毫无意义的机器中毫无意义的齿轮，这台机器超出了人类的理解范围，除了它自己的目的，它已经不再服务于任何其他目的"。机器表现得越糟糕，人们就越想去理解它。随着商业、经济和政府所谓的原则一个接一个地毁于一旦，那些将这些原则视为理所当然、对政治没有太大兴趣的人开始反躬自省，因为即使是相对富裕的人也无法否认世界已经变了。

公共图书馆的流通部报告说，借阅量增加了，不仅是小说类图书，还有关事实和讨论类的图书。正如一位商人后来所说："正在发生的一些大事让我们、我们的企业和我们的一些想法感到不安，我们想试着了解它们。我从图书馆借了很多书，夜以继日地阅读。"思想在变化。人们对苏联实验的兴趣急剧上升。有关苏联问题的讲师备受青睐，赫斯特报业集团一向轻浮的《世界》杂志编辑雷·朗前往莫斯科与苏联作家签约，并在纽约资本主义巨头大都会俱乐部为一位苏联小说家举行了盛大的晚宴；那些以思想开放而自豪的温和自由主义者互相劝慰说，"毕竟我们可以从苏联学到一些东西"，尤其是在"规划"方面；许多更直率的自由主义者一头扎进了共产主义学说。

沃尔特·李普曼为《纽约先驱论坛报》撰稿，并分发在全美国各地的报纸上。对那些正统的人来说，每天阅读他对事件的分析，已经成为一种不可避免的仪式，就像喝咖啡和橙汁一样。李普曼思路清晰、冷静、有条不紊，能把一连串毫无意义的事件归纳得条理清晰；他为那些在黑暗中摸索的人提供了急救方法，也为那些渴望谈论金融公司和金本位制的人提供了临阵磨枪的谈资。

1931 年的秋天也带来了一阵欢笑。当旧有的确定性被推翻，旧有的预言家名誉扫地，人们至少可以看看热闹。这时候，人们被一本小书《哦，是的》逗得哈哈大笑，这本书收集了银行家和政治家们在经济大萧条到来之际所做的油腔滑调的预言；人们也会津津有味地品读《华盛顿欢乐回旋镖》中无厘头的八卦故事，看看华盛顿高贵的政治家们如何口出狂言；一本新杂志《喧闹》让人们捧腹大笑，这本杂志嘲笑了商业和政治中的一切，甚至是神圣的广告业，发行量一举突破百万；音乐喜剧《我为你歌唱》赢得了热烈的掌声，这部喜剧把政治舞台变成了一场闹剧。在这部喜剧中，美国副总统在白宫的观光派对上迷了路，总统候选人只会呼唤"爱"，并把 1930 年最受欢迎的口号"繁荣指日可待"篡改成新婚夫妇的口号："子孙后代指日可待。"

1931 年 9 月 13 日，鲁迪·瓦利在电台节目中轻声唱道：

> 生活就是一碗樱桃，
>
> 不要认真思考，
>
> 怎么想也想不到……

他既总结了大萧条带来的幻灭和困惑，也表达了不要太把大萧条当回事的愿望。

但统计数据是血淋淋的。

1932 年是经济大萧条最残酷的一年，据美国工业会议委员会估计，美国平均失业人数为 1200 万人，美国劳工联合会估计为 1300 多万人，其他估计数字（得出的数字各不相同，对失业的定义也各不相同）从 800 万到 1700 万不等。失业者在冰冷的公寓里翻阅招聘广告，日复一日、周而复始地在职业介绍所门前的人行道上挤来挤去，却毫无结果；他们用光储蓄银行里的钱，从寿险里提钱，变卖任何可以变卖的财产，向越来越没有经济能力的亲戚借钱，品尝生活拮据的苦涩，最后忍气吞声地去申请救济——如果有救济的话（救济金很稀缺，因为慈善组织也很困难，城市和乡镇要么已用完可用资金，要么即将用完）。

然而，为了让读者了解大萧条的范围和影响，有必要提供一些统计事实和估计数字。例如，根据西蒙与库兹涅茨博士为美国国家经济研究局所做的计算，虽然 1932 年支付的利息额只比 1929 年减少了 3.5%，但支付的工资总额下降了 40%，股息下降了 56.6%，工时工资下降了 60%（因此，债务结构相对固定，但经济中的其他要素遭遇了严重的通货紧缩）。

但是，不要以为继续支付利息和部分继续支付股息就意味着企业都在赚钱。1932 年，企业整体亏损 50 亿至 60 亿美元（政府对美国所有公司——45.18 万家公司——的统计是净亏损 56.40 亿美元）。可以肯定的是，大多数规模较大、管理较好的公司的业绩要比这好得多。E. D. 肯尼迪对标准统计公司统计的 960 家企业（主要是股票在证券交易所上市的大企业）

的盈利情况进行了统计，结果显示，这960家龙头企业的集体盈利超过了30亿美元。然而，必须补充的是，这里的"管理更好"具有一种特殊的意义——自1929年以来，节省劳动力的设备和提速措施使制造业的每工时产出增加了约18%，而这同时导致大量裁员。每当一家工业巨头为了保持财务状况良好而解雇一批新工人时，许多小公司就会进一步陷入亏损。

在现有企业萎缩的同时，新的企业却没有出现。1932年，美国国内公司的证券发行总量下降到只有1929年的约4%。

但是，这些冷冰冰的统计数据并不能让我们感受到1932年经济瘫痪所带来的现实。让我们尝试另一种方法。

走在美国的城市里，你可能会发现大萧条的迹象并不明显。你可能会注意到，许多商店都无人问津，玻璃窗上布满灰尘，招租的招牌随处可见；很少有工厂的烟囱在冒烟；街上的卡车不像早些年那么拥挤，人行道上的乞丐数量空前庞大（在纽约的公园大道区，一个人在步行十个街区的过程中可能会被索要四五次钱）。乘坐铁路旅行时，你可能会注意到火车变短了，车厢变少了，货运列车也减少了。相比之下，高速公路旁的加油站却比以往任何时候都多。在所有零售业中，只有加油站的生意在大萧条时期没有大幅下滑，因为尽管新买的汽车很少，但那些还能使用的汽车比以往使用得更多，这让铁路公司大失所望。

除此之外，一切可能都和往常一样。对于穿越者来说，大萧条时期的景象似乎并不触目惊心，只是每况愈下而已。

但是，如果你知道去哪里找，触目惊心的情况就会开始出现。首先是贫困地区的温饱问题。其次是城市郊区和空地上那些被讽刺地称为"胡佛村"的贫民窟——许多用包装箱、废铁、任何在城市垃圾堆里能免费捡到的东西搭建的临时棚屋。在这些棚屋里，一家人睡在从汽车垃圾场运来的汽车座椅上，并用在油桶里烧垃圾的方式取暖。再次，无家可归的人睡在门廊或公园的长椅上，在餐馆里到处寻找吃剩的半块饼干、馅饼等任何可以维持生命的东西。最后，高速公路上的乞讨者，尤其是铁路货运列车上的流浪者数量大增。这是一支庞大的流浪者队伍，他们不断漂泊，四处寻

1931 年，芝加哥失业者排队领取免费食物

西雅图市档案馆收藏的一张 1933 年的一处"胡佛村"照片

找可能有工作的地方。据乔纳森·诺顿·伦纳德称，密苏里太平洋铁路公司在 1929 年"统计"了 13745 名游民；到 1931 年，这一数字已经跃升至 186028 人。据估计，到 1933 年初，全美国共有 100 万游民。在六个月的时间里，有 4.5 万人经过埃尔帕索市；每天有 1500 人经过堪萨斯城。在这些人中，有大量的年轻男孩，还有伪装成男孩的女孩。根据儿童局的统计，有 20 万名儿童在美国流浪。西南部货运车上的儿童数量如此之多，以至于在许多地方，铁路警察不得不放弃将他们赶下火车的努力。

在国内相对富裕的人群中（比方说，大萧条前年收入超过 5000 美元的人），绝大多数人的生活水平都在下降，因为降薪幅度很大，特别是自 1931 年以来，股息也在减少。这些人正在辞退仆人，或将仆人的工资降到最低，或在某些情况下让仆人继续工作，但只管食宿、不付工资。在许多漂亮的房子里，以前两指不沾阳春水的妻子们开始做饭和洗刷。丈夫们穿上了旧西装，退掉了高尔夫俱乐部的会员，取消了当年夏天全家去海边旅游的计划，把下馆子的预算从 1 美元降到了 75 美分，把每顿快餐的费用从 50 美分降到了 35 美分。那些经历过 1929 年大牛市的人在看着报纸上的股市版面时，唯一能安慰自己的想法（如果他们还有股票的话）就是，卖出一两只股票虽然会赔钱，但这样当年就不需要缴纳任何所得税了。

这些富裕阶层的男男女女的财富只是因为经济大萧条而缩水，有些人的财富则已被清零。在繁华的郊区等待 8 点 14 分火车的人群中，有许多人失去了工作，他们固执而无望地寻找其他工作，而且像往常一样进城，仿佛自己仍有一份工作（他们的伪装很成功，当火车临近时，看到他们与朋友聊天，你绝对想不到他们中的一些人已经到了绝望的地步）。有些建筑师和工程师每天都去办公室，尽管已经好几周没客户上门了。如果病人看病时还能付钱，医生就会觉得自己真是太幸运了。琼斯太太每天都要去做速记工作，她现在是家里的经济支柱，因为琼斯先生没有工作，只能在家做饭和照看孩子（效率奇低，令人讨厌）。琼斯夫妇的隔壁住着史密斯太太，她是一位成功律师的遗孀，她此前的收入一直很宽裕，买东西都要最好的，但现在她赚不到一分钱了。她的资金一直投资于南美债券和原始股以及其他类似的名不副实的"证券",现在她完全依靠亲戚们的施舍维持生活。她还拿着进口钱包,但里面连公交车费都没有。

布朗一家已经搬回乡下的农舍,并试图在那片贫瘠的土地上种植庄稼。他们热烈地谈论着田园的美好,但有时不禁渴望电灯和自来水,更不知道如何对付马铃薯上的虫子(大量的城市居民搬到了乡村,但他们中真正从事农业生产的人并不多,唯一的效果是遏制了美国的城市化进程)。罗宾逊一家本来住在价值4万美元的房子里,而且一向花钱大手大脚,现在陷入了绝境:罗宾逊先生失业了,房子卖不出去,他们已经把所有能卖的资产都卖完了,现在他们快要饿肚子了——尽管他们的房子看起来仍然是豪宅。

在经济水平更低的地方,特别是在那些工厂产能仅剩20%或已完全倒闭的工业社区里,情况更糟糕。弗雷德里克·E.克罗克斯顿研究了布法罗社区的情况:1932年11月,在14909名愿意工作且有工作能力的人口中,46.3%的人全职就业,22.5%的人从事兼职工作,多达31.2%的人找不到工作。在美国的每个城市中,有大量的家庭被赶出公寓,与其他十个或十二个人挤在只有三四个房间的房子里;也有人在没有暖气的房子里瑟瑟发抖过冬,因为他们买不起煤;失业者每周只吃一次肉,或者根本不吃肉。雇主有时发现失业者似乎并不急于重新就业,原因往往是恐慌——一种对能力不足的可怕恐惧,这也是大萧条最常见的心理疾病之一。一位女文员在失业一年后得到了一份按件计酬的工作,她坦言自己几乎不敢去办公室,因为她害怕自己不知道在哪里挂外套,不知道如何找到洗手间,不明白老板对她工作的指示。

这次经济大萧条最糟糕的地方,也许就是它年复一年地持续着。那些一直坚韧不拔、自尊心强的工人,即使不得不眼睁睁地看着家人受苦,最开始也能毫不退缩地接受几周、几个月的失业,但一年,两年,三年后,情况就不同了……1932年,在蜷缩在公园长椅上或在施食处前排着沉闷队伍的悲惨人群中,有一些人从1929年底起就一直没有工作。

两段简短的引文或许最能说明经济最底层的状况。第一段引自乔纳

大萧条时期纽约市内的失业者居住在棚屋内

森·诺顿·伦纳德的《沉沦的三年》，此书描述了宾夕法尼亚州矿工的困境，他们在 1931 年举行盲目而无望的罢工后被赶出了公司所在的小镇："自由派都市报的记者发现，成千上万的矿工挤在山坡上，三四个家庭挤在一个窝棚里，靠蒲公英和野草根为生。他们中有一半人生病了，但当地没有医生愿意照顾这些被驱逐的罢工者。他们所有人都在挨饿，许多人得了小病之后就死了，而福利机构却据此声称没有人饿死——他们都是病死的。"另一段引文出自路易斯·V. 阿姆斯特朗的《我们也是人民》，描述的场景是 1932 年春末的芝加哥：

> 在那些黑暗的日子里，有一个生动而可怕的时刻我们永远不会忘记。我们看到大约五十人在争抢放在餐馆后门外面的垃圾桶。美国公民像动物一样争夺食物残渣！

在特殊情况下，人的行为总是千差万别。一位公司高管负责解雇几百名员工，但他坚持要亲自看望每一个人，关心每个人的困境，几个月后，他的头发全白了。一位青年女子协会的女孩自豪地报告了大萧条时期的经济状况：她把一件旧皮草大衣剪开当浴垫使用。因银行倒闭而深陷债务泥潭的银行家，在另一家银行找到一份年薪 30000 美元的工作，但自己每年只花 3000 美元以维持生活，其余 27000 美元都要用来还债。一个富裕的家庭损失了大部分钱财，却勇敢地宣布，他们通过解雇二十名仆人中的十五名，"解决了大萧条问题"，只是他们对这十五名仆人的下场没有表现出任何好奇。在富丽堂皇的摩天大楼办公室里，一群公司职员为了避免破产而篡改公司账目。芝加哥的一群黑人挤在出租屋前，阻止房东的代理人驱逐邻居一家，他们采用的方式是：站在那里，一小时接一小时地唱赞美诗。曾经的店员在开始无休止地找工作之前，小心翼翼地剪下纸板放进鞋里当鞋垫，并告诉妻子这双鞋比以前更舒服了。隔壁小公寓里的男人放弃了找工作，放弃了所有的兴趣和活动，一小时一小时地坐在那里发呆……

对于毕业生来说，这是一个奇怪的年代。高中的入学人数比以往任何时候都多，因为他们找不到工作。同样，有能力继续攻读研究生的大学毕业生在求职无望之后，也会选择继续深造。请看哈佛大学 1932 届毕业生离校后的第一份报告。乍一看，这似乎证明了他们对知识的渴求（我逐字引述，仅省略姓名）：

＊＊ 就业情况未知。

＊＊ 出国留学。

＊＊ 进入哈佛大学法学院深造。

＊＊ 现就读于北卡罗来纳大学教堂山分校。

＊＊ 进入哈佛医学院就读。

＊＊ 至今杳无音信。

＊＊ 哈佛大学工程学院就读。

＊＊ 参与共产主义运动。

＊＊ 进入哈佛大学法学院。

＊＊ 继续在哈佛大学读书。

＊＊ 在哈佛大学建筑学院就读。

＊＊ 入职克利夫工具公司。

＊＊ 就读于哈佛大学工商管理学院。

＊＊ 从事领带制造业。

＊＊ 哈佛大学文理学院研究生院一年级就读。

＊＊ 哈佛大学法学院一年级就读。

＊＊ 哈佛大学工商管理研究生院一年级就读。

＊＊ 曼哈顿学院就读。

经济萧条的影响无处不在。受影响的不仅仅是企业，还有教堂、博物馆、剧院、学校、学院、慈善组织、俱乐部、协会、体育组织等一系列机构。它们都感受到捐赠减少、会员人数减少、票房收入减少、账单收不回来、收入不足以支付抵押贷款利息等形势的影响。

此外，随着商业浪潮退去，过去许多不光彩的事件也暴露无遗。例如，塞缪尔·西伯利在纽约市调查的政治丑闻之所以被曝光，部分原因是市民中出现了一种对贪污的厌恶情绪。同样的事情几乎发生在每一座城镇。随着银行倒闭、公司陷入困境，会计师们发现了原本可能永远不会被发现的事情：山上大房子里那个受人尊敬的家庭与黑帮分子勾结在一起；仁慈的公司总裁之所以过着如此潇洒的生活，只是因为他以高价向他个人控制的关联公司下了订单；在长老会教堂做义工的公司律师一直在伪造他的所得税申报表。每一次这样的披露都会带来新的幻灭感。

1932 年 3 月 1 日傍晚发生的一件事，瞬间使其他一切，甚至是经济大萧条的严峻进程，都变得微不足道。在许多观察家看来，这件事似乎是美国人民心情陷入低落的残酷缩影。查尔斯·林白上校和夫人的宝贝儿子被绑架了——在新泽西州霍普韦尔新房子的二楼房间里被人从床上抱走，从此杳无音讯。

自从五年前驾机飞往巴黎之后，林白在美国人的生活中占据了前所未有的独特地位。尽管他为人低调，但他所做的一切都不可避免地成了新闻，以至于他越是想躲避风头，风头就越是紧追不舍。只要有人在任何地方看到他，就会有一群人蜂拥而至，据说他有时不得不乔装打扮，以躲避崇拜者的围追堵截。他现在的职业是航空顾问。前年夏末，他和妻子安妮·莫罗进行了一次"东方之旅"，林白夫人后来用优美的散文描述了这次旅行。1930 年末，他与亚历克西斯·卡雷尔博士会面后，开始了灌注泵的制造实验，这为他赢得了生物技术专家的崇高声誉。他在霍普韦尔的新家地处偏僻，四周环绕着树林，是一处理想的隐居之所，可以远离这个纷扰的世界。

而现在，这种平静突然被打破了。在发现林白儿子的床是空的——被子还用安全别针固定着——后的几个小时内，大批警察和报社人员就赶到了林白的家，这些人在泥泞的地面上肆意践踏，毁灭线索。在第二天早上的报纸刊登这一消息后，美国人民陷入了长时间的兴奋之中。

更多的警察和记者赶来了；最近的火车站变成了报社总部；来自霍普韦尔的新闻把其他一切都挤到了报纸的后页；胡佛总统发表了声明，新泽西州州长召开了警察会议，几个州的立法者起草了反绑架法案；《纽约时报》报道说，一天之内就接到了 3331 个询问最新消息的电话。纽约的

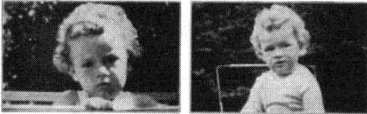

上图：林白在孩子失踪后张贴的寻人启事

右上图：绑匪的勒索信

右图：负责林白儿子绑架案的新泽西州警司诺曼·施瓦茨科夫

曼宁主教向他的神职人员发送了一份特殊的祷文，要求他们立即祈祷，并宣称："在这样的情况下，我们不能等到星期天。"美国劳工联合会主席威廉·格林要求工会成员协助追捕罪犯。救世军将军①伊万杰琳·布斯敦促所有指挥官提供帮助，并提到"找到失踪的人，将为我们的运动带来奇迹般的成就"。三个教派的牧师通过广播为婴儿祈祷。与此同时，谣言四起。据报道，全美国各地的汽车里都出现了疑似林白儿子的婴儿。泽西城一家雪茄店的店主报告说，他在电话亭里听到一个男人说了一些疑似绑匪的信息，这一报告让警察闻风而动。林白夫妇收到了数不尽的建议和忠告信，几周内，总数就达到了十万封。

寻找工作一天天地进行着。林白夫妇在一份签名声明中向绑匪提供了豁免权，并公布了婴儿饮食习惯的细节，还请了两个私酒贩子充当与黑帮分子接洽的中间人。很快，霍普韦尔事件的主要参与者就为美国报纸读者所熟悉，就好像全美国人民都在阅读同一个侦探故事一样。管家奥利弗·怀特利夫妇、护士贝蒂·高、她的水手朋友亚瑟·约翰逊、新泽西州警察局的施瓦茨科夫上校、莫罗家自杀的女仆维奥莱特·夏普、布朗克斯区与绑匪有私人接触的老先生约翰·康顿医生——这些人都成了人们无休止猜测和推理的对象。当一个陌生人问："他们找到孩子了吗？"无论是在新泽西州还是俄勒冈州，人们都知道他说的"孩子"是指谁。人们会听到酒店电梯间的人突然对上楼的客人说："好吧，我相信是内鬼干的。"客人会激烈地回答："胡说，是底特律的那个帮派干的。"如果说美国人民需要从经济大萧条中解脱出来的话，那么绑架案就很好地解决了这个问题。

3月8日，也就是案发一周后，纽约布朗克斯区的大学讲师兼福利工作者老康顿医生突发奇想，在《布朗克斯区家庭新闻》上刊登了一则广告，大意是他很乐意为林白孩子的归还充当中间人。第二天，他收到了一封信，信封上的日耳曼语拼写存在很多错误，并附文"呈交林白上校"。他给林白家打了电话，并描述了信封上一些奇怪的标记，警方立即要求他

---

① 救世军是成立于1865年的教会慈善组织，其组织架构类似于军事组织，最高领导人被称为"将军"或"大将"。——译者注

去见林白上校——因为这些标记与留在婴儿房间窗台上的赎金字条上的密码符号完全相同！3月12日，康登医生收到一张纸条，纸条上面让他去杰罗姆大道高架铁路尽头的一个热狗摊。他在那里发现了一张纸条，纸条上面指示他去伍德劳恩公墓的入口。随后，他在墓地的灌木丛中看到了一个人，他和这个人一起来到附近的长椅上聊天。绑匪操着德国或斯堪的纳维亚口音，自称"约翰"，并说他只是团伙的一员。

毫无疑问，"约翰"确实是绑匪或绑匪之一。4月2日，林白上校陪同康顿医生，在布朗克斯的圣雷蒙德公墓向"约翰"支付了5万美元的赎金，但他们并没有在"约翰"所说的地点找到孩子。

1932年5月12日傍晚，也就是绑架案发生约六周后，报童们再次在街上高喊最新进展：孩子的尸体在距离林白家9千米的一条公路附近的灌木丛中被偶然发现。他是被故意杀害还是意外杀害的，永远不会有人知道，唯一能确定的是绑架者选择在那个地方草草掩埋了尸体。

小报的头条新闻标题是"婴儿已死"，所有人都知道这四个字指的是什么。

许多美国人对大萧条时期发生的其他事件记忆模糊，但他们还能回忆起第一次听到这条新闻的地点和情形。

故事似乎已经结束，但恐怖的回响仍在继续。很快，人们反应过来：绑架者不仅犯下了野蛮的罪行，还故意让林白无望地寻找；还有人假借找孩子为由，从华盛顿的麦克莱恩夫人那里骗取了10万美元。看到林白夫妇被迫与黑社会的代表打交道，传教士、演说家、社论作者和专栏作家们大为震惊。

1932年，林白案就此尘埃落定。但是，我们必须讲述后续的故事。二十八个月后，也就是1934年9月19日，绑架者被捕。具有讽刺意味的是，促成他被捕的原因之一是新政开始实施，美国取消了金本位制，交给绑架者的金券变得十分稀有，从而使他露出了马脚。

事实证明，绑架者不是有组织的黑社会成员，而是一个孤狼罪犯——来自德国、非法居留在美国的重罪逃犯——布鲁诺·埋查德·豪普特曼。

他在布朗克斯被捕，1935 年初在新泽西州弗莱明顿的亨特顿县法院受审，被判有罪，上诉未果，于 1936 年 4 月 3 日被电刑处死。

对豪普特曼不利的证据确凿：

1. 豪普特曼住在布朗克斯区，康顿医生的广告就出现在那里的报纸上，康顿医生在那里认识了"约翰"，"约翰"也在那里收到了赎金。

2. 赎金票据的号码已经记录在案，其中许多票据是在距离布朗克斯区不远的纽约市某些地方兑换的。

3. 被捕时，哈普特曼身上的一张 20 美元的钞票是赎金之一。

4. 在他的车库里发现了不少于 14600 美元的赎金钞票。

5. 他是德国人，讲话的方式、拼写错误都与勒索信大致相同。

6. 他的笔迹与勒索信上的笔迹相似。

7. 1932 年 3 月 1 日之后，他没有固定的生活来源，花钱却很随意，并有一个规模不小的股票账户（他在该账户上的交易相当不成功）。

8. 他对于金钱来源的解释（与人合伙经营皮草生意，赚来的钱存放在鞋盒里）含糊不清，难以令人信服。

9. 此外，绑架者还在霍普韦尔留下了一架结构奇特的梯子。农业部的一位专家阿瑟·科勒证明这把梯子曾是运往布朗克斯一家公司的货物，而且梯子刨削的不规则之处与豪普特曼的一把刨子的不规则之处相吻合。

10. 最后，梯子上使用的一块木头与豪普特曼阁楼上一块地板上缺失的木头完全吻合，甚至连上面的旧钉孔都在同一位置。

在绑架案之外，生意仍在下滑、下滑、下滑。

卡尔文·柯立芝曾是 20 世纪 20 年代繁荣时期的主要守护神，如今他在北安普敦庄园的草坪上踱来踱去，满怀困惑。一天，他去理发店理发，理发师恭敬地说："柯立芝先生，这次大萧条什么时候会结束？"这位前总统说："嗯，乔治，国家的大人物们必须团结起来，做点什么。它不会自己结束的。我们都希望它会结束，但我们还没看到结束的迹象。"

为了给年轻有为的奥格登·米尔斯一个掌管财政部的机会，安德鲁·梅隆被调到英国担任美国驻英大使。在他离开财政部之前，股票市场从未崩溃过。梅隆是柯立芝提到的"大人物"之一，一个拥有巨额财富、金融头脑和金融声望的人。他有什么话要说呢？1932 年春天，他在伦敦发表了演讲："我们谁也无法知道，何时以及如何才能走出萧条的低谷。但我知道，和过去一样，总有一天我们会发现自己的经济基础更加稳固，进步的脚步会重新开始。"他在国际商会上也说："我不相信有任何立竿见影的办法来医治世界正在遭受的病痛，我也不相信目前的社会制度毫无问题，尽管我们这个国家和其他工业化国家实现了世界历史上前所未有的经济福祉……"

对于陷入困境的男女来说，这些话无法打动人心。

几个月后，另一位金融界大人物——英格兰银行行长蒙塔古·诺曼在伦敦发表演讲。即使考虑到他讲话中充满希望的段落和英国人惯有的自嘲，那些读过他讲话内容的人仍会感到震惊。在谈到全球经济危机时，他说："困难如此巨大，影响如此广泛，形式如此新颖，先例如此缺乏，因此，我不仅应以无知的态度，而且应以谦卑的态度来对待整个问题。"

华尔街似乎也没有给出任何答案。华尔街的人抱怨说，问题在于"缺乏信心"（老生常谈）。这种缺乏信心的原因是对通货膨胀，以及国会不可预测的危险行为的恐惧，国会对平衡联邦预算过于热衷，充满了不靠谱的想法。旧秩序的维护者似乎和其他人一样困惑，他们不知道自己受到了什么样的打击。一位以精明著称的银行家在一次新闻谈话中说："至于大萧条的原因或出路，你知道的和我一样多。"伯利恒钢铁公司的查尔斯·M. 施瓦布曾一度非常乐观，但他后来在纽约的一次午餐会上说："……我害怕，每个人都害怕。我不知道，我们都不知道下个月的股价能否回归正常。"

占星家和算命先生如鱼得水。占星家伊万杰琳·亚当斯和多洛丝收到了一箩筐的信，其中既有金融家寄来的，也有老百姓寄来的。若其他所有预言家都失败了，为什么不试试占星术呢？

1932 年春是金融界声誉扫地的季节。3 月 12 日，巴黎发生了一件怪事：国际工业和金融业的奇迹创造者之一、瑞典火柴大王伊瓦尔·克鲁格小心翼翼地拉上了他位于维克多·伊曼纽尔三世大道公寓卧室的百叶窗，抚平了没有铺好的床被，躺下，朝自己的心脏开了一枪。在接下来的几周里，自杀背后的故事逐渐浮出水面：克鲁格是个骗子，他用虚假的数字和天花乱坠的谎言轻而易举地欺骗了美国最受尊敬的金融公司。4 月 8 日，公用事业投资公司的创始人塞缪尔·英萨尔来到欧文·D. 杨的办公室，对一群纽约银行家说他已经完蛋了。他悲伤地说："我希望能早点死！"英萨尔的纸牌屋也倒塌了。参议院的一项调查开始揭露那些富有、地位显赫、理应承担责任的公司内部人士冷血操纵股市的内幕。胡佛的复兴金融公司总裁查尔斯·G. 道威斯不得不辞职，匆忙赶往芝加哥，希望贷款 9000 万美元来拯救他的银行，因为他的银行陷入了芝加哥银行业的恐慌挤兑。各种即将倒闭的传言不绝于耳。这个时候，谁知道明天倒下的会是谁呢？

根据联邦储备委员会调整后的工业生产指数，1932 年年中，工业生产指数还不到 1929 年最高水平的一半，从 125 点一路下滑到 58 点。每千克棉花的售价低于 11 美分，小麦低于 110 美分，玉米为 68 美分。债券价格一落千丈。至于曾经显得红红火火的股票市场，其跌幅之大，使 1929 年大恐慌结束时的价格都显得高不可攀。下面以表格的形式作了一些比较。

公司名称	1929 年 9 月 3 日的最高价（美元）	大恐慌后 1929 年 11 月 13 日的最低价（美元）	1932 年的最低价（美元）
美国电话电报公司	304	197.25	70.25
通用电气公司	396.25	168.5	34 [①]
通用汽车公司	72.75	36	7.625
纽约中央铁路公司	256.375	160	8.75
无线电公司	101	26	2.5
美国钢铁公司	261.75	150	21.25

股票市场——这个国家经济前景的"晴雨表"——如此黯淡。昔日的希望已经破灭，人们还能等来救世主吗？

———————

① 根据此期间的分拆情况进行了调整，实际价格为 8.5 美元。——作者注

第四章

换　届

拯救美国的重任似乎落在了富兰克林·D.罗斯福的肩上。

1932年6月初,共和党召开了一次沉闷的大会,守旧派完全控制了会议,写了一份沉闷而冗长的纲领,并提名赫伯特·胡佛竞选连任。他们只能这样做。考虑到世界上正在发生的事情,共和党的讨论总体上没有太大意义。

当民主党人前往芝加哥参加候选人提名大会时,芝加哥仍在经历恐慌,近四十家银行倒闭,复兴金融公司总裁道威斯的银行也受到重创。罗斯福在民主党候选人提名中遥遥领先,这得益于他的助手们一直在同心协力地工作。詹姆斯·法利身材高大、和蔼可亲、精力充沛,精于政治手段和人情世故,他在美国各地奔走,并用惊人的精力大量寄送私人信件。有时,他一次叫来六名速记员,连续八小时用绿色墨水在信上签名;到了晚上无人干扰时,他能以每小时近两千封信的速度签字。如果说法利是罗斯福部队的指挥官,那路易斯·麦克亨利·豪就是参谋长,他是一个眼睛突出、不修边幅的小个子,崇拜罗斯福,活着就是为了促进他的事业。豪留在纽约麦迪逊大道一间破旧的办公室里,坐在堆满报纸和小册子的办公桌前，或者在一张旧床上研究政治地图（慢性哮喘经常使他筋疲力尽），给法利提出明智的建议。法利曾写道："路易斯会以他最喜欢的姿势坐在我面前，手肘放在膝盖上，双手捧着脸，除了眼睛，几乎看不到他的五官。"豪是一位精通政治的战略家，整个竞选计划都是他制定的。

在这些人为罗斯福争取支持的同时，其他人也在为他出谋划策。1932年3月，也就是林白绑架案和克鲁格自杀案发生的那个月，罗斯福的朋友兼顾问塞缪尔·罗森曼向他建议，让一群大学教授来帮助他制定计划可能是个好主意。罗斯福笑着表示同意。罗森曼邀请哥伦比亚大学的法学教授雷蒙德·莫利共进晚餐，并在喝咖啡和抽雪茄时与他一起讨论了这个问题。此前几个月，莫利一直与罗斯福一起研究纽约的各种问题，因此自然而然地成为竞选顾问小组的招募官员和非官方主席。该顾问小组成员包括（除莫利和罗森曼外）哥伦比亚大学的经济学家雷克斯福德·盖伊·塔格韦尔和小阿道夫·贝勒，以及罗斯福的法律合伙人巴希尔·奥康纳。罗斯福起初称这个小组为"枢密院"，7月，《纽约时报》的詹姆斯·基兰将其命名为"智囊团"。小组成员会到奥尔巴尼与罗斯福州长共进晚餐，兴奋地畅谈数小时，然后返回纽约，为候选人研究和整理国家问题，并为他起草备忘录和演讲稿。

但一开始，罗斯福在使用这些材料或对任何事情表达明确立场时，都非常谨慎。他英俊、友好，有魅力，有胡佛所缺乏的迷人微笑和令人愉快的声音；他不仅有作为纽约州州长的政治和行政经验，而且作为前海军部长助理对华盛顿也很了解。他不仅有法利和豪的帮助，也有民主党代表因他在政治上的"可控性"而在他身边众星捧月。为了赢得提名和选举，他所需要做的显然只是发挥自己的魅力，一边让自己看起来足够保守，以获得厌倦了胡佛的共和党人的选票；一边让自己看起来足够激进，以便迎合叛逆者。当然，他还不能树敌。因此，他对"经济金字塔底层被遗忘的人"十分关心，但不说应该如何给予帮助的话。他说"国家需要大胆、坚持不懈地尝试"，却在演讲中不断变换说法。他对坦慕尼协会贪腐的谴责如此温和，在表达经济观点时如此谨慎，以至于沃尔特·李普曼警告那些

1932 年 的 路 易 斯 · 麦 克 亨利 · 豪（左）和富兰克林 · D. 罗斯福（右）

罗斯福的顾问塞缪尔 · 罗森曼

将罗斯福视为勇敢的进步人士和"邪恶势力的敌人"的西方民主党人：他们并不了解罗斯福。

李普曼写道："富兰克林·D. 罗斯福是一个和蔼可亲、乐善好施的人，而且与人为善。他太热衷于讨好……富兰克林·D. 罗斯福不是十字军战士，不是人民的护民官，也不是特权阶层的敌人。他是一个讨人喜欢的人，虽然不具备担任总统的任何重要素质，但他非常想当总统。"

在芝加哥体育场举行的第一轮提名投票中，罗斯福在闷热的会议上发表了冗长的提名演说，获得了大多数代表的支持。现在剩下的唯一障碍是需要三分之二票数才能获得提名的古老规则，以及罗斯福的昔日好友和导师艾尔·史密斯的坚决反对。7 月 1 日上午 9：15，正如沃尔特·李普曼所说，代表们"被演说、铜管乐队、糟糕的空气、汗水、失眠和软饮料弄得晕头转向"，他们跌跌撞撞地走出体育场，来到阳光下，没有做出任何决定。

只有路易斯安那的民主党领袖休伊·朗在那个漫长的夜晚显得毫无疲态。海伍德·布鲁恩看到他冲到过道上安抚疲劳的代表团，停下来向一位金发速记员打招呼："你好吗，宝贝？"然后继续精力充沛地执行他的政治任务。当法利回到路易斯·豪的房间汇报工作时，他发现豪四仰八叉地躺在地板上，头枕在枕头上，两台电风扇对着他吹。法利躺在他身边的地毯上，两人商讨着当下的战略。两人决定，法利应该去找得克萨斯州的萨姆·雷伯恩，看看能否说服得克萨斯州代表团放弃约翰·加纳而支持罗斯福，交换条件是让加纳获得副总统提名。随后，法利拖着疲惫的身躯来到帕特·哈里森的房间寻找雷伯恩。雷伯恩还没到，法利便坐下来等待，不一会儿就倚在椅子上打起了呼噜。

但很快，一切都结束了。雷伯恩来到哈里森的套房里。他没有明确表态，只是说："我们看看能做些什么。"法利感到胜利即将到来。当天下午，加纳从华盛顿打来电话，建议他的代表团转投罗斯福。当晚，代表们再次集合，此时反对派的阵线已经瓦解。当晚的第一轮投票（总体的第四轮提名投票）后，罗斯福当选。随后，加纳获得了副总统提名。

具有戏剧性的是，罗斯福拒绝等待数周再发布公告。他摒弃传统，包了一架飞机飞往芝加哥，并立即发表演说，承诺实施"新政"（这是这个词第一次公开出现。这个词出自斯图尔特·蔡斯的《新政》一书，莫利在六周前给罗斯福的一份备忘录中提到了这个词，罗斯福将这个词据为己有）。

这篇接受提名的演说也相当戏剧化。几周来，罗斯福和智囊团一直在起草演讲稿。在飞机旅行途中，罗斯福最后做了一些修改。但到了芝加哥机场，路易斯·豪把另一份手稿塞到他手里。豪在芝加哥时，莫利给他看了一份智囊团的草稿，他不喜欢这份草稿，于是又写了一份修改稿，他现在交给被提名人的就是这份新稿。罗斯福骑马穿过喧闹的人群来到体育场，没有时间比较这两份文件。直到他站在讲台上，面对着人群，他才能把这两份文件并排放在一起比较。在欢呼声中，他扫了一眼。然后，他开始演说。他演说的开头用的是豪的第一页，其余部分则是智囊团的原始讲稿。

演讲中最大胆的莫过于罗斯福明确了立场。记者埃尔默·戴维斯写道："他显然注意到了人们对他的指责，他承诺会表明自己的立场；他确实表明了自己的立场——关于禁酒令的立场，该党以五比一的票数决定废除它。至于其他方面，他大多还是泛泛而谈，每一句话都无法反驳，但这些话的含义（如果有的话）只有富兰克林·D.罗斯福和上帝知道。"

在演说中，有许多段落预示着他在总统任期内将采取的有力措施，但这些措施的措辞含糊不清。只有一处，即他建议让失业人员重新工作时，似乎提出了一个真正新颖的计划（这就是平民保育团①计划的萌芽）。演说中的某些观点后来被他放弃了，比如他说政府"花费太多"，联邦政府应该树立量入为出的榜样。他"百分之百"地接受了民主党的新纲领：这是一份简短而具体的文件，虽然它提出推动金融改革，还要求"控制农作物产量盈余"，但它主要代表了一种老式的自由主义——商业单位小而简单、

---

① 平民保育团计划指1933—1942年对19~24岁失业男性推行的以工代赈计划，是罗斯福新政的措施之一。参与该计划的男性可以获得免费的食宿和衣物，以及每月30美元的薪资（其中25美元必须寄给家人）。——译者注

政府部门谦虚节俭——当然，它并没有暗示要极大地扩张联邦权力。

1932年夏天，事态发展迅速，思想沸腾，众说纷纭。民主党候选人很精明地认识到，左右逢源比坚守阵地损失要小，坦率的言论比坦率的行为损失要小。

美国不仅思想沸腾，而且对逆境也失去了耐心。在十几个遭受经济萧条打击的国家中，激进党派如雨后春笋般涌现，而在德国，希特勒身后正在聚集着暴风雨般的力量。这种力量尚未集中，还没有什么组织，只是在一些零散的地方呈现出共产主义的惯有形态。共产主义运动在美国发展缓慢，部分原因是美国人已经习惯了繁荣，并期望繁荣会自动回来，部分原因是当工作机会消失时，那些仍在工作的人更加不敢反抗，只是紧紧抓住他们所拥有的一切，等待着，期盼着（人们通常不是在经济崩溃时反抗，而是在经济崩溃之后）。美国到处都发生暴乱和绝食游行，但总的来说，国家的秩序还是很好的。然而，我们不能指望人们永远坐以待毙，期待他们不了解的经济体系能够自我纠正。不满情绪的发酵在许多地方以多种形式进行着，并开始冲击社会的表面秩序。

1932年夏天，华盛顿市出现了一个星星之火的事件，也出现了燎原的后果。

整个6月，成千上万的退伍军人从美国各地乘坐厢式货车和卡车涌入华盛顿。这些老兵希望政府现在就向他们支付"调整后的补偿金"（国会此前决定在1945年向他们支付这笔补偿金）。他们在城市附近的阿纳科斯蒂亚平原上建立了一个营地———一个棚户区，一种规模更大的"胡佛村"。他们还占据了宾夕法尼亚大道上的一些空地和一些废弃的建筑物，驻扎在国会大厦附近。越来越多的人来到华盛顿，人数多达1.5万~2万。

在如此众多的人群中，难免有形形色色的人。胡佛政府后来指控许多人有犯罪记录，或者是共产党员，但毋庸置疑的是，他们中的绝大多数都是真正的退伍军人。这支"补偿金远征军"主要由运气不好的普通美国人组成。他们遵守军纪，总体上表现良好。随着时间的推移，阿纳科斯蒂亚营地呈现出半军事、半家庭的氛围，家庭洗衣机立在简陋的棚屋外，还有

退伍军人在华盛顿搭设了大量棚屋，形成了"阿纳科斯蒂亚营地"

上图：1932年7月，退伍军人占据了国会大厦的草坪

右上图：退伍军人在棚屋区制作了标语和展品

右图：棚屋区最终被军队烧为平地

艺人即兴表演杂耍。

华盛顿警局局长佩勒姆·D.格拉斯福德将军理智地将这些入侵者视为公民，认为他们完全有权向政府请愿申冤。他帮助他们为营地添置设备，无微不至地照顾。但对一些华盛顿人来说，这些退伍军人的存在是不祥之兆。在审议补偿金法案期间，一群退伍军人在一位头戴钢制护颈和头盔的领导人的带领下，连续数日在国会大厦门前抗议；在法案即将付诸表决的那天晚上，国会大厦前的广场上挤满了退伍军人。参议院投了反对票。在灯火通明的参议院侧楼里工作的人向窗外望出去，担心这数千名衣衫褴褛的人会不会试图冲进大楼。但当他们的领袖宣布结果后，这群人悄然散去，并未闹事。

在接下来的几天里，他们中的一些人离开了华盛顿，但仍有几千人固执地留在那里。官方变得越来越不安。白宫加强了戒备，大门紧闭并用铁链锁住，周围的街道被清空，似乎那里的人不敢面对这群最不幸的公民。1932年7月28日上午，格拉斯福德将军接到命令：必须立即疏散退伍军人。他开始执行任务。

开始时一切平静，中午时分有人扔了一块砖头，老兵和警察发生了扭打，但很快就平息了。两小时后，老兵们向一名警察投掷石块，警察拔枪射击，造成更严重的麻烦。在格拉斯福德让警察停止射击之前，两名老兵被打死。格拉斯福德希望和平地完成撤离，不想让退伍军人受到不必要的侮辱，但他未能如愿。

当天早些时候，他曾告诉地区专员，如果要迅速撤离，就需要动用军队。这句话被不必要地解释为请求军事援助，而格拉斯福德根本不想要军事援助。胡佛总统命令美国军队前往救援。

在那个炎热的午后，宾夕法尼亚大道上出现了一支令人印象深刻的队伍——四支骑兵队、四个步兵连、一支机枪中队和几辆坦克。当他们走近抗议地区时，坐在路边的老兵和聚集在一起的大批人群向他们欢呼。突然，场面一片混乱：骑兵冲进人群，步兵投掷催泪弹，妇女和儿童被践踏，被毒气呛得喘不过气来；聚集在对面空地上的三千多名民众被骑兵追赶，在凹凸不平的地面上狂奔，跌跌撞撞地尖叫着。

部队缓慢前进，老兵和下班的政府职员都被驱赶。部队到达阿纳科斯蒂亚桥的另一端时，遇到一群对他们报以嘘声、迟迟不肯"走开"的民众，于是部队投掷了更多的毒气弹。他们开始焚烧阿纳科斯蒂亚营地的棚屋，一些退伍军人也在放火。当晚，华盛顿火光冲天。即使过了午夜，部队仍在带着刺刀和催泪弹巡逻，把人们赶到阿纳科斯蒂亚的街道上。

补偿金远征军已被驱散，与更多无家可归者的大军合并，在美国各地漂泊。美国陆军"成功"地完成了行动，没有杀死任何人——尽管伤员名单很长。事件结束了，但它给人们留下了苦涩的回味。华盛顿拔出刺刀击溃一无所有的人——难道这就是美国政治家能为饥饿的公民提供的最好帮助吗？

农民开始反抗了，这也难怪，因为美国农业的总收入已经从 1929 年的近 120 亿美元（当时美国农业已经因出口销售下降而遭遇了多年的衰退）下降到 1932 年的 54 亿美元。大多数制造业企业只是下调价格，并以减产来适应疲软的需求，而农民做不到这一点，农产品的价格直接跌到了谷底。对于入不敷出的农民来说，不能指望他们都能对此保持理智。

愤怒的爱荷华人在米洛·雷诺的组织下成立了一个农民假日协会，禁止食品在三十天内运入苏城，"直到收回生产成本"。他们用带尖的电报杆和原木封锁公路，拦截牛奶卡车，并将牛奶倒入路边的沟渠。爱荷华州一位留着白胡子的老农对记者玛丽·希顿·沃斯说："他们说封锁公路是违法的，我说：'在我看来，波士顿倾茶也是非法的。'"

其他地方的农民正在采取直接手段来阻止抵押品赎回权拍卖的浪潮。在草原地区，有许多农民不仅背负沉重的土地抵押贷款，而且还为购买农机或应付价格连年下跌的紧急情况而债台高筑。当最勤劳的人也无法用玉米和小麦偿还债务时，他们对破产法律失去了耐心。当一个昔日成功的农民，一个有家有室、勤劳肯干的公民，从破产裁判官的办公室出来时，他只剩一匹老马、一辆马车、几条狗和几头猪，以及几件家具，但他的邻居看到他很可能会眼红，因为更多人早已资不抵债。在抵押品赎回权拍卖时，这些农民会赶走潜在的竞拍者，密密麻麻地聚集在拍卖师周围，以每匹马 25 美分、每头牛 10 美分、每头肥猪 1 美分的价格竞拍，第二天一早就会把买到的东西归还给前主人。

一个安静的县城出现了一些传单："农民和工人！请保护您的邻居不被赶出家园。现在是行动的时候了。在过去的三年半里，我们一直在等待造成这种局面的罪魁祸首找到一条出路……星期五，某某的财产将在法院进行强制拍卖……农民委员会已经召集了一次群众抗议大会，以阻止上述拍卖。"周五，卡车开到法院，数百名安静、面无表情的人挤满治安官办公室外的走廊，要求停止拍卖。

他们威胁法官。在一起案件中，一群暴徒将一名法官拖出法庭殴打至昏倒，以阻止执行法律。

这些农民不是革命者，相反，他们中的大多数人都很保守。他们只是在愤怒地反击那些罪魁祸首。

整个 1932 年夏秋之交——当奥林匹克运动会在洛杉矶隆重举行时，当人们聚集在缅因州和新罕布什尔州的空地上尽情观赏日全食时，当纽约市市长吉米·沃克因在任期间行为不端而受到罗斯福州长的审判并辞职、暂时流亡法国南部时——各种治理经济萧条的想法、计划和理念不断涌现。

1932 年 7 月和 8 月，俄亥俄州的代顿市和黄泉市开始实施以货易货的贸易计划，并很快在许多社区盛行起来。人们把一无所有的人组织起来，集中力量，各取所需——但经过几个月甚至几年的英勇努力后，他们发现，"以货易货"和在现有体系内建立小型生产系统的尝试充其量只能是权宜之计。货币几乎消失殆尽的城镇正在采用代用货币，即当地商店发行的本地货币。1933 年 1 月，以参议员身份抵达华盛顿的休伊·朗穿着薰衣草色睡衣接待了记者们，他在 3 月份提出了"分享财富"计划[①]。虽然休伊现在是罗斯福的重要谋士，但他觉得这样做的时机已经成熟。考夫林神父的众多广播听众听到了他对纽约金融家和胡佛政府的痛斥，并称摩根、梅隆、迈

[①] 计划的主要内容是增加联邦政府的民生开支、向富人征收财富税、把财富分给穷人等。——译者注

耶和米尔斯为"四骑士"。这位电台牧师还准备站出来支持发行新货币。

　　杂志编辑们收到了大量投稿，其中提出了结束经济萧条的各种建议。这些投稿建议发行巨额债券用于公共工程，建议实施货币贬值政策，建议其他各种合理或荒谬的权宜之计——比如，不使用就会贬值的"热钱"计划；道格拉斯信贷计划；银行和信贷系统改进计划；普遍减债计划；缩短劳动时间以消化失业的"工作共享"计划；由政府接管和经营工业的计划。在失业工人和城市知识分子中，共产主义的力量明显增强，而且进展迅速，几十位年轻的小说家开始创作无产阶级小说。

　　民众的情绪在慢慢发挥作用，随着冬天的来临，它突然催生了一个惊人而重要的现象：人们对技术专家治国的狂热兴趣。

　　没有人比"技术专家治国思想之父"霍华德·斯科特更对这种狂热感到困惑了。他是一个古怪、夸夸其谈、毫无计划的年轻人，自称在工程领域很有建树，当然也做过小规模的油漆和地板蜡生意。多年来，他一直在各种地下酒吧和餐馆向人们兜售他奇怪的经济理论，但总被人嗤之以鼻。当经济大萧条击溃了正统经济学时，异端邪说开始显得不那么疯狂。斯科特得到了足够的支持，让一群失业建筑师在哥伦比亚大学从事"北美能源调查"工作。随后，《生活年代》刊登了一篇关于"技术专家治国"的文章。然后，突然间，1932 年 12 月，"技术专家治国"出现在报纸上、杂志上、布道中、电台演员的插科打诨中、街头巷尾的谈话中。不久前还在为报纸上刊登了几行关于"技术专家治国"的报道而欢欣鼓舞的斯科特，现在正被采访者追逐着，他说的每一句话都能成为金科玉律。

　　斯科特的理论部分源自托斯丹·范伯伦和弗雷德里克·索迪[1]的著作。他认为，我们的经济体系本来不会衰退和放缓；我们巨大的科技进步和机

---

[1] 托斯丹·范伯伦（1857—1929），挪威裔经济学家，制度经济学创始人，社会学家，代表作为《有闲阶级论》《企业理论》等，对资本主义生产方式有较多批评。弗雷德里克·索迪（1877—1956），英国化学家，1922 年获得诺贝尔化学奖，也精通核物理学、金融学和经济学，他在 1921—1934 年出版了四部经济学著作，提出了以物理学为基础的经济学观点，建议放弃金本位制，遭到当时的经济学家的嘲笑，但对后世的经济和金融理论产生了一定影响。——译者注

器力量的巨大潜力为无与伦比的繁荣奠定了基础——只要我们的货币和信贷安排不阻碍经济的发展。斯科特认为，现有体系的问题在于，本应使我们享受富足的发明和改进被阻碍了，这种情况加重了债务负担，使经济机制停滞不前。

他的理论比较难理解。斯科特坚持认为，错误的是价格体系，我们需要的是以能量为基础的价格体系——单位是尔格和焦耳。而能够将这种系统付诸实施并加以操作的人是技术专家——科学家和工程师。

即使斯科特和他的弟子们能够解释如何实现这一非常困难的变革，但考虑到新的价格体系会给日常交易带来巨大的变化，将其付诸实施似乎是一项非常危险的行动。实干家们对这样的建议颇为困惑。把一个社会的重大决策交到科学专家的手中，这让实干家们也觉得很好笑。他们认为，社会决策总是需要政治家，因为决策需要考虑人性。其他一些"技术专家治国"的批评者指出，斯科特关于新工程设备的巨大潜力的论述充其量只是乐观主义。还有一些人对技术专家们表达自己观点时使用的深奥语言和复杂的数学公式感到恼火。

不过，"技术专家治国"恰恰符合美国人当时的情绪，它为这个时代无处不在的困惑提供了答案。这个答案是崭新的，似乎也是科学的，因此受到崇尚科学、视科学为进步源泉的人们的欢迎。作为一种新的时尚，它就像环球飞行一样有趣。它是深奥的，完全脱离了实际问题和可理解的世界，这一事实本身就赋予了它一种神秘的不可抗拒性，让一个正在寻找复兴魔钥的民族感到兴奋。这种理念充满了希望，似乎富足时代就在眼前，这让习惯于乐观主义的公众很想接受它。它的流行正值数百万美国人厌倦旧秩序，准备迎接新秩序的时代——尽管他们不知道新秩序是什么。

在1932年的最后一个月和1933年的第一个月，美国掀起了对这一理念的热议。报纸和杂志的专栏充斥着关于它的讨论；银行家和出租车司机都在争论它的优点和谬误；《技术主义ABC》跃上了畅销书排行榜，索迪和范伯伦被遗忘的著作突然受到热烈追捧。新闻记者登上一艘即将抵达的邮轮，向归国的银行家或电影明星提出的第一个问题就是："你对技术专家治国怎么看？"霍华德·斯科特应纽约最大的公寓邀请，在其圣诞庆典上扮演圣诞老人，忙得就像明星一样。斯科特与其哥伦比亚大学同事之间的裂痕也成了头条新闻。

随后，人们的兴趣几乎很快就减退了。技术专家治国的理念与当时的实际问题相去甚远，无法持续成为人们关注的焦点。当新政到来时，它对大多数美国人来说已经是陈年旧事，就像被遗忘了一半的愚蠢回忆。

然而，与此同时，它为美国人民准备迎接新的救世主和新的信条提供了一次直观教学。美国人表现出了与德国人同样的情感意愿，他们想要改变现状，但不知道该怎么做。在德国，许多人并没有被希特勒说服，但他们不愿面对毫无希望的未来，而希特勒正在前进，而且似乎很确定他的目的地，于是他们决定追随希特勒。

在救世主到来之前，胡佛仍在备受煎熬。

1932 年 6 月，他提出了一个大胆的裁军建议，希望结束欧洲长期以来在军备限制问题上的僵局。这种僵局加深了德国国内的不满情绪，但法国和英国反对放松限制，于是这一建议无功而返，而这一举措无论如何都来得太晚了。他与顽固不化的国会一起努力，热切希望平衡预算，但只取得了部分胜利。他越来越焦虑不安。他匆匆忙忙地从办公桌前走到午餐会上，又匆匆忙忙地走回来，几乎不和走廊上的白宫工作人员说话。他总是半眯着眼睛，皱着眉头与他们擦肩而过。白宫记者发现他疑神疑鬼，不愿意举行记者招待会，对新闻界的攻击深恶痛绝。在白宫，没有人比他更努力地工作，但他的努力鲜有回报。

8 月，情况似乎有所好转。尽管整个事件令人痛苦，但"补偿金远征军"已经被赶出了首都。更妙的是，商业指数开始转为上升。洛桑会议事实上停止了德国的赔款，似乎缓和了欧洲的金融紧张局势。黄金不再从美国外流，事实上，到 8 月底，在 1931 年后几个月和 1932 年前几个月被吓跑的黄金有三分之一以上又回来了。联邦储备基金减缓了银行倒闭的速度。股市再次出现健康的上涨迹象。也许繁荣的转折点终于出现了，即使胡佛在大选中失利，他也可能作为见证美国度过危机的人而被载入史册。

　　然而，竞选活动已经向他袭来，除总统职务的沉重负担之外，他还必须承担起草长篇演说的重任——在林肯书房里向一排排速记员口述演说稿、修改打字稿，匆忙将其送往印刷厂，然后费力地与顾问们逐句校对。他必须最大限度地利用经济形势好转的每一个统计证据；他必须把自己对抗经济萧条的每一个举动都渲染成一场胜利的战斗；他甚至必须为提高关税的做法辩护，并警告听众，如果民主党的关税措施生效，"核心城市的街道上将寸草不生"，而"数百万农场的田野上将杂草丛生"。

　　有时，在他的巡回演讲中，热烈的掌声会让他感到振奋，但同样也会出现敌意的迹象。例如，当他的火车停靠时，一群嘲笑他的示威者会聚集在车站对面，向他的一群助手扔了一个 150 瓦的电灯泡，电灯泡爆炸时发出炸弹般的声音。在竞选活动的最后一晚，胡佛在前往帕洛阿尔托投票的途中，在圣保罗发表演讲时多次站立不稳，整个演讲过程中，他身后始终坐着一个人，紧紧抓住一把椅子的扶手，随时准备在总统倒下时用椅子把他接住。

　　罗斯福在美国各地宣扬他的新政时更显风度翩翩。现在，这位民主党候选人不再像过去那样含糊其词。他的"智囊团"现在已经扩大了许多，他们在纽约罗斯福酒店租了一间套房，正在努力为他制定一项计划——或者说，一系列计划，这些计划有时彼此冲突，有时会与他的保守派顾问的计划相冲突。

　　罗斯福明确承诺实行金融改革，如监管证券和商品交易所、监管控股公司、拆分商业银行和投资银行、通过要求全面公布证券发行情况来保护投资者。他明确提出了"竞争性关税"和对等关税谈判的必要性。他要求联邦政府在哥伦比亚河和田纳西河以及其他地方开发电力项目，并将其作为衡量私营公用事业服务的"标尺"。他呼吁控制农作物产量过剩，并承诺联邦政府将减轻农场抵押贷款的负担，这些后来都成了《农业调整法》的目标。他坚持认为，当各州无力承担救济负担时，联邦政府有责任积极介入。他支持养老保险和失业保险。在旧金山的联邦俱乐部，他在演讲中坚持认为"私营经济权力是……一种公共信任"，"任何个人或团体能否继续享有这种权力，必须取决于这种信任是否得到验证"，这真正表明了他的施政理念。然而，在他更保守的顾问们的劝说下，他也站出来要求"必须平衡预算"，斥责胡佛政府的奢侈，并承诺大幅削减联邦经济开支。此外，当被问及此事时，他明确表示，他支持"稳健的货币政策"——这通常被认为是指金本位制。他说："如果任何负责任的政府知道这些证券所包含的承诺——也就是契约——是……可疑的……那么它就不会向国民出售以黄金支付的证券。"毋庸赘言，他明确提出要废除禁酒令修正案，在这一点上，舆论已明显转向他的立场，因此这种明确的态度几乎没有任何危险。

那些早先对罗斯福的轻率感到不安的批评家仍然感到不安。该计划中仍有含糊不清和自相矛盾之处。例如，联邦政府如何能在承担如此多的职责和义务的同时减少开支？"稳健的货币政策"又是什么意思？很难判断一个包含如此多潜在矛盾的计划的真正意义。但罗斯福的自信极具感染力，他的微笑令人心悦诚服，而且时代也站在他这一边。1932 年夏末曾让胡佛备受鼓舞的商业回暖正在趋于平缓，股市在短暂上扬之后肯定会转而下跌，而随着艰难时期的持续，每过一个月，人们对变革的普遍渴望就会更加强烈。

选举日到了，当晚的欢庆活动不在胡佛的帕洛阿尔托，而是在纽约比尔特莫尔酒店的民主党总部。罗斯福和法利以及其他几个人在一个僻静的房间里听到了胜选的好消息，而外面则挤满了兴高采烈的民主党人。罗斯福赢得了 472 张选举人票，胡佛只有 59 张，除康涅狄格州、特拉华州、缅因州、新罕布什尔州、宾夕法尼亚州和佛蒙特州之外，罗斯福赢得了其他州所有的选举人票。

富兰克林·D. 罗斯福将成为下一任总统。他究竟是一位怎样的总统呢？这既取决于未来的事件，也取决于他本人——取决于他和其他人都无法预见的情况。

随后出现了一个奇怪的间歇期。商业复苏再次陷入停滞（共和党人声称，这是由于市场担心罗斯福会采取危险的行动）。国会在 12 月召开

1932 年 9 月 14 日，富兰克林·D. 罗斯福在堪萨斯州托皮卡市发表演讲

1932 年 9 月 26 日，富兰克林·D. 罗斯福（前中）与民主党伙伴的合影

的会议上比以往任何时候都更加坚定地表达了对败选总统的不满。新当选的总统拒绝合作。胡佛希望为世界经济会议做准备，还希望成立一个债务融资委员会来处理欧洲提出的修改战争债务的要求。他认为如果没有罗斯福州长作为继任总统的批准，他无法完成这两件事。他邀请罗斯福参加一次会议，罗斯福礼貌地来到白宫，和胡佛进行了交谈，两人身边各有一个助手，仿佛是在开展一场唇枪舌剑。但这次会议、第二次会议以及胡佛关于"恢复信任"联合行动的其他建议都没有任何结果。胡佛建议罗斯福发表一份声明，向全美国保证"货币政策不变，通货膨胀不会发生"，而罗斯福在拖延了很久之后回答说，他怀疑仅仅发表一份声明是否会有任何益处。

对胡佛来说，他刚刚启动的经济复苏因为罗斯福拒绝合作而烟消云散，这一点似乎再清楚不过了。他的愤怒越来越强烈，因为他相信，正在形成的银行恐慌是由于罗斯福对通货膨胀保持沉默（现在竞选已经结束），以及人们普遍担心 1933 年 3 月 4 日新总统就职之后民主党的野蛮人可能会做些什么。有明确的消息称，罗斯福曾说过他赞成通货膨胀。胡佛听说，罗斯福的智囊团之一塔格韦尔教授曾轻率地谈到银行全面关闭的危险，并说："3 月 4 日之后我们会修复这个国家，无须担心任何事情。"他还补充说，罗斯福的第一批行动可能就包括"必要时的通货复胀"（"通货复胀"是"通货膨胀"的委婉说法）。这太过分了，胡佛在一封密信中愤怒地说，塔格韦尔教授"满脑子政治算计，毫无爱国情怀可言"。这位不高兴的总统认为，罗斯福准备眼睁睁看着国家走向衰败，以获得拯救国家的功劳。

与此同时，罗斯福认为，在 3 月 4 日就职之前，作为一个普通公民，他本人决不能参与总统的行动，而且，将自己与一个不被同情、已经声名狼藉的政府的政策捆绑在一起也是不明智的——尤其是在形势瞬息万变，而他本人的计划（在许多方面与胡佛的计划不同）仍在不断变化的情况下。在当时的情况下，两人各有立场都是很自然的。我们只需要补充一点，那就是美国总统选举中诡异的政治安排：一个政府在民意调查中被否决后，还必须在将近四个月的时间里保持名义上的执政。

1933 年 2 月中旬左右，在胡佛的任期只剩下不到三周的时候，总统的挫败感突然倍增，因为银行系统崩溃了。

在过去的一两年里，地方银行一次又一次地出现恐慌，美联储多次出手相救，复兴金融公司的资金源源不断地涌入，避免了银行的全面倒闭。现在，新的恐慌又开始了，这些机构已经无力阻止。也许报纸上公布的有关复兴金融公司贷款的事实是导致这场恐慌的一个因素。不过，这样说就不免让人怀疑一个依赖民主政府秘密贷款的银行系统是否已经千疮百孔。银行可能无论如何都会倒闭，因为它们的资金被广泛地投资于有问题的债券和抵押贷款，它们利用控股公司和与投资公司的附属关系而私相授受，而许多州对它们实行的监管又过于宽松，它们手中的债务早已危如累卵。无论如何，在国家债务和信贷结构的中心出现了一个巨大的裂痕，并且迅速扩大。

2 月 14 日，底特律及其周边地区一些银行的状况变得非常危急，密歇根州州长康斯托克下令全州银行歇业八天。美国各地开始出现窃窃私语，起初几乎听不到，后来声音越来越大："大势不妙。他们说华尔街的信托公司发生了挤兑。最好把钱从银行里取出来。""麻烦就要来了。""最好卖掉一些债券，趁早套现。""最好把在纽约的存款取出来。""最好把所有资产都换成现金。""如果可以的话，买点黄金吧。"这种声音传到了欧洲："最好把黄金撤出美国，最好卖掉美元。"国家的金融机器应对乏力，工业和商业机器运行速度开始放缓，胡佛也没有办法阻止恐慌。他不停地工作，每晚睡眠时间不超过五小时，但只能眼看着自 6 月份以来所取得的一切进展都付诸东流。

历史的时钟走得很快。

2 月 15 日——密歇根银行关闭的第二天——美国的事态发展几乎被一个刺客改变。在迈阿密，一个名叫赞加拉的人在人群中向罗斯福开了几枪，没有打中他，却给芝加哥市长切尔马克造成了致命伤。

第二天，即 2 月 16 日，参议院投票废除了有关禁酒令的修正案。四天后，即 2 月 20 日，众议院也举行了投票，废除禁酒令的问题交由各州批准，到次年 12 月，全美国都废除了禁酒令。看似绝无可能的事情正在发生，美国的每个社区都能感受到其后果。在变革的浪潮中，禁酒令这个里程碑被迅速地树立起来，又被迅速地冲走。

在这段日子里，密歇根州的银行业一直在为稳定局势而努力。在底特律，银行家和汽车制造商为救援计划殚精竭虑。底特律、纽约和华盛顿之间的电报线路嘘嘘作响，总统、复兴金融公司官员、美联储官员、福特、克莱斯勒、斯隆以及密歇根州的银行家和官员焦急地交谈着，却没有找到任何解决办法。与此同时，装甲卡车在夜间穿梭于各个城市之间，为陷入困境的银行运送现金。美联储的数据显示，随着恐慌的加剧，美国囤积的黄金急剧增加。

2月21日星期二，罗斯福宣布国务卿将由科德尔·赫尔担任，财政部长将由纽约的小制造商威廉·H.伍丁担任（罗斯福曾希望由卡特·格拉斯担任财政部长，但格拉斯意识到罗斯福已经做好了在必要时放弃金本位制并主动通货膨胀的准备，因此不愿接受；伍丁这个相对默默无闻的人是罗斯福的第二人选）。

同一天，参议院一个委员会的证人披露了美国金融大亨们在过去几年中的一些令人不安的行为。在费迪南德·佩科拉的质询下，纽约国家城市银行董事长查尔斯·米切尔承认，在1927年、1928年和1929年，他从自己的银行及其附属机构获得了总计超过300万美元的奖金——然而，是将一些银行股票亏本出售给自己的家族成员，他在1929年没有缴纳任何所得税，而他后来又回购了这些股票。第二天，人们得知，在1929年大恐慌之后，银行保护了那些买卖自家股票的高管，但银行的员工不得不分期全额支付股票的费用，而这些股票在此期间已经失去了大部分价值。虽然这些行为并不构成犯罪——后来佩科拉还揭露了更恶劣的事情——但它们激怒了大家。在这种时候披露这些信息，使得全美国人民对大银行家的态度产生了深刻的变化，不信任和不赞成的熊熊怒火突然燃烧了起来。

2月24日星期五，巴尔的摩银行发生挤兑，州长里奇宣布马里兰州银行休业。周六和周日，俄亥俄州的三个城市出现了严重的挤兑恐慌。27日星期一，米切尔辞去了国家城市银行董事长的职务，这位牛市银行家在日益高涨的舆论面前认输了。现在，恐慌正通过俄亥俄州和印第安纳州向肯塔基州和宾夕法尼亚州蔓延。

这也不是美国唯一的剧变。2月27日晚，纳粹党人烧毁了德国国会大厦，并将火灾归咎于共产党人。在这场大火中，德国的民主也被摧毁了。新总理阿道夫·希特勒现在正迅速走向独裁。在世界的另一端，日本政府于1931年入侵中国东北，当时西方世界正为金融恐慌所困扰，日本政府完全无视国联的反对，正向热河进军。在国际上和美国国内，旧秩序正在被新秩序取代。

3月1日星期三，又有两个州宣布了州银行休业，当天晚上，另外四个州宣布银行休业。3月2日，又有十个州宣布银行休业。在银行休业州以外的许多城市，银行此时只能在有限制的情况下继续营业。同一天，罗斯福乘坐专列从纽约前往华盛顿——旅途中的大部分时间他都在与法利谈论人们在危机中对宗教的需求。罗斯福看似轻松自如，但他知道，他正面临着一场飓风，这场飓风不仅要让他立即做出史无前例的决定，还要让他在美国指挥这场全球经济崩溃后的叛乱。在农民和失业者中蔓延的动荡，对金融霸主的愤怒，对神奇药方的渴望表现在对技术民主的兴奋——这些怨恨和希望都是他要满足的。如果他不能满足它们……

3月3日，即总统就职典礼前夕，金融风暴席卷美国的金融重镇芝加哥和纽约。金融体系几乎完全崩溃。胡佛在最后一刻拼命想办法，但无济于事。3月4日凌晨4点30分，金融重镇也投降了：纽约州州长雷曼宣布州银行歇业。几乎与此同时，伊利诺伊州州长霍纳也宣布银行歇业。6点钟，疲惫不堪、面容憔悴的胡佛起床，执行总统任期内的最后一项例行任务。他被告知，在他任职的最后一个早晨，美国的银行系统停止了运转。

"我们已经走投无路了，"他说，"我们已经无能为力了。"

历史舞台的导演太残酷了。无论胡佛有多少缺点，有多么笨拙，在政治上有多么无能，他都是一个随机应变、刚毅不屈的战士，面对一个注定要失败的秩序，他不应该受到这样的个人羞辱。但现在大幕即将落下，他必须退场了。

第五章

新政蜜月

1933 年 3 月 4 日，星期六。就职典礼时间到了。

当天的空气中弥漫着一种紧张的气氛——历史感和期待感。如果你此时住在纽约州或伊利诺伊州，这可能是你第一次知道银行要全面关闭，这些州的休业令来得太晚，没能赶上 3 月 4 日的早报。每家银行的门上都贴着一张小告示，上面写着"奉州长命令关闭银行"；人们三三两两地走上前去，看了看告示就走开了。很多人的第一个念头是，家里只有一点钱——五块钱或十块钱——不知道这些钱用完后该怎么办、接下来会发生什么。然后，人们慢慢意识到这次资金链断裂的重要意义。

这一天终于来了。人们一直担心的末日终于到了。现在情况还不算太糟，人们还有一丝兴奋，就像听到火警警报带来的那种快感。但接下来呢？这可能只是灾难的开始。所有人都在关注新总统的就职演说。美国各地的人们都围着收音机想知道罗斯福将如何应对灾难。

一位电台记者如此描述华盛顿国会大厦东面就职典礼的准备情况："知名人士陆续来到平台上就位，密集的人群涌向下面的国会大厦广场，大气阴冷。"记者注意到，罗斯福总统的心情看起来不错——事实上，他极力强调乐观主义，因为他知道，忧心忡忡、惊恐万分的人们正在听他说话。胡佛神情严肃地走向他在站台上的位置，然后罗斯福挽着他儿子詹姆斯的胳膊走上斜坡。典礼开始。首席大法官休斯主持就职宣誓，罗斯福清晰而坚定地说完了誓词。然后是就职典礼。

新总统的声音很坚决，清晰地传入每个美国人的客厅。

"胡佛总统，首席大法官先生，我的朋友们，今天是举国欢庆的日子，我确信，我的美国同胞们期待着我就任总统后，以国家当前形势所要求的坦率和果断向他们发表讲话。现在正是坦率而大胆地说出真相的大好时机。我们也没有必要在坦诚面对我们国家当今的状况时退缩。这个伟大的国家将一如既往地屹立不倒，必将复兴和繁荣。因此，首先，请允许我坚定地认为，我们唯一需要恐惧的就是恐惧本身——无名的、无理的、毫无道理的恐惧，它阻碍了我们将退缩转化为前进的必要努力。"

这听起来不像是"繁荣指日可待"的空洞言论，而是真正充满信心。

这个声音继续将国家的麻烦归咎于"商品交换的统治者"。"诚然，他们已经尝试过，但使用的都是过时的方法……货币兑换商已经从我们文明殿堂的高位上逃离。"收音机里传来阵阵掌声。在银行破产和丑闻之后，对大金融家的谴责表达了数百万美国人的心声。

这个声音谈到了让人们就业是最优先事项；谈到了"收支平衡"的重要性；谈到了"充足而稳健的货币政策"的重要性（引发了热烈的掌声）；承诺在外交事务中采取"睦邻"政策，但又说国内事务必须放在首位。然而，最引人注目的是他不断强调行动的必要性。"行动"一词一再出现。新总统表示他将根据宪法采取必要的行动，即如果情况需要，他将毫不犹豫地要求"广泛的行政权力，以发动一场针对紧急情况的战争，就像我们真的被外国敌人入侵时赋予我的权力一样大"，这段话引发了如雷鸣般的掌声。

这份宣言大获成功，因为美国人民已经厌倦了看着行政长官把最大的精力用于"静观其变"，他们需要的是积极的政策。

总统继续说道："我们并不怀疑基本民主制度的未来。美国人民没有

1933 年 3 月 4 日，富兰克林·D. 罗斯福（右）与赫伯特·胡佛（左）一起前往总统就职典礼

罗斯福总统的就职典礼

失败。他们在困难中提出了一项任务，要求采取直接、有力的行动。他们要求在指引之下遵守纪律、找到方向。他们选择让我成为实现他们愿望的工具。我接受这份厚爱。"

人们现在可以关掉收音机了，他们已经听到了想听的东西。这个人不再闪烁其词，因为他已经看到，饱受折磨和困惑的人民希望抛弃旧事物，迎接新事物；他们已经厌倦了等待，他们希望有人能够和他们一起抗击这场萧条；他们需要领导，需要大胆的决策。他用语言和语调向他们承诺了他们想要的东西。

承诺的行动有很多，而且来得很快。

3月5日，星期日，就职典礼的第二天，新总统召集国会，准备在下周四召开特别会议，还发布公告，要求美国的银行全部歇业，并禁止黄金出口和一切外汇交易（可以说美国暂时、部分放弃了金本位制度）。

到了周四，国会召开会议，通过了一项法律，认可了行政部门迄今为止所做的一切，并进一步加强了对银行业务、黄金、白银、货币和外汇的控制。

周五，总统要求国会立即采取行动，削减联邦开支。尽管削减退伍军人津贴在政治上令人不快，但国会还是匆忙完成了任务。

周六，财政部经过一周的紧张工作，制定并修改了各种规章制度，制定又放弃了发行清算所凭证的计划，颁布了发行新货币的计划，并根据联邦储备银行和国家银行首席审查员的建议对银行进行了粗略的分类。总统在星期六宣布，全美大多数银行将于下周一、周二和周三开业。

星期天晚上，总统在他的第一次"炉边谈话"中，以令人钦佩的简洁、清晰和说服力，向全美国人民解释了银行重新开业的监管办法，以及他的听众怎样做才能使这一过程有序进行。

3月13日星期一，银行开始营业。就在同一天，总统要求国会将啤酒合法化。他上任的头十天，在喜庆的气氛中结束了。

这就是那十天的基本事实。但是，仅仅对这些事实进行罗列，并不能让人充分认识到它们的重要意义，也不能让人充分认识到这十天对美国人

1933 年 2 月，人们涌向银行挤兑

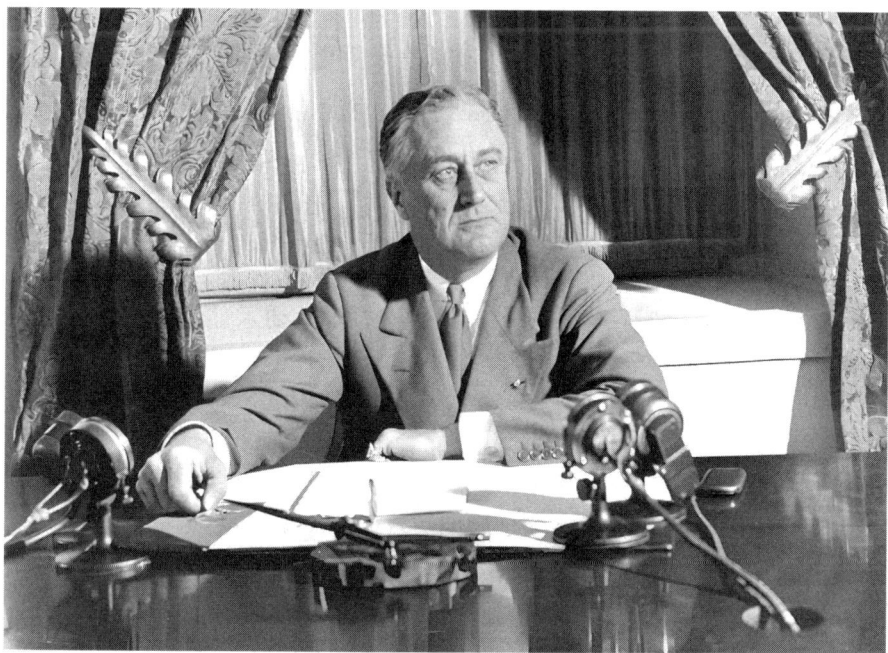

1933 年 3 月 12 日，罗斯福在首次炉边谈话中谈论了银行危机

民来说是怎样的十天。

新政府的窘境显而易见。新总统和新内阁还不习惯其职位的日常工作，也不了解其幕僚，而且在很大程度上不得不依赖留任的胡佛政府官员。他们必须在此情况下应对前所未有的紧急情况，面对无法预见的问题。一切都必须以最快的速度完成。没有人知道在这种压力下犯错的代价是什么。没有人能够确定，这是否只是一系列紧急情况中的第一个，以及这些紧急情况是否会使情况变得更加糟糕。从未有一个新政府遇到过这样的困难。

但其他情况会对他们有所帮助。首先，命运对胡佛如此残酷，这让新政府可以另起炉灶，而不会因为以前失败的记忆而手足无措。按照传统，美国人民会对新政府产生好感，并支持其最初的行动；在此时，这种好感不仅是现成的，而且是强烈的。绝大多数民众都迫切希望新政取得成功，就连华尔街的银行家们也准备给予罗斯福充分的权力，并对他表示良好的祝愿，尽管他们可能会因为被称为"从我们文明殿堂的高位上逃离"的货币兑换商而感到害怕。他们受到了严重的惊吓，士气低落，集体声誉无论如何都受到了玷污，他们唯一的希望就在于罗斯福的成功。报纸现在也热情高涨。几个星期以来，他们一直把银行恐慌的新闻放在后页，现在他们可以放开手脚了。在新闻版和社论中，美国人与生俱来、习以为常的那种振臂高呼、鼓舞士气、乐观向上的战斗热情喷涌而出。通常意见分歧、互相刁难的国会，几乎变得像啦啦队一样齐心和热情——因为公众舆论要求他们这样做。议员们收到了无数信件，内容都是要求他们"支持总统"。一盘散沙的民族突然万众一心了。

还有一个有利的情况。在《资本主义的传说》一书中，瑟曼·W.阿诺德讲述了他在银行恐慌之前与一群银行家、律师和经济学家的谈话。他们都对银行全面倒闭的可能性感到震惊。其中的一个人说："当我想到大通国民银行关门后会有多大的灾难时，我的大脑就无法运转了。"阿诺德先生把这次谈话告诉了他的朋友爱德华·S.罗宾逊教授，发现他莫名很高兴。罗宾逊教授问："你认为，当银行都关门的时候人们会爬上树互相扔椰子吗?"阿诺德先生回答说,在他看来这不太可能,但如此大规模的银行倒闭让他想到了暴乱,也许还有革命。这时,罗宾逊教授说:"我大胆地预言……当银行关闭时,每个人都会感到如释重负。这将是一个全美国的节日。人们会普遍兴奋和兴趣盎然。旅行不会停止,旅馆不会关闭,每个人都会玩得很开心,尽管他们当时不会承认这很有趣。"

由于业务缩减和新的裁员,银行休业间接带来了新的困扰,加剧了许多本已遭受重创的人的痛苦,但罗宾逊教授基本上是正确的。大多数美国人对揭开秘密的盖子感到如释重负。现在一切都公开了。他们觉得麻烦是暂时的,缺钱并不可耻,因为每个人都缺钱。他们都在同一条船上,并对彼此的困难做出了善意的回应。

杂货店老板开始接受赊账(他还能怎么办呢),大多数酒店都很乐意接受支票,商店对于赊账的客户也很热情。报纸上的广告栏越来越少,其中有这样一些令人愉快的公告:"在支付通行费时,我们将接受支票或经正式授权的代用券"(在银行休业的早期发行了票据清算所代用券);"无线电城音乐厅对美国和美国人民充满信心——在可以使用代金券之前,我们的售票处将接受支票";"我们将接受您的支票,三个月后再兑付,您可为您和家人购买三个月的牙膏"。

可是,商业区冷冷清清;在百货商店的高层,店员们站在那里,根本没有顾客;商业写字楼里仿佛每天都是周末;火车上的乘客稀稀拉拉;证券交易所和商品交易所都关门了。人们的议论与其说是热切而友好的兴奋,不如说是一种不祥的预感。"他们会发行代金券吗?""我们该如何使用它?""什么是'福利监督官',这是个新词吗?""银行关门时你身上有三十美元?那你可真走运。我只有三块五。""他们说史密斯家上周在地窖里囤积了三个月的罐头,他们以为要闹革命了!""你看到那些囤积黄金的人把装满黄金的袋子带回联邦储备银行的照片了吗?要我说,那些人都该重判。""道奇夫人真走运,她赶在银行休业之前清空了账户。不,她不是故意的。她说只是凑巧、运气好。""这个故事你听过吗?有个银行家死了,他来到天堂门口时,圣彼得说……"

罗斯福总统的首次炉边谈话完美地迎合了公众的这种情绪。安静、不卑不亢、清晰、自信，这是一次令人难以置信的高超表演（根据雷蒙德·莫利的《七年之后》一书，这次谈话的初稿是由民主党宣传人员查尔斯·米切尔森撰写的；胡佛的财政部副部长阿瑟·巴兰坦对其进行了全面改写；罗斯福对其进行了最终修改）。银行开业时并没有像人们担心的那样再次出现挤兑。人们似乎没有意识到，在短短几天内不可能准确无误地将稳健的银行与不稳健的银行区分开来，而且必然会出现错误。据说，有一家银行的情况非常糟糕，其董事甚至没有提出重新开业的申请，但由于文书工作中的疏忽，这家银行被列入了错误的名单，获得了一张"健康证明"并顺利开业！当然，有些地方的银行甚至在开业后就出现了挤兑现象，因此必须动用联邦资金来应对挤兑，以免重蹈覆辙。许多银行仍然在休业，3月15日之后，全美国仍有10%以上的存款仍然无法取出，国家经济机制因此仍处于部分瘫痪状态。不过，总的来说，银行开业取得了巨大成功。人们的信心迅速恢复，他们被一位自信的总统吸引和说服了。

新政有了一个辉煌的开端。

接下来的几个月，华盛顿出现了历史上前所未有的景象。新政启动之初，可以说是风驰电掣。行政部门提出了一个又一个法案，总统将法案转交给国会，并附带简短的通过建议，而国会毫不犹豫地通过了这些法案，通常很少进行辩论，有时议员都没来得及阅读这些法案，更不用说理解其全部意义了。除了战时，行政部门从未如此支配过国会。即使在战时，也从未有过立法计划能以如此惊人的速度获得通过。

华盛顿的气氛如火如荼。突然之间，这座城市毫无疑问地成为国家的经济和政治中心，成为公众关注的焦点。为了满足对新政法案的解释性报道的需求，新闻媒体不得不将人手增加一倍。美国各地的男男女女纷纷涌入华盛顿。

首先是成千上万的银行家，他们挤满了财政部的走廊，向参议员解释为什么要允许他们的银行重新开业，并聚集到货币监理局在华盛顿大厦设立的一个紧急办公室——这个办公室里的四个人负责银行系统和政府之间的沟通。在工人们安装隔墙的敲击声中，财政部还在努力雇用速记员和办事员，起草法规和信函，与苦苦哀求的银行家们面谈，并处理来自美国各地的申诉来电。每个银行家都有自己的故事要讲——讲述自己的抵押贷款如何被银行审查员低估，或者整个社区如何依赖他的机构。其中一些人还带来了自己的董事。谁来和这些人打交道呢？只能是货币监理局。最初几天的压力太大，货币监理局代理局长每天只能回家洗个澡、换件衣服，然后继续工作；他勉强睡上几个小时后，他的妻子不得不坐在不断响起的电话旁，向对方解释他正在休息。另一位高级官员则躺在财政部长办公室的沙发上睡觉，一个个电话打进来，他回答完问题后又继续睡去。

银行休业期间，财政部的总部几乎不分昼夜地召开行政会议。伍丁和莫利是民主党人，米尔斯、巴兰坦和阿沃尔特是共和党人，他们都无法休息。在就职典礼后星期二早上吃早餐时，伍丁向莫利汇报了他是如何解决发行代金券这一棘手问题的："我弹了会儿吉他，读了会儿书，睡了会儿觉，醒来后又想了想代金券的事，如果没想到解决办法，就继续弹吉他、读书、睡觉、思考……有时候觉得，干脆不发代金券了！"每天工作二十多个小时让伍丁国务卿不堪重负。他的健康状况一直不好，有人认为是三月份那几周的连轴转害死了他——他于第二年去世。

成群结队的民主党公职人员也来到了华盛顿：邮政部长法利负责政府事务的上传下达，他发现酒店的走廊里总有一群人在等着他；他"几乎不得不像被通缉了一样东躲西藏"，他发现摆脱挤满老邮政大楼接待室人群的唯一办法就是和秘书一起记下每个人的名字和诉求。

各种专家和专业人士纷纷进城，帮助制定新的法律法规和建立新的政府机构。金融家们和他们的律师以及拿着公文包的助手纷纷前来，在费迪南德·佩科拉对银行界丑闻的间歇性轰动调查中出庭作证。来自英国、加拿大、法国、意大利、阿根廷、德国、墨西哥、中国、巴西、日本和智利的特使们接踵而至，每个人都带着随从，与总统及其顾问们就经济问题和外交问题进行磋商。英国来了首相拉姆斯·麦克唐纳，法国来了总理爱德华·赫里奥特。各种招待会、会议、晚宴、专家小组之间的长时间讨论层出不穷，令人疲惫不堪。

无数的理想主义者、狂热分子、激进的国家规划者、软硬兼施的"救世主"也像磁铁一样被吸引到华盛顿，每个人都为结束经济萧条开出了无懈可击的药方。

与此同时，数以千计的复兴计划涌入白宫，因为伟大的美国公众希望提供帮助。这些计划的范围很广，有的只是半文盲在草稿纸上的涂鸦，有的则是长达 175 页的油印小册子，上面附有图表和统计表，而且这些计划还表现出一种令人感动的信心，即相信总统本人会认真考虑他们的建议（所有这些计划都得到了阅读、考虑和礼貌的赞许，但不是总统本人批阅的）。"在当前的国家紧急状态下，"一封颇具特色的信开头写道，"我冒昧地提请您注意我的观点。如果这些观点有些许益处，那么请原谅我的不择手段。"还有一封信写道："我是一个爱国者，我有一个想法，或许能有所帮助，我冒昧地在这封信中把它转达给你们。"商人、银行家、学生、家庭主妇、失业工人都有自己的想法，并把它们投进了信箱。

1933 年春天，华盛顿的工作如火如荼。新政的设计师们，无论是官方的还是非官方的，都忙着起草法案、法规和备忘录，或者把草稿撕得粉碎后从头再来，然后匆匆忙忙地去咨询其他团体，修改再修改。在新建的大片办公楼里，新来的工作人员开始寻找自己的办公室、办公桌，找领导给自己安排工作，现场一片混乱。政府部门挤满了各处的办公楼。街上到处都是找房子的人，而华盛顿的房地产商们则对住房市场的突然繁荣兴奋不已。

在这一片混乱中，很快就出现了一系列不同寻常的新立法措施。现将主要措施简要归纳如下。

1. 货币贬值。

银行开业后，经济逐步好转，但在最初的几个星期里，效果并未立竿见影。总统变得不耐烦了；国会也同样不耐烦了，他们对让货币贬值的想法非常着迷，由蒙大拿州参议员惠勒发起的一项法案不顾罗斯福的反对，几乎在参议院获得通过，该法案规定以 16∶1 的比价铸造新银币。在这种情况下，罗斯福毅然放弃了金本位制。罗斯福半信半疑地认为，作为美国经济的一剂强心针，某种形式的通货膨胀无论如何都是必要的；他不愿让国会从他手中夺走主动权，迫使国家陷入某种拙劣的通货膨胀计划；他还认为此举宜早不宜迟，于是罗斯福于 4 月 19 日实行了黄金禁运，以此表明金本位制已被明确放弃。然后，他向国会提交了一项法案——该法案获得通过——授权他在认为有必要的情况下以五种方式中的任何一种实行主动货币贬值。

不久之后，又一项法律颁布，禁止发行以黄金兑付的政府或公司债券，并废除了所有以黄金兑付债券的现有合同义务。再后来，伦敦召开的世界经济会议宣布，应把国际货币稳定作为头等大事，但罗斯福拒绝参与这项协议，哪怕这只是一个模糊而笼统的稳定化协议——这对美国代表团的威信造成了令人痛心的损害。在采取这些行动的同时，他还不时地宣布要提高美国的物价，"使那些借了钱的人能够更容易地偿还这笔钱"。直到 1933 年晚些时候，他才通过逐步提高金价这一令人吃惊（但并不太成功）的办法，逐步将 1 美元贬值到 59.06 美分。

1933 年春季发布的这些命令、法律和声明的结果是，物价迅速飙升，证券交易所和商品交易所的交易活动骤然增加，商人们急匆匆地购买库存物资，期待着价格进一步上涨，企业的复苏似乎比以前更快。当政府同时采取的措施过多时，很难将原因和结果区分开来，但证据似乎表明，1933 年春天的一针强心剂起到了明显的刺激作用（事实上，我们似乎可以有点愤世嫉俗地评论说，在 20 世纪 30 年代对整个美国使用的所有经济药物中，只有两种被证明是普遍有效的，而这两种药物都会形成耐药性，如果经常重复使用，可能会致命。这两种药物就是货币贬值和加大财政支出）。

2. 农作物控制。

新政通过一项旨在提高美国主要农作物价格的法案来拯救农民，该法案规定，农民保留部分耕地不种，就可以领取补贴。补贴的资金将通过农产品加工税来筹集，这实际上是对这些农作物的消费征收一种轻微的销售税——对每个人都实行一点惩罚，以帮助遭受重创的农民（棉花的方法不同，如果作物已经播种，犁掉部分作物就可以获得奖励）。管理该法案的复杂工作被委托给农业调整管理署（简称"农调署"）。

农调署计划的承诺，加上货币贬值的承诺，使得 1933 年春季的农产品价格大幅提高，从而为农民带来了实质性救济；农调署计划在 1934 年全面实施后的效果则值得商榷，而且随后爆发了大规模旱灾，更掩盖了该项措施的实际效果。

3. 刺激就业。

罗斯福提出的让 25 万年轻人到森林里从事保育工作的计划很快得到了国会的批准，参与平民保育团计划的年轻人很快就去了营地，然后又去了森林。国会还通过了一项法案，为公共工程提供 33 亿美元——按照胡佛的标准，这是一个惊人的数字（罗斯福不太重视此项目，而且很难快速而明智地将大量资金用于水坝、桥梁和其他大型工程，因此进展缓慢；33 亿美元中有很大一部分被转用于救济和国防）。

4. 联邦救济。

为了帮助失业者——他们的境况令人绝望，联邦政府首次大规模发放救济金。在新政实施的最初几个月，这些资金主要是通过州和地方机构发放的，这些政府机构由此承担了更多的新责任。

5. 田纳西河谷实验。

1933 年 5 月通过的一项法案不仅规定由联邦政府来运营之前争论已久的马斯克勒肖尔斯大坝，而且还规定建造其他联邦大坝、低价出售大坝电力以及由联邦补贴田纳西河谷的保护措施，雄心勃勃地开发整个田纳西河谷。这项法案大大超出了罗斯福的竞选宣言所确定的内容，从长远意义上讲，它可能是新政早期最具革命性的措施，因为它使政府直接参与到工业中，并在区域大开发中占据主导地位。

6. 减轻债务负担。

罗斯福成立了联邦机构，为农场和住房抵押贷款提供再融资，降低贷款利率，并由联邦提供担保，从而减轻了农民和其他家庭的沉重债务压

上图：1933 年，参与平民保育团
计划的工人正在凯霍加山谷国家
公园铺路

右图：大萧条时期美国国家复兴
署为宣传《国家工业复兴法》，
发起了"蓝鹰运动"。图为该运
动的一幅宣传海报，可以看到
"蓝鹰"标志和"人尽其职"的
口号

力，同时也进一步稳住了国家的债务结构。

7. 金融改革。

新通过的《证券法》规定发行证券者必须向政府提供有关融资企业的全部信息（实际操作中更宽松一些）。此外，一项新通过的银行法案虽然没有解决统一国家银行系统这一棘手问题，但清理了某些明显的弊端：它规定任何银行都不得同时接受存款和发行证券，并禁止商业银行设立证券分支机构（这些改革是未来其他改革的先驱）。

8. 国家复兴署。

虽然这一项位于列表最后，但并不代表它不重要。

国家复兴署的起源和动机为新政蜜月期的疯狂混乱提供了一个很好的例证，值得特别提及。至少可以说，国家复兴署的"血缘"很复杂。

银行休业后不久，参议员雨果·布莱克（后来在最高法院声名鹊起）在参议院推动通过了一项法案，规定所有从事州际贸易的企业每周工作三十小时。虽然该法案因一项重新审议的动议而搁浅，但参议院的投票结果以及众议院对类似法案（《康纳利法案》）的支持，都表明国会是认真的（国家复兴署的第一个理念：通过缩短工时来增加就业量）。劳工部长弗朗西斯·珀金斯同时提出，任何此类法案都必须包含最低工资条款（第二个理念：工资要有底线）。此时，总统及其政府成员已经开始担心，关于工时和工资的一揽子立法可能打开潘多拉的魔盒，并开始琢磨如何制定一项更灵活、更全面的政府措施。

一些商界人士也开始行动起来。长期以来，美国商会一直反对所谓的"恶性竞争"，并希望修改《谢尔曼反托拉斯法》，以使行业协会可以在政府允许的情况下制定工资标准和"行为准则"。胡佛断然反对任何此类计划，认为它们具有垄断性质，允许老牌公司联合起来不仅会阻止"恶性竞争"，同时也会阻止任何形式的真正竞争。罗斯福似乎没有这样的顾虑，而商人们也看到了机会（于是就有了第三个理念："企业自治"，由行业协会在政府的支持下实行管理）。

与此同时，华盛顿的年轻自由主义者对工业"国家计划"也充满热情。

他们对苏联的五年计划印象深刻，希望政府能对美国混乱的商业系统的运作实行管理（这就是第四个理念）。这些自由主义者还有一种普遍的愿望，即通过普遍提高工资来扩大购买力——理论上，如果普遍提高工资，没有企业会受到影响，所有人都会受益（这是第五个理念）。

这些理念在《国家工业复兴法》的制定过程中都有所体现。

在由不同经济理念的人组成的各种小组召开多次会议之后，出现了一位对商会理念有着核心兴趣的人，他就是该项目的主要策划者：前陆军军官、前犁制造商、伯纳德·巴鲁克①的门徒休·约翰逊将军，他在竞选期间曾在智囊团工作，现在新任助理国务卿雷蒙德·莫利的办公室里任职。他提出了一项法案，规定每个行业通过其行业协会为自身编写一份"守则"，规定该行业的最长工作时间、最低工资和公平竞争规则，但须经政府批准。这样规定和批准的内容可以不受《谢尔曼反托拉斯法》的约束，事实上，即使违反了也不会受到法律的惩罚。由于被允许组织起来并编写法典的人是雇主，劳工部坚持认为雇员也应被允许组织起来，因此，著名的"7a条款"被写入了《国家工业复兴法》，该条规定："雇员应有权组织起来，并通过自己选择的代表进行集体谈判，并且应不受劳工雇主或其代理人的干涉、胁迫或限制。"为了进一步保护劳工和消费者，《国家工业复兴法》还详细规定设立劳工咨询委员会和消费者咨询委员会，以确保充分征求各利益相关者的意见。

1933年6月16日，《国家工业复兴法》在一片欢呼声中签署。罗斯福总统说："历史可能会将《国家工业复兴法》记录为美国国会有史以来最重要、影响最深远的立法。"同一天，约翰逊将军被任命为国家复兴署署长。很显然，这个史无前例的组织将成为1933年整个新政计划的焦点。

1933年的新政计划与胡佛计划形成了鲜明的对比。它不是一个防御计划，而是一个猛烈进攻的计划。大多数法律——当然还有这些法律背后的意图——都重新强调了普通人的福利；正如人们常说的那样，这是一种

---

① 伯纳德·巴鲁克（1870—1965），美国金融家、政治家，美国总统伍德罗·威尔逊和富兰克林·D.罗斯福的经济顾问。——译者注

新的尝试，是为了自下而上而不是自上而下地实现繁荣。在过去很长一段时间里，政府的职权范围一直在扩大，这完全是出于政治上和经济上的需要，因为不可避免的集中化趋势对政府和企业都产生了影响。与此形成鲜明对比的还有罗斯福对华尔街银行家和企业内部人士的明显不信任。胡佛曾向他们寻求建议和帮助（但他们并不总是提供帮助），而罗斯福对他们不屑一顾。他更喜欢所谓公正（也许不切实际）的教授的帮助，而不是所谓现实（也许自私）的商人的帮助。工会得到了新的鼓励，自由和激进思想有了新的热情，这些思想将削弱既得利益阶层的权力。政府开始"左"倾了。

与此同时，新政体现了一种奇怪而混乱的理论。例如，《经济法案》（以及金融改革措施）具有通货紧缩的效果，而货币贬值（以及公共工程计划和联邦救济计划）具有通货膨胀的效果。《农业调整法》试图通过"稀缺理论"来实现复苏，这与后来发展起来的《国家工业复兴法》的大部分内容一样，而公共工程计划和田纳西河谷管理署则是根据"富足理论"①来运作的。与外国使者的会议和国际经济合作计划迎头撞上了货币贬值政策，在伦敦引起了轩然大波。金融改革措施力图阻止经济力量的集中，而国民议会却倾向于鼓励经济力量的集中。

除这些理论上的冲突之外，试图做同样事情的政府组织之间、试图做相反事情的组织之间、习惯性地推行旧政策和推出新政策的机构之间也发生了许多碰撞。

当然，其中一些冲突是由于在立法和行政方面不可能做到尽善尽美。有些是由于华盛顿有很多能干而热心的人，但他们的想法截然不同、莫衷一是。有些是因为政治需要，必须制定能够赢得不同利益集团支持的措施。还有一些原因是，最初几个月的新政计划就像地质构造一样，分了好几层：最底层是老式的自由主义措施，即1932年竞选纲领中的经济和改革措施；在这些措施之上，是"智囊团"在竞选期间和之后提出的更加雄

---

① "富足理论"认为：人类拥有无限的资源和机会，宇宙能提供我们所需的一切。"稀缺理论"则与之相反。——译者注

心勃勃的计划，以及在银行恐慌引发严重危机时匆忙采取的其他措施；此外，银行恐慌本身也催生了一些措施，其中包括货币贬值；最重要的是在1933年春天萌生的一些聪明的想法，主要出自美联储，它本身就是由千丝万缕的利益集团组成的。然而，即使考虑到所有这些造成不一致的原因，罗斯福想要鱼与熊掌兼得的态度仍是主因，甚至有点病急乱投医的感觉。

但是，如果总统倾向于大胆行动而非仔细斟酌，那么国家也会如此。经济体系的病症错综复杂，但治疗方案鲜为人知。现在，一位医生出现了，他的药袋里有很多药，他有一种权威的气质，在病床前态度和蔼，美国人民自然很开心。他的药物比目前建议的大多数药物都要好，病人的精神状态也因为有了一位友好的医生而有所改善；他愿意做些事情，而不仅仅是等待自愈。1933年春夏之交，美国经济体系兴高采烈地服用了新药，从床上坐起来说："我感觉好多了。"

在新政实施的头六个月里，柳暗花明的感觉在美国人心中奔涌不息。

芝加哥博览会在此时开幕——就在几个月前，博览会的标语"进步的世纪"还显得颇有讽刺意味。即便舞蹈演员莎莉·兰德的扇子舞抢了风头，芝加哥人又何必在意呢？她也曾是经济大萧条的受害者，在西部城市的小歌舞厅里跳舞谋生，生活岌岌可危，1932年之后更是一落千丈，用她本人的话说，她"在脱掉裤子之前赚不到一分钱"。现在，观众们涌向天鹅绒覆盖的台阶，看她挥舞着扇子从台阶上走下来，而这能让她赚翻天。巴尔博将军的意大利飞行队飞到了芝加哥博览会。1933年夏天，查尔斯·林白和安妮·林白夫妇暂时离开他们的悲剧现场，飞往格陵兰岛，然后前往欧洲、非洲、南美洲。

就在这个季节，参议院银行委员会从摩根的合伙人那里了解到他们公司股票认购者的"优先名单"的故事[1]；就在这个季节，一个马戏团的宣传员把一个侏儒放在 J. P. 摩根的腿上，打断了有条不紊的金融演示过程，令

---

[1] 摩根公司会让一些关系更好的客户获得优先认购权和低价认购股票的机会，此事在1933年5月被参议院银行委员会发现。——译者注

左图：巴尔博将军率领意大利飞行队抵达芝加哥博览会上空

下图：1933 年 10 月，纽约举行了支持《国家工业复兴法》的游行

在场的人吃惊不已①。也是在这个季节，全美国人民第一次惊奇地发现，和蔼可亲的第一夫人像永动机一样忙个不停；也是在这个季节，她的丈夫在签署《国家工业复兴法》之后，登上了游艇，穿上油布衣裤，沿着新英格兰海岸驶向坎波贝罗岛。

就在那个赛季，马克斯·贝尔在第十局击倒了施梅林；身材魁梧的普里莫·卡内拉在第六局击倒了拳王杰克·夏基；一个身份不明的人差点在金沙角的洗手间击倒休伊·朗；格伦·坎宁安开始打破一英里长跑纪录；《安东尼的逆境》开始打破小说销售纪录，它让成千上万夏日门廊上的探险爱好者为之着迷。

全美国的商人们再一次看到了希望。联邦储备委员会调整后，1933年3月银行休业月份工业生产指数为59，4月份跃升至66，5月份跃升至78，6月份跃升至91，7月份跃升至100（1929年最高值为125）。可以肯定的是，就业人数并没有按比例增加，因为随着商业步伐的加快，许多岗位都可以通过以下方式来填补：用全职员工代替兼职员工；让办公室文员加班；让女店员增加工作强度。仍有数百万人失业，他们的贫困仍未得到任何联邦援助的缓解。经济大萧条极大地促进了工作效率的提高和高效率设备的安装，因此，要想给这些人提供工作岗位，就必须大幅提高生产。那些重返工作岗位的人也并不是那么好对付。他们遭受苦难，变得愤愤不平，随着希望的恢复，愤怒也随之升起：罢工开始增多。农业人口仍然很不满，因为在他们的庄稼收获之前，农产品价格的上涨对他们没有什么好处，只有投机者能挣钱。农场地带仍在发生暴动和骚乱，但前景是光明的。人们自言自语道："再给我们几个月的时间，情况就会好起来……"

投机者们跃跃欲试。随着股市的飙升，散户们从公路和小路上涌出来。三年半来，他们一直在告诫自己——如果他们还有钱的话——投机对他们来说已经没有意义了。在过去的几个月里，他们中的大多数人都对华

---

① 1933年6月1日，J.P.摩根到参议院银行委员会作证，马戏团为了给自己做宣传，派人趁乱把一个只有70厘米高的侏儒女演员放到摩根的腿上，引发哄笑。——译者注

尔街的银行家越来越不信任，并且一直在讲述和重复那些银行家的糗事。但是，他们一旦开始看到股票报价中的加号时，又蜂拥回到经纪公司，准备把最后的积蓄押在商业溶剂、标准品牌和酒精股票上；与此同时，在1929 年那个尚未复兴的时代，许多冷血的股票庄家一直在翻云覆雨。《证券法》签署后，金融改革成了新政时代的主旋律，人们本以为这些金融贵族会谨慎起来，但他们显然毫无顾忌。股市沸腾了，500 万股和 600 万股的日交易量非常频繁，1933 年 6 月和 7 月的总交易量超过了 1929 年大牛市中任何一个月的交易量（10 月的大恐慌除外）。与此同时，谷物市场和其他商品市场也沸腾了。小投机者们争辩道："如果没有繁荣，至少也会有通货膨胀。"

1933 年 7 月下旬，股票和商品市场严重受挫，投机者最爱的股票日复一日地暴跌，其中最受欢迎的美国商业酒精公司实际上在四天内从 89.785 美元跌至 29.125 美元。但就在此时，总统正在向美国各地的商人发布"让车轮转起来"的一揽子工业复兴法规。所有日报都对《国家工业复兴法》不吝赞美之词。它"废除了童工"，开创了"工业与政府合作的新纪元"，"试图用建设性的合作取代破坏性的竞争"，将促使"管理部门和劳工携手合作"，将"结束钱包瘪瘪的时代"，带来了"新一天的希望"。市场的萧条稍稍抑制了人们的信心，但有人预言，"在大雪纷飞之前"，数百万人将重返工作岗位。

在华盛顿，人们的热情依然高涨。国会已经休会，但成千上万的商人在那里关注着国家复兴署的法规。他们在财政部大楼的走廊里来来回回地踱步，随便找一个没戴帽子的人询问，以为他一定是高级官员。他们希望能制定对自身行业有利的法规，而且每个人都有自己的想法，知道本行业的法规应该包括哪些内容以阻止那种"恶性竞争"。但首先，这些人必须弄清楚自己属于哪个行业。制作灯芯绒床罩是棉纺织业的一部分，还是应该制定单独的法规？狗粮行业难道不应该被特殊对待吗？服装设计师们又该去哪里解决他们的法规问题呢？苍蝇拍制造商呢？约翰逊将军的办公室在哪里？回到五月花酒店进行商议不是更好吗？

乔纳森·米切尔写道，在这场疯狂混乱的中心，约翰逊将军"从容不迫地坐着，脱掉大衣，蓝色衬衫从脖子处敞开，满脸通红。一队队汗流浃背的商人像被俘虏的农民一样……被领到他面前"。米切尔说，约翰逊将军既是骑兵军官，又是资深商人；既是经济预言家，又是政府行政长官（他可以随意扮演其中的任何一个角色），他根据场合的需要，或哄骗、或预言、或嬉笑怒骂、或雷霆万钧，商人们都会乖乖地听从他的命令。将军完全征服了华盛顿的报业人士，以至于他们开始把国家复兴署视为政府的中心，而把白宫视为配角。他慷慨激昂的演说和狂热的激情，让全美国为之着迷。约翰逊将军已成为复兴的化身。

你若去电影院看《乱世春秋》《穿制服的女孩》或《重聚维也纳》，还会看到一部短片，它以激动人心的爱国主义声音，讲述美国如何在"人尽其职"的口号下走向繁荣。"蓝鹰"出现在商店的橱窗和广告中。全美爱国者协会举行了盛大的游行，成千上万的人走上街头，飞机在上空盘旋。格罗弗·惠伦在纽约组织了一次运动，"尼拉小姐"（《国家工业复兴法》的昵称）和"自由小姐"的出现为运动增添了活力；150 名来自布朗克斯的妇女在铜管乐队的伴奏下，带着 25 万份保证书向国家复兴署总部进军；据估计，纽约有 25 万人参加了游行，150 万人围观，事后清理街道花费了4980.70 美元。

是的，美国在前进。尽管随着夏季的结束，股票市场显得动荡不安，商业指数也从 7 月的顶峰回落，疑虑和分歧开始笼罩着经济和政治的天空，但迪士尼新片中三只小猪的歌声还是恰如其分地反映了大众的普遍情绪：美国人都学会了唱《谁怕大灰狼》。

第六章

风云变幻

社会变革的过程是持续不断的，也是无尽复杂的。将不同历史时期的礼仪、道德和习俗进行对比，肯定会过于简单化，而且几乎会夸大其差异。然而，社会风气确实在变化，就像四季在变化一样，甚至每天的气温都不一样，可能底特律正在享受初春暖阳的时候，费城正被暴风雪席卷。回顾过去，我们会发现20世纪20年代的社会氛围与30年代的社会氛围存在着各种反差，我们还会注意到，这些变化大多是在1933年新政开始实施、第十八修正案被废除之后才变得明显的。美国人民在1929—1933年经济大萧条时期仍然死死抱住旧时代的习俗、理想和假设不放，但这些东西正一个接一个地从身边溜走。然后，在1933年，他们放弃了徒劳的努力，转过身来，面朝前方走进了新世界。

上次战争结束后的十年给美国带来了一场急剧的礼仪和道德革命——这场革命的先锋是年轻一代，他们沉迷于及膝的裙子、时髦的酒壶、地下酒吧里的混合饮酒、汽车里的爱抚、无拘无束的语言、对弗洛伊德情结的二手知识，以及蔑视清教徒父母和嘲笑整个清教传统的思想倾向。在19世纪90年代末期，革命已经开始了，至少在反抗清教主义的人看来是这样的。老一辈人逐渐习惯后代的离经叛道，并一定程度上放松了自己的行为准则，而年轻一代人也逐渐变老，发现了节制的实际好处。到了"赤色恐慌"时期，在男女同校的校园中，爵士乐和狐步舞虽然仍然赢得了崇拜者的青睐，但被视为过去的遗迹，而非未来的预兆。随着 20 世纪 30 年代的到来，形势的变化变得清晰可见。

这并不是说禁欲、节制或谦虚的风气与日俱增，事实上，在一些地区——中西部城镇和很多乡村，过时的风气被堂而皇之地摒弃了。在这些地区，"已婚青年"在当地乡村俱乐部周六晚间聚会上的行为比以往任何时候都更加放荡不羁，而父母们则对各种骇人听闻的新现象惊恐万分，比如十五六岁的女孩从高中聚会回来后浑身散发着杜松子酒的味道，衣衫不整。林德夫妇在谈到《米德尔敦》中的发现时说："……人们在 1935 年感受到两性之间时髦、自由的行为（以模仿电影为主），以及年轻人之间较少的伪装。一位八年前高中毕业的年轻人，后来从事的职业与这座城市的年轻人息息相关，他对这种变化强调道：'他们懂得越来越多，也越来越大胆。小伙子们把勾肩搭背看作约会中理所当然的事情。以前，我们这样做会挨耳光，但现在的女孩不会因此挨父母揍了。'"

美国人的情绪和关注重点都发生了变化。礼仪和道德革命正在得到巩固，先锋队正在巩固并推进他们赢得的阵地。

霍内尔·哈特在 1933 年初出版了《最近的社会趋势》一书，这本书通过对不同时期美国杂志所反映的信仰和观点的仔细统计研究，对社会态度的变化进行了准确的测量。研究结果表明，对传统性道德规范的反叛——或者换一种说法，对性自由的狂热——在 1923—1927 年达到了顶峰；尽管 1930—1931 年杂志对家庭和性问题的讨论多于前几年，但总体而言基调更加保守。与 1920 年相比，1930 年的杂志对婚姻和家庭生活表示了更多的赞同，对"友谊、理解、喜爱、同情、帮助、包容、融合、合作"表示了更多的赞同。

如果说随着岁月的流逝和经济萧条的加深，情绪的变化变得更加明显，那么我们可以将其归结为以下几个原因：任何想法在一段时间后都会变得苍白无力，任何革命到后来都会引起怀疑和质疑。年轻的 X 先生在 1925 年酗酒和风流时激情澎湃，但现在开始显露疲态；Y 太太在 1925 年一直坚信她有权睡在她喜欢的床上，并确信她不在乎 Y 先生和谁睡在一起，但现在的她会因此离婚；Z 家的孩子在 1925 年经常做噩梦，学校的心理医生会把这归咎于他们来自一个破碎的家庭。X 家、Y 家和 Z 家的弟弟妹妹们看腻了哥哥姐姐嬉戏打闹、互相捉弄，于是得出结论：这些 "老人" 真是一团糟。造成这种变化的最重要原因，很可能是经济大萧条。

成千上万的年轻人想结婚却结不起婚，就像那首歌唱的，"除了爱，我什么都给不了你"。每千人的结婚率从 1929 年的 10.14 降至 1932 年的 7.87（同样，每千人的出生率也从 1929 年的 18.9 下降到 1932 年的 17.4 和 1933 年的 16.5。当然，1933 年的数字很大程度上反映了 1932 年的经济状况）。在结婚如此困难的情况下，婚前性关系的增加几乎是不可避免的。林德夫妇报告说："对二十多位二十多岁的年轻商业阶层人士的秘密调查显示，每十个人中就有七个人在婚前有过性关系，且性别分布均衡。"避孕药具的销售额巨大，据不同的权威机构统计，每年的销售总额在 1.25 亿～2.5 亿美元，交易场所不仅包括药店，还包括加油站、烟草店和其他各种场所，当然，这些避孕药具的销售对象不仅仅是已婚人士。

然而，大萧条并不利于人们对婚姻和家庭采取轻浮或玩世不恭的态度，它还把一个相对较新的问题推到了人们关注的前沿：没有工作的年轻人和他的女孩深爱着彼此并真心希望结婚，他们的未来该怎么办？是推迟结婚、各自居住，还是说服家人支持他们，让他们住在父母家的空房间、阁楼或其他角落？

长辈们往往养不起另一张吃饭的嘴。许多父亲多年来兢兢业业、节衣缩食，梦想着退休后过清闲日子，现在却不知道自己的工作还能维持多久，听说儿子哈里带了个新娘回家，花光了家里的积蓄，肯定会怒火中烧。还有一些长辈，他们完全有能力为一对年轻夫妇提供住所，但他们从小就认为，一个有自尊心的年轻人应该在有能力养活妻子之后再结婚。他们会坚持这种想法，谈论被宠坏的一代，讲述他们在一周挣到 40 美元之前没有想过结婚，并拒绝接受任何"啃老"的无稽之谈。结果，许多年轻的情侣选择了结婚的替代方案：在廉价旅馆房间或汽车旅馆小木屋里偶尔开个房（许多这种度假小木屋有意无意地接受了很大一部分此类客流）。这些年轻恋人痛恨这种偷偷摸摸的约会，痛恨那些使约会变得偷偷摸摸的习俗，但他们仍然认为开房的行为是正确的，是出于无奈的选择。

对其他许多人来说，更不幸的是，他们的父母也没有工作，父母就是大萧条时期的流浪者。他们在乡间搭便车，坐货运汽车，性爱都是露水姻缘，婚姻太遥远了，想都不敢想。然而，即使是这些人，情绪也有一些新的变化。人们并没有意识到道德准则在有意改变，也并不认为"偷情"是"现代"的冒险。每个人都只能自寻出路。人们根据个人的需要和个人的准则——无论是道德准则、审美准则、谨慎准则，还是便利准则——尽可能地管理自己的生活，荒淫无度或者洁身自好。如果说传统习俗已经过时，那只是因为时代变了，不再有意义，但这并不意味着人们不渴望安稳的婚姻。

在大学校园里那些无帽、无马甲、穿着斜纹软呢大衣和法兰绒休闲裤的年轻人中间，在那些穿着毛衣、斜纹软呢短裙和及踝袜的女大学生中间，很少出现 20 世纪 20 年代特有的关于性和婚姻的反叛言论，也很少有伴随着弗洛伊德、哈维洛克·埃利斯[1]和多拉·罗素[2]的讨论而出现的热闹场面。实际的滥交现象是否有所减少还值得怀疑：多萝西·邓巴·布罗姆利和弗洛伦斯·哈克斯顿·布里顿对美国各地 46 所各类高校的 1364 名大三和大四学生进行了一项研究，结果显示，一半的男青年和四分之一的女青年有过婚前性行为。令人震惊的是，人们对性的讨论越来越少，个人的私事就是个人的私事。正如《财富》杂志的编辑们在描述 1936 年的大学生时所说的："至于性，它当然仍然存在。但与十年前相比，校园对性的态度更加随意。性不再是新闻，现在的新闻就是'性不再是新闻'了。"

---

① 哈维洛克·埃利斯（1859—1939），英国医生、作家、性心理学家。——译者注
② 多拉·罗素（1894—1986），英国作家、女权主义者，哲学家伯特兰·罗素的第二任妻子，倡导避孕和节育。——译者注

经济大萧条也使离婚率急剧下降：从 1929 年的 1.66‰降至 1932 年的 1.28‰。离婚是要花钱的，此外，在大环境不好的时期，人们也更不愿冒险。很多人都在虔诚地谈论夫妻在艰难困苦中重修旧好的方式，但在大多数情况下，艰难困苦所起的作用很可能是让一切都服从于实际的迫切需要，不管爱与不爱。在最艰难的岁月过去之后，虽然没有实行任何大的改革，但离婚率再次上升，无法和睦相处的人们在条件允许的情况下仍然会选择分居。但人们关注的重点再次发生变化：人们更加普遍地认识到，婚姻破裂必然会对子女和分居伴侣造成伤害。1937 年《财富》杂志的一次民意调查显示，大多数人反对轻易离婚。这或许具有重要意义。1936 年的一项类似的民意调查显示，63% 的人赞成传授和实行节育措施，1937 年多达 22.3% 的人赞成男女双方进行"试婚"。人们并没有回到旧的清教徒准则，但有一种保护婚姻的强烈倾向。

总之，尽管公众相当程度接受婚前性关系是不可避免的，认为这不是罪过，而且还倾向于认可一位观察家所称的"标准越少、越低就越好"，但与 20 世纪 20 年代相比，家庭作为一种制度似乎变得更加珍贵。《财富》杂志在 1936 年的调查报告中指出："60% 的女大学生和 50% 的男大学生希望在毕业后一两年内结婚，男女双方各有 50% 的人希望在婚后不久就有孩子。"许多大学管理者都注意到，20 世纪 30 年代的女大学生比 20 世纪 20 年代的女大学生更渴望早婚。与十年前的年轻人相比，这些大学生和他们的同龄人总体上不那么蔑视自己的父母和父母的观念，也不那么觉得家庭生活是个笑话。

经济大萧条不仅让他们更加尊重饭票和安全感，而且除亲密的个人关系之外，他们还对其他事情斤斤计较，这一点我们马上就会看到。

时尚的变幻是如此杂乱无章，并受到如此多商业考量的影响，以至于我们无法将其完全归因于社会形势的变化。然而，就其主要轮廓而言，它们至少提供了与社会趋势有关的证据。

举例来说，20 世纪 20 年代的女装流行短裙、大量减少衣服的重量和笨重感、高腰平胸的身材、剪成荷兰式波波头的短发或几乎像男孩一样的齐耳短发，这无疑暗示着女性已经厌倦了传统的束缚和责任，想要一种肆意妄为的自由和欢快：这种自由不是老式的、受人庇护的、天真漂亮的小女孩的自由，而是积极的、"现代"的、喧闹的、"成熟"的（用当时最流行的褒义词）、随时准备和男孩们一起生活的自由。商店橱窗里的人偶和百货公司广告中的素描中衣着光鲜的女性都有一种坚毅、茫然、厌世的表情，实际上是在暗示 20 世纪 20 年代女性的理想：她是一个女孩，但在她的身材成熟之前就已经历经沧桑，已经不再少见多怪、热情洋溢。在 20 世纪 20 年代的最初几年里，男士们还很少穿着燕尾服，即使是在最正式的场合，也是以晚宴夹克为标准服装，这其实也是在暗示，男士们和女士们一样，都在反抗庄严和形式感。在 20 世纪 20 年代，美国人希望成为男孩和女孩的结合体，时刻准备参加狂野的派对，但又不愿意让人认为狂野的派对能让他们兴奋。

请注意后来发生的事情。早在 19 世纪 90 年代末之前，燕尾服就已经在庄重的场合开始流行。到了 1929 年，女装晚礼服开始试探性地伸向地板，以实现及膝礼服所不具备的优雅效果。到 1930 年，晚礼服的长度明显增加，此后，晚礼服一直保持在拖地的长度。女装的日间裙装也逐渐加长，到 1933 年，裙摆距离地面的高度在 30 厘米甚至 23 厘米之内。1929 年流行的头盔帽被拉到了脑后，后来又出现了各种各样的款式，所有这些款式都在追求漂亮、中性、优雅、比 20 年代更古怪的效果。女性的头发也变得不那么严肃，后脑勺的卷发也更加俏丽。荷叶边、蝴蝶结、褶皱裙边等装饰重新出现了，小女孩的高腰效果不见了，腰部回到了它本该在的地方。

至于扁平身材，它也被抛弃了。1932 年 4 月的《时尚》杂志说："今年春天的时尚风格就是'曲线'！"到了 1933 年，当身材丰满的梅·韦斯特吸引无数观众涌入影院观看《侬本多情》时，鲜果布衣公司正在为"新款无骨胸衣"做广告，称"它能很好地凸显挺拔的胸部"，而弗姆菲特内衣公司则用年轻女性傲人的胸部图片宣传一种新产品，称"它将让你拥有年轻、尖挺、挺拔的线条"。20 世纪 20 年代的平胸小姑娘正在走向成熟，

1933 年，梅·韦斯特在电影《侬本多情》中的形象

1933 年，服装设计师让娜·浪凡设计的女装

并为此自豪。事实上，1929 年的理想身材与 1933 年的理想身材之间的变化过于巨大，几乎可以算是两个物种了。

百货商店的广告和商店橱窗里的人偶所代表的女性形象也发生了微妙的变化。20 世纪 30 年代初的新女性是活泼的，而不是乏味的。她的鼻子挺翘，表情聪慧；她对周围发生的事情显得很有热情，随时准备努力让同伴们度过一段美好时光。她给人一种干练的感觉，似乎随时都能出去找份工作，也能在父亲或丈夫丧失收入时帮助承担家庭责任；她会在闲暇时让他们想起过去多愁善感的美好时光，那时还没有繁荣和萧条；她看起来并不生硬、苛刻、难缠，而是漂亮、温柔、和蔼，从而让男性找回了曾经丢失的自尊。

任何事物都不是一成不变的，随着时间的推移，新的变化不断出现。与大萧条前相比，现在上层和中产阶级女性越来越多地参加工作，因此她们的日间服装需要简洁、实用。年轻女性的流行发型（齐肩或几乎齐肩的波波头或卷发）也同样简洁，而且非常可爱：在未来的岁月里，人们对 20 世纪 30 年代最迷人的回忆之一可能就是那些没戴帽子的女孩像金发女神一样大步流星，头发在身后飘扬（一位年轻人抱怨说，几乎每个女孩从后面看都很好看，但他看到女孩正脸时常常失望）。1938 年秋天，人们试图让女性把短发盘起来，但只成功了一半，因为盘发太难打理了。

然而，有人一直在追求老式、轻浮和不切实际的装饰。有人试图在晚礼服中重新引入诸如半身裙和环裙等古老的装饰。荷叶边和褶皱的衬衫裙也出现了。凉鞋的想法在晚装中得到了理性的认可，却被非理性地带到了日装中，以至于在 20 世纪 30 年代的后几年里，全美国有一半的年轻女性都穿上了前面有洞的鞋子，让穿着长筒袜的脚趾露在外面，灰尘、沙砾和积雪也更容易进入鞋里。至于后几年的帽子，现代的标准化实用原则完全屈服于现代的超现实主义奇特性原则。

有大礼帽、小礼帽、帽沿宽大而帽冠微小的礼帽、根本不是礼帽而是戴在头发上的花环的帽子；有戴在头顶上的高礼帽；有餐盘大小的平顶礼帽，后脑勺上还绑着一个类似缰绳的东西；有插满春天花朵的草编鸟巢、竖起一根长长羽毛的礼帽。为什么还要继续无休止地罗列各种变化呢？
1938 年，一位妇女在纽约一家茶室吃午饭时，从桌上拿起面包篮，倒扣在头上走了出去。她的行为却没有引起任何人侧目。这就是时代的特征。

此后，裙子逐渐变得越来越短（晚装除外），到 1939 年，裙子几乎退到了膝盖处。"小女孩"式的服装、"少女色织格子"服装、"从滑冰裙改制"的"大伞裙"争奇斗艳。显然，"小女孩"重新成为新时代的标准时尚类型。

1933 年 12 月 5 日下午 3 点 32 分 30 秒，犹他州议会完成了投票，成为第三十六个批准第二十一宪法修正案的州，正式废除了禁酒令。一封电报发往华盛顿，代理国务卿和总统随即宣布，在实行近十四年之后，禁酒令宣告结束。

成群结队的男男女女挤满了酒店和餐馆，等待着取消禁酒令的消息，当消息终于传来时，他们高兴地举杯畅饮，迎接合法饮酒的新时代。他们还簇拥到那些成功获得执照的城市地下酒吧，热情地议论着新装上的自动门。废除废酒令的庆祝并没有引起骚乱，很大一个原因是，各地的酒很快就被喝光了，酒类的经销网络需要时间才能重新启动。至于合法的生产过程——蒸馏酒的生产过程需要长时间的酿造——一切还都没有准备好，以至于出现了一种反常的情况：现有的酒大多掌握在私酒贩子手中，而合法的酒还没有酿造出来。在废除禁酒令的最初几天和几个月里，人们为终于能喝上"好酒"而不是依赖"私酒"而欢欣鼓舞，但在这些人当中，成千上万的人喝的威士忌仅仅是经过调色和调味的兑水酒精。对于那些多年来被私酒影响口味的人来说，酒无所谓好坏。

可以肯定的是，饮酒并没有在所有地方都合法化。除了北达科他州、堪萨斯州和俄克拉荷马州，仍有八个南方州继续禁酒（至少在废除禁酒令后的几年里，这些州还在和联邦政府对着干）。十五个州规定酒类销售由州政府垄断，其中七个州允许符合规定的私人销售，但其他州为了坚决防止"沙龙的回归"，禁止站着饮酒，并坚持——至少在一段时间内——饮酒者必须坐在餐馆的椅子上。

尽管有这些限制，但 1933 年之后，美国风尚仍发生了巨大的改变。

酒馆和餐馆的鸡尾酒会厅、酒窖和酒吧遍地开花，到处都是镀铬配件、镜子、色彩鲜艳的现代家具、威尼斯百叶窗、从地下酒吧请来的调酒师，以及多年来一直在牡蛎吧①服务或在餐桌旁侍候的调酒师，现在，他们又恢复了年轻时的职业，说服老板在酒水单上列出了布朗克斯鸡尾酒和杰克·罗斯鸡尾酒这些快被遗忘的古老技艺。在经济大萧条期间，建筑工程少之又少，建筑师和装饰设计师多年来几乎没有机会尝试新的功能设计、明亮色彩和简约家具，现在他们终于有机会了，大量鸡尾酒会厅正在设计建造——结果很奇怪，在整个 20 世纪 30 年代，大多数美国人都本能地把现代主义装饰与吃喝联系在一起。

过去，一些城市的酒店会对夜总会的概念嗤之以鼻，而现在，这些酒店扭扭捏捏地开设了带表演的夜总会，并获得了巨大的成功。一些州的酒类商店由政府授权经营，有些州则允许私人经营。顾客们花了一些时间才意识到，把朗姆酒带回家，不再需要把酒瓶藏进鞋盒里了；在一些禁酒情绪仍然强烈的城镇，有些人继续光顾私酒贩子，而不愿让人看到自己走进了酒铺。

在禁酒令实施前从未想到要卖酒的餐馆，如今纷纷开起了酒吧，并取得了惊人的销售业绩；茶室经营者与自己的良心搏斗，最终还是申请了卖酒的执照；连锁快餐店也忘了乳制品、薄饼和卡路里的传统，开起了华丽的圆形酒吧，出售曼哈顿鸡尾酒和老式威士忌。大都市的地下酒吧大多凋零、消亡；地下酒吧的入场券在城里人的口袋里变得破旧不堪，最后被扔掉；扁平酒壶变得稀有；制作浴缸杜松子酒在大都市的公寓里成为一门失传的技术；企业高管不再在高尔夫球包里带着两瓶苏格兰威士忌去参加贸易大会。城市街道上出现了众多光鲜亮丽的新酒吧，喝酒似乎变得不仅是家常便饭，而且体面正派。

有一段时间，有些品酒师一厢情愿地认为，当好酒越来越容易买到

① 欧美18世纪出现的一种餐厅，专门供应牡蛎，也指用牡蛎作为下酒菜的酒馆。——译者注

时，许多美国人就会变得口味挑剔。塞尔默·福格纳、朱利安·斯特里特、弗兰克·舒恩梅克以及其他一些鉴别和品尝稀有年份葡萄酒的专家宣扬说，稀有年份的酒最好。有一段时间，淑女们和绅士们觉得，某人费尽心思在一家法国小酒馆找到了1929年的拉图酒庄葡萄酒的故事令人热血沸腾，而感受不到这份激情的都只能算是粗人。但是，美国人的粗鲁本性战胜了一切，很快，即使在最优雅的圈子里，威士忌显然也成了最受欢迎的饮品。

由于没有对酒类的非法销售进行研究，因此无法从统计学的角度来确定废除禁酒令之后的酒类销量是否比禁酒令之前更多。舆论的共识似乎是，在废除禁酒令最初的一两年里，饮酒量肯定会增加，此后在数量上可能也会增加，但总的来说，酒的烈度会有所下降。

1936年，《财富》杂志对大学青年的调查显示："不那么张扬地饮酒是当今流行的方式。没有禁酒令可以违抗，因此人们可以安安静静地喝酒。"有迹象表明，大学生中出现了反对饮酒的呼吁；观察家们报告说，至少其中一些人对酒的兴趣不如他们的长辈，但他们消费的可口可乐和牛奶数量令人惊讶（可口可乐长期以来一直是南方的标准软饮料，继入侵中西部校园之后，在东北部的年轻人中也开始广为流行）。1936年，美国舆论研究所就废除禁酒令后的情况是"更好"还是"更差"进行了民意调查，得出的结果是：36%的选民认为情况更好了，33%的选民认为情况更差了，31%的选民认为没有明显变化，比例几乎持平，而且什么才叫"情况更好"呢？

一个明显的变化是：现在男女一起喝酒的情况比以往任何时候都多，就像男女一起吸烟一样（从1930年到1936年的六年间，香烟产量从1230亿支增加到1580亿支，雪茄产量略有下降，烟草产量略有增加）。事实上，早在20世纪20年代，女烟民侵入火车的吸烟车厢、女酒鬼侵入地下酒吧的现象就一直很普遍，现在似乎仍在持续：酒吧、餐馆、吸烟车厢和其他专为男人设置的场所越来越少。总的来说，男人和女人在一起的时间越来越多，相互隔离的时间越来越少。在整个20世纪30年代，大多数男子俱乐部陷入了经营困境并迫切需要新会员，也许就和这种现象有点关系。女权主义事业的胜利可能是上一代的女权主义者始料未及的，他们可能会为这些新现象感到沮丧。

那些私酒贩子后来怎样了呢？他们中的一些人进入了合法的酒类行业或其他合法的职业，一些人进入了商业诈骗和赌博行业，一些人加入了失业大军，还有很多人继续从事私酒生意。因为，禁酒令废除后最令人奇怪的现象是，私酒的制造、走私和批发仍然大行其道。联邦政府和各州热衷于从酒类销售中获取收入，对酒类征收高额的税款，这极大地诱使人们逃避税款。年复一年，国内税务局的工作人员不断查封和销毁蒸馏器，每年大约查封和销毁 15000 台蒸馏设备，但新的蒸馏器又会如雨后春笋般出现。直到 1938 年，在当年的财政年度报告中，国内税收署署长称这一年只查封了 11407 台蒸馏器，并指出："这是自第二十一修正案颁布以来，非法蒸馏器查封数量首次出现下降。"同样，走私朗姆酒——或者更准确地说，走私酒精——也继续让海关官员和海岸警卫队头疼不已。1935 年 2 月，也就是废除法案一年多之后，海岸警卫队发现有二十二艘外国船只同时停靠在美国海关水域以外的海面上伺机走私。

经营非法蒸馏器、伪造酒瓶和标签、伪造印花税票、将非法酒装瓶、用其他货物的卡车或汽车运输、以低廉的价格向酒类商店或酒馆老板提供假酒仍然很嚣张，在废除禁酒令一两年后，专家们发现，美国消费的酒中有 15%～60% 是私酒。

美国人民会为禁酒令的结束而高兴吗？显然是的。1937 年底《财富》的季度调查显示，全美国只有 15.1% 的男性和 29.7% 的女性希望恢复全面禁酒。即使把赞成禁止烈性酒但允许销售葡萄酒和啤酒的人与这部分不赞成禁酒的人都算作禁酒派，仍有大约三分之二的人赞成废除禁酒令。美国人可能认为"情况更好"了，也可能不这么认为，但他们中的大多数人并不想重新讨论这个问题。

有些地方似乎正在形成一股新的禁酒浪潮。例如，在弗吉尼亚州，1937 年底，一本关于酒精影响的学术著作本应作为公共文件分发到学校，但它引起了基督教妇女戒酒联合会的震惊，因为这本书中包含"事实证明，我们无法通过立法来禁止饮酒，也无法通过强制使人保持清醒"和"少量（酒精）可能有利于消化"等言论。基督教妇女戒酒联合会向立法机构施加了压力，最终整本书在国会大厦的熔炉中被郑重销毁了。然而，在大多数地方，1933 年之前一直传得沸沸扬扬的问题几乎完全淡出了公众的视线。

1939 年的美国人会觉得奇怪：1929 年禁酒令曾是美国公共生活中最热门的话题，这是真的吗？

现在我们来谈谈 20 世纪 30 年代美国日常生活中发生的一系列变化，这些变化乍看之下似乎互不相关，但它们合起来或许组成了一种模式——一种松弛的生活模式。

1. 每周五天工作制。1931 年和 1932 年，工厂和商业办公室因就业岗位不足，普遍缩短了工时——一方面是为了"创造就业岗位"，另一方面是为了安抚必须减薪的工人。1933 年和 1934 年《全国劳动法》出台后，这些缩短工时的措施得以继续或延长。在《国家工业复兴法》被废除后，其中大部分（尽管不是全部）仍然继续执行。结果是，数以百万计的人，无论贫富，都发现自己在周六不用上班了。美国工业会议委员会在 1937 年的一项研究揭示了五天工作制的范围：在 2452 家提交报告的公司（主要是制造公司）中，57.3% 的公司对工人实行五天工作制，45.3% 的公司对文员实行五天工作制。报告总结说："五年前，五天工作制还是一种特殊情况，而现在，这已成为一种普遍现象。"大城市（尤其是纽约）的写字楼也采用了类似的模式。虽然很少有商店在星期六关门，但它们越来越倾向于配合雇员的工作时间。

在这十年间发生的变化中，也许没有任何变化能比它更明显地改变数百万男女的每周生活习惯了。它也改变了汽车和火车的交通模式，增加了周五出城的高峰，减少了周六的高峰。我记得，在经济大萧条之前，每周六中午从纽约开往韦斯特切斯特的某趟列车有两节车厢，非常拥挤；到了 1933 年，由于周六的客流量太少，这趟列车在周六只开行一节车厢，但周

美国人庆祝禁酒令被废除

长岛的琼斯海滩是 20 世纪 30 年代公共设施的典范

五晚上的另一趟列车增加了一节车厢。周六上午，尤其是夏天，大城市的商业区逐渐变得像周日一样冷清。许多人获得了新的闲暇——除了被迫失业而不得不闲着的数百万人。缩短工作时间、延长娱乐时间这一缓慢而持续的趋势，从这一时期开始在美国出现了。

2. 体育平民化。救济机构和公共工程机构为那些闲暇时间较多、资金较少的人提供帮助，让数百万失业人员从事修建机动车道、公共浴场、游乐场和其他便利设施的工作，以满足人们对体育运动的需求。根据1935年的《国民娱乐年鉴》，自1925年以来，2204个社区的公共浴场、公共高尔夫球场、溜冰场和游泳池的数量翻了一番。其中一些新设施的建设规模不大，但另一些设施则规模宏大。例如，长岛的琼斯海滩是这十年中大众公共设施的杰出典范，在仲夏晴朗的星期天，它能舒适地容纳10万人以上。

说说高尔夫球运动的遭遇吧！经济大萧条重创了私人高尔夫俱乐部。1930年，多达1155家俱乐部加入了美国高尔夫球协会；到了1936年，这一数字减少到763家——尽管协会疯狂地招揽新会员，推出了特别的夏季会员计划，并采取了其他挽救措施。据说，自1929年以来，全美国的高尔夫俱乐部失去了大约100万名会员。但是，市政高尔夫球场的数量从1925年的184个增加到1935年的576个，还有1000多个球场——其中大部分可能是破产的私人俱乐部球场——现在按日收费。简言之，昂贵的高尔夫球运动失去了市场，而廉价的高尔夫球运动得到了发展。

一般来说，较为简单、不那么矫揉造作的体育项目会受到欢迎。尽管大学篮球、职业棒球和大学橄榄球仍然是最受欢迎的体育项目，但在老牌学院和大学中，这些项目吸引的人数已不如早年。《财富》杂志的编辑在1936年撰文总结了这一变化中的一个因素："足球明星、运动队队长、基督教青年会的'肌肉型基督徒'、大预科学校里当上田径队领队的小滑头、风度翩翩的舞会领队——这些人仍然拥有荣誉和尊重，但是，那些热爱学习的人，除非是天才否则过去会被认为是怪人或书呆子的人，现在正在成为超越传统的大人物。长期以来，英国人习惯于从剑桥大学和牛津大学的美国留学生中寻找美国未来的外交部长……这两所大学的管理者对美国学生的这种变化发表了评论，并倾向于将 1932 年定为这种变化变得明显的时间。"与此同时，在许多学院和学校，人们对足球、长曲棍球、橄榄球、壁球和网球等无需大型体育场馆的运动的兴趣显著增加。

在全美国范围内，最受欢迎的运动是垒球，这是一种小型的棒球运动，曾被称为"室内棒球"。垒球在 20 世纪初兴起，发展迅速，到 1939 年，据说已经有 50 万支球队和 500 多万名不同年龄段的球员。其间诞生了许多半职业球队，还有世界联赛。半职业球队中还有女子球队，队员们穿着非常短的短裤，但偶尔还是会滑垒，让观众大饱眼福。经济大萧条也带来了自行车和轮滑等运动的蓬勃发展。自行车运动的繁荣始于 1932—1933 年冬天好莱坞地区的一股热潮，并在接下来的两三年里广泛传播，这可能主要是因为它价格低廉。

滑雪热潮是一个更为复杂的现象。对于居住在地形和冬季气温适宜的乡村居民来说，滑雪的费用并不昂贵，而对于必须长途跋涉并携带滑雪装备的城市居民来说，滑雪的费用相当昂贵。滑雪热潮兴起的秘密之一或许是冬季度假风潮的兴起，而冬季度假风潮的兴起本身就有着复杂的原因（佛罗里达或加利福尼亚的温暖气候让人们发现了冬季度假的乐趣，旅游过冬和驾车出国躲避禁酒令的风潮兴起，工作时间的缩短，星期天的世俗化和周末旅游习惯的兴起，等等）。无论如何，滑雪热潮在经济大萧条期间迅速形成，1932 年在纽约普莱西德湖举办的冬季奥运会更是刺激了这股热潮。波士顿和缅因州铁路公司在波士顿以北相对开阔的地区开行周日"雪地列车"的试验取得了巨大成功；到 1937 年，纽约、匹兹堡、芝加哥、波特兰、旧金山和洛杉矶都开行了雪地列车或雪地巴士；百货公司引进了挪威专家并建造了滑雪滑道；纽约中央车站在其大厅的显著位置张贴了新英格兰和纽约十几个滑雪中心的每日气温和积雪数据；滑雪地区的乡村旅馆老板也在宣传他们无与伦比的滑雪设施，并在整个冬天夜夜祈祷降雪，因为他们的财富取决于降雪量。

滑雪热潮超出了城市贫民的经济承受能力，而且受到地理位置的限制，不过，它在一个方面证实了总体趋势：越来越多的美国人开始走出家门，享受阳光和空气；越来越多的美国人学会了自己玩，而不是花钱看别人运动。

妇女们开始购买新奇的运动服装，从短裤到沙滩睡衣、工装裤、休闲裤和运动服。越来越多的男人在夏天不戴帽子，这让帽匠们苦恼不已。据说，好莱坞明星克拉克·盖博在《一夜风流》（1935 年）中的脱衣镜头中显示他没有穿汗衫，这让针织品制造商的销售额受到了极大的冲击。泳装上衣已普遍被抛弃。男人们甚至开始穿上色彩鲜艳的运动衫、休闲裤和短裤。到了 1939 年，品位保守的男士也开始穿着绿色、蓝色和红色的服装，肆无忌惮地漫步在避暑胜地的村庄里。

总之，在当时的经济条件允许的范围内，美国人显然正在学会放松。

3. 桥牌游戏的流行。如果把这十年间的商业状况图与扑克牌税收图叠加在一起，就会发现一个奇怪的变化。商业指数在 1929—1932 年跌入谷底，扑克牌的生产指数却呈现抛物线形状，1931 年之后才有所回落。1931年，在纽约查塔姆酒店的一间绿玫瑰色的客厅里，伊利·卡尔伯森夫妇与西德尼·S. 兰兹和奥斯瓦尔德·雅各比进行了一场桥牌比赛，记者们聚集在隔壁的房间里研究比赛情况，新闻广播向热切的公众详细报道了这场相当平淡的比赛。在接下来的一年里，卡尔伯森关于桥牌的图书在畅销书排行榜上一直名列前茅。

长期以来，桥牌一直是富裕成年人茶余饭后的一项标准运动，但现在这股风潮正在蔓延。林德夫妇报告说，在米德尔敦，1935 年玩桥牌的人比1925 年多得多；玩桥牌赚钱的人也多了；桥牌游戏已经从中学普及到六年级的孩子；桥牌游戏正在侵入工人阶级，"首先传入了妇女团体，然后慢慢地传播到更有抵抗力的男子群体"。

4. 赌博增加。与桥牌游戏的增加相伴的，或许是美国人可以接触到的赌博工具数量显著增加。它们的兴起可能很大程度上是由于经济萧条造成的绝望——人们疯狂地希望在赌博中赢取正常经济体系所无法给予的回报。不过，它们也见证了清教徒传统的衰弱，而这种衰弱也带来了禁酒令的废止、在周末开车出游或观看体育运动，以及桥牌的流行。

根据塞缪尔·卢贝尔的说法，在经济大萧条期间，制造和经营老虎机、打孔板①、弹球游戏、罐子游戏②以及其他类似的"硬币游戏"的生意形成了巨大的规模，到1939年，"其年收入在15亿~25亿美元，也就是100亿~150亿个镍币"，相当于每年在鞋店消费的金额。老虎机的原理并不新奇，其改进型号看起来像收银机，被称为"独臂大盗"：生产老虎机的主要公司的创始人于1889年开始经营老虎机，1929年去世时已是百万富翁。老虎机的名声一直不好，因为它广泛受到帮派的控制，并且依赖"幕后操纵"来运作，但它仍然广泛盛行，有时甚至得到警察的纵容和默许。1932年，一种新的游戏——弹球游戏——问世，这种游戏既可以用来赌博，也可以用来消遣，一局只需五分钱，很快风靡全美国：在药店、烟草店、旅馆走廊、咖啡馆和其他各种地方，都可以看到弹球板在不受干扰地运作。弹珠台以古老的弹子游戏为基础：玩家将弹珠从滑道中射出，然后看着弹珠顺着斜坡反弹到各种孔中。打孔板和罐子游戏——后者发明于1933年——也得到了蓬勃发展；1933—1939年共售出约200万份罐子游戏道具。

1930年，爱尔兰的一家医院集团发起了"爱尔兰大抽奖"③彩票活动，凭借其诚实和高效的方式，它在五年后成为最受欢迎的彩票活动。尽管联邦法规规定美国媒体不能提供彩票信息，这起初阻止了报纸刊登彩票的报道，但后来新闻出版禁令放宽，每次"爱尔兰大抽奖"都成为头版新闻，美国人逐渐习惯于阅读清洁工和失业厨师惊讶地收到15万美元的故事。

---

① 打孔板是一种18世纪就已出现的赌博玩法：一张木板上有若干孔洞，每个孔洞里面有一张彩票或游戏币，孔洞用纸张或铝箔覆盖住。顾客购买一次打孔的机会后，可戳破其中一个孔洞，如果里面的彩票或游戏币上有中奖号码，就可以赢得奖品。——译者注

② 罐子游戏的玩法是：在一个罐子里装上大小不一的圆珠，参与者通过触摸和晃动罐子来猜测其中有多少个圆珠，猜测数量最接近实际数量的人获胜。——译者注

③ 这是一种诞生于爱尔兰的福利彩票，原意是用盈利来资助爱尔兰的医院。1930年美国通过了《公立慈善医院法（暂行规定）》后，这种彩票开始在美国流行。——译者注

许多在美国售出的彩票从未到达爱尔兰，但是，1933年的"爱尔兰大抽奖"共售出了超过650万张彩票，产生了2404位中奖者，其中有214位（超过十五分之一）是美国人，那么按照这个比例猜测，可能有超过40万美国人购买了那一期的彩票。

　　在对这一趋势进行调查时，我们也不应忘记，许多州放宽了禁止赛马博彩的法律，电影院盛行抽奖的"银行之夜"[1]摸彩装置。查尔斯·乌尔班·耶格尔于1932—1933年冬季在科罗拉多州德尔塔埃及剧院和科罗拉多州蒙特罗斯东方剧院推出了这一装置，随后获得了该装置的版权，并将其推广到其他数千家剧院。到1937年，这些剧院每周向耶格尔的公司支付30000～65000美元不等的费用。宾果游戏[2]作为教堂的一种赚钱娱乐项目大受欢迎，并以各种形式在电影院和其他地方广泛流行。1938年，一些人称它为美国最流行的赚钱游戏。另外，还有1934—1935年从丹佛传遍全美的可悲的连锁信[3]。此外，各种古老的赌博手段有时会改头换面，重新登场，比如"数字彩票"[4]。在禁酒令的最后日子里，私酒贩子达屈·舒尔茨接管了纽约哈莱姆区的数字彩票，并将其系统化。

---

[1] "银行之夜"的玩法是：任何人都可以在影院登记簿上写上自己的名字，在"银行之夜"时，主办者会从特制的抽奖设备中抽取一个名字，中奖者需要在规定时间内（一般是几分钟）领奖。这种方式在技术上不算彩票，因而可以规避美国各州的彩票法规，同时吸引更多人进入影院。——译者注

[2] 宾果游戏的玩法是：每个玩家会获得若干张卡片，上面印着不同排列的数字组合，游戏主持人随机抽球并读出数字。如果玩家发现所抽取的数字在自己的卡片上能连成线（水平、垂直、对角线均可），就可以中奖。——译者注

[3] 连锁信的玩法是：每一封连锁信上会有六个名字，收信人要给名单最前面的人寄十美分，划掉第一个名字，并在名单末尾加上自己的名字，再把这封信寄给自己的五个朋友。由于倍增效应，经过五次循环后，理论上一个人可能收到1562.5美元。这种连锁信数量太多，而且这种玩法不可持续，比如丹佛一家餐馆老板在1935年4月26日和27日两天收到了2363封连锁信，他当然不可能给每封信上的第一个人都寄钱。这股风潮到1936年逐渐平息。——译者注

[4] 这是一种非法赌博，也被称为"意大利彩票"，主要由黑帮分子运营。参与者可以在数十个数字中选择一个，三个中奖号码通过转轮盘（或约定某日纽约证券交易所股票交易量数据中的第几个数字）等方式产生。——译者注

PROSPERITY CLUB—"IN GOD WE TRUST"

1. Ed. Judd   703 N. Flores San Antonio Tex
2. Harry Craft   114 School St San Antonio Tex
3. Mrs. J. M. Craft   114 School St San Antonio Tex
4. James Craig   3811 S. Presa San Antonio Tex
5. P. M. Percy   3811 S. Presa San Antonio Tex
6. D. R. Brent   891 Liberty Beaumont Tex

FAITH! HOPE! CHARITY!

This chain was started in the hope of bringing prosperity to you. Within three (3) days make five (5) copies of this letter leaving off the top name and address and adding your own name and address to the bottom of the list, and give or mail a copy to five (5) of your friends to whom you wish prosperity to come.

In omitting the top name send that person ten (10c) cents wrapped in a paper as a charity donation. In turn as your name leaves the top of the list (if the chain has not been broken) you should receive 15,625 letters with donations amounting to $1,536.50.

NOW IS THIS WORTH A DIME TO YOU?

HAVE THE FAITH YOUR FRIENDS HAD AND THIS CHAIN WILL NOT BE BROKEN

TALLEY PRINTING CO

1935 年兴起的连锁信热潮

芝加哥一家影院举行"银行之夜"时的热闹场景

1938 年，盖洛普民意测验显示，在 1937 年，美国人中估计有 29% 参加过教堂彩票活动（大概包括宾果游戏），26% 玩过打孔板，23% 玩过老虎机，21% 玩过纸牌赌博，19% 赌过竞选结果，13% 买过抽奖券，10% 赌过赛马，9% 玩过数字彩票。20 世纪 20 年代没有盖洛普民意测验，但那时候肯定没有这么多人参与赌博——除非玩股票和购买佛罗里达州的房地产也算赌博。

然而，尽管有这些欢乐游戏、放松活动和运动，美国人却表现出了一种新的紧张和不安，因为经济大萧条摧毁了很多美国人民习以为常的信念，以至于数以百万计的美国人内心常怀忧惧。

让我们先看看被摧毁的信念的残骸。在这堆残骸中，我们发现了这样几种信念：从学校或大学毕业后，条件优越的青年男女可以理所当然地找到工作；雄心壮志、勤奋工作、对公司的忠诚以及销售技巧会带来个人的成功；贫穷（除农场地带和少数贫困社区外）肯定是无能、无知或特别不幸的结果，应主要由当地慈善机构来解决；人们可以将储蓄投资于"优质债券"，并保证此后有稳定的收入，或者投资于"领先的美国公司"的"蓝筹股"，获得升值的机会；华尔街的大人物是经济先知，商业预测师可以预测未来，商业周期遵循有条不紊的节奏；美国的经济体系肯定会有令人振奋的巨大发展。

当然，并不是每个人都相信所有这些东西。然而，许多人对自身在社会中的地位和作用的个人观念都建立在其中一种或多种观念之上，因此，当看到这些信念破灭时，他们所受到的冲击是巨大的。想想看，一个企业高管本能地以薪水和职位来衡量自己的价值，却眼睁睁地看着这两者都荡然无存，他的自尊心会发生怎样的变化；一个银行家发现自己多年来一直奉行的工作方法因事态的发展而变得荒谬可笑，他一直奉行的行为准则现在被抨击为歪理邪说；一个职员或工人对公司忠心耿耿，却被赶到大街上；那些十几年如一日省吃俭用的家庭，眼睁睁地看着一场大雨把所有的钱都冲走了；那些志得意满、让孩子赢在起跑线的家庭主妇，现在眼睁睁地看着自己的理想破灭了；那些相信只要勤劳善良就一定会得到丰厚回报的各行各业的男男女女，现在都被逼上了绝路。他们现在还能依靠什么？他们现在还能相信什么？

人们本以为，在这样的危机中，会有大量的人求助于宗教的安慰和激励。然而，这种情况并没有发生，至少神职人员在无数次布道中预言的情况并没有发生。教会在国家生活中，甚至在其大多数成员的生活中的重要性越来越低，这种长期缓慢的衰退趋势有增无减。

当然，大多数较大教派的教徒人数都有所增加。例如，从1929年到1938年，罗马天主教的教徒人数从2020万人增加到2132万人，增幅不大。卫理公会、浸礼会和路德教会的人数也有所增长。然而，众所周知，教徒人数并不是衡量宗教活力的准确指标。林德夫妇于1935年重返"米德尔敦"，并将当时该市的宗教生活与1925年的情况进行了对比，他们的观察可能是衡量美国新教徒更公平的标准。

林德夫妇在米德尔敦发现了一些气势恢宏的新教堂——它们是大牛市时期充满希望的产物，但在教堂内部，他们几乎看不到明显的变化。他们报告说："教堂里稀稀拉拉的信徒令人担忧——其中三分之二或更多是女性，三十岁以下的人很少——前排的座位总是空的。"在林德夫妇看来，信徒的年龄似乎比1925年那时要大，布道的主题也几乎没有改变。在访问牧师时，他们收集到了如下回答："大萧条使得工人阶级教派中的宗教原教旨主义开始复苏……但上城区的教堂没有看到类似的复苏。""在大萧条期间，有一些人转向了宗教，但人数很少，而且不是永久性的。"

他们从当地的一位报刊编辑那里得到了这样一条可能很有启发性的评论："除了基督复临安息日会等少数几个教派，如今城里的所有教会都比1925年更加自由了。无论你信奉什么教义，他们都会接纳你。"林德夫妇引用了一位大学生对基督教的评论，作为米德尔敦年轻人对正式宗教的典型态度："我相信这些东西，但它们在我的生活中并不占重要地位。"他们的分析结论是，在米德尔敦，宗教似乎是"一种稳定情绪的媒介，将引导价值观的领导权让给了其他机构"。

来自美国其他地区的大量证据似乎证明了这一判断。在天平的一端，弗兰克·布克曼博士领导牛津团契改良布道术，他们在 1938—1939 年开展的"道德重建"运动引起了人们的浓厚兴趣。但也有些满怀敌意的人认为教会是让富人享受奢华、让穷人安贫乐道的机构。无论如何，在正午时分从教堂里蹒跚走出的教徒数量不多，只能短暂地堵塞周日狂欢的车流。比较一下星期天傍晚聆听收音机晚祷的人数和查理·麦卡锡的听众数量，我们很难否认，在大萧条的冲击之下，教会未能提供人们需要的东西。

然而，从宗教一词更广泛的意义上来说——指的是人们赖以生存的价值观、深深打动他们的强烈情感、被他们视为生命核心的愿望，任何这样的冲击都不可能不产生宗教效应。人们想到了 1932 年黑暗时期一位年轻人的一句话："如果有人提出的观点能让我真正相信，我将誓死追随他。"这句话恰好是在一家地下酒吧里说的，这位年轻人思考的不是清教徒的道德，甚至也不是基督教的虔诚，而是经济、政治和社会政策。对于他这样的人来说，时代产生了新的信条、新的虔诚。

但这些都是世俗的。

这些世俗宗教信念的共同点是具有社会意识。我的意思是，它们是争取经济或社会救赎的运动——无论是从繁荣、正义还是仁慈的角度来构想，与其说是为了个人，不如说是为了群体或整个国家，而且它们还通过有组织的行动来寻求这种救赎。

在政治倾向上，大量的世俗宗教主义者都是左翼人士，关于这一点，我们将在后面的章节中详述。在此，我们只需指出，大多数新的社会救赎宗教都是在新政蜜月期结束后才聚集起能量的，或许更准确地说，在新政的蜜月期内，其他所有宗教都黯然失色。在接下来的两三年里，左翼人士的热情之火燃烧得最为猛烈：在纽约的文学聚会上，每三个人中就有一个人是共产主义同情者，他们满怀激情地准备与工厂工人或佃农携手，建立无产阶级同志关系；贵族家庭的儿女们上街游行，渴望帮助罢工的制衣工人，或者在旷日持久的斯科茨伯勒案中为海伍德·帕特森辩护而筹款①；大学知识分子研读马克思的著作，抗议赫斯特新闻集团，并以幽默的方式成立了"未来战争退伍军人"组织。

H. L.门肯的《美国信使》杂志曾是20世纪20年代年轻知识分子的宠儿。门肯先生虽然在文学和道德问题上是自由派，但在政治和经济问题上是保守派。1933年他辞去编辑一职，知识分子才把他视为自己人。1934—1935年，天主教道德联盟对电影实行审查制度，知识分子却没有愤怒地捍卫言论自由。他们已经厌倦了这一切，几乎没有提出抗议，因为他们有了新的目标。

在喧嚣的争论中，在投身于各种事业的热情下，仍然存在着令人痛苦的疑虑，而且这些疑虑极其令人困惑，让人根本无法忽视。思想的动荡震撼人心，事情的变化日新月异。某个计划、某种社会信条，今天看起来还不错，但明天还能站得住脚吗？对许多美国人（如果不是大多数美国人的话）来说，问题的复杂性和找到可靠解决办法的无望性都同样巨大，以至于任何社会热情都无法真正打动他们。当社会救世主们认真地朝着革命或改革的各种目标前进时，其他人却沉默地站在路边，不知所措。国家出了问题，但他们不知道是什么问题。他们想不明白，也不知道其他人能否想明白。

20世纪30年代末期，阿奇博尔德·麦克莱什出版了他的《自由之地》，他在诗中反复强调："我们不知道——我们不能说——我们很纳闷……"而与许多遭遇旱灾的农民交谈过的观察家说，这些话经常挂在农民的嘴边。同样，还有无数人的生活被经济大萧条所颠覆，还有一些人没有受到任何痛苦的伤害，但他们意识到社会正在发生一些奇怪的、难以理解的事

---

① 1931年，在亚拉巴马州的斯科茨伯勒镇附近的火车上，一群黑人乘客和白人乘客发生冲突，事后白人报警，谎称车上的黑人攻击并强奸了两名白人女性。为此，警方逮捕并起诉了九名黑人男孩（年龄在十三至十九岁），在没有证据的情况下，法庭仓促判决被告有罪。海伍德·帕特森是这九名黑人男孩之一。著名小说《杀死一只知更鸟》就取材于这个案件。——译者注

情。他们不理解这个时代，很可能重新陷入冷漠或宿命论，陷入对安全避难所的渴望，以躲避事态的风暴。

再次引用《财富》杂志编辑的话（说的是大多数大学生，而不是少数知识分子）："当代大学生是宿命论者……调查者为这一代人普遍不愿意挺身而出的态度所震惊。他们穿着衬衫，系着裤扣，抬着下巴，闭着嘴巴。如果我们把平均值当作事实，那么这就是谨慎、低调、不思进取的一代，不愿冲上云霄，害怕出丑，无法走出自己的困境……安全是这一代大学生的最高追求。"这种谨慎并不局限于校园。人们在商界人士身上也看到了这一点："我们过去对将要发生的事情非常有把握，现在我们不知道会发生什么。"人们从经济讨论中不断出现的"信心"一词中感受到这一点——只有在缺乏信心时，"信心"一词才会出现在人们的词汇中。人们从争取养老金的运动和推动社会保障的运动中也感受到这一点。美国先驱一代的儿女们可能会拿自己的零钱去玩宾果游戏或老虎机，但他们不希望生活也成为一场赌博。

在新政蜜月期，人们充满希望，信心短暂高涨，但此后美国人民的情绪中流淌着一股恐惧的暗流。他们希望感受到脚下坚如磐石的确定性和安全感，但他们没有，他们害怕。

第七章

改革和复苏

　　新政蜜月期在 1933 年的最后几个月结束了，不是突然结束的，而是（像许多婚姻一样）在一连串的烦恼、失望和纷争中结束的。

　　1933 年春天，联邦储备委员会调整后的工业生产指数从 3 月份的 59 点一路攀升到 7 月份的 100 点，但随后出现了严重的倒退——这是过度投机和过度消费的结果。8 月份该指数从 100 点下降到 91 点，9 月份下降到 84 点，10 月份下降到 76 点，11 月份下降到 72 点。三分之二的涨幅都是在春季那场美妙的上涨中取得的，而现在失去了——而且正是在这几个月中，被寄予厚望的国家复兴署越来越令人失望！难怪人们开始扪心自问：新政的复苏是否只是昙花一现？匆忙推出的新政机制是否已经不堪重负？总统的乐观保证和约翰逊将军慷慨激昂的演说是否越来越不可信？

　　国家复兴署遇到了越来越多的阻碍，有了越来越多的借口。亨利·福特拒绝接受新的汽车法规。威廉·伦道夫·赫斯特在报纸上刊登整版广告，抨击《国家工业复兴法》是"绝对的国家社会主义措施"，是"对政治权利和宪法自由的威胁"，并宣称国家复兴署的英文缩写"NRA"的意思是"不允许复兴"（No Recovery Allowed）。经过无休止的争论和混乱之后，各种工业法规终于获得批准。一些雇主计划公平、光荣地遵守这些法规的规定，另一些雇主则围在一张桌子旁，悄悄达成共识，决心回避工资和工时条款，并将《国家工业复兴法》中保障集体谈判的"7a条款"变成一纸空文。这些公司正在虔诚地引入名不副实的工会，或者决定与工会划清界限，并相信法院会支持他们捍卫自己的"自由"。与此同时，美国劳工联合会中大腹便便的官员们也被激起了前所未有的热情，成立了成百上千的新工会，而那些信奉"7a条款"表面价值的工人也在激烈地罢工，以争取他们受政府保障的权利。来自工业中心的报道称，纠察队发生了血腥的战斗，催泪瓦斯淋湿了愤怒的人群，国民警卫队成员正在游行示威。

1933年秋末，乔治·R.莱顿为《哈珀杂志》调查了东部四个州实行《国家工业复兴法背后》的事实，并带回了一份报告，称"《国家工业复兴法》的精神和意图正在公开或秘密地遭遇挫折"。他发现，政府提高工资的目标正在落空，要么是雇主拒绝遵守法案中的最低工资规定，要么是他们将一些人的工资提高到最低工资，而将另一些人的工资降低到最低工资。他发现，雇员们对发生的事情都不敢声张。"看在上帝的分上，"一位工人哭着说，"别让人看到你在这里做调查……附近水泥厂的一些人已经抱怨过了，现在他们都去喝西北风了。"莱顿先生发现，本应负责执行法规的合规委员会有时站在雇主那边，丝毫没有保护劳工或消费者的想法。他还发现，当地的国家税务局官员在与有权势的实业家打交道时畏首畏尾。一位官员在谈到他所在城市的一位大工厂主时，说了一句很有启发性的话："要见他一面太难了。"

人们很快发现，政府在"行业自治"方面的伟大试验与企业高管们根深蒂固的决心发生了全面碰撞。高管们决心压低经营成本，在可能的情况下抬高价格，总之，即便赴汤蹈火，他们也要让国家复兴署为己所用。而且他们确实这样做了，是他们，而不是劳工或消费者，掌握了制定法典的主动权。在他们无法公器私用的地方，他们中的一些人遵守法律，另一些人则与法律作斗争或干脆绕过法律。国家复兴署的试验带来了一些好处：童工现象几乎绝迹；工资有所提高，超长工时有所减少，意志消沉的情况得以消除，尤其是在较为进步的行业；企业的经营状况有所稳定。但是，除了缩短工时直接带来的就业增加，新增就业的数量并不明显，最终消费品的价格往往随着工资的上涨而上涨，有时甚至比工资上涨得更快。与此同时，由于商业情况不佳，罢工威胁成倍增加，整个商界对新制度越来越反感。

罗斯福本人也对商业动力的丧失和农产品价格的下跌深感忧虑。他曾自称是经济大萧条时期的进攻四分卫，现在看到形势对他不利，他决定尝试向前传球。他一直在听取康奈尔大学乔治·F.沃伦教授的建议。沃伦教授曾劝说农场信贷署署长亨利·摩根索，如果政府故意提高购买黄金的价格，那么美元不仅在黄金方面，而且在其他商品方面都会变得便宜——简言之，价格应该上涨。财政部长威廉·H.伍丁重病在身，主持工作的副部长迪安·G.艾奇逊对沃伦的黄金购买计划不以为然。但满脑子新想法的总统一意孤行，于1933年10月22日宣布复兴金融公司将为政府购买黄金。

1933年深秋，每天早上9点，两三个人会聚集在白宫总统的卧室里，通常是沃伦教授、亨利·摩根索和复兴金融公司的杰西·琼斯。总统在床上吃早餐时，他们来商定当天的黄金价格。总统会写下几张"便条"——一张给琼斯，批准当天的黄金价格；另一张给艾奇逊，向财政部通报消息。不久，艾奇逊离开了财政部难以为继的职位，摩根索接替了他的位置（在伍丁辞职后接任了财政部长一职）；O. M. W.斯普拉格教授是政府的财政顾问，他因对这种货币上的小把戏很愤慨而离开了财政部；艾尔·史密斯对总统的"劣质美元"大加嘲讽；华尔街响起了愤怒的呼声，认为美国正在走向1923年在德国发生的那种无节制的通货膨胀，过度消费和"劣质美元"试验很快就会导致政府信用的崩溃。

直到1934年1月底，黄金购买行动才结束。当时，1美元已贬值（以黄金计）至59.06美分。物价有所上涨，但远未达到相应的水平。这场伟大的试验失败了。此外，金融界早已从上年春天的恐慌中恢复过来，现在他们感到自己成了大萧条的替罪羊，全都义愤填膺。

关于华尔街的呼声，这里多说一句：在随后的五年半时间里，既没有出现失控的通货膨胀，也没有出现政府信用的崩溃。令人尴尬的是，在肯塔基州诺克斯堡的地下金库中积累了大量黄金，价值超过 140 亿美元，每盎司 35 美元，美国愿意遵守这个价格，但其他国家不愿意，因为世界上大多数国家已经取消了金本位制。

随着 1933—1934 年冬天的到来，新政曾经得到的稳固支持逐渐变得支离破碎。大多数激进分子对罗斯福已经不耐烦了：他们指责罗斯福行动太慢，说他提出的只是治标不治本的方案，而不是革命性的补救措施。成千上万的农民对迄今为止农调署未能提高农作物价格感到愤怒，玉米带和小麦带的公路沿线仍然乱作一团。劳工们虽然相信政府有意让他们组织起来并慷慨地提供失业救济，但对政府无力执行"7a 条款"以及美国劳资关系协会被雇主把持表示不满。商界人士原本以为罗斯福在 1933 年春天迅速推行改革计划和复苏措施后就会偃旗息鼓，但他们沮丧地发现，罗斯福并没有这样的打算。他们相互询问，这个人下一步会推出什么疯狂的计划呢？

他已经成立了公共事业振兴署，这是一个庞大、臃肿、昂贵的联邦失业者工作救济系统。在 1934 年初向国会提交的预算报告中，他冷静地指出，在 1933—1934 财政年度，政府支出的赤字将超过 70 亿美元，而在 1934—1935 财政年度，这一数字仍可能有 20 亿美元。总统宣布："在两个财政年度中，支出超过收入的数额将超过 90 亿美元。在上年春天我们遇到前所未有的危机之后，为了使国家恢复到健全的状态，我们必须这样做。虽然数额巨大，但不可估量的收益将证明付出的代价是值得的。"这番话说得信心十足，但任何一个有经济头脑的商人在处理年终账目时都会自问：他得到的好处到底有多"不可估量"？或者说，这个如此冷静地考虑增加 90 亿美元联邦赤字的人，还是那个在 1932 年斥责共和党人严重奢侈，并在 1933 年 3 月提出《经济法案》的富兰克林·D. 罗斯福吗？

事实是，如果发生严重的通货紧缩，对富兰克林·D. 罗斯福的影响甚至会比对赫伯特·胡佛的影响更大。在现有的债务结构下，罗斯福已经在许多新的地方抵押了政府本身的信用。他承诺通过价格上涨和大规模的商业扩张来实现经济复苏，而不是通过价格下跌和注销债务来实现经济复苏。他必须继续踩油门，而不是踩刹车。尽管前路一片黑暗，但他必须继续前行。这样做代价高昂吗？也许是的，但现在回头已经太晚了。

1933年整整一年，参议院银行和货币委员会在不可一世的律师费迪南德·佩科拉的帮助下，断断续续地在华盛顿的委员会会议室里上演了一场有史以来最非同寻常的表演：对美国金融业进行调查。一长串的金融霸主——商业银行家、投资银行家、铁路和公用事业控股公司的老板、股票经纪人和大投机家——一个接一个地走上证人席。从这些不情愿的先生口中，从他们的办公室档案中，我们看到了一篇篇见利忘义、中饱私囊的故事。这些故事日复一日地登上报纸的头版。

调查显示，华尔街的联营公司在内部人员的协助下操纵交易所的股票价格。调查表明，他们以牺牲小投机者和普通投资者的利益为代价牟取暴利，并助长了投机狂热，使整个国家的经济体系深受其害——这不仅发生在1928年和1929年，就连最近的1933年春天也是如此，当时罗斯福刚刚进驻白宫，而华尔街声称正在悔过自新。调查还表明，有权势的银行家们通过高压推销向不明真相的人兜售股票和债券，并通过买卖自己银行的证券赚取数百万美元，牺牲的却是他们声称要为之服务的股东的利益。调查表明，新证券的发行为内部人员带来丰厚的回报，并为具有政治影响力的绅士们提供品尝这些回报的机会。调查还展示了现代金融力量的发动机——控股公司——是如何被滥用的，其中一些出资人把公司的架构设计成七八个层级；这些公司架构变得如此复杂，以至于很容易被肆无忌惮的人掠夺，导致许多公司在大萧条期间轰然倒塌。这表明，控股公司的技术应用于银行业时会产生多么严重的后果。它展示了富豪们是如何利用个人控股公司等手段，以及将股票（亏本）出售给家族成员等伎俩来躲避收税员——而此时，地位卑微的人正在缴纳支持政府的税款。调查一次又一次地表明，金融界担任信托职务的人是如何背弃信任和托付的。

当然，总体来说，这些揭露出来的情况对金融家们并不公平，因为成为头条新闻的肯定是最严重的丑闻。然而，即使是最公正的观察者也会对其中的阴暗面感到震惊。贪婪和短视的金融行为加剧了大萧条的严重性，这一点似乎一目了然。公众的愤怒情绪高涨，使得新政在推行新的改革措施时得到了强有力的支持。

新改革的第一步针对的就是华尔街。继 1933 年《证券法》之后，1934 年又颁布了《证券交易法》，将全美国的证券交易所置于联邦监管之下，以免下一次繁荣（如果有的话）以另一次投机性崩盘告终。该法案授权联邦储备委员会限制投机利润；要求大公司的所有董事、高管和主要股东报告其公司证券的所有交易情况；成立证券交易委员会，即我们熟知的证交会——其目的是充当证券交易所和整个投资市场的监护人和警察，慢慢地使其向有益和良好的方向发展。

第二年，在控股公司表现最突出的领域——公用事业领域内，新政开始反对滥用控股公司。《公用事业控股公司法》规定，控股公司的结构不得超过两层，必须简化，而且仅适用于管理经济上一体化的运营公司集团。

至于国家的银行系统，新政并没有试图将其统一起来（将国家银行和四十八个州银行集团纳入一个系统），而是在 1935 年加强了联邦储备委员会对各联邦储备银行的监督权，将更有效的权力集中在华盛顿，并顺便将1933 年临时安排的由政府为小银行存款提供保险的做法固定下来。

联邦政府还承担了其他新的监管和强制权力。例如，州际商业委员会的权力不仅包括过去的铁路交通，还包括州际公共汽车和卡车交通；旧的无线电委员会被新的通信委员会取代，后者不仅要监管电波，还要监督电报和电话系统。1935 年 9 月 2 日，总统在给斯克里普斯—霍华德报系的罗伊·霍华德的信中宣布，新政的立法计划已经"基本完成"，企业可以期待"喘口气"了。

在 1934 年和 1935 年的大部分时间里，有关新政这些改革措施的讨论一直回荡在美国各地。

可以肯定的是，来自华盛顿的新闻不再像新政府成立初期那样自动占据报纸头版。其他事件，无论重要与否，现在都得到了更多的关注。1933—1934 年的冬天，北方寒冷刺骨，从南塔基特岛到美洲大陆的大西洋全部冰封。罗斯福错误地突然终止航空邮件合同后，匆忙奉命运送航空邮件的陆军飞行员在冰雪和浓雾中飞往死亡的彼岸；外国新闻与约翰逊将军最新的训诫和谩骂以及罗斯福的货币试验和改革建议争夺头版版面。巴黎发生了骚乱，一度似乎预示着法国将爆发内战。1934 年夏天，国外的骚乱仍在继续：希特勒发动了血腥大清洗，奥地利总理多尔弗斯被暗杀，欧洲全面战争一触即发。那年春天，在加拿大一个不起眼的家庭里，发生了一件让特稿编辑如愿以偿的事件：5 月 28 日，奥利瓦·迪翁夫人生下了五个小女孩。这一事件顺便还催生了加拿大的一项重要产业：将五胞胎作为世界五大现代奇迹进行商业开发。

1934 年夏天即将结束时，整个国家都沉浸在恐怖之中："摩洛城堡号"轮船在新泽西海岸发生火灾，137 人丧生。每个人都从报纸上知道了："摩洛城堡号"的大火是如何在左舷写字间外的储物柜里烧起来的；大副威廉·F. 沃姆斯如何发现自己对这艘船的指挥岌岌可危，因为几小时前船长因消化不良去世了；当大火无法得到阻止，乘客们是如何乘坐救生艇或跳入大西洋的；以及这艘烧得通红的废船后来如何在阿斯伯里公园的会议厅旁展览，短暂地带动了一番观光旅游。

当阿斯伯里公园的游客们还在注视着"摩洛城堡号"时，十年中最激动人心的侦探和审判故事开始上演了，布鲁诺·理查德·豪普特曼在布朗克斯被抓获，并因绑架林白的婴儿而受审。在弗莱明顿举行的这场轰动性审判，让康顿医生、惠特利夫妇和贝蒂·高的名字再次出现在每个人的嘴边，也让新泽西州总检察长威伦茨、法官特伦查德、辩方律师赖利以及豪普特曼神秘证词中的德国人伊西多尔·菲施等新名字短暂地出现在公众面前。

就在接下来的夏天——1935 年夏天，吉姆·布兰多克从马克斯·贝尔手中夺得了重量级拳击冠军；威尔·罗杰斯和威利·波斯特在阿拉斯加的一次飞机失事中丧生；埃塞俄比亚上空的战争阴云正在缓慢聚集。这些新闻转移了公众对《公用事业控股公司法》和其他新政措施的关注。此外，在 1934 年和 1935 年，西部大平原发生了一件对美国具有重大意义的事

1934年5月，时任安大略省省长米切尔·赫本与"迪翁五胞胎"的合影

1934年9月8日，"摩洛城堡号"发生火灾

件——我们将在本书的下一章看到更多关于这件事的内容：沙尘暴肆虐，农场被风吹走。

然而，在这些事件发生的所有时间里，关于新政金融改革的隆隆战火从未被人忽视。来自华尔街的抗议声惊天动地，保守派媒体也普遍响应：《证券交易法案》如果获得通过，将终结投资市场的流动性，带来全面的经济毁灭！罗斯福走上了通往共产主义的康庄大道！印第安纳州加里市的威廉·A.维特博士说，他曾参加过一次"智囊团"的晚宴，在那次晚宴上，政府雇员把罗斯福说成是美国新革命的捷尔任斯基①。农业部助理部长雷克斯福德·塔格维尔看起来不就是一个共产主义者吗——尤其是对那些担心他提出的食品和药品广告监管法案可能会减少他们收入的报社老板来说？政府要毁掉所有公用事业的投资者：田纳西河谷管理局与南方私营公用事业的竞争范围正在扩大；联邦政府正在补贴那些希望拥有市政电力和照明系统并从田纳西河谷管理局获取电力的市政当局；西部正在建造新的大坝，这将扩大公共电力的服务范围；现在，它又通过《控股公司法案》对许多无助的控股公司处以"死刑"！问题很明显，保守派大声疾呼：这是经济独裁与民主的对决。

新政的官员给出了回应：华尔街管理不善的记录已被参议院委员会记录在案，"美国人民不会恢复这种古老的秩序"，新政旨在保护普通人免受"自私自利华尔街"的侵害。

尽管战雷滚滚，但富兰克林·D.罗斯福仍以压倒性优势掌控着国会，推动着改革的实施。

新政不仅试图通过国家复兴署、农调署、币值变化和其他措施恢复繁荣，通过改革措施防止经济灾难再次发生，它还试图保护公民个人免受过去、现在和未来经济困境的影响。它设立了如此之多的机构来向组织和个人提供贷款，以至于仅仅列举这些机构就会令人厌烦。通过1935年颁布的一项具有重大意义的法令《社会保障法》，它建立了一个庞大的失业保

---

① 捷尔任斯基（1877—1926），俄国革命家，苏联早期主要领导人之一。——译者注

险和养老援助体系，为美国大部分劳动人口提供服务——通过对工资单征税来建立一个庞大的基金，以便在漫长的未来从这个基金中支付养老金。年复一年，政府始终在与失业救济问题作斗争。

对于"失业救济"这个令人绝望的问题的讨论，可以鲜明地勾勒出新政的基本优势、基本弱点以及整个国民经济面临的困境。

1933 年春天，联邦政府承担起确保美国男女老幼有饭吃、有房住的责任，从公共工程基金中拨出 5 亿美元，帮助各州承担失业救济的重担。罗斯福总统任命一位身材瘦削、脸形窄小、神情警觉的年轻人哈里·霍普金斯担任联邦紧急救济署长，他是一位热心、理想主义的社会工作者，在罗斯福担任州长期间曾在纽约负责救济工作。这笔救济金的发放似乎只是权宜之计，因为在那些充满希望的日子里，复苏似乎指日可待。然而，1933 年秋季的经济衰退和另一个可怕的冬天接踵而至。美国大多数城市和州都濒临破产，完全无力承担救济负担，1933—1934 年冬季的失业情况肯定会和 1932—1933 年冬季一样严重！因此，政府需要另一个"临时"计划，而且规模不能小。

于是，公共事业振兴署成立了，哈里·霍普金斯成了一个庞大而仓促的慈善组织的指挥官。正如我们所看到的，罗斯福要求国会提供数十亿美元来满足这一新的需求。大家都认为下一年的情况肯定会更好。1934 年春，公共事业振兴署因耗资巨大而被放弃了，救济组织再次发生改变。

但事实证明，第二年的情况并没有什么好转。于是，总统再次要求拨款数十亿美元，并再次对组织机构进行彻底改革：1935 年初，工程进度管理署应运而生。

尽管工程进度管理署还要存在好几年，但它也注定要不断重组和修订。实际上，最初几年的历史将一再重演：年复一年，政府发现失业人数出乎意料地多，发现资金耗尽，发现新的危机，向国会发出新的呼吁，要求提供更多的资金，并匆忙制定新的、光彩夺目的计划。临时抱佛脚，就是此时新政上的普遍模式。

联邦救济建立在伟大的道德原则之上。政府实际上是在说："这数百万失业者不应被视为穷光蛋。我们不能让他们遭受任何屈辱。他们应被视为公民和朋友，他们是不幸的经济形势的暂时受害者，整个国家都应对此负责。现在已经无法遵循胡佛的原则（接受联邦资金会损害人的自尊），甚至不能仅止于施舍。这些人想要用工作挣钱，很好，我们将尽可能多地让他们工作。我们将让他们从事有用的工作，而且不会与私营企业竞争。他们将成为政府雇员，能够重新抬起头来。尽管让他们工作的成本比救济金还要高，但重振精神的好处将超过成本。"

但是，就政府的运作规模而言，这些事情说起来容易做起来难。请稍停片刻，感受一下这些数字的影响力：公共事业振兴署在其巅峰时期雇用了 400 多万工人——足够二十多家通用汽车公司使用。工程进度管理署开始运作时的目标是雇用 350 万人（联邦、州或地方救济的总人数——包括受救济者的家庭成员——在不同时期有不同的估计，从 2000 万到 2500 万不等）。如何让这么多人都有工作呢？

首先，很难找到不与私营企业竞争，而且适合数百万人能力和经验的工作。联邦政府决定，救济人员不得在私有领域工作，不得从事制造业，也不得建立竞争性的商品销售系统。起初，资金主要用于以下项目：道路（尤其是农场到市场的道路）的维修和建设、公共建筑和学校的维修、公园和游乐场的建设；对于专业人员和文秘人员，即白领阶层来说，则从事政府和大学的研究项目，以及聘请拥有某种特殊技能或知识的救济人员向其他人传授这种技能或知识。有些工作毫无价值，或者分配的人太多，或者这些人明显缺乏技能，因此，人们经常听到关于政府雇人"拾落叶"和"闲逛"的批评。

1935 年初，议员们对纽约市救济金进行了调查，发现救济金被用于教授踢踏舞和练习皮影戏，用于"托儿所、幼儿园和一年级教师非专业兴趣的研究"以及"小学拉丁语有监督函授课程相对有效性的研究"等学术活动。一位名叫罗伯特·马歇尔的人作证说，他是"培训专家"，负责教救济人员"幌子艺术"，并解释说这是一个古老的术语，指日常的手工艺技巧，如用绳索编织腰带。这个奇怪的词让报纸读者着迷，于是各地的保守派媒体都把价值可疑的救济项目称为"装幌子"。

另一个巨大的困难是工人的登记、调查和分配。工作是应该给最能胜任的人，还是给最需要的人呢？如果以需求为标准，又如何维持工作标准呢？工资标准的确定同样是一个令人头疼的问题。据推测，工资应该低于私营企业的工资，但如果当地的工资无法保障温饱呢？这些只是实际问题中的一小部分，似乎所有做法都可能会造成不公正或低效率。

除此之外，问题还有很多：如何建立适当的组织机构？如何不让贪污腐败者和政治黑手控制救济工作？如何解决联邦机构和地方机构之间无休止的冲突？……虽然联邦、州和地方政府之间的权力划分在不同的地方和不同的时期会有令人困惑的变化，但鞭子主要还是握在华盛顿的霍普金斯手中，该组织对贪污保持警惕，至少在最初几年是相当独立的。随着时间的推移，政治腐败变得越来越明显：救济系统对民主党来说太有价值了，在选举日临近的时候，救济支出总是会上升到最高点，而且在宾夕法尼亚州等地发现了严重滥用资金的证据。但总的来说，考虑到所支付资金的巨大规模以及美国地方政府普遍较低的政治道德水平，其记录显得惊人廉洁。

除所有这些困难之外，还有最后一个无法回避的困难：尽管霍普金斯和他的助手们想方设法使这项工作显得很重要并引以为豪，但事实仍然是，它只是一项报酬低、不确定、对技艺要求不高的工作，而且救济人员逐渐成为一种不被私营企业欢迎的"贱民"阶层，吃了上顿没下顿。

这只是简略的说法。与之相对应的是一些重大成就，特别是联邦剧院、音乐和艺术项目的成就。在胡佛时期，有谁会相信，在工程进度管理署的帮助下，管弦乐队会在几年内获得救济金，从而为热情的观众演出；政府补贴的剧团会在剧场上演精彩的节目；几个月甚至几年都卖不出去一幅画的能干画家会得到政府的指派，为邮局绘制壁画？

关于联邦救济采取的各种形式，这里没有足够的篇幅来谈。但是，至少应该提到临时营地，它为成千上万到处寻找工作的美国人提供住所，这些人在离开家乡后没有资格获得定期救济——谁愿意养活一个外地人？国家青年管理局帮助支付年轻人的教育和培训费用，否则他们就会没有任何一技之长；公共工程管理署购买剩余商品，特别是农产品，并将其分配给有需要的人（我们也不应忘记，公共工程管理局建造的桥梁、水坝、公共建筑等大型工程，以及平民保育团的森林保护工作，虽然在行政上不属于联邦救济的一部分，却对救济体系起到了补充作用）。

不过，在我们离开这个"贫民区"之前，必须再做两点概括。第一点是，尽管救济制度效率低下，组织结构动荡频繁、混乱不堪，政治腐败时有发生，但它之所以受到大多数美国人的青睐，是因为它本质上是友好的，它对那些被经济大萧条推向贫困的人所持的态度是合乎人性的。那些斥责这一制度是对弱者的骄纵和溺爱的特权阶层，在20世纪30年代之所以能够免于内战，可能就是因为掌权的政府把救济者当作值得尊重的公民来对待。

第二点是，有一种普遍现象是，这种救济制度的巨大成本压在有工作和有收入的美国人身上，尽管这些支出有助于维持贸易的发展；而成本中没有由当期税收支付的部分仍然以联邦债务的形式，在未来很长一段时间内压在有工作和有收入的美国人身上。维持人的尊严，需要付出非常大的代价。

这就是新政的基本困境。新政理所当然地希望吸取1929—1933年危机的教训，改革金融体系，但要想做到这一点，就需要建立一个联邦监督机构，给金融界施加无休止的规章制度、无休止的问卷调查、报告撰写和招股说明书撰写，让华尔街克服理性和非理性的恐惧。因此，如果不征收重税，不产生巨额赤字，它显然也无法人道地对待全美国的失业者，这自然会让人怀疑它是否有能力无限期地背负越来越多的债务，从而再次推迟经济复苏。它不得不背负着名副其实的基督徒的包袱——它试图解决的稀缺性问题的包袱——向目标迈进。

1934年7月22日清晨，一群司法部探员手持手枪，悄无声息地聚集在芝加哥林肯大道的一家电影院附近。领头的梅尔文·H.珀维斯将车停在剧院门口附近，仔细地打量着进门的男男女女。最终，珀维斯认出了他要找的人——尽管这个人染了头发，遮掩了面部，留了胡子，还戴上了金边

左图：大萧条时期公共事业振兴署安排了大量的道路建设工作

左下图：大萧条时期美国国家青年管理局组织的一个打字培训班

下图：1934 年 7 月 22 日，在悍匪约翰·迪林杰被击毙后不久，当地民众聚集到那所剧院前

眼镜。

珀维斯在车里等了两个小时，直到那人从剧院出来。然后，珀维斯向他的助手发出信号，将一只胳膊伸出车外，放下手，握起拳头。助手们逼近那个看电影的人，当他开始拔自动手枪时，他们将他击毙。第二天早上，头条新闻大肆宣扬，头号公敌约翰·迪林杰已被击毙。

改革精神清除黑恶旧势力的又一次攻势正如火如荼地展开。

正如我们所看到的那样，在这十年的最初几年，人们对美国犯罪盛行以及警察无力应对犯罪的情况感到无比愤慨。1932年初发生的林白绑架案更加激起了人们的愤怒。从那时起，每一起绑架案都成为热点新闻，大多数美国人都以为绑架浪潮正在席卷美国。1933年末，在加利福尼亚州的圣何塞，两名对年轻的布鲁克·哈特实施绑架行为的男性犯人被愤怒的民众带出圣何塞监狱，并被吊死在附近的树上。加利福尼亚州州长对法律和秩序有着奇怪的概念，他评论说，实施私刑的人做得"很好"。

美国国会认为，没有联邦的援助，各州就无法抓住罪犯（就像无法制止不良商业行为一样），因此国会通过法律，将迄今为止完全属于州管辖范围的犯罪的有限管辖权赋予了联邦当局。足智多谋的司法部调查局局长约翰·埃德加·胡佛看到了机会。约翰·迪林杰是中西部的一名银行劫匪和抢劫犯，有着非凡的枪法，多次化险为夷，于是胡佛派他的联邦探员开始追踪——尽管据说迪林杰当时唯一的联邦罪行是跨州运输一辆偷来的汽车。迪林杰被贴上了"头号公敌"的标签（现在阿尔·卡彭已经入狱），开始为公众所熟知。

联邦探员在圣保罗找到了迪林杰，但他负伤逃走。几天后，他出现在一个外科医生的办公室里，用枪指着外科医生，强迫其给他治疗伤口，然后安全地逃走了。在威斯康星州北部的一个避暑胜地，他再次被发现。尽管探员们包围了他所在的大楼，但他还是在打死两人、打伤两人后逃脱了。最后，正如我们所看到的，珀维斯在芝加哥抓住了他，约翰·迪林杰的故事就此结束。

但是，约翰·埃德加·胡佛及其联邦探员的故事并未就此结束。因为这些联邦侦探现在又开始抓捕"漂亮男孩"弗洛伊德、"娃娃脸"尼尔森以及其他许多公敌，一个接一个，或生擒或击毙，以至于在1936年阿尔·卡彭被活捉之后，公众完全忘记了"全民公敌"这个称号。

胡佛和他的手下成了当时的英雄，被搬上电影银幕，这群探员被称为"联邦探员"。詹姆斯·卡格尼扮演了一个活泼的年轻"联邦探员"，他受过法律训练、科学侦查训练、打靶训练，还顺带学过摔跤。不久之后，那些曾惊恐地发现自己的小儿子喜欢在街角扮演黑帮老大的母亲都松了一口气，因为她们发现，现在这些少年中最受欢迎的角色是无畏的"联邦探员"，他的机枪可以将绑匪和银行劫匪一一击毙。真正的"联邦探员"并未得到州政府和地方警察的大肆宣传，但仍在乘胜追击，到1936年底，他们宣布，自1932年通过《林白法》以来，美国每一起绑架案都已结案。

绑架和银行抢劫虽然触目惊心，却并不是最具威胁性的犯罪。职业黑帮的劫掠影响更为深远，打击难度也更大。20世纪20年代，各种黑帮暴徒（其中最臭名昭著的是芝加哥的阿尔·卡彭）建立起了这个国家从未见过的规模巨大、组织严密、利润丰厚的恐吓式商业体系。这些敲诈勒索的基础通常是经营啤酒，但一个成功的啤酒经营者会把大部分威士忌和杜松子酒的私酒贸易作为副业，而主要负责赌博和卖淫的敲诈勒索，以及利用雇主协会或工会实施敲诈勒索，如果被勒索者不付钱，他们就威胁要毁掉他们的生意或杀死他们，从而逐步在其他合法的企业中发展勒索产业。每个城市的模式都不尽相同，通常都有许多敌对帮派在活动，不时在机枪的伴奏下抢占对方的地盘。

20世纪30年代初，勒索者和合法商人一样，发现生意不好做了。禁酒令被废除，非法酒类生意受到打击了，这些"贵族"失去了重要的收入来源。但是，受政治保护的恐吓技巧已经炉火纯青，许多城市的敲诈勒索行为仍在继续。即使是在纽约——这个从未像芝加哥那样敲诈勒索泛滥的城市，在1933年选出了一位正直而能干的市长菲奥雷洛·拉瓜迪亚——也有数十家企业被敲诈勒索控制，这些受害者因为害怕而不敢作证。

但是，纽约为新的改革精神提供了一个典型的范例，证明了新的改革

1932年的约翰·埃德加·胡佛

纽约市长菲奥雷洛·拉瓜迪亚（左）与富兰克林·D.罗斯福（右）

精神在正确的指导下能够发挥怎样的作用。

示威游行的故事真正开始于 1933 年 11 月 21 日——当时罗斯福正在实施他的黄金购买计划，约翰逊将军正在批准《国家反种族歧视法》，梅·韦斯特正在银幕上出演《我不是天使》，凯瑟琳·赫本正在出演《小妇人》，《安东尼的逆境》大畅销，沙尘暴刚刚开始肆虐，芝加哥举行的首届"世纪进步博览会"刚刚结束，公共事业振兴署刚刚成立。这一天，纽约的报纸内页刊登了一则当地新闻：年仅三十一岁的托马斯·E.杜威被任命为当地联邦检察官。在接下来的一年半时间里，年轻的杜威在这项工作中表现出色。1935 年春，纽约的一个大陪审团在调查敲诈勒索案时，对坦慕尼地区检察官向其提交证据的方式非常不满，因而勃然大怒，要求雷曼州长任命一名特别检察官。雷曼州长任命了英勇的杜威，他于 1935 年 7 月 29 日开始工作。

随后，在刑事侦查和起诉史上出现了最非凡的一幕。杜威在伍尔沃斯大厦一间受到严密保护的办公室里，动员了一批年轻律师和会计师，杜威派他们去搜集敲诈勒索的证据，结果令所有人大吃一惊。尽管那些人惊恐地坚持说他们什么都不知道，但杜威还是拿到了证据。杜威出色地收集到这些证据，开始了一系列单调而成功的起诉。他让至少敲诈了 240 家餐馆的团伙锒铛入狱，还把图茨·赫伯特送进了监狱——图茨·赫伯特假扮成劳工领袖、地方工会的头目，从家禽生意中敛取了大笔钱财。杜威还将勒索纽约妓女和鸨母的拉基·卢西亚诺定罪（他的政治保护伞很厉害，在 1935 年，有不少于 147 名为这个团伙工作的女孩被捕，但没有一个人被判入狱）。两年内，杜威起诉了 73 名敲诈勒索者，其中 71 人被定罪。尽管证人不愿招供，那些同意招供的人会受到暴力威胁，杜威本人不断受到贿赂和恐吓，但他还是做到了这一切。1937 年，杜威当选为地区检察官，并继续展开猛烈攻势，于 1939 年将重要的坦慕尼协会领导人詹姆斯·J.海因斯定罪。

当然，勒索产业并没有被摧毁，就像绑架和银行抢劫没有被终结一样，但是杜威就像"联邦探员"一样，证明了犯罪是可以被打击的，其成果受到了广泛关注。1930 年和 1931 年，美国经济联盟的优秀成员曾投票认为，"司法""犯罪"和"目无法纪"与禁酒令一样，是国家面临的重要问题，1937 年，他们再次投票，认为"犯罪"问题不如"劳动""政府的效率和经济""税收"或"联邦宪法"重要。

打击犯罪的行动取得了暂时的胜利，但在 1934 年和 1935 年，罗斯福总统一直饱受经济方面的困扰。

经济复苏严重滞后。为了衡量当时的情况，让我们再次回到联邦储备委员会调整后的工业生产指数，该指数或许是衡量经济健康状况的最佳总体指标。我们已经看到，该指数从 1929 年 125 点的繁荣高峰一路下滑至 1932 年夏季的 58 点，并在银行恐慌的 1933 年 3 月再次跌至 59 点；随后，在新政蜜月期间，该指数飙升至 100 点，在 1933 年 11 月蜜月结束时下滑至 72 点。后来又慢慢回升，但到 1934 年春才回升到 86 点。1934 年秋，又滑落到令人沮丧的 71 点。1935 年初，它再次上升到 90 点，然后在 1935 年春季又回落到 85 点。直到 1935 年的最后一个月，该指数才再次回升到新政最初几个月的 100 点。

总统满怀信心地提出了新的立法建议，但这并不能完全转移公众对施政困难的注意，这些困难始终缠绕着他已经建立起来的机构。国家复兴署似乎是在挑拨离间，而不是促进生产。一方面，它实际上是在建议将劳工组织起来；另一方面，它又将其数百项法规的制定和管理权交给了雇主，而且无法要求这些雇主承认如雨后春笋般迅速发展起来的工会，而在许多情况下，这些工会是由缺乏经验和过度好斗的领导人控制的。因此，它无法兑现自己的承诺。心灰意冷的汽车工人说，国家复兴署其实是"白忙署"。1934 年 7 月，太平洋沿岸一场激烈的码头罢工演变成一场试图通过总罢工来封锁整个旧金山城市的行动。同年夏天，纺织品准则管理机构要求减产——减产意味着辛勤工作的纺织工人的工资被大幅削减。于是另一场大罢工开始了，罢工的队伍从南方的一个工业镇开往另一个工业镇，国民警卫队在七个州出动，死者和伤者的名单与日俱增，令人触目惊心。那年秋天，约翰逊将军在一片批评声中——他自己说遭遇了"狂轰滥炸"——离开了国家复兴署。

美国农业部也是一个风暴中心，它对农民收入到底有多大影响引发了争议，因为1934年农产品价格的上涨可能部分归因于肆虐大草原和大平原的致命干旱。农民失业和由此造成的国家预算流失几乎有增无减。

在政治上，总统在1934年的国会选举中大获全胜：民主党在参议院获得了九个新席位，甚至略微扩大了他们在众议院的绝对多数。但这种优势能持续多久呢？现在罗斯福腹背受敌。鉴于罗斯福的改革立法、非正统的货币政策、巨额的救济开支、对大企业时有时无的敌意以及政府权力范围的扩大，资本和商业力量——银行家、投资者、大企业家及其同情者——自然会联合起来反对他。但是，如果他无法得到穷人的支持，成为中间派、少数派的领袖，就会受到来自两方面的交叉火力的攻击，那他该怎么办呢？

一方面，罗斯福必须警惕路易斯安那州的休伊·朗（绰号"金鱼"），他在国家政治中一向特立独行，自从1933年6月的那一天起，他就绝对放弃了新政——当时他戴着他那顶时髦的草帽来到白宫，听到总统说不能任命他提名的一些人担任公职。休伊·朗在离开时对吉姆·法利说："来见这家伙到底有什么用？我提的建议，他一个都不听。"朗是美国政治史上最非凡的人物之一。他具备独裁者的特质，用铁腕统治路易斯安那州，像黑帮老大一样无情地打击反对派。他放肆、渎神、诙谐、不择手段、喜欢使用暴力，擅长蛊惑人心，什么牛都敢吹，同时他也像个政治家一样，能提供良好的道路、更好的学校、免费的教科书并普遍提高穷人（包括黑人和白人）生活水平，还能偿还州政府的债务——休伊·朗通过虚张声势和威逼利诱的方式在美国政坛崭露头角。

在华盛顿，当他开始发言后，参议员们会离席表示抗议，但没人能让他闭嘴。他的谩骂让旁听席上的群众十分受用。

1935年春，休伊·朗在南方巡回演讲，上万人聚集在亚特兰大听他谴责政府。他们高兴地大喊："给他们点颜色看看，金鱼！"那年春天，他因呼吁调查邮政部长吉姆·法利而成为头条新闻的主角，他后来解释说："吉姆是院子里最大的公鸡，我想如果我能打断他的腿，剩下的就好办了。"
电台听众被休伊逗得前仰后合，比如他在评论赫伯特·胡佛呼吁共和党应
该更激进时说："胡佛是一只林鸮，罗斯福是一只猫头鹰。吼叫的林鸮会
撞向鸡窝，把母鸡撞飞出去，然后在母鸡摔下来的时候抓住它。但猫头鹰
会悄悄溜进鸡窝，爬到母鸡身边轻声跟她说话，母鸡就爱上了猫头鹰，接
下来母鸡就没了。"在美国的政治生活中，似乎从未出现过这样一个人：
他能用机枪统治一个州，能让立法机构完全服从他的意志，还能像他在评
论狂欢节时所说的那样令人捧腹："有一次，我被邀请参加他们的一场舞
会。我去当铺花六块钱买了一件丝绸衬衫，领子太高了，为了吐痰，我得
爬到树桩上去。"

休伊·朗为国家制定了一个梦幻般的、乌托邦式的"分享财富"计
划，目标非常明确，但方法非常模糊。该计划的开头是："政府将为每个
家庭提供宅地津贴，免去债务，津贴额度不少于美国平均家庭财富的三分
之一，这意味着，每个家庭最低应拥有价值 5000—6000 美元的合理生活
舒适度。"该计划还宣布："为支持这一计划而增加的收入，将来自劫富济
贫。"难怪"新政"会对休伊的崛起感到恐惧！1935 年，民主党全国委员
会在全美国范围内开展了一次秘密民意调查，结果发现，如果朗当选为第
三党候选人，他将能获得 300 万～400 万张总统选票。没有人知道他还能
做出什么事情来。

罗斯福还必须警惕另一位曾经的盟友，他和朗一样，也离开了新政圈
子：小花大教堂的考夫林神父通过广播雄辩地为他的全国社会正义联盟赢
得了大批追随者，这一点与休伊·朗有些相似。考夫林神父的声音不仅代
表着"维持生计的年薪"，也代表着"银行、货币和国家资源的国有化"。
如果经济复苏继续滞后，那么到 1936 年总统竞选时，这位电波先知会拥
有多少力量，他又将如何支配这些力量？

由加利福尼亚州长滩市的弗朗西斯·汤森医生领导的组织似乎更令人
惊讶。直到 1934 年 1 月 1 日，这位年长的医生才宣布他的计划，即政府
每月向每位 60 岁及以上的公民发放 200 美元的津贴，这笔养老金将由销

售税提供资金，而且每位领取者必须在 30 天内用完，这样就能确保消费的提升，从而使商业繁荣，销售税也能轻松承担。汤森循环养老金计划的吸引力很大，汤森的助手罗伯特·克莱门茨组建了多个汤森俱乐部，将它们整合成一个等级分明的全国体系，并为忠实信徒提供《汤森全国周刊》、演讲手册、汤森徽章、贴纸、轮胎罩和汽车牌照。据说汤森计划的发起者在一年之内就控制了密西西比河以西十一个州的政治权力，甚至在俄亥俄州、印第安纳州、伊利诺伊州和马萨诸塞州也站稳了脚跟。

在汤森计划的年度大会上，汤森和克莱门茨被比作乔治·华盛顿和亚历山大·汉密尔顿，这些天真的老人站起来唱道：

前进，汤森士兵们，

去行军打仗，

打着汤森的旗帜，

勇往直前。

我们忠诚的战士，

赶走大萧条；

加入他们的战斗，

帮助他们打击敌人！

汤森俱乐部成员人数保守估计为 300 万，而到 1935 年底，该运动已获得至少 1000 万名支持者，对民主党总部来说，这并不是一件令人高兴的事情。看来，老年人的问题必须得到解决。

那么左翼人士呢？与其他团体相比，他们的人数较少，但各地的代表在挑起劳资纠纷和实施咄咄逼人的劳工领导方面的影响力惊人，他们的记者和作家发动的思想攻势也很强大，成为左翼对新政进行广泛攻击的先锋——这种攻击在《新政的经济后果》等书中得到了集中体现。本杰明·斯托尔伯格和沃伦·杰伊·文顿撰写的《新政的经济后果》等书，谴责罗斯福试图"建立匮乏"而不是"营造富足"，谴责他只是试图支撑恶毒而注定失败的资本主义制度，而没有在即将到来的"资本与劳动之间不可调和的冲突"中全心全意地站在无产阶级一边。在 1934 年和 1935 年初，对于左翼人士及其盟友来说，在这场冲突中不支持暴力抗争的自由派就是披着羊皮的法西斯主义者。虽然左翼人士的呼吁与美国人的脾气和思维习惯格格不入，但它有胆识，有行动力，可能会受到数百万绝望的人的赞扬。

厄普顿·辛克莱的"终结加州贫困运动"似乎也有一定的威胁。辛克莱曾建议让失业者实行互助生产，通过拓展在大萧条时期曾尝试过的"以货易货"贸易计划，建立一种"小范围的经济循环"。辛克莱尔在 1934 年的选举中把富裕的加利福尼亚人吓得半死，只是在好莱坞制片厂伪造的宣传片的帮助下才被击败[1]——宣传片中的流浪汉面目可憎，一车一车地来到加利福尼亚，享受辛克莱尔许诺的新伊甸园般的美好生活。

西北部的农场工人运动，以及明尼苏达州咄咄逼人的州长弗洛伊德·奥尔森可能成为罗斯福的政敌吗？

在应对左翼的各种政治威胁时，罗斯福这个"四分卫"显示出自己出色的"跑位"能力。罗斯福对辛克莱微笑，但没有拥抱他。在推动《社会安全法案》时，他向汤森派含蓄地保证，他打算至少为他们争取半块面包。1935 年夏天，他突然提出了一项增加富人税的建议，对遗产和巨额收入征收高额税款，对公司收入征收分级税。这项税收并没有产生多少收入，但让富人十分震惊，也让休伊非常高兴，他重新回归了新政大家庭，至于搬回多久，没有人能够预料。

然而，如果不是幸运之神站在罗斯福这一边，他再怎么躲躲闪闪，也不可能躲过所有这些持不同意见的人。这种运气的原因很奇怪：斯大林担心希特勒和墨索里尼上台，于是在 1935 年夏天号召各地优秀的左翼人士与自由民主党人联合起来，结成"人民阵线"[2]，于是这些人便不再把枪口

---

[1] 1934 年辛克莱参加加州州长选举，凭借"终结加州贫困运动"赢得了广泛的支持。好莱坞各大电影公司老板因不满其竞选纲领，而强迫所有雇员都投票支持另一位候选人，并制作了攻击辛克莱尔的伪造宣传片，导致辛克莱尔竞选失败。——译者注

[2] 为了应对法西斯威胁，1935 年共产国际七大决定转变以往的"工人运动"政策，推动建立"反法西斯反战人民阵线"（简称"人民阵线"），联合一切反法西斯力量。——译者注

对准罗斯福了；明尼苏达州大权在握的奥尔森也忽然病入膏肓，无法领导第三党了；1935 年 9 月 8 日傍晚，休伊·朗走在巴吞鲁日州议会大厦的走廊上，被一名年轻的医生卡尔·奥斯汀·魏斯开枪击中，受了致命伤——休伊的保镖们来不及保护他，只能用六十一颗子弹击毙了刺客。

就在这些来自左翼的各种威胁还在挑战着新政的时候，右翼又给了新政沉重的一击，几乎使新政的整个计划面临着覆灭的危险。1935 年 5 月 27 日，美国最高法院做出一致裁决，宣布新政无效。

此外，最高法院给出的暗示远不止这些。如果最高法院仅仅推翻了《国家工业复兴法》，其打击并不会令人震惊，因为正如我们已经看到的那样，《国家工业复兴法》早已被认为是新政产生的"问题儿童"。如果最高法院反对的仅仅是法规的起草，那么打击也不会是巨大的，因为国会和行政部门已经习惯于仓促的立法偶尔被宣布无效。如果最高法院只是反对《国家工业复兴法》将立法权授予行业协会的方式（它确实反对了），那么打击也不会是惊人的。该判决的致命之处在于"在支持该判决的意见中，首席大法官似乎堵住了联邦法律对各行业的程序、工时和工资实行监管的每一个漏洞"。

该判决意味着，联邦政府通过对个别工厂、商店或农民发号施令来处理全美国性的工业、社会或农业问题是违反宪法的。因为根据最高法院的判决，工厂的经营属于州内经营——即使其生产的原材料来自另一个州，而且该工厂与其他州的工厂存在竞争。即使一家商店是由在另一个州注册成立的全国连锁店经营，销售其他州制造的商品，并在其他许多地方受到其他州经济状况的影响，这家商店仍属于州内经营。农作物的种植是一个州内过程，即使它们在种植后进入州际贸易，而且农民售卖的价格取决于全国市场。最高法院说：根据《宪法》，联邦政府只能对州际贸易进行监管，而按照我们的解释，这些事情都不属于州际贸易；即使在国家紧急状态下，联邦政府也不能处理这些问题——"特殊情况不能授予或扩大宪法权力"。

如果说 1935 年 5 月 27 日的决定令人瞩目，那么总统对决定的答复方式也同样令人瞩目。四天后，两百多名报人挤进白宫行政办公室，聆听总统的讲话。他们肩并肩挤在闷热的房间里，聆听了长达 1 小时 25 分钟关于该决定的讨论，还因为太拥挤而无法随时记笔记。罗斯福夫人坐在总统身旁，专注地织着一只蓝袜子，罗斯福则先读了几封判决后发给他的电报——询问他是否可以做些什么来"拯救人民"——然后在烟嘴上插上一支新烟，开始对判决的意义进行有分寸的、深思熟虑的、闲聊式的分析，他说这一判决"可能比德雷德·斯科特案^①以来的任何判决都要重要"。他在谈话中始终情绪激动，有两三次表现出愤怒，让记者们也深受触动。

总统说："最大的问题是，这一决定是否意味着美国政府无法控制任何经济问题？"在对《州际贸易条款》成文以来国民经济性质的变化，以及自早期严格解释该条款的法院判决以来经济相互依存程度提高的长时间的分析之后，他再次指出："我们对州际贸易的定义已经降级到马车时代的级别。"他说，这是一个需要国家做出决定的重大问题——"这是除战争之外摆在这个国家面前的最大问题，必须做出决定。正如我所说，这可能需要五年或十年的时间"。

在记者们退场之前，有一位记者提出了一个问题："你提到人民有必要在未来五年或十年内做出决定。有没有办法在不通过宪法修正案的情况下决定这个问题？"

"哦，有的，我想是有办法的，"总统说，"总之，它肯定会实现。"

"除修改宪法之外，还有什么建议吗？"

"不，我们还没到那一步。"

在此后近两年的时间里，他一直没走到那一步。

---

① 德雷德·斯科特是出生于 1799 年的一个黑人奴隶，1830 年，他被原主人卖给了一个军医，从南方奴隶州进入了北方自由州。按照当时当地的法律，位于北纬 36° 30′ 以北的奴隶，自动获得自由人的身份。1846 年，由于军医的遗孀拒绝让德雷德·斯科特及其家人成为自由人，斯科特提起诉讼。案件最终上诉至美国最高法院，大法官以 7∶2 的票数宣判：斯科特不能获得自由人身份。该案件也是美国南北战争的导火索之一。——译者注

第八章

当农场被吹走……

就在 1933 年的"停战日"，第一场大沙尘暴席卷了整个南达科他州。

"到了中午，狂风大作，遮天蔽日，气温骤降。到了中午，天空比黑夜还要黑，因为黑夜是可以看透的，而这是一种不透明的黑。这是一堵眼睛无法穿透的土墙，但它可以穿透眼睛、耳朵和鼻子。它可以渗透到肺部，直到咳出黑色的东西。如果一个人在外面，他会把手帕绑在脸上，但他还是会咳出黑色的东西；在屋子里，卡恩斯特伦会把浸湿的床单和毛巾塞在窗台上，但这些并没有什么用。

"他们很害怕，因为他们以前从未见过这样的场景……

"当风停了，阳光再次照耀大地时，已是另一个世界。这里没有田野，只有沙丘和在秋风中旋转的旋涡。距离前门 15 米的那条公路消失了，被掩埋了。农田里的沙丘比人还高，栅栏、机械和树木都不见了，都被掩埋了，只剩棚顶还露在外面。"

我引用的是 R. D. 鲁斯科在《周六晚邮报》上的一段描述，它讲述了第一场巨大的沙尘暴袭击南达科他州比德尔县 190 公顷的卡恩斯特伦农场的情形。但这一描述同样适用于大平原上从得克萨斯州潘汉德地区一直到加拿大边境的成千上万个其他农场，以及在接下来的两年里席卷平原的无数风暴中的任何一场。因为 1933 年 11 月 11 日的"黑色风暴"只是灾难的前奏——第二天，芝加哥的天空变得漆黑一片；第三天，远在东部的纽约奥尔巴尼也被沙尘笼罩。在 1934 年和 1935 年，成千上万平方英里的土地将被夷为平地，那里的居民将在这片土地上流浪，进行绝望的迁徙。

很久之后，一位来自"沙尘暴区"的老年农妇向加利福尼亚的保罗·泰勒和多萝西娅·兰格讲述了她的故事。她是难民大军中的一员，她的家庭原本在阿肯色州的农场上过得很好，直到大萧条时期，物价下跌，他们发现自己陷入了困境。"然后，"她说，"上帝出手了。"

对许多人来说，沙尘暴似乎是上帝一手造成的。似乎无所不能的力量并不满足于给这个国家带来一场人为的经济危机——一场由于人们不能有远见地管理经济事务而造成的大萧条——还紧随其后带来了一场自然界的灾难：土地本身奋起反抗。对其他人来说，上帝似乎是在开新政农业调整计划的冷笑话："你想要的是作物减产，是吗？好吧，那我就让你看看。"然而，这并不像 1938 年秋天的飓风那样是大自然的盲目打击，沙尘暴远离了飓风通常遵循的路径，横扫了新英格兰地区，淹没了城镇，撕裂了森林，夺去了近 700 人的生命。这背后有一个说来话长的故事。

19 世纪后半期，大平原——一个雨量稀少、风和日丽、芳草萋萋的地区，"这里的人们安居乐业、风调雨顺"——曾是美国最伟大的牧牛之乡。这是一片广阔的开阔地，没有围栏，牛仔们在这里放牧牛群。根据当时的联邦报告，到 19 世纪末，这片牧场已经因为过度放牧而遭到严重破坏，土地被大量的自耕农侵占，他们想方设法从这片半干旱的土地上谋生。后来，世界大战使得小麦的需求骤增，大规模机耕的拖拉机开始使用，平原开始成为农田，保护平原的草皮被大规模翻耕。20 世纪 20 年代，麦田的面积不断扩大。据说，一个新的动力时代已经到来，它将彻底改变美国的农业——工厂化种植方式正在这片土地上得到成功应用。

可以肯定的是，这里的雨水并不多。平原地区的年平均降雨量只有 250～500 毫米（相比之下，密西西比河谷地区为 500～1000 毫米，北大西洋地区为 1000～1300 毫米，俄亥俄州和田纳西州盆地为 1000～1500 毫米，西北太平洋地区为 1900 毫米以上）。但在 20 世纪 20 年代的很多年份里，气候还算风调雨顺，农民并没有遇到太大的问题。

在国家资源委员会最近的一份报告中，有一张地图很能说明问题。该图通过散布在美国各地的黑点，显示了 1919 年至 1929 年种植农作物的土地面积增加的地区。简言之，它显示了农作物种植者新入侵的地区。地图上最明显的特征是，在落基山脉以东，从北到南有一些不规则的黑点——从蒙大拿州和北达科他州北部边缘的加拿大边境，一直延伸到达科他州、堪萨斯州西部、内布拉斯加州和科罗拉多州东部，然后进入俄克拉荷马州和得克萨斯州北部。大致来说，这是充满希望的地区，也是未来发生悲剧的地区。

1930 年，部分地区的旱情已经很严重。就在那时，胡佛总统为是否应该向受干旱影响的农民发放联邦资金的问题而焦头烂额。达科他州的旱情在 1931 年更为严重，1932 年略有好转。随后是 1933 年，气候骤变，又热又干。在新政实施的第一个夏天，南达科他州的农民发现，他们甚至无法种植足够的玉米来喂养牲畜。在堪萨斯州西部，几个月没有下过一滴雨。堪萨斯州有些地方的表土已经被风吹走，据说农民们必须把拖拉机从沙子里挖出来才能开始耕种。那年秋天，停战日吹起了"黑色沙尘暴"。

正是在 1934 年和 1935 年，罗斯福推行金融改革，休伊·朗成为美国的名人，最高法院让萎靡不振的国家复兴署脱离了苦海，堪萨斯州的温度计一周又一周地保持在 42 摄氏度以上，现在黑色沙尘暴一次又一次地肆虐起来。在 1936 年的大部分时间里，干旱持续不断。俄克拉荷马州的农场变成了移动的沙丘（一位观察家说，这些沙丘就像海边的沙丘，让人几乎能闻到盐味）。干旱地带的家庭主妇们在窗台上和窗户的窗扇之间铺上油布，有些人还试图用胶纸条封住房屋的每一道缝隙，但呛人的沙尘还是渗了进来，在厨房的地板上荡起层层涟漪，而外面的沙尘则肆无忌惮地吹过一片片无人区。道路、农场建筑和曾经的绿色灌木丛都被埋在了沙中。

人类破坏平原草皮的错误得到了报应。而且，就像经常发生的那样，

1935 年，沙尘暴席卷美国得克萨斯州

1936 年 4 月，俄克拉荷马州一个农民和他的两个儿子走向被沙尘掩埋的房子

报应既降临在无辜者身上，也降临在有罪者身上——如果真的有个人犯了短视这种普遍错误的话。

难民们从这片"新撒哈拉"向西逃去，仿佛顺应了美国的古老传统：向西，就是充满希望的土地。1934 年和 1935 年，加利福尼亚人开始意识到，越来越多的流浪家庭成群结队乘坐古老的家庭马车涌入他们的州。他们沿着美国 30 号公路穿过爱达荷州的山丘，沿着 66 号公路穿过新墨西哥州和亚利桑那州，沿着西班牙古道穿过埃尔帕索，沿着所有其他的西进小道向西部迈进。他们开着破旧的 1925 年款方肩道奇和 1927 年款拉萨利；开着破烂不堪、古董一般的 1923 年款福特 T 型车；开着塞满床垫、炊具和孩子的卡车，手提箱、水壶和麻袋绑在踏板上。理查德·L.纽伯格写道："他们像游行队伍一样向西滚动。在爱达荷州一条公路附近的草地上，我一小时内就数了 34 辆汽车，车牌都属于芝加哥和山区之间的州。"

他们身后留下的是破败的乡村。1936 年对科罗拉多州东南部七个县的农舍的调查显示，有 2878 所房屋仍有人居住，2811 所房屋已被遗弃，该地区还有 1522 处被遗弃的宅地。1939 年，翻山越岭向西跋涉的旱灾难民总人数估计在 20 万以上，而且还在不断增加。

这些流浪者沿着公路移动，他们成了一场巨大而混乱的迁徙运动的一部分。他们在路边扎营时，可能会发现自己身边有一个被驱逐的阿拉巴马州白人佃农家庭，他们已经迁徙了四年，在西南部的各个农场做季节性的农场工人；或者身边有来自阿肯色州三角洲的失业佃农家庭——原因是农场主合并了两三个农场，用拖拉机和日工来经营；或者是曾经从事过工业工作，但多年来一直靠救济或在路上辗转、搭便车、乞讨、在乡间来回奔波的孤独流浪者，他们对找到一份持久工作几乎不抱希望。这些形形色色的移民抵达海岸后，发现自己与经验丰富的"水果流浪汉"产生了激烈的竞争，这些"水果流浪汉"每年都会带着家人从南加州帝王谷到萨克拉门托谷采摘苹果。

在这片充满希望的土地上，农业早已实现了部分工业化。巨大的农场由外地的农场主、银行或公司控制，他们习惯于依赖"水果流浪汉"的劳动，这些人以前大多是墨西哥人、日本人和其他外国人，但现在越来越多是美国人了。那些有幸得到采摘棉花、豌豆或水果工作的劳工会被暂时安置在营地里，营地通常由一排排的框架小屋组成，每两排之间有一条水管；那些小屋没有炉子，没有小床，没有水桶。即使是最好的营地，他们的生活方式也与美国传统的、粗犷的个人主义农民大相径庭，后者拥有自己的农场，或者通过做"雇工"或租用农场来为最终拥有农场做准备。这些采摘者无家可归，没有选举权，除了收获季节，在任何地方都不受欢迎。

当一拨又一拨的新移民抵达加利福尼亚时，劳动力市场变得过剩，收入变低，工作机会变得稀缺，于是一些贫困的家庭蹲在临时搭建的"胡佛别墅"里，或者在路边的旧福特车里凄惨地过夜。作为土生土长、习惯于独立的美国人，他们忍受着微薄的工资和屈辱，寻求组织、商讨罢工、举行罢工。每一次这样的威胁都会引起种植者的恐慌。如果允许这个新的无产阶级组织起来，并在采摘时举行罢工，他们可能会毁掉这一季作物的全部产量。随之而来的是反罢工的法令；武装警察将移民赶出他们可怜的营地；治安维持会暴力驱逐罢工者，在他们看来，这些衣衫褴褛的家庭并不是美国大灾难中受苦的同胞，而是肮脏、无知、迷信的外乡人，是生活的失败者。但这股席卷而来的不满浪潮仍在掀起巨浪。

在更靠北的地方，难民可能会得到更多的同情，尤其是在农场规模较小、未实现工业化的地区。人们时不时会听到一些热情好客的事例，例如俄勒冈州的一个小镇为附近的旱灾灾民举办了罐头节。由农场安全管理署建立的难民营则是人道的庇护所。但对绝大多数难民来说，这块应许之地是一个充满残酷悲剧的地方。

这些不幸的西部流浪者只是美国农民中的一小部分，其余的人情况如何？

我们已经看到，农调署开始执行一项艰巨的任务，即与数百万农民达成减少种植面积的协议，希望借此抬高农作物的价格，从而恢复美国农业的经济健康。它向农民提供贷款，并试图通过《农业抵押暂停法》和其他立法，使农民摆脱债务的直接危害。农调署计划究竟有多成功，在这十年结束时仍是一个争论激烈的话题，这仅仅是因为人们无法将其对价格的影响，与干旱以及 1933 年后经济状况的普遍改善所造成的影响区分开来。但可以肯定的是，农产品价格上涨了。例如，1933 年每吨小麦只卖 12.13 美元，1934 年卖了 25.35 美元，1935 年卖了 32.70 美元，1936 年卖了 33.80 美元，1937 年卖了 45.56 美元，1938 年降至 32.33 美元。棉花在 1933 年的平均价格为每吨 123.46 美元，在接下来的四年里，棉农的棉花价格在每吨 220~287 美元，1938 年降为 174.16 美元。当然，那些拥有自己农场的农民，以及居住在干旱最严重地区之外的农民的境况普遍有所改善。1938 年，农业部对美国各地的 3000 个农场（其中大多数农场的条件好于平均水平）进行了调查，结果显示，这些农场在设备和舒适度方面都有明显改善；与 1930 年相比，有更多的农场用上了电，更多的农场拥有拖拉机和卡车，更多的农场拥有浴室、汽车和收音机。但这并不能完全反映所发生的一切。

首先，在经济大萧条的初期，大量农民因为债务问题而失去了他们的农场。这些农场大多落入银行或保险公司手中，或落入持有农场抵押贷款的小镇投资者手中，有些农场因欠税而被政府机构没收，或在税收拍卖中被收购。早在 1934 年，国家资源委员会就指出，中北部和西部各州农田总价值的近 30% 属于"被迫接管财产的债权人或政府机构"。在草原地区的小城里，纽约大都会保险公司的地方代表是个大忙人，他负责监督远近各地的地产管理。大都会金融巨鳄的爪子比以往任何时候都更深地伸向草原——不过必须补充的是，这只巨鳄是非常不情愿的，只要能拿回钱，它很乐意放手（随着时间的推移，大都会保险公司和其他保险公司下定决心为他们的农场地产寻找买主，并以宽松的条件为这些买主提供资金）。用华尔街那句冷酷无情的老话来说，美国的农场已经"落入强者之手"，这意味着越来越多的农场由不住在农场的人持有，而由佃农经营。

至少半个多世纪以来，农场租佃在美国一直呈上升趋势。在 1880 年，只有 25% 的美国农场由佃农经营。随着时间的推移，这一比例逐渐上升，现在，在经济大萧条时期，这一比例达到了 42%。佃农的增长引起了许多人的疑虑，因为它不仅使杰斐逊时代个人拥有土地的美好理想蒙羞（大多数美国人都坚信这一理想），而且还存在其他弊端。佃农不可能扎下根来，对他们使用的土地和设备没有充分的责任感，很可能让土地退化。总的来说，与那些世代务农的农民相比，佃农并不是真正的公民。1935 年，美国只有不到三分之二的佃农在现有土地上居住一年以上！用查尔斯·比尔德和玛丽·比尔德的话说，"佃农们从一个农场流浪到另一个农场，从一个地主流浪到另一个地主，从一个地区流浪到另一个地区，他们或步行，或乘坐破旧的马车，或乘坐破旧的汽车，通常拖家带口，生活条件越来越差"。

伴随着农场"落入强者之手"的还有另一个变化。越来越多的农场主，无论是否经营自己的农场，都开始把自己当作一个商人，把农业当作一门生意。他越来越少地把自己的农场作为谋生的手段，而是尽可能多地提高销售额。他对记账更感兴趣，对农用机械的优势，尤其是尽可能大规模地使用拖拉机的优势更加警觉。这种趋势的一个显著例子就是"手提箱农场主"的出现——一个小镇商人买下一两个农场，清除房屋和谷仓，每年花几个星期的时间种植和收割（使用自己的拖拉机或雇来的拖拉机），然后全身心地投入他的生意中，根本不在农场里生活。堪萨斯州的一位银行家在 20 世纪 30 年代末告诉拉德·海斯德，他估计堪萨斯州西部有 20%~30% 的土地归手提箱农场主所有。这就是旱灾受害者逃离之后的情况！

在南部和西南部的某些地区，那些信奉杰斐逊传统的人认为这种农业机械化的趋势很危险。在这些地区，农场租佃仅仅是农场工业化道路上的其中一站，佃农本身也在被淘汰。此外，奇怪的是，美国农业部还在不知不觉中加速这一进程。

对农场主来说，减产可以换取政府的补贴，还可以趁机赶走一些佃户或佃农，用补贴买一台拖拉机，然后借助雇工——不是旧时代的那种常年雇工，而是在有活儿要干的时候才雇工——来机械化地经营农场！20 世纪 30 年代，大量黑人和白人佃农在南方流离失所。南方佃农联盟愤怒地抗

1937年，密苏里州的一家人在移居加利福尼亚州的途中

从得克萨斯州移居到亚利桑那州的一家人住在棉花田的拖车里

20世纪30年代，农业机械化导致美国大量的农场工人失业

议，地主及其盟友同样愤怒地报复，甚至在加利福尼亚甚至还出现了恶性事件。在可以使用机械进行大规模棉花种植的地区，佃农们进退维谷，纷纷被赶走。《财富》杂志曾报道，密西西比州的一个大种植园主购买了 22 台拖拉机和 13 台耕作机，将 160 户佃农中的 130 户赶走，只留下 30 户做日工。1930—1937 年，十个棉花州的农用拖拉机销量增长了 90% 以上，而且有迹象表明，增长速度还在加快。1930—1935 年，美国其他地区的租佃农场数量不断增加，而中南西部各州的租佃农场数量略有下降。1937 年，保罗·泰勒对得克萨斯州潘汉德尔的两个棉花县进行了研究，发现该地区的佃农数量急剧下降，原因是："通常情况下，购买拖拉机的地主会把佃户经营的两处 160 英亩的农场合并为一个经营单位，然后让其中两个佃户离开。有时，被赶走的佃农数量更多，上升到 8 户、10 户甚至 15 户。"

流离失所的佃户去了哪里？其中一部分人进城了。在许多农村地区，人口普查数据显示，城镇人口增加的同时，农村人口减少了。得克萨斯州一个小镇加油站的人说："救济毁了这个小镇，他们都从乡下跑来领救济。"其中一些人在其他农场找到了开拖拉机的工作，每天 1.25 美元。有些人则去了加利福尼亚。农业不再是一种安居乐业的生活方式，而是依赖大量流动劳动力的大生意。

到目前为止，这一新模式还只是零散的，而且主要局限于南部和西部，但即使在大西洋沿岸，农业打工人的数量也在快速增长。也许汹涌而来的农业工业化会像早先流行的拖拉机耕作一样昙花一现，而拖拉机耕作曾在 19 世纪 90 年代为大平原带来了巨大的潜在危机——它将导致土壤的枯竭，从而使自己和土地都遭受灭顶之灾。也许那些认为未来的趋势将是缩小农场规模、提高产量的农业生物学家是对的。相对较新的农场化学科学揭示了农场产品的各种新的工业用途。例如，杜邦公司正在利用农场产品制造玻璃纸、车漆、电影胶片、人造丝、玻璃纤维、石膏、人造橡胶、海绵、窗帘、发饰、手袋、酒精以及其他许多人们很难将其与老式农场联系起来的东西。然而，即使未来的农民能够像一些人所期望的那样，运用新方法种植专门用途的农作物，并以小块土地作为最佳经营方式，他能否在没有更多资本的情况下经营，也是一个问题。这个问题还没有答案。

与此同时，大规模的拖拉机耕作迅速蔓延，重演了 19 世纪中期工业化的残酷景象——仿佛美国在这期间什么也没学到。

新趋势会发展到什么程度？由金融巨鳄控制的大型机械化农场公司，是否会逐渐使那些连绵起伏地区的小型农场（如旧棉花种植区的南部）破产，因为那里不容易使用拖拉机？孟菲斯的拉斯特兄弟发明的采棉机是否会加速这种变化？那么，已经很悲惨的佃农会变成什么样呢？美国其他地区是否迟早也会经历南方和西部发生的那种转变，产生一个庞大的、流动的、没有土地的无产阶级？对于他们来说，如果没有组织，就会束手无策；如果有组织，就会导致社会动荡。这些问题也在等待答案。

一代或几代人以来，自然保护主义者一直在警告这个国家，它正在浪费土地、森林、田野、矿产和动物的遗产。实际上，农场主正在利用国家资源的资本过着放纵的生活。但对大多数公民来说，这个话题似乎枯燥乏味，是学术性的。现在，在"沙尘暴"中，上帝"出手"指导了。就在"黑色尘暴"还没有刮完的时候，河流开始肆虐。上帝似乎不相信这个国家已经正确地认识到，干旱和洪水并不是互不相容的现象，而是人类滥用土地的有关联的结果。

斯图尔特·蔡斯总结说："1936 年，梅里马克河、康涅狄格河、哈德逊河、特拉华河、萨斯奎汉纳河、波托马克河、阿勒格尼河和俄亥俄河都发生了大洪水。波托马克河在华盛顿的水位上升了 8 米，长长的沙袋屏障保护着政府大楼……匹兹堡的水位下降了 3~6 米，只能停电、停运。70 万人的生活陷入瘫痪。食品供应被毁，钢铁工业停滞。"1937 年 1 月反常地温暖多雨，俄亥俄河爆发了美国历史上最严重的洪水。

那场洪水令人印象深刻。俄亥俄河的水位比辛辛那提的水位高出 2.4 米，比路易斯维尔的水位高出 2 米。估计有 900 人因溺水或洪水造成的其他伤亡而丧生。因洪水而流离失所的家庭数量达到 50 万个。红十字会估计，在最严重的危机过去一个月后，无家可归的家庭数量仍然有 29.9 万个。

但这些数字丝毫不能反映出 1936 年 1 月下旬各个城镇的居民所经历

1936 年俄亥俄河大洪水侵袭时西弗吉尼亚州亨廷顿市的景象

的一切，当时汹涌的洪水不断上涨，俄亥俄河仿佛一个巨大的浑浊湖泊，湖面上满是漂浮的残骸，冰冷的雨水无情地倾泻而下，每条溪流都在为洪流推波助澜。铁轨和公路被冲毁，发电厂被淹没，城镇一片漆黑。商业停顿，食品供应停滞，火灾此起彼伏，疾病肆虐。俄亥俄州朴茨茅斯市为了避免著名的混凝土防渗墙被毁，打开了六个巨大的下水道阀门，让2米多深的水涌入商业区。通信手段大都失灵，只能用无线电来指挥救援工作，向人们发出警告和指示。无线电里传来一个平静的声音，告诉救援人员划船到某某地址，把一户人家从屋顶上救下来，再划船到其他地方，把一位老妇人从二楼的窗户里救出来。红十字会、海岸警卫队、工程进度管理署协助救援和重建工作。城市戒严，水位线以上的教堂都被用作避难所。牛马的尸体（还有男人和女人的尸体），以及树枝、汽油桶、倒塌房屋的横梁等漂浮在街道上。大水退去后，到处都是泥浆——还有恶臭。最具戏剧性的，也许是伊利诺伊州开罗市的胜利救灾：人们在堤坝上堆起越来越多的沙袋，日夜站岗，随着水位不断上涨而不断加固防洪堤坝的薄弱之处。

此时，每个有分析能力的人都理解了专家在他们的专著中早已说过的话。斯图尔特·蔡斯、保罗·B.西尔斯、戴维·库什曼·科伊尔、密西西比河流域委员会和国家资源委员会，以及帕尔·洛伦兹的优秀电影《大河》和《开垦平原的犁》，都在用通俗的语言重复那些话：洪水和沙尘暴很大程度上是不计后果地滥用土地的结果。事实上，早在1936年初，当最高法院推翻《农业调整法》时，美国国会在修改其农业计划时就考虑到这一新的认识。新法被称为《土壤保持和国内分配法》，新的作物调整方案被称为"土壤侵蚀调整方案"。

在许多地方，政府已经开始着手治理森林砍伐、土地退化和水土流失的乡村。在平民保育团营地，年轻人不仅获得了大量的工作，还通过植树造林、修建防火带、清除易燃灌木丛、在沟壑中修建拦水坝等方式修复和保护森林植被。水土保持局的专家们向农民们展示了如何通过修筑梯田、等高耕作、轮作、带状耕作和沟栽来防治水土流失。例如，沙尘暴过后，他们展示了如何通过种植苏丹草和黑琥珀高粱来固定得克萨斯州达尔哈特的移动沙丘。在林业局的监督下，政府在 1935—1939 年种植了 1.27 亿棵树，作为大平原上的防风林。1934 年的《泰勒放牧法》停止了在大平原上的农耕活动，并授权内政部负责整治 3200 多万公顷土地上的过度放牧。

公共工程管理局的资金被用于修建有助于防洪（同时扩大航运）的水坝，例如蒙大拿州东部的佩克堡水坝，该水坝将形成一个 210 千米长的湖泊。田纳西河谷管理局是新政机构中最有战斗力、最引人注目的机构，它不仅建立了一个新的电灯和电力系统，与私人拥有的公用事业竞争（这部分工作所引起的轰动是其他所有工作加起来的十倍），它的大坝也在控制洪水。它还指导农民如何处理水土流失、如何使用磷酸盐（1937 年，在俄亥俄河洪水泛滥期间，田纳西河并没有泛滥）。公共工程管理局的其他资金还为犹他州缺水的部分地区提供了更好的灌溉系统。位于华盛顿州的大古力巨型水坝——人类有史以来建造的最大的水坝——正准备抽水灌溉近 50 万公顷的沙漠土地，并为西北部未来的发展提供大量水力发电（就像它在邦纳维尔的姊妹大坝一样）。这些只是同时进行的众多项目中的一小部分。

政府并不是零敲碎打地开展这些工作。通过国家资源委员会和其他机构，政府对国家的资源和设备进行了全面研究，以最智慧的方式开展恢复和重建工作。

借助这些研究以及干旱和洪水的教训，在 20 世纪 30 年代后期，越来越多的美国人开始从新的角度看待国家的未来问题。他们开始意识到，国家已经进入成熟期，不能再野蛮生长了。

移民进入美国的人数不再显著增加。事实上，在 1931 年至 1936 年，每年从美国移居国外的人数都多于迁入人数，移民潮实际上是在逆向流动。从 1936 年开始，由于欧洲人试图摆脱希特勒主义的阴影，移民潮才又有所增长，即便如此，与上次战争前相比，移民总数仍然微乎其微。埃利斯岛 [①] 不再是一个热闹非凡的地方。在国外出生、后来移民到美国的外国人口数量将因死亡而锐减，美国城市的街道上将越来越听不到外国语

---

① 纽约附近的一个岛屿。在 1892—1954 年是美国移民管理局的所在地。——译者注

言。学校、童装制造商和玩具制造商开始注意到出生率下降（大萧条初期出生率急剧下降）的影响。1938 年春，亨利·普拉特·费尔柴尔德撰文指出，与五年前相比，美国十岁以下的儿童减少了 160 多万。当人口专家预测美国人口增长速度会越来越慢、老年人的比例会越来越高、年轻人的比例会越来越低时，校长们也发现新入学儿童的班级规模越来越小。他们可以亲眼看到正在发生的变化。

"关闭边境"的说法并不完全正确，一代历史学家提出了相反的观点，因为西北地区本质上仍然是一片相当开放的土地。然而，在过去很长一段时间里，一心想发财的青年男女大多不是去西部，而是去城市。如果说"沙尘暴"和"拖拉机"的受害者向西推进，那么他们的命运颇有些讽刺意味。在大萧条初期，大量无业的城市居民短暂返回乡村，但这只是暂时减缓了从农场到城市和城镇的流动。在过去很长一段时间里，增长最快的社区基本上不是西部繁荣城镇，而是环绕大城市的郊区，而且在 20 世纪30 年代，这些郊区的人口还在不断增加。总的来说，工业不再向西发展，美国大部分的制造业仍然分布在北大西洋沿岸以及从宾夕法尼亚州和俄亥俄州一直延伸到芝加哥和圣路易斯的地带。

美国的个人和家庭变得越来越"游牧化"。部分原因是汽车的数量大增，1937 年路上行驶的汽车比 1929 年多 300 万辆，虽然汽车的销量减少了，但仍有更多的旧车在使用。正如我们所看到的，另外一部分原因是大萧条时期人们要寻找工作以及佃农被驱逐。但是，从地理位置上看，美国的格局似乎正在安定下来。

不过，这个国家仍有机会获得更好的发展，而这一机会在大平原以西最为明显。然而，如果这种发展要持久，新的拓荒者就必须比旧的开拓者更有纪律。美国人可以劫掠、砍伐森林、开采矿产、犁耕草原而不顾长远后果的日子已经一去不复返了，这一铁的事实现在已经深入人心——那些农场被毁、无家可归的流浪者清楚地知道这一点。

第九章

爱笑的人才会赢

　　舞蹈管弦乐队演奏着《音乐永不停》，人们在转动收音机的旋钮时几乎总能听到这无处不在的旋律。鲍斯少校是当前电台的红人，他在《业余时间》节目中热情洋溢地询问约德尔人和犹太人竖笛手的生活经历，精心排练的节目显得轻松随意、与众不同。在电影院里，弗雷德·阿斯泰尔和金杰·罗杰斯在《海上恋舞》中翩翩起舞。七岁的秀兰·邓波儿正在成为好莱坞冉冉升起的新星，还没有梅·韦斯特那样的所得税烦恼——梅·韦斯特前一年的收入为480833美元，在全美国仅次于报业大亨威廉·伦道夫·赫斯特；秀兰·邓波儿的影片不可能吸引查理·卓别林的《摩登时代》的观众，但她的卷发和稚气的笑容让美国人怦然心动（她即将出演《一月船长》）。

　　对成千上万的读者来说，《跟父亲一起生活》仍然是一本了解作家克莱伦斯·戴伊真实生活的书，《北上东方》则记述了林白夫妇的空中之旅。在畅销榜上，《铁脉》和《不可能在这里发生》的领先地位让位于《最后的清教徒》，而那些相信生活中美好事物的人则对乔治·桑塔亚纳这样一位真正的哲学家能够在商业上取得成功表示欣慰。在麦克米伦出版社，编辑们在想，他们即将出版的一部小说——玛格丽特·米切尔的《飘》——是否有可能像《安东尼的逆境》一样畅销（《飘》不仅卖得好，而且在出版的头六个月里就卖出了一百多万本，创下了一个惊人的纪录，还让女士们的午餐讨论热闹非凡，大家都在讨论斯佳丽·奥哈拉是否真的找回了瑞特·巴特勒，以及谁应该在银幕上扮演斯佳丽）。

北方的冬天很冷，大雪纷飞。滑雪用具的销售额十分可观，雪地列车把无数初学回旋滑雪的爱好者送往滑雪弯道，让他们从一个小坡上慢慢地滑下来。在德国，奥林匹克冬季运动会正在举行，这是夏季田径狂欢的前奏，在那场狂欢中，连阿道夫·希特勒也发现，无论北欧人有什么超凡的美德，他们都无法跑得像黑人杰西·欧文斯那样快（不过，德国人已经准备好了回答：他们的马克斯·施梅林在扬基体育场的比赛第十二回合以技术性击倒的方式击败了乔·路易斯）。

如果说美国证券交易委员会限制了绅士淑女们对公司财务的热情，那么他们至少可以在客厅里玩"大富翁"游戏，尽情挥洒想象中的金融胆识。

自 1932 年罗斯福首次成为白宫候选人以来，已经撒出去了多少钱！金融灾难迫在眉睫的危险一去不复返了，民众对银行偿付能力的不信任也一去不复返了。收回战争赔款的希望消失了（芬兰除外）。谁还记得，仅仅在五年前，赫伯特·胡佛还曾试图通过推迟赔款来阻止经济大萧条吗？早日恢复传统金本位制的希望荡然无存：受监管的货币已成为时代的潮流。人们对货币立即发生急剧通货膨胀的恐惧即使没有消失，至少也在减弱（尽管巨额的联邦赤字——比胡佛时代的所有赤字都要大——导致了严重的动荡，但人们还是继续购买政府债券）。然而，人们对经济突然暴涨、迅速消除失业问题的真正期望也在减弱。尽管人们仍在谈论"紧急状况"或"危机"，但显然他们想到的不再是"突发事件""危急时刻"，因为"危机"已经变成了半永久性的。经济体系摆脱了 1929—1933 年的沉沦，但变成了一个慢性病人，现在早晨的体温较低，还没有迅速痊愈的迹象。美国人开始习惯 900 万或 1000 万同胞失业的事实。

在大多数有现实思维能力的美国人看来，政府必须对经济体系的成功

瑞典运动员埃利斯·维克隆德在 1936 年冬奥会 50 公里越野滑雪比赛中获得金牌

1936 年柏林奥运会上，美国田径运动员杰西·欧文斯获得了四枚金牌。图为他在跳远比赛中夺冠后向美国国旗致敬

或失败承担重大责任，这一点已不再有任何疑问。政府一旦介入，就再也无法脱身，争论的焦点只是干预应达到何种程度。国家的经济总部不仅从华尔街搬到了华盛顿，而且显然已经在那里定居下来，不准备搬家了。正如我们所看到的，经济权力仍然从农村向城市倾斜，从小城镇向纽约倾斜，密西西比河流域的大片土地听从纽约行政官员的指挥，但这些行政官员不再随心所欲地发布命令，他们都必须听从华盛顿的指令。即使是伟大的摩根家族——华尔街曾经的首脑、门面和象征——也被迫将自己分为两家公司，一家负责商业银行业务，另一家负责投资银行业务。在华尔街，任何重大决策都会被问到"华盛顿会怎么说"。

政府的规模和复杂程度以及权力都在不断增长。每当一种新的"过热病"侵袭政治体，新的联邦机构就会像血液中的白细胞一样大量繁殖，与之抗衡。按照当时的习惯，每个机构都必须以其名称的首字母来命名，但很快，机构数量就多到只有专家才能通过这些按字母顺序排列的名称来识别。复兴金融公司（RFC）、国家复兴署（NRA）和公共事业振兴署（WPA）是很容易识别的名称；农调署（AAA）、平民保育团（CCC）、证交会（SEC）和田纳西河谷管理局（TVA）还不算很难识别；但 HOLC（业主贷款公司）代表什么，FHA（联邦住房管理署）代表什么，FCA（金融行为监管署）代表什么，NYA（国家青年管理署）又代表什么？

由于新政所面临的难题超出了政府机构的能力（或者说，可能超出了任何人的能力），无法真正成功地得到解决，而且无论如何，向受害者发放补贴要比结束这种"受害"容易得多，所以这个膨胀的政府机构变成了一个巨大的补贴机器，它们发放联邦救济金、农场分配款和其他"紧急"福利，更不用说战争津贴和那些让商船船员面色红润的补贴了。到1936年，一亿美元的拨款都变成了小目标，甚至十亿美元也变成了小菜一碟（就像天文学家对一光年的感知一样）。

共和党人对联邦权力的这一切发展感到震惊，然而，这种发展又是如此不可避免，以至于人们不禁要问：如果共和党上台执政，他们能否扭转这一趋势？看来，两党之间的区别可能在于，华盛顿的执政党在集权时会

NEW DEAL LEXICON

1935 年沃恩·舒梅克创作的漫画，将新政戏谑为按挑选字母的纸牌游戏

踩下油门，而另一个政党则会踩住刹车。

在美国以外的世界，1932—1936 年发生的变化更加惊人。法国不再被认为是欧洲大陆上的主要强国；英国外交开始了一系列的绥靖和回避，使帝国的威望急剧下降；日本在 1931 年入侵中国，国联毫无作为；墨索里尼在 1935 年入侵埃塞俄比亚，国联同样无能为力——国联已经名存实亡；德国纳粹政府虽然才成立三年，但已经令欧洲大陆震惊；德国进军莱茵兰，即将开始一系列大胆的领土行动，这些行动将使整个欧洲处于全面战争的恐惧之中；法西斯之父墨索里尼正在从反对希特勒转向与这位更年轻、更狂热的极权主义思想的弟子结盟。欧洲的重心无疑正在向柏林移动。

重要的经济决策不再由国际银行家会议做出，现在只能由国家的政治领导人做出。国家权力向政府集中的趋势在华盛顿很明显，在其他地方也很明显，甚至在英国和法国也是如此。在德国，中央权力现在是绝对的，国家社会主义已成为当时最有活力的宗教，国家元首迅速成为人们崇拜的对象。看着德国的景象，美国的观察家们不禁要问：世界是否不可抗拒地要进入一个政治、种族、宗教和思想不宽容的时代？

人们原本以为，在最严重的经济萧条结束后，国家间的经济壁垒会逐渐消除，但现在这些壁垒比以往任何时候都更加坚固。在德国，纳粹政府的主要目标不再是解决 20 世纪 30 年代每个政府都面临的经济问题，而是给人民带来征服的快感和自豪感；通过让失业者参加军备制造工作（如大规模的公共工程运动），以及通过行使中央权力控制通胀和几乎所有其他经济活动，顺便实现繁荣。纳粹蔑视自由商业企业时代的经济公理，并且——至少暂时——逃脱了惩罚。事实上，他们完全废除了经济学，因为经济学这个词意味着自由的决策，他们取而代之以强制和征服。

随着德国重新武装，其他国家的政府也在重新武装。1936 年，国际军备热潮如火如荼。事实上，各国经济对武器制造业的依赖程度越来越高，以至于一些观察家开始怀疑哪种情况会更糟，是许多人害怕的全面战争，还是许多人渴望的真正和平——后者将扑灭数百家工厂冒出的浓烟，并可能点燃数百万饥民的怒火。

每当人们想到"战争的危险"，他们就会想到 1914 年爆发的那种全面冲突。自 20 世纪 20 年代初以来，外交事务专家们就时不时地预言，下个月或明年，或最多两三年内肯定会爆发这样一场冲突，现在，他们的预言比以往任何时候都更加迫切。然而，欧洲正在形成的国际关系格局既不是全面战争的格局，也不是真正和平的格局，而是一种持续的半战争模式：各国部分处于动员状态，部分处于战争状态；各国快速出击，攫取这块领土或那块领土，因为他们知道，对"另一个 1914 年"的恐惧会阻止任何人阻止他们，直到为时已晚；各国通过资助其他国家的叛乱（甚至通过武力帮助这些叛乱）来获得新的势力范围，就像意大利人和德国人不久后助力佛朗哥在西班牙的叛乱一样。总之，这是一种不断变化的、局部的、不宣而战的、不间断的冲突模式。战争？和平？按照 1932 年的词汇，这两者都不是：这是介于两者之间的东西，早先的词汇已不再适用。

1936 年，美国人看到的确实是一个崭新的世界：1929 年以及 1932 年时公认的真理已经坍塌。

美国的商业环境终于有了明显改善。经过联邦储备委员会的调整后，工业生产指数（在 1932 年和 1933 年初的危机中，该指数最低曾跌至 58 点和 59 点，在新政蜜月期间曾跃升至 100 点，到 1933 年 11 月又回落至 72 点，并在整个 1934 年顽固地停留在 70 点和 80 点）现在开始呈现出相当明显的上升趋势。到 1935 年初，该指数已升至 90 点。到 1935 年底，已升至 101 点。经过短暂的回落，1936 年 6 月达到 104 点，7 月和 8 月达到 108 点，9 月达到 109 点，10 月达到 110 点，11 月达到 114 点，12 月达到 121 点。

这的确是一幅非常美丽的图画——然而，如果没注意几个令人不安的事实，就无法正确评价这幅图画。其一，生产指数必须远远高于 125 点才能吸纳大部分失业者。节省劳动力的机器、加快速度的工作方法和行政效率，使得用更少的工人生产更多的产品成为可能。由于出生率的下降和移民的减少，国内劳动适龄人口的比例比以往任何时候都要高，这或许也是一个重要的原因。另一个令人不安的事实是，这种改善是以联邦债务不断增加为代价的。美国政府当时的净赤字情况如下：

截至 1933 年 6 月 30 日的财政年度（横跨胡佛和罗斯福政府）	26.02 亿美元
截至 1934 年 6 月 30 日的财政年度	36.30 亿美元
截至 1935 年 6 月 30 日的财政年度	30.02 亿美元
截至 1936 年底	43.61 亿美元

1936 年的这一巨额数字绝非完全归因于新政政策，因为它不仅受到最高法院对《农业调整法》所征收的加工税的负面影响，而且还由于国会在罗斯福否决后仍然强行通过了增加退伍金的提案。1936 年 6 月 15 日，邮递员们送出了超过 15 亿美元的债券和支票，其中大部分在接下来的三个月内兑现。赤字比以往任何时候都要大，随着这些新资金在美国各地的使用，商业指数不断攀升，这又有什么奇怪的呢？

在新政初期，价格和工资水平，以及公司和私人债务结构，都是由政府支出作为支撑的，或者换一种说法，政府未能征收足够的税收来承担支出。如果供求规律能够不受阻碍地发挥作用，价格和工资以及企业和私人债务额理论上就会下降到"自然"水平，经济活动也就可以重新恢复。但是，供求规律不可能不受阻碍地发挥作用。在复杂的 20 世纪经济中，通货紧缩是无法忍受的痛苦。胡佛建立了联邦级的金融公司，因为银行撑不住了；罗斯福建立了联邦救济系统，因为美国人撑不住了。罗斯福的一些顾问接受了约翰·梅纳德·凯恩斯的理论（这也是必然的）：当政府通过过度支出向经济血液中注入新的货币时，商业将受到刺激，经济将能调整到一个更高的水平，从而解决通货紧缩的痛苦。新的货币将为商业"打气"；此时，各种新的商业活动正在开展，经济将会繁荣，失业者将被工业吸收，一切都会好起来。罗斯福希望这种情况会发生，到目前为止，这一进程似乎已经开始。商业正在复苏，但是，新的企业在哪里？

在前一年，有相当数量的资本配售，但这些配售主要是为了以较低的利率借新还旧：利率下降后，公司一直在抓住机会，以 3.75% 利率的债券取代 5% 利率的债券。很少有证券发行是将资金投资于老企业的扩张或新企业的开张。未投资的资金堆积在银行，而不是用于建设和装备新工厂。简言之，资本的水泵没有正常工作。

大多数商人认为，这当然是行不通的，但问题在于投资者感到恐惧。他们自然不信任新政的改革热情，政府开支的大幅增加也没能吸引他们的资金进入资本市场。新政实施者们回答说，这个水泵肯定很快就会真正运转起来。他们怎么能在不破坏购买力和可能使同胞挨饿的情况下削减开支呢？他们迫不及待地继续为水泵注水。年复一年，这位曾在1932年斥责胡佛未能实现预算平衡的总统在其预算咨文中表示，希望下年或下下年能够最终实现预算平衡。

这种复苏还有其他一些令人不安的事实。例如，林德夫妇注意到，在米德尔敦，现在一个人开办一家小企业甚至比十年前还要困难。他们指出："米德尔敦的传统是支持有想法、有资金、有进取心的人，但在大萧条时期，米德尔敦倒闭的正是这类小企业。"个人储蓄已被消耗殆尽，银行家们小心翼翼，制造业的趋势是向设备昂贵的大型企业发展，小制造商处于不利地位，许多行业的老牌企业都倾向于在行业协会的帮助下让新进者铩羽而归。赚取利润的基本上都是大公司，小公司能做到收支平衡就已经很幸运了。这就是新投资的障碍（本书最后一章将更全面地阐述这一点）：新成立的企业很难赚钱。

林德夫妇还指出，即使在企业内部，升职通道也不像以前那么容易攀登了。熟练工人发现，高薪和更重要的职位被另一阶层受过专门训练的人占据。林德夫妇说："换句话说，安德鲁·卡内基对有进取心的年轻人提出的从底层做起的建议似乎不再正确。今天，公司老板会建议年轻人在管理或技术部门找个工作。"

这是美国社会阶级结构逐渐固化的标志吗？当然，接受救济的人很难摆脱救济阶层，一无所有的农民也很难重新拥有土地。如果没有受过高等教育或没有有影响力的朋友，一个人很难在商界上层找到工作。那么美国人的无阶级民主梦想，即任何人都可以登上顶峰的梦想，会就此破灭吗？

但是，即使是1936年这种规模不大、基础不稳的复苏，也是可喜的现象！当然，铁路公司并没有得到多少好处，但汽车公司的汽车销量超过了除 1928 年和 1929 年之外的任何时候，钢铁工业终于接近满负荷运转，消费品工业和连锁店大多发展势头强劲，甚至在经济萧条最严重时几乎完全停顿的建筑业（在政府的援助下）也迅速爬上了复苏的山脚（问建筑师最近在做什么不再是一件尴尬的事）。富裕阶层的消费似乎更加自由了。迈阿密迎来了自卡尔文·柯立芝时代佛罗里达地产繁荣崩溃以来最好的时光，大城市里举行着奢华的名媛派对，赛马场上人头攒动，夜总会的收银机叮当作响。显然，有经济实力的人在回首胡佛时期的投资遭遇时感到懊悔，在思考罗斯福时期的投资遭遇时感到恐惧，他们把钱放在了可以马上享受的地方。

如果环顾四周，我们还可以看到新工业时代的曙光。一些管理改善的铁路公司从长期的休眠中苏醒过来，开始运行用硬铝、不锈钢或耐候钢板制造的新型流线型列车。联合太平洋铁路公司于 1934 年初制造了一列硬铝列车，开启了这一新运动；伯灵顿铁路公司紧随其后完成了一列不锈钢列车。到 1936 年底，全美国一级铁路共有 358 辆由这些新材料制成的车厢投入运营或在建。每当一辆新式列车展出时，人群都会蜂拥而至，如痴如醉：这就是他们所向往的新美国的象征。空调也在迅速普及，不仅在电影院和火车上，在餐馆、商店和办公室也是如此。至于流线型设计，它已成为一种被滥用的时尚。1934 年和 1935 年，一些汽车公司生产的汽车体积庞大、弧度优美，违背了人们对水平线条的自然偏好；城市街道上出现了新的公共汽车，它们采用流线型设计，以抵御以 15 千米 / 小时的速度在城市车流中穿行时遇到的巨大空气阻力；设计师们甚至把流线型设计理念应用到静止的建筑物和家具上，尽管这些建筑物和家具永远不会遇到比电风扇更强劲的气流。

新的远洋邮轮不断打破规模和速度的纪录。1935 年 6 月，当"诺曼底号"抵达时，纽约海滨人山人海，港口响起了欢迎的鸣笛；一年后，当"玛丽皇后号"从英国驶来时，欢迎的声音再次响起。至于飞机，1932 年运输机的时速最高能到 180 千米，1936 年 6 月的银色道格拉斯 DC-3 大飞

1935年6月，"诺曼底号"即将抵达纽约港口

1935年11月，"中国快船号"飞行在旧金山上空

20世纪30年代，洛克菲勒中心的夜景

机的巡航速度则为 320 千米 / 小时。乘坐过夜的空中卧铺从东海岸到西海岸已成为家常便饭。1936 年 10 月，"中国快船号"完成了首次横跨太平洋往返马尼拉的定期客运飞行。虽然当时还没有横跨大西洋的飞机客运服务，但已经有了航空服务：德国最新的飞艇"兴登堡号"于 1936 年开始了一系列定期航行——当时谁也没有想到，1937 年 5 月 6 日，这艘优雅的空中巨轮会发生什么。

驾车者发现自己以 100 千米 / 小时的速度行驶在路面平整、有地下通道和宏伟的苜蓿叶形交叉路口的巨大高速公路上时，也能瞥见新世界的希望。这一切都令人感到新奇和兴奋，这个发展迅速的世界，令人觉得就像跟随导游参观纽约洛克菲勒中心一样兴奋。洛克菲勒中心是 20 世纪 30 年代美国拔地而起的唯一一个摩天大楼群，它让人看到了酷炫的设计、艳丽的植物和闪亮的新材料是如何为大都市增添光彩的。

新材料？化学家和冶金学家似乎可以生产出任何一种所需的物质，用镍、铬、钨、钒、钼等制成更轻、更坚硬的钢材。塑料适用于制造从汽车方向盘到餐具、从收音机机箱到骰子的任何物品。用纤维素制成的新型人造纤维，以及从南方松树中提取纤维素的新工艺都开始得到应用。胶合板看起来完全不像木材。当然，技术人员正在为明天的世界准备材料，尽管这些材料生产的滞后令人沮丧。水培法的发展会给农业带来怎样的无限可能？太阳能会带来怎样的效率奇迹？电视会给未来的娱乐和新闻传播带来什么影响？双循环柴油发动机能否彻底改变动力的生产和传输？当预制房屋从试验阶段进入大规模生产阶段时，人们将如何生活？诸如此类的问题在人们的脑海中不断闪现，美国人的想象力又开始迸发。

是否存在着某种新机器、新玩意，对它们的狂热需求会掀起新一轮的繁荣——就像汽车或收音机那样？1936 年春夏之交，很多人都认为他们找到了这样一种东西。早在 1929 年夏天，也就是大恐慌之前，一位名叫阿瑟·G. 谢尔曼的细菌学家就为他的家人建造了一座带轮子的小房子，可以拖在他的汽车后面去度假。无论他走到哪里，这种小房子都会引起人们的广泛关注，于是他又建造了几座，并在 1930 年的底特律汽车展上展出了其中的一座。现在，他制造拖车的规模不断扩大，其他制造商也跃跃欲试，有能力的家庭主妇也在自家后院制造自己的拖车。据《汽车日报》估计，到 1936 年，路上行驶的家用拖车已达 16 万辆。1937 年元旦，佛罗里达州的观察员报告说，这些拖车正以每小时 25 辆的速度越过州界。罗杰·巴布森宣称，二十年后，美国将有一半人口居住在这种汽车中。一个无忧无虑的时代即将来临，不安分的美国人可以卖掉房子，爬上拖车，过上想走就走的生活。如果人们不再关注房地产价值、税收、稳定的工作、孩子上学、卫生问题以及其他诸如此类的琐碎细节，生活不是会变得更加美好吗？

然而，投入拖车业等新事物的资金只是一小部分。其余的资金为什么没有投入产业呢？

无论经济学家们在这一点上有多少分歧，潜在的投资者、资本的拥有者、富裕阶层，尤其是非常富有的人之间却没有多少分歧。他们确信，问题在于"缺乏信心"——而这种信心的缺乏是由政府的专横统治造成的。政府乱花钱，遵循主动通胀的公共财政原则，屈从于左翼人士的建议，向企业征收苛捐杂税，将税款浪费在疯狂的补贴计划上，对没有进取心的穷人进行纵容和收买，用仓促的、不可预测的、瘫痪性的改革和政府竞争来骚扰商人，用宰杀小猪来赢得农民的选票，鼓励劳工煽动者阻碍工业发展，普遍反对"追求利润"，并通过对国会发号施令、诋毁最高法院和破坏宪法来威胁美国的自由。

在保守派报刊、保守派商界人士和政界领袖的演讲、自由联盟、传统捍卫者、民族主义者、大公司等各种组织的言论中，尤其是富裕阶层的私人谈话中，对政府的这些指控层出不穷。

大业主和大企业的经理们感到愤怒，一点也不奇怪。受到经济大萧条的影响和惊吓，他们起初将罗斯福视为救世主，但他们后来发现，罗斯福并不打算让"复苏"恢复到 1929 年的状况，而是希望改变现状。他不仅继续推动改革，还将 1932 年民主党政纲和他本人竞选演说中的财政承诺撕得粉碎。他开始支持那些不幸的人，谴责那些阻碍他前进的金融家和大商人。随着他们对他的反对日益强烈，他对他们的态度也日益强硬。雷蒙德·莫利曾在一篇文章中说，罗斯福与一群人坐在一起讨论即将发表的总统演说的基调，那群人一直在讲述纽约、芝加哥、费城和波士顿流传的贬损罗斯福的故事，罗斯福听后面沉似水，显然他收到的"更像荆棘而不是橄榄枝"。

因此，有钱人自然会觉得总统改变了方针，从而把他们挑出来作为政府仇视的对象。1935 年夏天，总统为了削弱休伊·朗的"分享财富"攻势，支持一项给富人增税的税收法案，他们的这种感觉更加得到了证实。他们对 1933 年以来发生的事情如鲠在喉，如果他们因此忘记了国家在 1933 年之前出过什么问题，这也是很自然的。

他们中的一些人不遗余力地反对罗斯福，而且这种反对在许多人身上集中体现为对罗斯福本人直接而强烈的仇恨，这构成了 20 世纪 30 年代令人难忘的奇观之一。

一个政府为了使国家摆脱 20 世纪增长放缓后出现的世界性大萧条而做的一切努力，以及一个政府为了纠正前十年金融界出现的错误，为了纠正普通人所处的不利地位，同时为了保持对普通人的政治吸引力所做的一切努力，在成千上万美国"精英"心目中，都简化为一个简单的命题，即富兰克林·D. 罗斯福一心想牺牲他们的利益，而让自己成为独裁者。罗斯福所做的许多事情都为这种观点增添了合理性。

美国各地的富裕阶层对罗斯福的憎恨虽然远非一致，但都十分强烈。在非常富有的人间，以及在那些富裕的郊区和度假胜地的人群中，这种情绪最为强烈，也最接近一致，因为那些地方都是富人，他们观点一致。总的来说，大西洋沿岸城市的仇恨情绪最为强烈，但华盛顿除外，在那里，人们有机会看到新政实施者的真面目，发现他们毕竟也是人。在 1934 年和 1935 年，仇恨的火苗越烧越旺，并一直持续到 1938 年左右。

有时，反罗斯福的情绪是幽默的。在通勤的火车上和市中心的午餐俱乐部里，流传着一个有关罗斯福的故事：一个精神病医生死后到了天堂，在见过上帝之后，他说："上帝有妄想症，他竟然以为自己是富兰克林·D.

罗斯福。"但坐在宽窗俱乐部大椅子上的绅士们一点也不觉得幽默，他们激烈地认为罗斯福不仅是个煽动家，还是个共产主义者。"他不过是另一个斯大林，还要更糟糕一些。""我们现在还不如生活在苏联。"在奢华的晚宴上，大公司的人义愤填膺地一致认为罗斯福是"阶级的叛徒"；在火车包厢的吸烟室里旅行的高管们轻蔑地嘲讽总统对商业完全无知："他一辈子没赚过一分钱。""除了靠母亲的收入过活，他还做过什么？"在迈阿密海滩的小木屋里，晒得黝黑的冬季游客说，如果不是因为那个人，他们的生意会很好；在乡村俱乐部的更衣室里，高尔夫球手们一边脱高尔夫球鞋，一边谈论着股票市场被罗斯福拖累了；当某个人突然冒出一句，"好吧，但愿有人能射杀他"，周围的人会立刻附和，每个人都知道他指的是谁。

肆意诽谤罗斯福的流言蜚语也在流传。那些有教养、可靠的人不仅坚持，而且真诚地相信"华盛顿的每个人都知道"罗斯福全家大部分时间都在酗酒；罗斯福夫人之所以"如此活跃"，是因为她打算继承丈夫的总统职位，"然后再让儿子们接班"；罗斯福是个疯子。据说，有个人应召到白宫与罗斯福谈论公共事务，结果罗斯福狂笑不止，根本停不下来。从这一点来看，流言蜚语已经到了信口雌黄、少儿不宜的地步。

当然，很多尖酸刻薄的反罗斯福言论并不能从表面上看出来。很多时候，这是一种有意识的自我催眠，把一切错误都归咎于一个替罪羊，从而获得情感上的满足。就像《纽约客》的一幅漫画中所描述的那样，一群绅士淑女在豪华剧院"痛骂罗斯福"时所享受到的那种释放快感，与许多自由主义者将经济体系的所有弊端归咎于邪恶银行家时所享受到的那种快感一样，也与纳粹分子将德国的所有弊端归咎于犹太人时所享受到的那种快感一样。找到一个替罪羊，就可以暂时免去进一步研究事实或进一步思考的必要。

然而，由于憎恨罗斯福的行为阻止了对事实的探究和思考，因此不仅对经济复苏，而且对憎恨者本身来说，代价都是高昂的。因为作为一个群体（也有许多例外），富裕阶层认为罗斯福入主白宫足以解释一切问题，也足以作为不投资的借口，所以他们不可避免地失去了在弱势群体中的威望。权贵们只有满足大众的需求，才能保持他们的威望，而大众想要繁荣，想要经济扩张。公众总是愿意原谅亨利·福特们在实际生产过程中的各种不足，无论他们是否在这一过程中赚到了数百万美元，但公众不愿意过分同情那些未能生产出商品的人，无论他们对失败的解释多么令人同情。把企业主和经理人无所作为归咎于罗斯福，是保守主义者的惯用伎俩，因为他们试图守住旧事物，他们认为，最好可以重回 1929 年之前，那时他们都是创新者、引领者。这个群体变得死气沉沉，而他们很快就会知道，抱怨并不会激起公众的掌声。

1936 年的总统竞选即将来临。共和党将提名谁来体现和激发人们对新政的普遍愤慨？这种愤慨不仅存在于富人中间，也存在于大多数商人中间，还存在于其他许多认为罗斯福是危险的激进派、奢侈派或不值得信赖的人中间。

胡佛？不，他的名字让人想起太多经济和政治失败的痛苦。威廉·博拉？他有强大的民众支持，尤其是在西部地区，但他在财政上不太正统，而且年纪太大，太特立独行了。芝加哥的弗兰克·诺克斯？密歇根州参议员范登堡？都被一一否决了。随着共和党克利夫兰大会的临近，共和党最终选择了一位在 1936 年之前几乎不为人所知，但看起来非常"合适"的候选人——堪萨斯州州长阿尔弗雷德·莫斯曼·兰登。

共和党领导人认为，作为一名成功的独立石油生产商，兰登应该能吸引商界人士。作为一位在艰难时期平衡了州预算的州长，他应该是反对联邦支出的合适旗手（他的反对者指出，无论如何他都必须平衡预算，因为堪萨斯州宪法规定了这一点，而且堪萨斯州很大程度上依赖联邦政府的救济资金）。兰登曾经是进步党[1]成员，他的观点总体上属于自由派，因此他应该得到中间派人士的支持（保守派的死硬分子无论如何都会支持他，只

---

[1] 1912 年，西奥多·罗斯福在共和党总统候选人提名中败给威廉·霍华德·塔夫脱后，成立了这个第三党派参选，但未能竞选成功。该党派在 1920 年消失。——译者注

要能击败罗斯福，让这些人支持魔鬼本人都可以）。兰登是一位精明的政治斡旋者，他应该能够接受国会山上那些人的建议（那些人认为罗斯福过于独断专行）。他为人友善，讨人喜欢，家庭美满，应该能吸引不少的选票。尽管他的政绩并不突出，但他可以被描述成一个不起眼的普通人，一个不以超人自居，但拥有常识并坚持"美国方式"的普通人。当代表们在克利夫兰集合时，兰登显然遥遥领先，甚至无人与之竞争。兰登在一片欢呼声中获得提名。这位"堪萨斯柯立芝""谨慎的堪萨斯人"戴上了堪萨斯向日葵的徽章，准备与罗斯福一决雌雄。

兰登的政纲同样旨在吸引中间派人士。虽然它充满了对新政的谴责，但在某些方面出人意料地表现出了自由的一面。尽管它主张"将救济管理的责任交还给非政治性的地方机构"，但它并没有完全抨击联邦参与救济。它也没有完全摒弃联邦参与农业管理，而是提出了一个与民主党计划有些相似的全国土地使用计划——不过，该计划更加依赖州政府。它没有要求废除《证券法》《证券交易法》或《公用事业控股公司法》（华尔街的人曾对这些法案大加挞伐），而是呼吁"在宪法范围内，对证券营销实行联邦监管，以保护投资者"，并补充说，"我们还赞成对公用事业的州际活动实行联邦监管"。事实上，如果一位来自火星的访客比较了1936年的两党政纲，他的注意力不会集中在谴责对方和自我陶醉的观点上，而是会集中在它们所包含的积极建议上。他可能会感到奇怪：为什么这场竞选中的情绪会如此激动？

如果说共和党要求平衡预算和"不惜一切代价维护货币稳定"，那么民主党也谈到了他们"实现平衡预算的决心"和"赞成长期稳健货币政策的目标"。两份政纲都抨击垄断、批准集体谈判、承诺保护公民自由、批准公务员绩优制，并对养老保障相当重视（尽管共和党提议改变社会保障制度）。共和党抨击民主党"蔑视最高法院的独立性和权威"，"坚持通过违反宪法的法律"，承诺"抵制一切损害美国最高法院权威的企图"，民主党也提出"维护宪法的文字和精神"，并解释说，如果国家问题不能"通过宪法范围内的立法得以有效解决，我们将寻求明确的修正案，以确保各州立法机构和美国国会在各自适当的管辖范围内，有权颁布州和联邦立法机构在各自领域内认为必要的法律"。来自火星的访客肯定会说，这些互相指责的政党实际上就像特威丹与特威帝①。

民主党政纲中提到可能需要对宪法进行"澄清性"修订，这是修辞上的高招。因为在前一年，最高法院已经成为抵御新政攻势的一支保守力量。最高法院一致否决了《国家工业复兴法》；1936 年 1 月，它还以 6 票对 3 票的表决结果否决了《农业调整法》；此外，它还否决了《农业抵押暂缓法》《格菲煤炭法》和其他几项措施。在这些裁决中，它对宪法的州际商业条款做了狭义的解释，以至于几乎所有重要的新政法律似乎都有可能在适当的时候倒在它的镰刀之下。迄今为止，最高法院只有两项判决对政府有利——对黄金条款②的判决为 5 比 4，对田纳西河谷管理局特定项目的判决为 8 比 1。在这种情况下，新政派对最高法院"九老"——尤其是右翼大法官——的评价是相当尖刻的。相比之下，最高法院则成为保守派空前崇敬的对象（在一位保守派人士的凯迪拉克车尾号牌上方现在贴着一块写着"拯救宪法"的牌子，而在四年前，这块牌子上写着"废除第八修正案"）。

罗斯福对最高法院深感愤慨，渴望制衡它，但尚未决定如何尝试。他不想在竞选期间提议修改宪法，因为很难对州际商业条款提出任何修正案，而共和党人会把这种修正案渲染为政府全面管制商业的开始。他想暂时回避最高法院的问题。那个"澄清性修订"一词——看起来如此天真无邪，仿佛只是为了防止误解——有助于他的回避。

运气也帮助了罗斯福，而且是以讽刺的方式。就在资深共和党人收拾

---

① 《爱丽丝镜中奇遇记》中的双胞胎。——译者注

② 在 20 世纪 30 年代及以前，美国的商业合同中通常都包含"黄金条款"，即债权人可以要求以黄金和黄金等价物付款。大萧条之后，罗斯福新政提出了与金本位制相关的一系列法案，包括《紧急银行法》《黄金条款决议》《黄金储备法》等，禁止了黄金支付，将黄金国有化，并由联邦政府接管美联储的黄金储备，导致商业合同中的"黄金条款"无法履行和实施。由此引发了多起诉讼，被提交至最高法院的一系列相关案件总称为"黄金条款"案。——译者注

行囊准备前往克利夫兰参加大会时，最高法院做了一件奇怪的事。此前，最高法院曾否决了联邦工资与工时立法。现在，最高法院又斩钉截铁地否决了纽约州的妇女最低工资法案，从而相当于否决了各州的工资与工时立法。结果令人震惊：没有人可以就工资和工时立法！就连共和党领导人也无法咽下这口气。于是，共和党人在他们的纲领中宣布，他们将通过州法律"在最长工作时间、最低工资和工作条件方面保护妇女和儿童"，并有点蹩脚地补充说："我们相信，这可以在目前的宪法范围内实现。"兰登州长认为有必要告知大会，如果有必要，他将寻求一项修正案来实现这一点，这导致共和党对最高法院的支持大打折扣。不知不觉中，九位黑衣绅士为尴尬的总统赢得了一分。

在其他方面，命运也眷顾罗斯福。兰登最早的支持者之一是威廉·伦道夫·赫斯特，而到了 1936 年，赫斯特的支持已不再是一件好事。1936 年初，罗斯福曾经的好朋友和导师艾尔·史密斯威胁要"暂时退出"新政派，并敦促其他民主党人和他一起离开新政派，但这一威胁是在自由联盟的一次晚宴上发出的，而自由联盟是一个由百万富翁实业家组成的组织，已经成为共和党的政治负担（即使在共和党的政治活动中，百万富翁们也习惯性地躲在幕后，站在小商人和"普通人"这个令人信服的幌子后面）。民主党的战略家们巧妙地抓住了这一机会，在开展竞选活动时，他们反对的仿佛只是百万富翁自由联盟，而不是共和党。当费城民主党大会——一个由罗斯福控制的橡皮图章式的大会——结束时，罗斯福发表了一篇振聋发聩的演说，一次也没有提到共和党。演讲称，敌人是"经济保皇派"，他们"抱怨我们试图推翻美国的制度"，实际上"他们真正抱怨的是我们试图夺走他们的权力"。无论人们称这句话是蛊惑人心的伎俩还是政治手段，它都得到了选民的青睐。这句话就像罗斯福早先提到的"巨富恶棍"一样流行起来。

就连大自然也对总统青睐有加。在竞选期间的夏天，他对干旱的大平原进行了一次表面上与政治无关的巡视，但就在他出发之前，大平原上大雨倾盆。总统专列上的一名记者在一天早晨醒来，从流水潺潺的火车窗望

1936 年 10 月 2 日，富兰克林·D. 罗斯福在一次总统竞选活动上演讲

着湿透的乡村说："我们是来干什么的？防洪视察？"

但总统最大的优势在于他的个人魅力。无论共和党人是否因屈从于旧习惯，在需要战士时选择了一个凑合的候选人，兰登在事实上是没有魅力。他说话理智、深思熟虑、中规中矩，在竞选演说中为自由做了很好的辩护，但与罗斯福相比，他的声音很刺耳。尤其是在广播中，罗斯福可以从悄声细语的劝说摇身变成尖锐的训诫。虽然兰登有和蔼可亲的笑容，但缺乏罗斯福那种富有感染力的开朗。无论兰登的潜在能力如何，与美国历史上的政治大师一起竞选总统，他很难成为一个绝地翻盘的人。

相比之下，当战斗的呐喊声开始响起时，罗斯福如鱼得水。

在这次竞选中，围绕在他身边的助手团队与 1932 年围绕在他身边的智囊团不同。当然，萨姆·罗森曼仍然不动声色地在他身边参与决策讨论。雷蒙德·莫利据说在 1933 年秋天离开了新政圈子，也离开了他在国务院的办公室，但他仍然是总统的秘密顾问，只是影响力在减弱，因为总统对大企业的攻势越来越让他恼火。在整个 1934 年和 1935 年，莫利一直是白宫的常客，直到 1936 年民主党大会召开前，他仍然与罗斯福保持着密切联系，但他们之间的意见分歧已经变得非常明显，在"经济保皇派"演讲之后，莫利就被彻底抛弃了。塔格韦尔不再像以前那样接近王位了，贝勒也是如此。虽然吉姆·法利还在指导竞选活动的政治管理，但忠心耿耿、精明强干的路易斯·豪不在了，他缠绵病榻已久，于 1936 年 4 月去世。

汤姆·科科伦是一位来自罗德岛州波塔基特的爱尔兰人，从哈佛法学院毕业后就一直是费利克斯·法兰克福特的门生，曾被法兰克福特推荐给莫利，与詹姆斯·兰迪斯和本杰明·科恩一起起草了 1933 年的《证券法》，随后又与科恩一起起草了《股票交易法》和《公用事业控股公司法》。科科伦娴熟的法案起草技巧、不屈不挠的精力、对新政和公共服务崇高理想的献身精神、聪明才智，以及拉手风琴的技艺都让罗斯福对他青睐有加，他在一年之内就成了罗斯福最核心圈子的一员。他在政府中的自由派中有很多熟人，自然而然地成为年轻自由派律师的领袖，也是他们在政府内部的非官方就业指导员；他和他的亲密盟友，即害羞、邋遢、不显眼、头脑清醒的本·科恩，以及科科伦等其他年轻的新政人士一起住在 R 街的一栋小红房子里。他们已经成为新华盛顿的标志性人物。

他们绝非当前保守派舆论所说的极端激进分子（例如，他们起草的《公用事业控股公司法》是提交给总统的三份草案中最温和的一份）。他们希望政府能够约束大企业，必要时接管其部分职能，但这主要是为了给小企业扫清道路，因为他们认为小企业正在被大企业挤出经济竞争的行列。科科伦和科恩的经济哲学更接近于伍德罗·威尔逊。尽管罗斯福从未制定过连贯的经济政策，但富人对他的仇恨让他愤怒，并认为只有抨击"经济保皇派"，才能将追随休伊·朗的数百万心怀不满的人团结在自己的队伍中。相反，莫利不想继续打击财富集中的权贵，他希望权贵与政府合作。在 1936 年的竞选中，科科伦接替莫利成为总统演讲稿的主要起草人（还有斯坦利·海格、本·科恩、威廉·C.布利特等）和亲信（还有救济署署长哈里·霍普金斯、国务卿摩根索、艾克斯、罗森曼法官等）之一。加强商业监管（以及用于复苏的开支）的使徒们无疑获得了总统的青睐。

在竞选期间，内部小组的一个或多个成员会为罗斯福准备演讲稿。在白宫的一次会议上，他们中的一些人会与罗斯福争论政策和"金句"的表述。然后，总统会根据其他人的意见，口述自己的草稿，在这里使用一个幕僚的想法，在那里运用另一个幕僚有说服力的短语。稿子会被反复修改，直至罗斯福发表演讲。他演讲的主题是，整个国家是紧密联系在一起的，一个利益集团、一个地方受益，就是所有利益集团、所有地方受益；国家保护工作才刚刚开始，不仅是物质资源的保护，也包括人力资源的保护；如果说公共债务在增加，那么国民收入也在增加；1936 年的情况明显好于 1932 年。在预算平衡等棘手的问题上，罗斯福的逻辑思维即使不算狡猾，也很敏捷。关于过去的政府措施，他说得很清楚；关于未来的措施，他说得很含糊——事实是，他的立法计划，只要是经过深思熟虑的，都已经完成了。他没有未来的计划，只有方向感。他的举止总体上是友善的，只有在竞选结束时的麦迪逊广场花园演讲中，他被共和党关于社会保障的一些错误宣传所激怒，才转而变得尖酸刻薄（当时莫利或路易斯·豪不在场，无法缓和他的愤怒）。正是在那篇抨击性的演讲中，他呐喊道："我想让人这样评价我的第一届政府：在这届政府中，自私自利和权力欲望的力量遇到了对手。对于我的第二届政府，我想说的是，在这届政府中，这些力量遇到了主人。"在竞选活动的其余时间里，他显得很高兴，报告了令人鼓舞的进展，几乎完全没有提及兰登或共和党。

竞选过程中的长途跋涉——车上过夜、万众瞩目、不厌其烦的演讲、握手、匆忙的会议、不绝于耳的欢呼声——也丝毫没有让腿脚不便的罗斯福感到疲惫。恰恰相反，他的同伴们都感到疲惫不堪。在每一天的磨难中，他都比之前更加精神焕发，就像安泰俄斯①一样，每一次与政治人物的接触都让他重新焕发出力量。他始终面带微笑，洪亮的嗓音响彻云霄，在美国各地战无不胜。

一两年前看起来气势汹汹的左翼对手去哪儿了？休伊·朗死了。考夫林神父和汤森派，连同休伊·朗的残余追随者，共同支持北达科他州的众议员莱姆克竞选总统，但莱姆克很早就被公众抛弃了。明尼苏达州州长奥尔森已经去世。社会主义者按照惯例提名了诺曼·托马斯，但他们的力量比较薄弱。至于共产主义者，虽然他们提名厄尔·布劳德为总统候选人，但他们急于遵守莫斯科规定的人民阵线原则，急于击败被他们称为"法西斯"候选人的兰登。竞选变成了罗斯福与兰登的竞争，没有重要的第三方反对势力。

竞选活动持续进行着。自1896年以来，公众对选举的情绪从未如此高涨过。听着愤怒的共和党人和愤怒的民主党人的谈话，人们兴高采烈地欣赏着这场角逐：一个决心摧毁私有财产、野心、宪法、民主和文明本身的暴君，一个将推行法西斯独裁统治的华尔街傀儡，谁能获胜？

《文学文摘》多年来一直在进行大规模的抽样调查，它预测兰登将获胜，罗斯福将只获得161张选举人票，而兰登将获得320张。乔治·盖洛普博士的美国舆论研究所自1935年10月20日以来一直在宣扬其更为科

① 古希腊神话中的巨人，具有源源不断的力量，只要身体不离开大地，就不可战胜。——译者注

学的民意调查结果，从而开创了一种新的政治测量方法。盖洛普预测罗斯福将获得 477 张选举人票，兰登将获得 42 张选举人票（还有两个州的票数存疑）。吉姆·法利预测罗斯福将获得 523 张选举人票，除缅因州和佛蒙特州外，其他各州都会归属于罗斯福，但谁会相信竞选经理的预言呢？共和党人顽固地坚持他们的希望，即兰登将赢得选举人票。

选举日来临了，共和党人当晚聚集在收音机旁收听选举结果时大吃一惊，因为吉姆·法利的预言成真了，罗斯福获得了压倒性的胜利。除了缅因州和佛蒙特州，民主党赢得了其他所有的州。罗斯福的民众选票为 2775 万张，兰登为 1667 万张。国会参众两院的民主党议员将超过四分之三，这是一个了不起的多数。新政毫无疑问地得到了广大选民的支持。

为什么会出现这种情况？前文已经提出了一些原因，但有两个原因仍然值得一提。其一是新政向个人提供了大量的金钱援助，主要是救济的形式。在某些地区，这些款项被粗暴地用于谋取政治利益。而在大多数情况下，它们并非如此。如果说用于救济的数十亿资金实质上是由纳税人支付的民主党竞选基金，这未免有些夸大其词，但新政的选票还是隐含在每一笔款项中："我们在照顾你们，也许其他人不会，所以最好投我们一票。"政府补贴的势头无人能挡，任何人如果建议减少补贴，都要承担政治风险。

其二是，虽然罗斯福遭到大多数富裕阶层的痛恨，但他得到了国内大多数穷人的真心钦佩和信任。在他的演讲和他发起的立法的字里行间，他们读到了真诚友善，读到了帮助他们的真诚愿望。新闻界（在城市中，绝大多数都是支持兰登的）既未能动摇小选民，也未能预测他们的投票结果，部分原因无疑在于编辑们未能理解新政救济政策和罗斯福本人的个性在这些人心目中留下的深刻印象。这些小选民对报纸上关于浪费救济金的丑闻文章不屑一顾，这不仅仅是因为他们中的一些人得到了钱，希望现金流继续下去，还因为他们在新政中看到了一个急需的仁慈天使，真诚地随时准备帮助他们。最重要的是，他们将罗斯福本人视为朋友，这位朋友没有对他们说三道四，没有鄙视他们，而是把他们当作美国公民来尊重，并希望他的政府能够为他们服务。他们在乎报纸上怎么说吗？他们知道隔壁街区的麦克加里蒂一家、隔壁农场的内尔森一家遇到了什么困难，以及联邦政府为他们做了什么；他们通过收音机一次又一次地听到了罗斯福亲切的声音。他们觉得自己了解罗斯福，并据此投票。

与此同时，欧洲的战事离我们越来越近。

1936 年，希特勒的军队畅通无阻地开进了莱茵地区。墨索里尼的军队完成了埃塞俄比亚战役，进军亚的斯亚贝巴。西班牙爆发内战，到罗斯福再次当选时，弗朗西斯科·佛朗哥的军队在德国和意大利的支持下，已经逼近马德里。美国人民越来越不安地注意到，随着德意轴心国的侵略者一步步占据优势，外部世界的秩序基础正在崩溃。

然而，此时有件事一跃成为美国的头条新闻，并成为美国人谈论的主要话题，使普通美国人不再关注欧洲局势，并在连续数日内霸占了所有媒体头条。虽然这一事件可能被视为大英帝国软弱无力的标志，或者反过来说，大英帝国有纠错和继续前进的能力，但对大多数观察家来说，这只是帝国舞台上的一出个人戏剧：一个国王被迫在他的王国和一个女人之间做出选择。国王是大不列颠及爱尔兰和英国海外领地的国王、信仰的捍卫者、印度皇帝爱德华八世，而女人则是巴尔的摩女孩沃利斯·沃菲尔德·辛普森——H. L. 门肯称这是"耶稣复活以来最大的新闻"。

1936 年夏天到秋天，当罗斯福和兰登在美国四处竞选时，美国媒体一直在关注着这段王室恋情。美国人看到了爱德华和沃利斯在地中海游轮上的合影，他（穿着泳裤）划着橡皮艇，她（穿着泳衣）坐在上方的码头上。10 月 27 日，她获准与欧内斯特·辛普森离婚，新闻迅速登上了美国报纸的头版。此后的几个星期里，广大英国人民对辛普森夫人一无所知，因为王室新闻需要经过严格的非官方审查。直到 12 月 1 日，布拉德福德主教才在一次教区会议上谈到国王需要上帝的恩典，说他希望国王向上帝祈祷，并悲伤地补充道："我们中的一些人希望他能更积极地表达出这种意识。"这句间接而谨慎的话开启了英国本土的王室八卦，但在美国，人们对待王室新闻并不需要如此谨慎。几个星期以来，美国人一直在互相打听

1936 年 8 月，爱德华八世与沃利斯·沃菲尔德·辛普森在地中海度假

国王和辛普森夫人是否真的要结婚。随着剧情发展到高潮，从唐宁街、威斯敏斯特和贝尔维德尔堡发出的消息引发了全美国人民的争论。

"这对他来说是好事。这是他做过最好的事。让他娶她吧，国王也是人啊！""不，不，不。他接受了国王的责任，现在却要抛弃它。如果他想逃避责任，那他当初为什么要接受这份工作？""不管怎么说，他从来都不是个好东西，只配在夜总会工作。你看到报纸专栏里对他的痛骂了吗？""我猜，沃利斯一定很郁闷。她都准备好要当王妃了，现在却鸡飞蛋打了吧？""我敢打赌，是坎特伯雷大主教坏了她的好事。她离过好几次婚，你知道的。""胡说——如果她不是美国人，他们才不在乎离婚的事。如果她是公爵夫人……""你不得不佩服她，一个巴尔的摩女孩能一手造成帝国危机。"

沃利斯·沃菲尔德·辛普森不得不逃离英国，前往罗杰斯在戛纳的别墅隐居；时任英国首相斯坦利·鲍德温在下议院长篇大论地批评国王破坏了规矩；头条新闻大喊"国王辞职"。1936 年 12 月 11 日下午，数百万美国人聚集在收音机前，在噼里啪啦的静电声中聆听爱德华本人慢条斯理的讲话：

> 我终于可以说几句自己的话了。我从来没想过隐瞒什么，但直到现在，我都无法说出……（试试另一个台，我听不清。他说什么？）……我发现，如果没有我爱的女人的帮助和支持，我就无法承担起沉重的责任，无法如我所愿地履行国王的职责……（好了，好多了。不，再试试另一个台。）……现在，我们都有了新国王。我衷心祝愿他和他的子民们幸福安康。愿上帝保佑你们，上帝保佑国王！

爱德华的最后一次演讲简洁有力，堪称完美，至此，英国王室大戏落下帷幕。现在，美国人又可以把注意力转移到国内发生的事情上了。美国的国家首脑再次当选，得到了一张几乎空白的支票。他会在上面写些什么呢？

第十章

用笔和相机穿越最黑暗的美国

如果在 1925 年（或大约那个时候），你去纽约参加一个由作家、评论家、艺术家、音乐家以及对艺术领域最新思想和最新趋势感兴趣的专业人士参加的鸡尾酒会，你很可能会听到以下一些明说和暗示的信念：

应该有更多的个人自由，尤其是性自由。

改革者令人憎恶，法律太多。

小商人、扶轮社成员、股票经纪人，乃至所有美国商人，都是无可救药的粗鄙之徒。

广大市民都是只有十三岁智商的傻瓜。

历史传统中的大多数英雄，尤其是维多利亚时代和清教徒传统中的英雄，都被大大高估了，需要"揭穿"。

美国是一个标准化、机器化和墨守成规的地方，有头脑和品位的人自然更喜欢欧洲的自由氛围。

如果时隔十年之后，你在 1935 年（或大约那个时候）偶然走进一个类似的聚会，你几乎无法相信自己的耳朵，因为对比是如此强烈。你不可能发现有人会对性自由、小商人的粗俗或揭穿浪漫诗人亨利·沃兹沃斯·朗费罗的必要性表现出任何兴趣。在 1935 年的酒会上，你可能会听到以下一些信念的表达或暗示：

> 改革——当然是经济改革，但也包括法律改革——是非常必要的，而且应该有更严格的法律。

> 人民大众才是真正重要的人，才是作家和艺术家最合适的创作对象，改革正是为了他们而进行的（事实上，如果你仔细聆听，你可能会听到一位文学评论家称自己为无产者，他很想把自己与人民大众联系在一起）。

> 美国是最有吸引力的国家，也是自由的希望所在；它的所有历史都值得研究和描绘，尤其是那些最需要纠正的丑陋一面；它值得我们忠实地努力拯救，尽管它可能已经无法挽救，并将与其他文明一起崩溃。

"这十年发生了什么？"你可能会问，"这些人有信仰了？"

是的。当然，他们的信仰不是教会的宗教。1925 年这一群体的普遍态度与 1935 年这一群体的普遍态度之间为数不多的相似点之一是，在这两个时期，其成员大多是不可知论者，甚至是无神论者。这些人所信奉的是社会意识的世俗宗教，本书第六章提到了这一点。大萧条及其造成的苦难深深打动了他们，他们深信，国家的经济和社会制度已经支离破碎，无法修复，1929 年之前掌握经济大权的人已经被证明是失职和不称职的，亟须采取行动拨乱反正；他们对经济失衡的受害者充满同情，不再像以前那样仅把艺术当作艺术来看待，而是希望艺术具有社会功能，能够照亮社会，让人们清楚地看到最黑暗的地方。"当人们都在挨饿的时候，作为一个艺术鉴赏家又有什么用呢？"一位精明地购买现代绘画作品的纽约富裕女性这样喊道，"我觉得自己好像在浪费钱。""描写淑女和绅士的华丽小说有什么用？"1935 年的年轻小说家们这样想，"如果我们写的是佃农的故事，我们就能写出有意义的东西，就可能会有所成就。"

要理解美国文学在 20 世纪 30 年代的发展方向，就必须认识到作家、评论家和知识精英中普遍存在的这种拯救社会的情绪有多么强烈。

在这一点上，有必要进行谨慎的界定。长期以来，纽约一直是美国知识界的中心，也是对新思想和激进思想极其敏感的晴雨表。与年长的、地位较高的知识分子相比，新思潮在年轻的、正在崛起的、经常没有工作的知识分子中更为普遍。许多成功的作家并没有受到这种压力的影响。在富裕阶层的文化人中，这种现象并不明显，因为他们总是被书本包围，总是订阅一些比较体面的杂志。在远离艺术新创造热潮的学术界人士中，这种现象也不明显。这种思想可能会让那些喜欢文学讲座、希望美化自己城市、聆听最好的音乐会，并加入每月一书俱乐部的文艺青年感到困惑，甚至恐惧。至于那些身为大学理事、资助交响音乐会、为艺术提供赞助的银行家，他很可能会因此感到愤怒——如果他真的意识到这种情绪的话。

这种情绪的一些表现形式不时受到广泛欢迎，比如杰克·柯克兰根据厄斯金·考德威尔的小说改编的戏剧《烟草路》。该剧描写了一个贫穷堕落的南方佃户家庭的故事，于 1935 年 12 月 4 日（正值禁酒令废除之际）在纽约首演。起初，这部剧似乎不受欢迎，但后来逐渐找到自己的观众，并年复一年地在百老汇持续演出，到 1939 年秋天，该剧轻而易举地打破了《阿比的爱尔兰玫瑰》在 20 世纪 20 年代创下的连续在纽约演出的惊人纪录。毫无疑问，《烟草路》的成功部分归功于它坦率而粗俗的对白、大尺度的表演场面，以及演员詹姆斯·巴顿在喜剧和悲剧效果上的出色天赋。该剧赤裸裸而富有同情心地展示了贫穷和堕落的相互影响，展示了莱斯特一家如何成为邋遢、不负责任、精神有问题的无耻家庭，这些因素并没有阻碍这部戏剧获得成功。

1937 年 11 月 27 日，由制衣工人组成的"劳动舞台公司"（该公司的演员周薪均不超过 55 美元）制作了音乐剧《别针和针头》，这是对这种情绪另一种截然不同的体现。该剧同样不断上演，直到 1939 年底打破了以往所有音乐剧的演出时间纪录。《别针和针头》戏谑地为工会辩护，讽刺工会的敌人，与以往音乐剧舞台上的任何作品都不同。在 20 世纪 20 年代，谁能想到会有这样一部剧目，其最朗朗上口的歌词竟是"为我唱一首具有社会意义的歌"？

在20世纪30年代，只有一两本反映社会意识的图书登上了畅销书排行榜的榜首。其中一本是辛克莱·刘易斯的《不会在这里发生》，该书于1935年末出版，展示了法西斯主义可能如何降临美国。约翰·斯坦贝克的《愤怒的葡萄》是一个更好的例子，该书生动细腻地描述了加利福尼亚州一个打工家庭的困境，1939年初出版时不仅赢得了评论界的热烈掌声，而且一举跃居畅销榜首。与《烟草路》相比，《愤怒的葡萄》更加契合年轻知识分子的信条：他们意识到经济和社会力量是如何共同作用，给无辜的人们带来悲剧的；他们对这些人深表同情，并愿意揭露他们的愚昧、滥情、对自身困境的不理解；他们决心通过展示美国最糟糕的贫穷和残酷来唤醒冷漠的公众。

除此之外，年度畅销书排行榜上的其他著作似乎表明，热爱批判现实类著作的读者规模十分有限。一本书要想在上市之初吸引二三十万读者的注意，最好的办法不是直面惨淡的现实，而是迎合他们的喜好。

例如，人们渴望逃离此时此地的萧条和焦虑。赛珍珠的《大地》在1931年和1932年的小说排行榜上名列前茅，这难道不是因为它把读者带到了中国而增加了吸引力吗？查尔斯·摩根的《泉》在1932年驰名畅销书排行榜，部分原因难道不是它讲述了一个人从丑恶的外在世界中逃出，进入一个内在反思的世界的故事吗？当然，威拉·凯瑟的《岩石上的阴影》、赫维·艾伦的《安东尼的逆境》的畅销，以及玛格丽特·米切尔的《飘》（1933年和1934年的销量遥遥领先）的超级畅销，更不用说斯塔克·扬的《玫瑰如此红》（1934年）、肯尼斯·罗伯茨的《西北航程》（1937年）以及其他一些图书了，它们畅销的共同因素都是可以让人逃避现实、躲进历史。有一段时间，出版业最有可能获得利润的方法就是制作八百页的古代爱情小说。

事实上，如果《愤怒的葡萄》早几年问世，可能就不会像1939年那样大受欢迎。对许多读者来说，这本书似乎太痛苦、太令人不安了。到1939

年，他们对失业问题已经习以为常，甚至沾沾自喜，而且又有了新的担忧（希特勒和战争威胁）。他们现在可以毫不犹豫地接受斯坦贝克的药方了。

畅销书排行榜上也有其他情绪的暗示。1930 年的《哈定总统的离奇死亡》和 1931 年的《华盛顿旋转木马》均名列前茅，这可能表明，由于胡佛政府应对经济大萧条不力，公众对政府的失望情绪日益高涨。1932 年最畅销的非虚构类图书《美国史诗》可能迎合了人们对国家历史和传统的探究的情绪，毕竟大家都想为这个国家陷入如此困境找到一些理由。1933 年，经济大潮转向，那些事业、梦想因经济大萧条而受挫、现在希望能够重新开始的男男女女，自然会争相购买沃尔特·B. 皮特金所著的《人生从四十岁开始》（1933 年非虚构类排行榜第一名，1934 年是第二名）。

美国人一直希望获得个人成功和更有价值生活的指南，如果说《爱上独自生活》（1936 年）、《唤醒生活》（1936 年）和《人性的弱点》（1937 年）的大卖与商业状况有密切关系，那未免太过武断。1938 年，林语堂的《生活的艺术》荣登榜首，这表明在商业衰退时期，人们希望再次学会如何通过放弃世俗的需求来获得幸福。但文森特·希恩的《个人史》（1935 年）、内格利·法森的《罪人之道》（1936 年）、约翰·冈瑟的《欧洲内幕》和《亚洲内幕》（1936 年和 1939 年）以及其他外交事务类图书的畅销，无疑反映了随着纳粹和法西斯在一次又一次危机中不断发展壮大，人们对来自欧洲的消息越来越兴奋。

在这十年间，一些图书借助非常特殊的环境一跃成为畅销书。1934 年最畅销的非虚构类图书是亚历山大·伍尔科特的《罗马在燃烧》，这是一本野史和奇思妙想的合集。作者凭借在广播节目中讲段子取悦广大听众，让这本书大为畅销。《北上东方》（1935 年）和《听风》（1938 年）的热销，不仅是因为它们的文笔细腻，也许还因为安妮·莫罗·林白是偶像英雄的妻子。在任何特定时期，成功的图书与该时期的舆论和品位的总体趋势之间都没有必然的联系，作家的才华总是千差万别，读者的品位也是千差万别，而且其中还有偶然因素。例如，在这十年的大部分时间里，公众对经济问题的兴趣是毋庸置疑的，经济专著的销量也相当可观。然而，尽管

《一亿只小白鼠》（一本批评消费者的书，讲述了他们认为自己买到的东西与制造商实际卖给他们的东西之间的区别）销量很好，斯图尔特·蔡斯对经济困境的生动描述的几本书销量也相当可观，但没有一本关于美国经济状况的书登上畅销书排行榜的榜首。也许经济学终究是一门令人沮丧的学科，或者说，是一个充满分歧、假设和猜测的令人沮丧的领域。

虽然读者人数有限，但那些致力于寻找社会意义的作家创作出这十年中最具生命力、最具特色的作品。约翰·多斯·帕索斯的《美国三部曲》描绘了大萧条前美国生活的空虚和奢靡，他在小说中穿插了对美国名人的印象派描写（当然，其中 J. P. 摩根受到了严厉的谴责，伍德罗·威尔逊受到了尖锐的讽刺，索尔斯坦·维布伦受到了赞美）。在三部曲的结尾，他用文字描绘了一个失业者在一条漂亮的美国公路上无望地尝试搭车的故事。厄斯金·考德威尔在书中描写了南方底层生活的残酷和悲惨；海明威的《有钱人和没钱人》试图（并不十分成功）从私酒贩子哈里·摩根的故事中总结无产阶级的教训；詹姆斯·T. 法雷尔在《斯塔兹·朗尼根》中展示了环境如何锤炼芝加哥中下层的爱尔兰天主教男孩；阿尔伯特·哈尔珀在《铸造厂》中以工厂工人做主角；罗伯特·坎特韦尔讲述了罢工的水果采摘工人的故事……甚至辛克莱·刘易斯也参与了这场政治与社会的斗争，尽管他并不站在反叛的一边。

诗人阿奇博尔德·麦克莱什和埃德娜·圣文森特·米莱同样转向政治和社会主题。卡尔·桑德堡写了这样一首诗：

> 股票是财产，没错。
> 债券是财产，没错。
> 机器、土地、建筑物都是财产，没错。
> 工作是财产，
> 不是，不是，不是，不是。

许多年轻作家都在努力完成一项几乎不可能完成的任务，那就是用 T. S. 艾略特和埃兹拉·庞德的晦涩写法来创作大众的传奇和歌曲。

　　与此同时，热心的历史学家和文学社会学家正在为美国过去的强盗资本家、梅隆家族和摩根家族撰写传记；深入研究被商会忽略的美国城市和地区历史；对美国社区的生活刨根问底，并将他们的研究成果汇集成大量的统计数据和图片。出于更友好的目的，工程进度管理署的"作家项目"正在全美范围内编写一系列指南。由联邦政府或基金会支持的调查对每一个公共问题都进行了详尽的分析。20 世纪 30 年代是文学社会学的黄金时代。美国人发现自己是一个令人着迷的审视对象，值得探索和剖析。

　　左翼知识分子是文学界批判现实的核心力量。从整体上看，他们人数并不多，但他们燃起了炽热的信念之火。许多作家坚信，作为马克思主义者，他必须把笔下的无产者描绘成既是因命运而变得残酷和凶恶的人，又是光荣革命的英雄旗手。如马尔科姆·考利所言，此时至少有六部小说和两部戏剧是根据一次实际罢工（1929 年加斯托尼亚罢工）创作的，"罢工小说开始遵循一种几乎与彼特拉克十四行诗一样僵化和传统的模式。主人公通常是一名年轻的工人，诚实、天真、政治上不成熟。由于无法忍受虐待，他被迫参加罢工。罢工总是遭到无情的镇压，罢工领袖通常会被杀害。但是，这位年轻的工人现在意识到他与整个工人阶级的使命，他向着新的战斗前进"。

　　事实上，许多年轻的反叛者之所以接受左翼思想，主要是因为他们将共产主义视为理想的终点站。首先，他们发现现行秩序不正常；然后，他们开始考虑改革，他们认为温和的改良不足以拯救美国，进而认为只有革命才能解决问题。

　　在画家队伍中，社会关怀和记录美国生活的热情也席卷而来。托马斯·H. 本顿充满肌肉感和动荡感的群画，格兰特·伍德形式化的中西部风景画和讽刺肖像画，约翰·斯图亚特·库里的平原农场生活场景，查尔斯·伯奇菲尔德描绘的沧桑豪宅，爱德华·霍珀的阴森街道和冷峻的新英格兰灯塔，雷金纳德·马什的纽约贫民窟生活场景，都吸引了众多观众。联邦政府明智地将艺术家纳入其救济受益人之列，让他们中的数十人在邮局的墙壁上绘制壁画。现在，年轻画家的模特发现，她不再只是躺在沙发

上图：约翰·斯图亚特·库里的画作《1889年4月22日，俄克拉荷马州抢地活动》

左图：爱德华·霍珀的画作《夜影》

下图：雷金纳德·马什的画作《邮件分类》

上，而是要摆出拓荒者的姿势，或者体现美国坚持清除贫民窟的精神。新潮流的价值值得商榷，但至少它有望缩小艺术家与大众之间的巨大差距，大众终于开始觉得自己能看懂了。与此同时，在爱荷华大学美术学院等地学习绘画的年轻人数量急剧增加。美国艺术的未来充满了希望。

一种迄今为止很少受到认真关注的艺术——摄影艺术——突然流行起来，这也许与美国绘画重点的变化不无关系。这门艺术的兴起建立在一场规模宏大的照相机热潮之上。这场热潮主要是产生了一种新的、有趣的业余爱好，其美学价值和艺术满足感算是锦上添花。

在经济大萧条的最初几年，人们开始注意到，有一些年轻人脖子上挂着像是皮套歌剧眼镜的东西。他们是照相机热潮的先驱，他们发现莱卡相机和其他德国小相机可以拍摄邮票大小的照片，而且可以放大，这些相机在拍照速度、对焦深度和暗光工作能力方面都非常出色，为摄影师带来了各种新的可能。在专家们向公众展示了如何轻松拍摄一个执行委员会或一桌夜总会顾客的坐姿之后，"袖珍照相机"发烧友的数量迅速增加。从1928年到1936年的八年间，尽管经济大萧条，但进口到美国的照相机及其零部件（主要来自德国）增长了五倍以上。

到1935年和1936年，美国照相机制造商和摄影器材商店发现他们的生意蒸蒸日上。袖珍相机随处可见，不久之后，名人们开始习惯了在公共活动中突然有年轻男女走到他们面前，举起小相机拍下他们的照片——当然，这些拍摄未经许可。在戏剧开幕式和盛大音乐会的中场休息时，过道上有时会站满摄影师。小学生们恳求父母购买放大镜和曝光计。相机展览吸引了前所未有的观众。在1935年至1937年的两年间，美国的照相机产量猛增157%，销售额从1935年的不足500万美元增至1937年的近1250万美元。每年出版的杰出摄影作品集《美国照相机》成为畅销书。一批新的图片杂志出现了，其中有几本一跃成为广受欢迎的杂志，一马当先的是《生活》和《展望》。对比一下这几年的图片杂志，看看它们对身着希腊裙装、手捧骨灰盒的年轻女性的花哨研究，对帆船上波光粼粼的倒影的刻意模糊，以及对可爱婴儿的感伤描绘，就会意识到这门艺术的范围、想象力和色彩都有了怎样的发展。

一些新摄影师的兴趣集中在拍摄亲朋好友（当然也包括他们的孩子）和为他们的旅行留下永恒的记忆；一些摄影师试图捕捉他们喜欢的场景中的可爱之处；还有一些摄影师开始尝试制作抽象的光影图案。但还有很多人发现自己成了不带感情色彩的记录者，他们拍下了社会事件、社会场景，甚至是其中最丑陋的部分。像玛格丽特·伯克·怀特、多萝西娅·兰格、沃克·埃文斯这样的专业摄影师，常常带着同样的社会学热情去工作。S. T. 威廉姆森在《纽约时报》评论沃克·埃文斯的摄影集时，否认埃文斯先生揭示了美国的相貌，并坚持认为"美国只是有点小毛病而已"。照相机热潮的重要意义在于，像埃文斯先生这样的摄影师以其对凄惨景象的残酷描绘，为摄影师们提供了一种新的可能。埃文斯先生这样的摄影师通过对凄凉的街道、破旧的广告牌和面容憔悴、眼神忧郁的农妇的残酷描绘，教会了业余摄影爱好者一个道理：相机并不一定要拍摄美景，即使是生活中看似丑陋的表象，捕捉到标志性的瞬间也会令人兴奋，这些表现形式也可以自己的方式变得美丽。当一个人开始以艺术家的眼光看待身边的日常事物时，他就是一名记者或社会学家。

1937—1938 年冬天的一个早晨，天刚蒙蒙亮，纽约时代广场派拉蒙剧院外就开始聚集人群，到早上 6 点时已经聚集了 3000 多人，他们大多是穿着风衣和皮夹克的高中学生。到 7 点 30 分，人群开始激增，警方从西 47 街车站调派了 10 名骑警来维持秩序。8 点钟，剧院的大门被小心翼翼地打开，3634 名男孩和女孩进入剧院；随后，消防部门下令关闭大门，留下尚未进入剧院的两三千名年轻人在寒风中瑟瑟发抖。

这天，本尼·古德曼和他的管弦乐队在派拉蒙剧院开演。本尼·古德曼是摇摆乐之王，这些孩子都是摇摆乐的忠实拥趸，在此起彼伏的呼喊声中，他们准备在剧院的过道上翩翩起舞！在接下来的一两年里，美国各地年轻的摇摆乐爱好者对摇摆乐王国的主要乐队指挥和乐器演奏家——本尼·古德曼、汤米·多尔西、阿蒂·肖、吉恩·克鲁帕、"伯爵"贝西、泰迪·威尔逊、路易斯·阿姆斯特朗、杰克·蒂加登、拉里·克林顿等的名字

玛格丽特·伯克·怀特摄影作品《罗伊斯维尔洪灾时》（1937年）。排队领取食物的灾民，与巨幅宣传画上"世界最高生活标准"的标语形成鲜明对比

多萝西娅·兰格摄影代表作《移民母亲》（1936年）。拍摄对象是一位三十二岁的母亲，为了买食物，她已经变卖了家里的所有物品，当时只能去田地里挖野菜和捕鸟为食

沃克·埃文斯为二十七岁的艾莉·梅·巴勒斯拍摄的照片（1936年）是大萧条时期的经典摄影作品之一

和声誉了如指掌，就像一个资深棒球迷对职业球员的了解一样。

要全面追溯这股热潮的起源，我们必须追溯到很早以前。长话短说，在 20 世纪 20 年代，爵士乐——它很早以前诞生于新奥尔良的乡村酒吧，并随着"亚历山大拉格泰姆乐队"的成功以及 1911—1916 年单步舞和狐步舞的兴起而广为流行——已经成为得体和正式的音乐。但即使在这一时期，也有一些不知名的爵士乐队，他们大多由黑人演奏家组成，沉溺于疯狂的即兴创作，他们在演奏舞曲主旋律时叠加自己临时创作的花样。在大萧条初期，美国民众对这种"热辣爵士乐"兴趣不大，忧心忡忡的公众需要的是节奏缓慢、旋律舒缓的"甜美"音乐。欧洲对爵士乐节奏的热情后来居上，在法国，对"热辣爵士乐"的崇拜逐渐升温。路易斯·阿姆斯特朗等演奏家的唱片在国外开始畅销。1933 年秋天——大约是废除禁酒令的时候，一家英国公司与一位疯狂热爱热爵士乐的年轻纽约人达成协议，给一支美国白人乐队录制一些唱片。年轻的小约翰·亨利·哈蒙德说服当时正在一个广播管弦乐队演奏的学者型单簧管演奏家本尼·古德曼召集一批演奏家前来录制。

古德曼录制的唱片不仅在英国畅销，还出人意料地在美国大受欢迎。公众对"摇摆乐"的热情也由此开始——这种充满即兴表演的热门爵士乐后来才被定名为"摇摆乐"——这种热情在 1937—1938 年的冬天达到了顶峰，戴着眼镜的古德曼先生在派拉蒙剧院演出，后来又在波士顿和其他地方演出。1938 年春，在纽约兰德尔岛举行了摇摆乐嘉年华，有 25 支乐队参加，23000 多名乐迷听了 5 小时 45 分钟，热情难以抑制。一位记者在第二天早上的《纽约时报》上说，警察和公园管理者只能竭尽全力保护演奏者不被"仰慕的乐迷摧毁"。

许多乐迷，尤其是孩子们，对新音乐的欣赏主要体现在节奏上。当一支优秀的摇摆乐队在全速演奏时，小号手和单簧管手在聚光灯下轮番上阵，用他们几近疯狂的即兴演奏为主题锦上添花，鼓手们则在节奏点上长时间地敲击，这一切都会让听众的情绪激动不已，不时发出狂欢的呐喊。然而，如果将摇摆乐热潮视为纯粹的感官狂欢，那就错失了其一半以上的意义。因为优秀乐队所演奏的曲目——虽然在没有受过专业训练的人听来可能只是不和谐的噪声——是一种极其复杂和微妙的模式，要想充分领会这种模式，就必须具备比流行音乐高得多的音乐素养。真正的摇摆乐发烧友竭尽所能收集唱片，而且清楚自己为什么喜欢这首歌，他们所接受的音乐教育并不低劣。如果本尼·古德曼演奏莫扎特，那么他的许多听众也能聆听莫扎特。摇摆乐的热潮伴随着美国人民在音乐知识和音乐品位方面取得的极大进步，这可能并非偶然。

音乐鉴赏取得的巨大进步是 20 世纪 30 年代最引人注目的现象之一。其中有些功劳要归于公共事业振兴署，它在音乐和文学、戏剧及造型艺术方面做了大量工作，不仅开设了音乐课，还为潜在的音乐爱好者提供了其他帮助，并资助了不少于三十六个交响乐团。不过，最主要的功劳可能还是要归于广播电台，因为它一直在证明一个古老的真理：如果你向人们投放足够多的艺术作品，无论是好的、坏的还是一般的，某些人都能在一段时间内找到自己偏好的艺术作品。

长期以来，广播几乎源源不断地向数百万美国人的耳朵里灌输各种音乐，其中大部分都是陈词滥调。20 世纪 30 年代初，大多数广播人，尤其是那些负责审批广告公司为促进商品销售而设计的节目的广播业高管，仍然认为顶级音乐无法流行，这是不言而喻的。然而，早在此之前，广播公司就已经开始尝试在广播中播放高质量的音乐，一方面是为了提高声誉，另一方面是为了让那些希望广播更具教育意义的人相信，广播公司本身就是文化的热土。早在 1926 年，国家广播公司就播放了纽约交响乐团的节目，1927 年播放了波士顿交响乐团的节目，1929 年播放了费城交响乐团的节目。到 1929 年，费城交响乐团的节目还找到了广告赞助商——菲尔科公司。1930 年，哥伦比亚广播公司开始在周日下午播放纽约爱乐乐团的系列音乐会；1931 年，国家广播公司开始在周六下午播放大都会歌剧院的演出。不久之后，歌剧广播也有了赞助商：一家香烟公司和一家漱口水公司。他们表示，只要在播放瓦格纳和普契尼的作品时，配上几句关于正确吸烟或漱口的好处的广告词，他们就愿意为歌剧广播买单。现在的情况是，这些古典音乐节目显然吸引了越来越多的听众。

就这样，这场运动一直持续到 1937 年 2 月 1 日——就在罗斯福总统提出扩大最高法院的计划前不久。当时国家广播公司的大卫·萨尔诺夫派人去米兰拜访了指挥家阿图罗·托斯卡尼尼，希望他在冬天的电台节目中指挥广播交响乐团。

"你听说过国家广播公司吗？"据说这位名叫塞缪尔·乔奇诺夫的使者这样开场。

"没听说过。"托斯卡尼尼回答道。

随后，乔奇诺夫递上了一份备忘录，其中提出了托斯卡尼尼广播音乐会的几种备选方案。这位伟大的指挥家近距离地看了看，用手指在清单上划了几下，然后停了下来。

他说："我选择这个方案。"他选的是：每周举办一场音乐会，持续十周。

他做到了，而且还特别招募了一支管弦乐队。1937 年圣诞节，他站在纽约国家广播公司大楼最大的广播室的讲台上，面对着一千多名现场听众和全美数百万收音机前的听众，达成了音乐史和广播史上的里程碑。事情发展到这一步，庞大的广播听众已经准备好获得最好的东西，而且是直接获得。

要确认美国音乐欣赏水平的显著提高，最好的办法也许是引用迪克森·斯金纳 1939 年春在《哈珀杂志》上收集的一些数据：

> 1915 年左右，美国只有 17 个交响乐团。到 1939 年，美国已有超过 270 个交响乐团。

> 据估计，1938—1939 年，每周六下午的大都会歌剧院、周六晚上的国家广播公司交响乐、周日的纽约爱乐乐团和福特一小时音乐会的听众总数达到了 1023 万个家庭。

根据广播合作分析组织的估计，1937 年福特周日晚间时段的底特律交响乐的听众人数比 1935 年增加了 118%；到 1938 年，该节目在美国所有广播节目中的受欢迎程度排名第五，仅次于新闻广播和其他三个商业节目。

1938 年，由沃尔特·达姆罗什指挥的国家广播公司音乐欣赏节目每周会被约七万所学校的七百多万名儿童收听，可能还有三四百万成年人也在收听。

1938 年，国家广播公司的两个电台以平均每天超过一小时的时间播放交响乐和大型歌剧。

在列举这些数据之后，似乎没有必要再补充一点：据最大的留声机公司报告，1933—1938 年，该公司的唱片销量增长了 600%。留声机曾一度受到收音机的威胁而濒临灭绝，但现在它又重新崛起了，这不仅是因为摇摆乐的热潮，更重要的是，人们普遍希望能随时听到自己喜欢的古典音乐，而不必等到广播播放。

迄今为止，美国作曲家从听众群体的增长中获益甚微，但这一时刻大概很快就会到来。音乐会演奏家们发现，他们的听众现在不仅想听老一套的热门曲目，还想听不太熟悉的交响曲和协奏曲；学校和大学的合唱团现在更喜欢演唱有意义的音乐；纽约专门播放好音乐的 WQXR 电台的听众越来越多；每年夏天在伯克希尔举办的音乐节的观众们越来越举止得体了。这些不断积累的证据，表明真正具有鉴赏力的美国音乐听众群体正在形成。

人们不会期望一首音乐能够传递政治或经济信息，但人们很可能期望报纸、杂志、广播和电影能够这样做。这些都是日常成人教育和娱乐的主要渠道，受众之广甚至超过了最受欢迎的图书或戏剧。它们在美国未来之争中的作用是什么？

报纸的影响力不可避免地趋于保守。报纸出版已成为大企业的分支，服从于将权力集中到越来越少的人手中的经济规律。尽管在 20 世纪 30 年代报纸合并成报业集团的趋势似乎已经停止（赫斯特报业集团后来出现了衰弱的迹象），但除了最大的城市，每个城市的报纸控制权的垄断或双头垄断趋势仍在继续。到 1938 年，美国许多大城市，如丹佛、得梅因、大急流城、哈特福德、路易斯维尔、孟菲斯、纳什维尔、奥马哈、托莱多和圣保罗，都只有一份早报和一份午报；几个最大的城市——巴尔的摩、布法罗、克利夫兰、底特律、堪萨斯城、匹兹堡、圣路易斯和西雅图——只有一份早报和两份午报（在后三个城市中，早报与午报属于同一所有者）。城市报纸要想生存下去，就必须是一家有钱的大企业，因此其控股人必须是有相当规模的资本家，他们很可能代表着财富、大企业和重要广告商的利益。

这并不是说报社的编辑和记者偏向保守。事实上，他们中的许多人甚至大多数人都是弱势群体的积极支持者。报纸数量的减少、通稿的增加以及经济大萧条所要求的大幅节约，使许多报人流落街头，以至于曾经被充满希望地称为"新闻业"的行业，如今已成为所有白领职业中最拥挤、收入最微薄的行业之一，而记者完全可以将自己视为弱势群体。在这种情况下，出现了一些反常现象，比如一些报纸的编辑和记者大多是新政党人（甚至是左翼分子），是报业公会的成员，但他们的社论版激烈地反对罗斯福，新闻专栏也"歧视"劳工。在事实、客观报道传统较强的地方，如《纽约时报》，"歧视"只是轻微和偶尔的，而在这一传统较弱的地方，如《芝加哥论坛报》，"歧视"则是尖锐的。

但是，即便说报纸倾向于保守主义，至少它们并不倾向于回避政治和经济问题。这十年中最引人注目的现象之一是政治专栏作家的重要性不断上升，他们的文章发表在美国各地的报纸上，受众数以百万计。一家小城市报纸的读者在早餐桌上可能不仅能看到多萝西·迪克斯关于心事的建议、沃尔特·温切尔的闲话、O. O. 麦金太尔的百老汇评论，还能看到其他专栏作家的文章，如沃尔特·李普曼、戴维·劳伦斯、弗兰克·肯特、多萝西·汤普森、德鲁·皮尔逊、罗伯特·S. 艾伦、韦斯特布鲁克·佩格勒等人对国家大事的看法（埃莉诺·罗斯福的专栏《我的一天》很少直接涉及国家大事，但具有间接的影响力）。与地方报纸的编辑相比，这些报业集团的专栏作家通常有更大的表达空间，而且他们大多是保守派，因此他们成为全美国性的"神谕"。当沃尔特·李普曼反对新政时，成千上万的读者站在他这边；当韦斯特布鲁克·佩格勒与政敌针锋相对时，美国东西两岸的人们也会争吵不休。1932年的李普曼、1937年的多萝西·汤普森，都是美国最具影响力的人物。奇怪的是，在美国报纸转变为标准化公司实体的过程中，个性化新闻的古老传统几乎被扼杀，如今却重登巅峰。

杂志界——如果《新共和》和《国家》这类发行量较小的自由派周刊以及《哈珀杂志》这类知识分子的刊物除外——在处理公共事务时，倾向于保持谨慎。这种谨慎在1932年和1933年有所松动，当时读者们急于知道美国商业管理出了什么问题，而谨慎的从业者又不知所措，无法做出自信的抵抗。但在新政蜜月之后，这种谨慎又重新抬头。这些杂志——尤其是女性杂志——对有争议的问题即使有所触及，也是小心翼翼，主要局限于无伤大雅的娱乐故事，讨论的也都是老板、广告商和思想较为温和的读者都不会有异议的问题。《肯》杂志试图发行一份发行量较大的自由激进主义期刊，广告商拒绝赞助，这就注定了这个杂志的夭折。但总的来说，来自广告商的直接压力并不能完全影响畅销杂志的策略。对它们产生影响的主要是杂志老板的想法，他们希望看到自己的观点得到响应，通过取悦和奉承广告商来赚钱，同时提供令人愉悦和无害的娱乐。

尽管如此，敏锐地呈现事实，尤其是关于美国的事实，杂志还是可以赚钱的，这一点从《时代》周刊（一份编辑精良、新闻性强、指点江山，但并不激进的周刊）及其姊妹刊《财富》（创刊于1930年）的日益成功就可以看出。虽然《时代》由自由派编辑，主要为富人服务，但它开发出团队研究和团队写作的高超技术，并巧妙地顺应了保守主义的风向，以至于它不仅成为未来历史学家的事实材料宝库，还巧妙地拓宽了保守派的思想。在这十年中，在办公室里专职写杂志文章的写手，对作家的地位产生了强烈的影响。有人认为，这对自由职业记者来说是一种灭顶之灾，意味着杂志作家必须寻找一份办公室工作，否则就会被出版界拒之门外。《读者文摘》大受欢迎，似乎证明了读者喜欢节省时间；以《生活》和《展望》为首的图片杂志的崛起，主要证明照相机热潮已经产生足够多的优秀摄影师来满足公众对图片的喜好。然而，即使取得了这些新的成功，也很难影响人们的基本看法，即大众杂志是逃避现实和纯粹娱乐的方式。

关于广播在 20 世纪 30 年代进入成熟期的情况，前文已有论述。我们注意到它对音乐事业的贡献，但它还在其他方面有所发展。作为一个新闻机构，它越来越成功地抢占了纸媒的地盘。在这十年的早期和中期，广播评论员在影响力上与报刊的政治专栏作家不相上下。在国家大事的问题上，人们需要总结、解释和诠释，尤其是关于欧洲危机的总结、解释和诠释，而广播评论员很好地履行了这项职能。但是，广播评论员个人观点的影响力并不大，对国内的反叛之火也几乎没有起到任何推动作用。

此外，广播领域最重要的发展或许是广播综艺节目的改进和标准化。这种节目时长为一小时或半小时，由轻音乐和幽默对话交替进行，杰克·本尼、鲁迪·瓦利、查理·麦卡锡等主持人都成了全美国最受欢迎的人物。在这十年的大部分时间里，除非有选举、拳击赛、欧洲危机或总统"炉边谈话"需要短暂的关注，否则还是综艺节目的听众最多。它们在受欢迎程度方面的主要竞争对手是众多的连续广播剧，其中最有名的是《阿莫斯与安迪》和《独行侠》（一部西部惊险片，1933 年 1 月 30 日首次播出，收听率一路攀升，到 1939 年，约有两千万人从一百四十个电台收听该剧）。

无论是综艺节目还是广播剧，几乎无一例外地不涉及任何政治、经济或社会问题，除了播音员偶尔插播一些赞助商的广告和对政策的赞美。例如，查理·麦卡锡的节目里几乎全是小男孩的恶作剧，在这个世界里，除秃顶之外，没有发生任何令人沮丧的事情；在这个世界里，没有失业的男人，没有预算赤字，没有独裁者。

至于电影，它们彻底地回避了当时的分歧和争论——除了少数例外，如《时间进行曲》系列新闻片，以及偶尔出现的《亡命者》（1932 年）或《永志不忘》（1937 年）等影片。如果随意挑选十几二十部故事片，向 1960 年的观众放映，这些观众很可能丝毫看不出美国在 20 世纪 30 年代经历的磨难。

这个时代的电影耗资巨大。为了这些电影，舞台上一半最优秀的演员和剧作家进入了电影业，文艺界许多最优秀的作家也去做了编剧，更不用说工程师和摄影师了。正是这些技术和人才，使 1929 年有声电影这一喧闹的新奇事物达到了完美的境界，并让越来越多的有声电影呈现出令人信服的色彩。大量优秀的影片问世，既有《一夜风流》这样的喜剧片，也有《叛舰喋血记》这样的冒险故事片，既有《左拉传》这样的历史片，也有《双城记》这样的由经典名著改编的电影。无论其真实性如何，它们都是闲暇之夜的精彩娱乐。尽管社会意识的世俗宗教在好莱坞盛行——尤其是在 1937 年和 1938 年，无数编剧、演员和技术人员随时准备为他们的行会、西班牙、人民阵线而牺牲生命——但在他们拍摄的影片中，几乎看不到真实的美国。电影把人们带入了一个充满冒险和浪漫的永恒国度，没有任何复杂的思想。

投资电影的资本宁愿避开棘手的问题，也不愿冒犯国内外影院观众。道德家们必须得到安抚，1934 年，在天主教道德联盟的推动下，约瑟夫·布林被任命为美国电影制片人和发行人办公室的负责人，随时准备在影片上映前对任何表现过长亲吻、小男孩裸浴、角色说"该死"或"下地狱"的影片进行审查（奇怪的是，从讨厌审查制度的人的角度来看，天主教道德联盟的直接效果似乎是有益的，它吓得制片人在 1935 年和 1936 年推出了一些非常好的影片）。电影公司必须安抚外国舆论，以免失去国外市场：《地久天长》（1939 年）从舞台搬上银幕时，故事的背景必须换成一个虚构的国家，那里的居民说的不是意大利语，而是世界语；1939 年重拍《火爆三兄弟》时，原默片中的恶棍必须冠以俄罗斯人的名字，而不是意大利人和比利时人的名字，因为与俄罗斯的电影贸易额相对较小。无论是资本还是劳工，无论是政府还是其敌人，都不应受到任何批评。如果要表现一个改革者，最好让他成为一个法国人（比如左拉）而不是现在的美国人，因为一个美国人参与改革，怎么可能不暗示一些问题呢？

1938 年 1 月，被韦斯特布鲁克·佩格勒称为"停战之后世界上发生的最幸福的事情"的电影事件，就是银幕童话《白雪公主》的诞生。只有在虚构的背景中，天才才能自由发挥。

迪士尼电影获得了巨大的成功，也顺便为玩具业带来了福音：在经济衰退最严重的 1938 年上半年，迪士尼玩具的销售额超过了 300 万美元。那年夏天，大多数工厂无法全面开工，阿克伦附近生产小矮人橡胶雕像的玩具工厂连续几个月每天二十四小时运转，但订单仍然排到了三个星期之后!

电影不仅回避了对国家状况进行思考的诱惑，实际上，它们的制作者有意无意地给社会救亡主义者（特别是那些希望让美国大众具有阶级意识的人）开了一个巨大的玩笑。因为电影所描绘的美国，就像通俗杂志小说中的美国，尤其是像杂志广告中的美国一样，没有真正的贫穷和不满，没有老板和工人之间的利益冲突，也没有真正的思想碰撞。不仅如此，在这个电影国度里，几乎每个人都很富有，或者即将成为富人；在这个电影国度里，拥有一栋大房子、一个操着英国口音的管家和一个私人游泳池，不仅不会引发财富分配的尴尬问题，反而会被视为人类的正常状态。乐此不疲的电影观众已经完全把电影里的美国视为理所当然——至少在影院的两个小时里是这样——以至于他在发现一对速记员夫妇的公寓里有最新的嵌入式厨房设备和一间 60 平方米的客厅时，也不会感到惊讶。观众不会感到惊讶的情形还有：贝蒂·戴维斯在《黑暗的胜利》中表示，她很满意自己放弃了"拥有一切"的生活，转而过上了"一无所有"的生活——这里的"一无所有"指的是住着豪华大别墅（E. B. 怀特在《哈珀杂志》上仔细计算过，住这样的房子每年至少要花费 11000~12000 美元）。

当作家和艺术家们奋力向同胞们揭示命运的不平等和生活的苦难时，每周有 8500 万美国人在电影院里观看加里·库珀、克拉克·盖博、米尔娜·洛伊、凯瑟琳·赫本的电影，看着好莱坞的男神女神在宽阔的楼梯、大理石地板和华丽的客厅里尽情狂欢。

这一切恰恰说明，美国没有无产阶级思想。诚然，美国公民有能力积极组织起来，为自己争取利益，如果没有其他机构愿意做的话，他们非常愿意由政府来纠正错误、提供利益；如果有必要的话，一些美国人甚至可以通过战斗来获得他们想要的东西。然而，在他们的脑海中，仍然存在着一个幻想的天堂，在那里，英勇的年轻人飞黄腾达，魅力四射的年轻女性嫁给百万富翁的儿子，从此过上了幸福的生活。

第十一章

摩擦与衰退

富兰克林·D.罗斯福冒着冷雨，迎着阵阵寒风，站在国会大厦前，俯视着浑身湿透的人群，第二次宣誓就任美国总统，并开始发表就职演说。

这是一次雄辩的讲话。他用生动的语言描述了自 1933 年以来国情的改善，接着问道："我们现在是否应该停下来，走回头路？"他的回答当然是"不"。他接着冷静地总结了仍有待战胜的贫困和凄凉："我看到全美三分之一的人住房简陋、衣着破旧、营养不良。为你们描绘这幅画面的时候我并不绝望，反而满怀希望，因为全美国人民都看到并理解其中的不公正，并打算将其消除。我们决心让每一个美国公民都成为国家关心和关注的对象，我们绝不会把我国境内任何一个忠实守法的群体视为累赘。检验我们进步的标准，不是我们是否为那些拥有很多财富的人增加了更多的财富，而是我们是否为那些拥有太少财富的人提供了足够的财富。"

在下面的人群中，新政分子努力在大雨中撑着雨伞鼓掌欢呼。他们喜欢这种战斗的人道主义。然而，人群中的每一个人，无论是新政派、怀疑论者还是反对者，都在聚精会神地聆听更具体的内容：罗斯福打算如何前进，特别是他打算如何处理最高法院的问题——因为在罗斯福看来，最高法院就挡在前进道路的中间。在最高法院废除《国家工业复兴法》后的近二十个月里，罗斯福一直在等待时机。在整个 1936 年的竞选活动中，他一直搁置最高法院的问题。现在，在大多数人的支持下，他会说出自己的想法吗？

今天，他已经两次将众人的注意力吸引到这个首要问题上。在宣誓就职时，他并没有满足于用一句简单的"我愿意"来回答首席大法官休斯，而是左手按在《圣经》上，右手高举，他重复了整篇誓言，并着重强调了"宪法"一词。早在第一次就职演说中，他就曾说过："1787 年的宪法并没有使我们的民主变得无能。"他还会说什么呢？人群在倾盆大雨中等待着。但他没有再直接或间接地提及最高法院。

1937 年 1 月 20 日的那场大雨可能会被认为是一个不祥之兆。从直接的物理意义上讲，这确实是一个预兆，因为这场暴雨之前已经下了很多天，很快就会引发俄亥俄河大洪水。从宾夕法尼亚州到阿肯色州的上千个山坡上已经流淌着浑浊的河水，这些河水将汇聚在一起，淹没辛辛那提、路易斯维尔和其他许多城镇。从另一个更广泛的意义上说，那些认为这场暴风雨是不祥之兆的人是有道理的，因为 1937 年将充满不和谐和失望。此时此刻，在密歇根州弗林特市，成千上万的静坐罢工者占领了通用汽车公司的工厂，这次罢工成为一系列工业战争中的第一次重大冲突。在这场战争逐渐平息后，国民经济又陷入了一场新的危机，在未来很长一段时间内，就职演说中提出的殷切希望都将化为泡影。至于总统本人，在那个时候（只有他的总检察长和其他三四个人了解他的计划）已经制定并正在详细起草一项针对最高法院的计划，这项计划虽然最终会给他带来间接的胜利，但同时也会导致他痛苦和惨痛的失利。

通用汽车公司是美国最强大的经济实体之一。它雇用了近 25 万名员工，每年在美国各地和国外的工厂及装配厂生产约 200 万辆轿车和卡车，占美国汽车制造总量的五分之二，超过全世界汽车制造总量的三分之一。理论上，该公司的管理层要对 30 多万股东负责，但实际上，除其中最大的几个股东之外，其他任何股东都无法对其进行指导或约束（这些股东要的是分红，当得不到分红时，无数小股东不会反抗，而是会卖掉股票）。该公司的净利润在 1932 年已经缩水到几近于无的地步，但在 1936 年上升到将近 25 亿美元——每个员工贡献 1000 美元。该公司很大程度上回避了传统意义上的竞争，因为现在它与福特和克莱斯勒共享美国 90% 以上的汽车业务。它实际上已经独立于华尔街的银行机构，因为它不仅可以从盈利和折旧免税中为工厂的更新、改进和扩建提供资金，还可以在其他经济领域进行各种冒险，如制造冰盒、飞机发动机、柴油机车等，以及开展比私人发明家更有效的技术研究。总之，通用汽车公司的内部管理层——纽约和底特律的几个人——在美国生活中行使的权力可能比任何州政府都要大。

然而，自 1936 年 12 月底以来，这个汽车国度就陷入了瘫痪，因为一群员工占领了它的主要工厂，坐在自己的工作岗位上，拒绝开工。汽车生产流程在这些关键点上被阻断，从而陷入停滞。而密歇根州弗林特这座小城，也就是大多数关键工厂所在的地方，则成为近乎内战的战场。

在这些工人反抗的背后，隐藏着一个关于企业管理、劳工反抗和政府无能的漫长故事。

1933 年的新政允许企业管理层结成组织，同时，正如我们所看到的，新政也承认了劳工组织的权利。这种承认并没有什么革命性的意义，以前的法律也包含类似的条款，尽管法院往往会不太应用这些条款。但是，写入《国家工业复兴法》的"7a 条款"以及随后国家复兴署的明确许可，掀起了组建工会的热潮。

美国劳工联合会的大多数领导人——行动迟缓、缺乏灵活性、思想保守、奉行老式的手工业工会主义、精心维护自己的辖区权利——都无法应对这股浪潮。然而，另外一些人突然活跃起来，尤其是矿工联合会浓眉大眼的领袖约翰·刘易斯令人另目相看。前几年，刘易斯主要以独裁管理和阻挠开工的方式著称，在矿工中也不受欢迎，但现在，他把工会金库中的最后一分钱都押在工会运动上，派出一队队的组织者告诉矿工们"法律站在我们这边"，从而吸引成千上万的矿工报名参加工会运动。

现在，蜕变后的刘易斯成了劳工联合会内部激进团体的强有力领导

左图：工会运动领袖约翰·刘易斯

下图：1937 年初，通用汽车公司密歇根州弗林特工厂的工人举行静坐罢工

者。这个团体主张产业工会主义——将某一行业的所有工人集中到一个组织中，无论他们从事哪个具体的工种。与刘易斯一起领导这个团体的还有国际服装业工人联合会的精明领袖西德尼·希尔曼、国际排字工人联合会的查尔斯·P. 霍华德和国际女装工人联合会的戴维·杜宾斯基。这些人认为，劳工联合会的手工业工会主义者一直在扼杀尚未组织起来的大规模生产行业——钢铁、汽车、橡胶等行业——工人的机会，因此他们于 1935年 10 月 9 日聚集在一起，在劳工联合会内部成立了一个自己的特殊组织，他们称之为产业工会联合会。裂痕加深了，第二年，即 1936 年，产业工会联合会脱离了劳工联合会，并在刘易斯的领导下，成为一个与之竞争的联合会——更敏捷、更有冲劲、更有能力进行大规模运动的组织，并做好了进入政党政治的准备：其快速发展的工会为罗斯福筹集了将近 50 万美元，帮助罗斯福击败了兰登。

与此同时，最高法院将《国家工业复兴法》扔进了废纸篓。国会很快通过了一项新法律，即《瓦格纳劳资关系法》，以取代"7a 条款"，明确授权集体谈判，并成立美国劳资关系委员会来执行该法。从一开始，该委员会就面临着几乎不可能完成的任务。许多雇主视若无睹，就好像根本没有《瓦格纳劳资关系法》一样。他们驱赶工会组织者，解雇工会成员，满怀信心地希望最高法院会推翻新法，让一切恢复原状。还有一些雇主成立了"公司工会"，虽然其中一些确实是真正进行调解和协调的代表机构，但其他一些基本上是受管理层控制的假工会。在工业城市里，人们忍无可忍，他们在经济萧条时期饱受折磨，对雇用和解雇他们的工业大亨完全失去了敬意，一旦吃饱喝足，看到一线希望，他们就准备闹事。劳工处于反抗情绪中，许多工会缺乏经验和纪律，勒索者和冒险家成了工会组织者，司法权纠纷频发，工会高层分裂，法律的地位和意义不明确，政府的态度多变而模糊，许多雇主公然无视法律，相互矛盾的宣传歪曲事实——到处都是一片混乱，工人愤怒加深，罢工成倍增加。

汽车工人的斗争情绪尤为高涨。他们抱怨自己的工资太低，认为虽然每小时的工资比其他大多数行业都高，但就业时断时续，年薪不确定，这些也不令人满意，他们还抱怨工厂流水线的速度太快。尤其令他们愤怒的是，企业监视工会会员并寻找借口解雇他们，以瓦解工会运动。根据参议院拉福莱特委员会报告的官方摘要，在 1934 年 1 月 1 日至 1936 年 7 月31 日的两年半多一点的时间里，仅通用汽车公司就"向侦探机构支付了994855.68 美元的密探服务费"。工会领导人被盯上了，工会里有"内鬼"，装配线上的每个人都担心与同事的谈话中偶尔提到工会，就可能被以效率低下为由解雇。

这些人成立了一个产业工会，即汽车工人联合会。1936 年，它被纳入产业工会联合会的队伍之中，此后迅速发展壮大。1936 年 12 月，该工会的新领导人、精力充沛的霍默·马丁试图安排与通用汽车公司副总裁威廉·S. 克努森会面，却被告知劳资问题应由各工厂负责人处理。庞大的通用汽车公司在许多方面都整合得很好，却不愿把劳资政策当作整体性问题来处理。工厂经理们不愿进行谈判。于是，冲突一触即发。

约翰·刘易斯当时不希望通用汽车公司的工人罢工。他正忙于组织其他行业的罢工，尤其是钢铁行业。现在汽车工人举行罢工可能会危及产业工会联合会的发展。此外，通用汽车公司很受公众喜爱，公众喜欢它的汽车，认为它支付的工资很高。但反抗的情绪是不可抗拒的。

在克利夫兰的车身厂、弗林特的车身一厂和车身二厂、底特律的工厂以及其他地方，工人们一个接一个地突然坐下来。他们在每个工厂里都留了足够的人手，占据了一个个堡垒，外面的工会厨房会给他们送来食物。就这样，美国历史上最大规模的工业冲突之一拉开了序幕。

静坐罢工并不是一个新现象。早在 1933 年，明尼苏达州奥斯汀的霍梅尔包装公司的雇员就尝试过静坐罢工，虽然时间不长，但取得了成功。1934 年，欧洲曾发生过几次静坐罢工，随后，这种方法在法国被大规模使用，在美国，特别是在阿克伦，也有一定程度的使用。但是，通用汽车公司的罢工第一次让美国公众注意到了这一方法。人们读到来自弗林特的新闻，不同立场的美国人有的愤怒，有的开心，有的困惑。

很明显，静坐罢工是非法的。自由派观察家可能会指出，传统的所有权概念似乎并不完全适用于一家巨型公司——这家公司的所有权不属于管理层，而是属于 30 多万股东，其中只有极少数人与公司关系密切，但是，美国并没有制定出适用于这样一家大公司的新法律概念。不管怎么说，弗林特的怒汉已经不在乎法律了。他们发现，静坐给他们带来了新的战略优势。这不仅使他们能够夺取和控制公司的生产机器，而且还避免了公众对暴力运动的不满。从他们坐下来的那一刻起，他们就处于守势，而攻击的诱惑则落在管理层身上。在密歇根州州长墨菲和劳工部长弗朗西斯·珀金斯坚持不懈地努力促使通用汽车公司管理层与汽车工人联合会坐在一张桌子旁前，他们只管在大工厂的围墙后面静坐即可。

1 月 11 日，管理层发动了攻势。它关闭了被围困的一家工厂（弗林特的车身二厂）的暖气，并让警察封门，禁止往厂里送食物。工会领导人派了一辆广播车赶到现场，在一名组织者的加油鼓劲下，他们冲破警察的封锁，把食物送到了里面的朋友手中。几小时后，警察冲进工厂，在一场激战中被工人击退。在这场激战中，警察使用的武器包括软弹和催泪瓦斯，罢工者使用的武器包括门铰链、金属管和汽水瓶。静坐者仍占上风。国民警卫队出动了，但墨菲州长禁止军队进攻。静坐者仍然占据着地盘。

管理层向法院求助，获得了工人必须撤离的命令；签发该命令的法官随后被揭露是通用汽车公司的大股东，于是该命令毫无效果。管理层再次从另一位法官那里获得了撤离令，该命令威胁罢工者，如果他们不在 2 月 3 日下午 3 点之前撤离，将被监禁并处以不少于 1500 万美元的罚款。在那个严寒的冬日下午，随着 3 点钟的临近，成千上万的产业工会联合会成员和同情者从底特律、托莱多和阿克伦赶来并聚集到街上，手持棍棒、铁棍和撬棍，而国民警卫队的士兵们则面无表情地等待着命令。一场悲剧性的战斗似乎即将来临。

但战斗没有发生。相反，在车身一厂外冰天雪地的草坪上，人们跳起了热闹的广场舞。因为在最后关头，墨菲州长发来电报，说他已经说服克努森进行协商，并让警长不要轻举妄动。经过一周焦急的会谈，州长终于宣布达成和解。通用汽车公司承认汽车工人联合会是十七家工厂的独家谈判机构，并将与之就合同进行谈判。

这场罢工持续了 44 天，直接涉及 4.4 万名工人，间接涉及 11 万名工人，使 14 个州的 60 家工厂陷入瘫痪，但最终还是结束了。墨菲州长以牺牲法律威信为代价，成功地以最少的流血解决了罢工。而产业工会联合会也赢得了一场伟大的胜利，它可以参与通用汽车公司的管理了。

在这场令人陶醉的胜利之后，美国各地的工人都掀起了静坐罢工的热潮，工厂、十美分商店、餐馆以及各种工作场所都停止了工作。从 1936 年 9 月到 1937 年 5 月，美国的静坐罢工者总数达到了近 50 万人。支持和反对产业工会联合会的党派之争达到了沸点，约翰·刘易斯成为风云人物，甚至可能参与 1940 年的总统竞选——在保守派眼中，他是一个自命不凡的独裁者，而在自由派眼中，他是一个完美无瑕的英雄。

下一场斗争会在哪里发生？美国钢铁公司？

人们都在讨论这个问题。但是，结果会让他们大吃一惊。因为产业工会联合会和美国钢铁公司的大戏已经在完全保密的情况下提前上演了。

1937 年 1 月 9 日星期六，通用汽车公司的罢工尚未结束，约翰·刘易斯就与宾夕法尼亚州参议员格菲在华盛顿的五月花酒店共进午餐，这时，美国钢铁公司董事会主席迈伦·泰勒在夫人的陪同下走进了餐厅。泰勒在经过参议员和劳工领袖的餐桌时，向他们鞠了一躬；过了一会儿，他又回来和他们简短地聊了几句；在刘易斯和格菲参议员用完午餐、参议员离开后，刘易斯走到泰勒夫妇的餐桌旁，和他们在一起待了 20 分钟左右，似乎是在进行最亲切的交谈。全场其他参加午餐会的宾客都目不转睛地盯着这一场面：产业工会联合会的领导人和全美国最著名公司的领导人愉快地交谈着。在谈话过程中，这位劳工领袖说他想和泰勒详谈一次，而泰勒建议他们第二天——星期天——在五月花酒店的套房里商谈。当然，其他人并没有听到这段谈话。第二天，刘易斯抵达五月花酒店并乘坐电梯前往泰勒所在房间，华盛顿的新闻界对此一无所知。

随后双方召开了一系列会议，其中大部分是在泰勒位于纽约的家中召开的，但没有任何人知道。这些会议的结果是达成了一项协议，根据该协议，钢铁公司将承认钢铁工人组织委员会是工人的代表，并与该组织签订合同。泰勒将这份协议提交给了惊愕的董事们，并赢得了他们的认可。3月1日星期一，钢铁公司和产业工会联合会签约的消息传了出来。

"一名钢铁工人走进来，说他从收音机里听到美国钢铁公司正在与产业工会联合会开会。"一位工会组织者在电话中对钢铁工人组织委员会的菲利普·默里说，"我告诉他，他疯了，并把他赶出了办公室。"当美国钢铁公司的欧文总裁打电话告知一家小钢铁公司的总裁时，后者喊道："我简直不敢相信！"在1939年斯大林和希特勒和解之前，20世纪30年代的任何一次和解都没有引起更多的惊讶。就在前一年夏天，整个钢铁行业还公开反对产业工会联合会。美国钢铁公司历来是工会的死敌。在通用汽车公司的罢工中，产业工会联合会对待大公司的态度让大多数保守的企业家几乎到了崩溃的地步。然而，现在公司却与产业工会联合会交上了朋友——"举起了投降的白旗"——甚至连一场罢工都没有发生！劳工们也很疑惑，这个消息太不可思议了，其中肯定有什么陷阱！但是，并没有什么陷阱。钢铁公司的董事长只是认识到：钢铁工人组织委员会已经吸纳了足够多的工人——甚至从公司自己的工会中吸纳了工人，而这将导致一场非常难堪的罢工；这样的罢工将使公司蒙受损失，因为军备用钢的国外订单正在蓬勃发展；罢工还将使公司失去信誉，因为美国钢铁公司过去在劳工方面的记录并不好；调解才是最谨慎的方式。

那么，整个钢铁行业会迎来和平吗？不会。"小型钢铁公司"——伯利恒公司、共和公司、国民公司、内陆公司和扬斯敦钢板和钢管公司——拒绝与产业工会联合会签订合同。那年春天，工人们按捺不住了，于是举行了罢工，各家公司使出浑身解数与之抗争。拒绝罢工的工人受到防暴枪和毒气弹的攻击，只能躲在公司厂房里，用飞机和邮包送来的物资充饥。"复工"运动得到了钢铁公司的广泛宣传。当地警察和警长驱散了纠察队（芝加哥南部的一群纠察队员在逃跑时被追击并击毙，造成四人死亡、六人重伤、九十多人受伤，其中三十多人是被枪打伤的）。在整个罢工过程中，工厂的宣传铺天盖地，把钢铁公司说成是在捍卫"工作的权利"，是

517

在保护那些想工作的人不受"外部煽动者"的"恐吓、胁迫和暴力",产业工会联合会派来的"外部煽动者"让整个社区鸡犬不宁。"我不会与产业工会联合会这样不负责任、敲诈勒索、残忍暴力的机构签订合同,无论是口头合同还是书面合同,"共和公司的负责人汤姆·M.吉德勒说,"除非法律强迫我这么做,否则我不会这么做。"

罢工失败了。产业工会联合会战败了。

静坐和罢工的热潮逐渐减弱,这让大多数公众感到欣慰,因为他们已经厌倦了阅读有关暴乱、令人讨厌的罢工者以及在达成和解后由新的劳工组织发起新罢工的报道,厌倦了纠察队、治安维持会以及所有不和谐的工业摩擦。随着 1937—1938 年商业衰退的来临,无处不在的争端渐渐平息下来。

1937 年春夏之交的几个月里,就在这个国家被有关产业工会联合会的争论搞得四分五裂的时候,另一场重大冲突也在肆虐着。2 月 5 日,罗斯福总统的第二个任期刚满两周——俄亥俄州退去的洪水在路易斯维尔和辛辛那提的街道上留下了垃圾和淤泥,墨菲州长正开始与克努森和刘易斯商讨解决通用汽车公司罢工的问题,总统不慌不忙地向国会抛出了他的最高法院"扩容"计划。这就像是把炮弹扔进了弹药库。

任何一位总统,如果不是对国会大多数议员和公众抱有极大的信心,如果不是天生胆大妄为、冲动任性,都不会在没有初步征求意见的情况下,冒险实施这样的计划。近两年来罗斯福的谨慎表明,他知道最高法院问题中蕴藏着炸药。但现在,他轻率地走上前去,单枪匹马地发起了冲锋。

2 月 4 日下午,总统请众议院议长、参议院和众议院的民主党领袖以及国会两个司法委员会的主席于次日上午会面。5 日上午,这些先生聚集在白宫内阁会议室,总统向他们简要解释了他的新提案,并说他要举行一场记者招待会,并将在中午向国会通报并提交拟议法案的草案,然后就打发他们走了。根据目前掌握的最佳证据,除了总检察长霍默·卡明斯与总统协商并起草了这份提案,在场的其他所有人都对这份提案一无所知。对于其他所有内阁成员和国会领导人来说,这是一次突袭。用现在的话说,总统不是在询问，而是在告知。

似乎是在 1936 年 12 月的某个时候，霍默·卡明斯记起他曾在司法部的档案中发现了一份 1913 年起草的文件。文件起草人是当时的总检察长麦克雷诺兹，他后来成为最高法院中最激烈地反对新政的法官。这份文件建议联邦司法机构应任用更年轻的法官，如果法官任职超过十年、年满七十岁但没有退休，应额外任命一位新法官。卡明斯将他的发现带到了白宫，建议罗斯福将这一原则应用于联邦司法机构，包括最高法院。这样，最高法院的成员最多可以增加到十五人，罗斯福就有机会提名那些不会破坏进步立法的人担任新的大法官，而且也不用修改宪法。整个计划只是为了建立一个人数更多、观念更新的最高司法机构。

卡明斯还提出了其他的方案，但这个"扩容"的办法立即得到了罗斯福的欢心——这个办法还暗藏着对麦克雷诺兹大法官的嘲讽。总统喊道："就是这个了，霍默！"霍默·卡明斯立即着手准备。

显然，除副检察长斯坦利·里德（也许还有司法部的一两个下属）之外，其他人直到 1937 年 1 月份才知道这个秘密。然后——根据约瑟夫·艾尔索普和特纳·卡特利奇的说法——计划被透露给了罗森曼法官和唐纳德·里奇伯格；稍后，计划被透露给了汤姆·科科伦，也许还有其他两三个总统的亲密顾问（科科伦不喜欢这个计划，觉得它太过火了；他一直想制定一个完全不同的计划）。正如我们所看到的，内阁其他成员和国会领导人完全被蒙在鼓里。无论如何，总统发出了大举进攻的信号。

团队中并非所有成员都乐于参与这样的行动，这一点是显而易见的。众议院司法委员会主席哈顿·萨姆纳在离开白宫的会议时，面无表情地对他的同事们说："伙计们，看来我得离开牌桌了。"此后，他一直持反对意见。尽管总统当天中午公布的消息看起来无伤大雅，但他认为"联邦司法机构的人员不足以应付他们所面临的事务"，并说大法官的工作"远远超出了生理或心理承受能力"，还认为"持续不断的司法改革将使法官的工作变得更加困难"，于是提议"有计划地补充年轻血液使法院充满活力，并使法院能够更好地根据不断变化的世界的需要和事实来认识和应用基本的司法理念"——以前还算顺从的国会立刻开始出现零星但不断上升的反抗迹象，整个国家也并未发出一边倒的赞许声，该计划并未取得开门红。

原因是三个群体联合起来反对这项计划。首先是一大批反对新政的人，他们随时准备野蛮地抨击罗斯福的任何措施。其次，还有一些人，无论他们对 1937 年的最高法院有多么不利的看法，他们在感情上都强烈反对改革最高法院这个机构。最后，有些人并不介意看到法院受到干预，但认为罗斯福的计划过于轻率、虚伪，而且，罗斯福把一个严重的政府问题仅仅当作"动脉硬化"的小问题来处理，也让他们感到不快。在任何时候，这三类人加起来都是多数派。后来发生的事件又增加了他们的人数。

参议院中一群老谋深算的共和党战略家设法说服前总统胡佛和国会外的其他共和党领导人，先暂时不要大声抗议，因为他们知道，如果最高法院计划蒙上了党派问题的色彩，民主党人就会团结起来。这些共和党战略家乐于让民主党参议员伯顿·惠勒成为反对派的光辉领袖。后来，首席大法官休斯被说服，给参议员惠勒写了一封信，解释说最高法院完成了所有应做的工作，从而削弱了"九个老头子"无法完成工作的暗示。最重要的是，最高法院也精明地韬光养晦起来。

如果有人认为最高法院的黑袍绅士们不近人情、远离政治，只是一群皓首穷经研究法案与宪法的书呆子，那么他在 1937 年 3 月和 4 月就该大吃一惊了。最高法院意识到一系列对自由主义法律的否决会加强罗斯福的攻击，于是突然变得像小白鸽一样温和。最高法院于是支持《铁路劳工法》和新版《弗雷泽—莱姆克农场抵押延期法》。在妇女和儿童的最低工资问题上，最高法院推翻了不到一年前在兰登州长被提名时令其非常尴尬的决定。更引人注目的是，法院以 5 票对 4 票支持《瓦格纳劳动关系法》，罗伯茨大法官悄无声息地从顽固派变成了自由派，从而使那些满心欢喜地期待美国劳资关系委员会被遗忘的实业家大感不解。稍后，最高法院还支持《社会保障法》。高潮出现在范·德文特大法官辞职之时，这给了罗斯福首次任命最高法院大法官的机会——他有机会把支持新政的大法官从少数派变成多数派。

所有这些举动都削弱了罗斯福在国会的行动。参议员伯恩斯在听到范·德文特辞职的消息后说："已经上了火车，为什么还要奔跑呢？"在提案争夺战初期，总统通过广播电台发表的一次雄辩的炉边谈话并没有让公众舆论的雪球滚动起来。《财富》杂志在春季举行的一次民意调查显示，只有大约三分之一的选民明确支持该计划。但总统不愿妥协。国会内部的斗争变得更加激烈。直到 6 月 3 日，总统才做出让步。这一天，他会见了民主党领袖约瑟夫·罗宾逊参议员（他正处于尴尬之中，因为他早已得到承诺，最高法院会有他的一席之地，而范·德文特的席位现在空缺，他却没有被提名），并同意让罗宾逊达成任何必要的妥协。但此时，国会中的派系斗争已经变得十分激烈，甚至连妥协都很难达成。

6 月到 7 月，华盛顿的天气越来越热，参议员们的脾气也越来越暴躁，罗宾逊义愤填膺、精疲力竭、周而复始地工作着——直到最后，他终于耗尽了年迈的体力。7 月 14 日早晨，参议员的女仆见他没有来吃早餐，就到参议员的卧室和浴室看了看，没有看到参议员，便按铃叫来电梯间的男仆，询问参议员是否出去了。得知他没有出去后，惊慌失措的女仆和电梯工一起回到公寓。她们发现参议员死在卧室的地板上（从门口看不到这个地方），旁边还放着一份国会记录。罗斯福最有力的"参议员选票收集者"在战斗中倒下了。

八天后，总统无可奈何地选择放弃。罗根参议员提议将最高法院的法案重新提交给司法委员会，以便该委员会可以用一项不改革最高法院的提案来替代它。

加利福尼亚州参议员约翰逊问道："新法案不涉及最高法院了吗？"

罗根参议员回答说："不涉及最高法院。"

"谢天谢地。"约翰逊感叹道。

于是，重新提交的提案以 70 票对 21 票获得通过。改革最高法院的议案被击败了。

总统迟迟没有采取行动填补范·德文特法官的席位，直到 8 月 12 日，他终于提名了新人选，只是人选让人感到很意外。在他通过信使寄给参议院的提名表上，他亲笔填写了阿拉巴马州的雨果·布莱克的名字——布莱克是一位自由派参议员，对新政的热情始终如一。布莱克的法律经验非常有限，以至于法律界的领袖们对他的入选感到愤怒，但罗斯福相信提名会通过，因为布莱克是参议员，他的同事们会顾及面子。他是对的，参议院通过了。然而，许多参议员已经因最高法院改革计划而恼羞成怒，几周后又爆发了新的风暴。《匹兹堡邮报》提供了一份看似证据确凿的文件，证明多年前三K党在阿拉巴马州势力强大时，布莱克曾加入过三K党。最高法院的成员、美国公民自由的守护者，竟被证明是一个种族主义者！

舆论哗然。布莱克大法官当时在英国，在那里，他被报界人士围追堵截，但一言不发。直到10月1日，他回到美国后才打破了沉默。那天晚上，他在朋友小克劳德·汉密尔顿的起居室里通过收音机发表了讲话。数百万美国人听到他用南方人柔和的声音承认，他"大约在十五年前"加入了三K党，"后来退出并从未再次加入"，而且他"绝不认同任何组织或团体在任何地方或任何时候僭取反美的权力、对完全的宗教自由进行任何干涉"。在讲话中，新任大法官对公民自由的关注表露无遗，此后，对他的任命提出抗议的风暴渐渐平息。

不久，布莱克就坐上了大法官的宝座，作为左翼人士，他甚至比其他自由派大法官更激进。现在，最高法院中自由派占了绝对多数——后来，由于副检察长里德、证券交易委员会主席威廉·道格拉斯和长期担任总统幕僚的费利克斯·法兰克福特接连成为大法官（接替辞职的萨瑟兰、布兰代斯，以及去世的卡多佐大法官空出的席位），自由派的优势得到了加强。最高法院对扩大联邦权力持赞成态度的新倾向已成为一种定势。

罗斯福真的在这场斗争中失败了吗？从某种意义上说，他赢了，最高法院不再是他的障碍。他在1939年声称，尽管他的计划遭遇了失败，但他已经实现了自己的终极目标，这不仅仅是政治上的巧妙说法。然而，从另一个意义上说，他输了。许多此前乐于满足他的愿望的国会议员，受到压力而不得不投票支持改革最高法院的提案，这让他们痛苦和愤恨；还有一些参议员，他们对布莱克事件不满，觉得自己被耍了，不得不支持一项让他们很尴

1937年，刚刚就任大法官的雨果·布莱克

尬的任命。一年后，罗斯福试图清理那些反对最高法院改革计划的参议员，这又进一步激化了矛盾。总统试图奖励其忠诚的支持者并清除不忠诚的支持者，这并不是什么新鲜事儿——反对派媒体将1938年罗斯福的攻势称为"清洗"——但将投票作为对忠诚度的考验则令人不快。攻势失败后，总统在国会内部的友谊、在国会内外的威望都受到了损害。从这个意义上说，最高法院的改革法案对他来说是一次代价高昂的失败。

有时，历史学家希望自己能够同时写下几个齐头并进的故事，希望人脑的构造能够让人同时关注所有这些故事而不会眩晕，从而更生动地感受到众多事件在时间的长河中并肩前进的方式。1937年春夏之交的美国生活纪事就是一个很好的例子。罢工的戏剧和罗斯福改革最高法院的戏剧同时上演，而与此同时，其他的骚乱和刺激也在分散我们的注意力，其他的潮流也与这些咆哮的变革洪流并驾齐驱。如果要让任何人都能读懂这本书，就必须有条不紊地连续叙述，那么如何才能让人感受到事件的多重性和异质性，而不被无休止地打断呢？

就在1937年5月6日这个多雨的夜晚，产业工会联合会正在为钢铁厂的罢工做准备，而政府使者正在哄骗国会议员投票支持罗斯福的最高法院改革计划的时候，伟大的德国飞艇"兴登堡号"突然变成了黄昏中熊熊燃烧的火炬。当时这艘巨型飞艇正驶向莱克赫斯特的系泊桅杆，准备完成它在1937年的首次跨大西洋飞行。美国收音机里的八卦新闻被新泽西平原上的恐怖报道打断了。1936年，"兴登堡号"一次又一次地安全飞越大西洋，人们在帝国大厦上竖起了系泊桅杆。几周之前，泛美快船和帝国航空公司的飞艇在英美之间进行试验飞行，为开通定期客运服务做准备。而现在，跨大西洋轻型飞艇运输的前景一片暗淡。

就在1937年的那几个月里，弗朗西斯科·佛朗哥的军队围攻马德里，墨索里尼也在帮助他，而欧美各国则奉行"不干涉"的政策。

仲夏时节（就在最高法院的计划即将在参议院失败之时），日本人开始有计划地进攻中国，很快，日本人的炸弹落在上海。美国人在想，美国是否必须在丧失其在中国的所有传统特权（也许还有石油销售员和传教士的生命）与日本开战之间做出选择？如果一枚流弹击中了亚内尔上将在黄浦江上的旗舰，美国要如何应对？美国妇女是否应该为受苦受难的中国募捐？

观察 1937 年春夏之交的美国，除非有无数不同场景组成的蒙太奇，否则任何一幅图画都无法充分展现美国的风貌。其中一幅图画是汽车工人联合会的领袖沃尔特·鲁瑟和理查德·弗兰肯斯坦被拒绝罢工的工人拳打脚踢，并被扔在一座立交桥下的水泥地面上。根据证词，凶手是福特公司雇用的打手。

公共事业振兴署的经济顾问莱昂·亨德森因物价上涨趋势而忧心忡忡。他炮制了一份题为"繁荣或萧条"的备忘录，并将他对商业崩溃的担忧提交给了国务卿摩根索，摩根索又将其转达给总统。总统随即发出警告，大意是某些价格——尤其是铜价——过高了。

美国人一边翻阅着报纸，一边津津有味地听着上年 12 月让他们如痴如醉的王室爱情故事：1937 年 5 月 3 日，沃利斯·沃菲尔德·辛普森正式离婚；温莎公爵从奥地利的隐居地赶往法国与她会合；6 月 3 日，他们在法国蒙茨举行婚礼；而在这一个月的间隔期间，温莎公爵的弟弟乔治在威斯敏斯特隆重加冕为国王。"是的，我把闹钟调到了早上 5 点，通过广播收听了加冕典礼的全过程，当国王和王后乘坐金色马车经过时，我能听到人群的欢呼声。""沃利斯也许当不了王后，但她的嫁妆还真不少。"

1937 年春夏之交的美国生活蒙太奇还包括无穷无尽的其他画面：沙尘暴灾民爬上帆布车，到加利福尼亚的果园里寻找新机会；乔·路易斯在芝加哥击倒吉姆·布洛克，成为世界重量级拳王。阿米莉亚·埃尔哈特从新几内亚飞向豪兰岛的途中失踪，虽然海军在太平洋上进行了长时间的艰苦搜寻，但再也没有人看到她的身影；九十七岁的约翰·D.洛克菲勒去世，一辆私家车从奥蒙德海滩载着他的遗体向北驶去；在昏暗的电影院里，男男女女一起在《失落的地平线》中游览香格里拉宁静的花园；卡罗来纳州的学生们正在练习"大苹果"舞步，这是一种经过改良的广场舞，将取代那种单调的狐步舞。

蒙太奇镜头还将展示下述情景：1937 年 8 月 14 日星期六中午，股市行

1937 年 5 月 6 日，"兴登堡号"飞艇在美国新泽西州上空着火

阿米莉亚·埃尔哈特在 1937 年 7 月驾驶图中的飞机完成环球飞行的途中失踪

情停滞不前，经纪人们在争论钢铁公司 121 美元的股价和克莱斯勒 118 美元的股价是否仍然具有购买吸引力，或者暂时稳妥一点是不是明智之举。

稳妥一点显然是一个明智的想法，因为 1937—1938 年的经济衰退即将发生。

它来得很快，而且猝不及防。

1937 年 8 月底，股票市场出现抛售，商业出现萧条迹象。劳动节过后，退潮更加剧烈，股票跌得飞快。10 月 19 日上午，市场似乎六神无主，一些股票明显缺乏支撑，美国各地的卖盘纷至沓来。收盘时间比平常晚了 25 分钟，当收盘的锣声最后敲响时，交易总量达到 729 万股——这是自 1933 年夏天新政蜜月牛市崩溃以来交易量最大的一天。整个 1937 年秋季，跌势仍在继续。由于 8 月份之前的投机行为较少且利润丰厚，再加上证券交易委员会为防止操纵行为而采取措施，股价崩盘才没有在交易所之外造成灾难性后果。与此同时，商业活动稳步而迅速地收缩。1938 年 3 月底，股市触底；5 月，商业触底。即使在 1929 年至 1932 年的大萧条期间，工业指数也从未以如此惊人的速度跳水。

先看看一些主要股票的价格在短短七个半月内发生了什么变化：

公司名称	1937 年 8 月 14 日收盘价（美元）	1938 年 3 月最低点（美元）
美国电话电报公司	170.785	111
克莱斯勒公司	118.625	35.375
通用电气公司	58.375	27.25
通用汽车公司	60.125	25.5
纽约中央铁路公司	41.5	10
美国钢铁公司	121	38
西屋电气公司	159.5	61.75

再看看我们熟悉的衡量企业总体状况的指标——联邦储备委员会调整后的工业生产指数——发生了什么变化（前情提要：1929 年的最高点是 125 点，1932 年的最低点是 58 点，1933 年银行恐慌月的最低点是 59 点，新政蜜月期间指数急剧上升到 100 点，蜜月结束后指数下降到 72 点，此

后又摇摇晃晃地上升）。1936 年底，该指数触及 121 点，看起来很有希望。1937 年 8 月，该指数还停留在 117 点。随后，指数逐月走下坡路，到 1938 年 5 月，指数跌至 76 点。在九个月的时间里，新政期间的涨幅损失殆尽。

发生了什么？在 1936 年下半年和 1937 年初，商品价格急剧上涨———部分原因是产业工会联合会要求涨工资，部分原因是欧洲军备订单的影响，还有一部分原因是商人们普遍认为通货膨胀即将来临，于是大举采购。铜的价格——大家都记得，这尤其令总统不安——在五个月内从每吨 220.46 美元飙升至 352.74 美元。企业一直在增加库存。当这些商品以零售方式卖给公众时，公众却没有足够的购买力。

因为新的投资仍然很少，更有甚者，向经济系统不断注入新资金的政府支出运动实际上已经停止。1937 年夏天，财政部长亨利·摩根索说服总统真正尝试平衡预算。虽然预算似乎还没有完全平衡，但如果考虑到正在征收的社会保障税（不计入预算，而是单列在一个账户中），政府从公众那里吸收的资金实际上一度超过了支出的资金。

结果是堆积在货架上的货物销售缓慢。商人们惊慌失措，纷纷减产。200 万人在短短几个月内失业，更无力购买待售商品。人们的恐慌加剧了，因为他们清楚地记得萧条的滋味，决心这次不再抱有幻想。通货紧缩的恶性循环开始加速。就这样，1937—1938 年的经济衰退在一派祥和的气氛——股票或房地产投机热潮没有出现，信贷没有紧缩，生产能力也没有过度扩张（事实上收缩得很厉害）——中诞生了。

这很讽刺。就在通用汽车公司的静坐罢工开始一年后，该公司总裁宣布立即解雇约 3 万名生产人员，其余人员将每周工作三天（如果你去拜访过通用汽车的经销商，看到他手上积压的二手车，你就会明白为什么公司必须减产了）。

另一个具有讽刺意味的是股价的崩溃。八年前，当股价暴跌时，理查德·惠特尼走到场外，以 205 美元／股的价格买入了美国钢铁公司股票，制止了恐慌；现在，理查德·惠特尼深陷债务泥潭，疯狂地挪用信托基金，试图挽救自己免于破产。1938 年 3 月 8 日星期二，就在当天的交易开始时，交易所总裁盖伊走上讲台，在鸣锣叫停经纪人的同时，宣读了一则惊人的公告：理查德·惠特尼公司因"不符合公正和公平交易原则的行为"而被停牌。几周后，1929年大恐慌的主人公承认了自己的罪行，然后锒铛入狱。

次年初冬，即1938年12月，大都市又爆出了一桩更加离奇的商业丑闻。F.唐纳德·科斯特是声誉卓著的麦克森·罗宾斯药品公司的负责人，他篡改了该公司药品部门的账目，金额高达数百万美元。更诡异的是，他还被发现其实是一个名叫菲利普·穆西卡的前科犯，改名换姓之后成功地伪装成一名受人尊敬的公司高管。当警方对他步步紧逼时，"科斯特"在康涅狄格州费尔菲尔德的豪宅中自杀身亡，为这一几乎令人难以置信的事件画上了最后的句号。华尔街再次受到震动，人们互相询问银行家和会计师怎么会如此轻易地被愚弄。当然，这桩丑闻并不像惠特尼的垮台那样具有重大意义，因为惠特尼曾是交易所守旧派的领袖。随着他在经济衰退期间的倒台，交易所无法再反对证券交易委员会主席威廉·O.道格拉斯提出的改革重组的计划。很快，交易所就有了一位新主席——这位年轻人[①]在1931年来到纽约时，甚至还不认识交易所的任何成员！的确，旧秩序已经改变。

同样具有讽刺意味的是，在经济泥石流汹涌而下的时候，政府领导人却在自信地发表声明，预测经济会很快好转。几年前，不也有另一届政府因为做了同样的事情而遭到人们的嘲笑吗？

随着经济衰退的加剧，商界和保守派媒体发出了愤怒的声音：一切都是政府的错，这是一场"罗斯福大萧条"。他们恶意地引用了总统在商业指数攀升时吹嘘的一句话："这是我们计划好的。"这就是他计划的结果吗？他们尤其指责未分配利润税[②]——这项奇怪的措施被证明是政府不太

[①] 小威廉·麦克切斯尼·马丁（1906—1998），其父亲是《美联储法案》起草人之一。1931年他还在耶鲁大学就读时就在纽约证交所拥有一个席位，1938年就任纽约证交所主席时年仅三十一岁。——译者注

[②] 罗斯福政府在1936年实施的这项税收计划规定：企业留存的所有未分配利润，都要缴纳27%的税。该项举措的目的是迫使企业分配股息、给员工加薪，但引发了广泛的批评，于1939年完全取消。——译者注

成功的点子之一，激起了商界的极大愤怒。

大卫·劳伦斯在 1938 年 3 月 28 日写道："五年前，罗斯福总统以非凡的勇气和坚定的目标，给美国金融界和商界带来了振奋人心的希望，消除了恐惧。今天，同一个人在金融界和商界唤起了相当可怕的恐惧和不信任，这种恐惧和不信任瓦解了整个经济机制的士气……罗斯福先生的行为——我相信他不是故意的——瓦解了商界和金融界对公民财产和储蓄安全的精神和信念。摧毁整个经济体系的这一堡垒，就会滋生非常危险的恐慌和恐惧。"

这些话虽然言辞激烈，但能代表商界的普遍看法。许多商界人士固执己见，以至于政府所做的一切都无法让他们满意。1937 年 11 月 10 日，国务卿摩根索在纽约政治科学学院发表演讲，宣布政府将尽一切可能平衡预算。他的听众对此却完全不相信（摩根索的讲话是经过总统的仔细修改和批准的）。1938 年初，罗斯福在向国会发表讲话时，用亲切的语言谈到了政府和企业之间相互合作的必要性，但这并没有导致"信心"的高涨。当时，总统正在刻意追求与保守派的和解，与大企业家们进行了商谈，并召开了一次小企业家会议——这次会议实际上演变成一场骚乱。任何友好的姿态似乎都没有产生任何实际效果。

政府内部确实存在着政策之争。"新政党人"中自由主义团体的某些人在为副检察长罗伯特·H.杰克逊撰写的演讲稿中，将经济衰退的责任归咎于"垄断"和"六十个大家族"（这意味着他们指责大公司的控制者和管理者通过默契抬高价格，然后在商品滞销时放慢生产速度并解雇工人，以免他们的利润被削减）。这些人还鼓励国务卿艾克斯发表类似的讲话。但是，这些演讲稿都是在没有总统明确授权的情况下撰写的，年轻的新政人士冒着丢掉饭碗和影响力的风险来表达他们的个人观点。结果是，惶惶不安的商人们读了这些新政演说，又听了总统比较温和的讲话，认为华盛顿的甜言蜜语没有任何意义。

事实上，总统在撰写自己的"合作呼吁书"前夕，还称赞了艾克斯的关于"六十个大家族"的演讲。尽管如此，进入 1938 年之后，罗斯福确

上图：伊利诺伊州农民张贴标语，称并未得到政府救济

左图：1936年住在棚户区的贫民家庭

实在努力平衡预算，避免提出会过度惊吓商界人士的措施。保守的商界在愤怒之余，似乎对试图安抚他们的努力视而不见。慢慢地，政府领导人开始相信，任何削减开支和安抚政策都不会有结果。

4月2日，随着情况越来越糟，总统认输了。在从沃姆斯普林斯①到华盛顿的火车上吃午饭时，他告诉哈里·霍普金斯和奥布里·威廉姆斯，他准备放弃平衡预算的努力，再次投入巨额资金。4月14日，他在广播中解释说，他要求国会拨款30亿美元，用于救灾、公共工程、住房、防洪和其他改善性工程。

那年春天，国会通过了这项法案，与此同时，商业开始出现微弱的好转迹象。6月下半月，股市开始活跃起来。经济再次开始复苏。

经济学家们可能会对经济复苏是受支出刺激还是纯属巧合的讨论存在分歧，但年轻的新政党人对此毫无疑问。他们认为，看看工业指数就知道了。试图安抚企业没有用，花钱才有用处——毫无疑问。

年轻的新政党人现在高歌猛进，但是，经济衰退仍给整个政府带来了沉重的打击。面对新的经济危机，政府既不能使商人们产生信心，也不能制定出任何新的、有效的复苏措施。它所能做的，仍然是用了很多年的方法——"打气"。

1937年1月，骄傲的总统冒雨站在国会大厦前，宣布他打算改变"全美国三分之一的人住房简陋、衣着破旧、营养不良"的情况。但是，骄兵必败。在随后一年半的摩擦和经济衰退中，他在国会的威信受到严重削弱；他试图平衡预算的政策也以失败告终；失业和贫困的可憎景象的确改变了，但形势变得更糟了。

那么，新政是否已经玩完了？

也许吧……但一种新的危机掩盖了新政的问题，这种危机将使美国公民用新的眼光来看待他们的国家和政府。现在，美国的天空正被从欧洲卷来的乌云慢慢遮蔽。

———————————

① 当地有天然温泉，罗斯福在此治疗脊髓灰质炎和养护身体。——译者注

第十二章

战争的阴影

九号演播室是一个与普通家庭起居室差不多大小的房间，里面摆放着三张桌子和一张铺着军毯的行军床。每张桌子上都有一个麦克风，其中一个麦克风前坐着一个头发花白的男人，戴着耳机。他正用清脆、准确的声音小声说话。他看起来很疲惫，有点衣衫不整，好像刚从皱巴巴的小床上爬起来。他一边说话，一边用一只眼睛盯着一扇玻璃窗，窗外相邻的房间里坐着一个人，在仪器面板后面看着他，不时向他挥手示意。不时有其他人溜进房间，把几张纸塞到他的鼻子下面，然后离开。他看一眼纸张，继续说话，口齿清晰，表达流畅。

他在向数百万美国人讲话。为了聆听他的讲话，穿着露肩晚礼服的女孩们停止了关于是否在冬季盘起头发的争论；律师们不再讨论纽约检察官托马斯·杜威正试图将海因斯定罪的案子；政客们也不太聊起罗斯福改革最高法院的话题；文学评论家们不再谈论托马斯·沃尔夫堆积如山的手稿在他去世后会落到谁的手里；住在灰色公寓里的家庭也不再争论产业工会联合会和美国劳工联合会能否和解——因为九号演播室里那个人所说的事情，在当时似乎比世界上任何其他事情都更重要。

时间是 1938 年 9 月下旬；人物是哥伦比亚广播公司的新闻评论员 H. V. 卡尔滕伯恩；九号演播室是他位于纽约的工作地点。他正在解读关于捷克斯洛伐克危机的新闻，这场危机向全世界揭示了狼遇到羊时会发生什么。

自 9 月 12 日以来，卡尔滕伯恩就日夜守候在九号演播室，在行军床上勉强睡一会儿。9 月 30 日，刚从慕尼黑回来的内维尔·张伯伦回到英国，对欢呼的人群说："我相信我带回了一代人的和平。"但卡尔滕伯恩的守夜并未结束，直到他在十八天后发表了创纪录的八十五篇即席广播稿，守夜才告结束。

卡尔滕伯恩绝不是 9 月那几周欧洲事务的唯一解说员。每一家广播公司、每一个广播电台都在把新闻和解说抛向公众。希特勒、亨莱因[①]、贝奈斯[②]、霍查[③]、张伯伦和达拉第[④]的名字在头版头条中不断出现，在街头报童的叫卖声中响起。9 月 21 日下午，一场热带飓风毫无征兆地袭击了新英格兰地区（当天早上纽约的天气预报是"今天有雨，天气凉爽。明天多云，可能有雨，气温变化不大"）。飓风把海边的村庄撕碎，海水倒灌，成片的小树林被吹倒，城市的街道变成了河流，火车脱轨，高速公路封闭，电话和电报通信被切断，682 人丧生。然而，即使在新英格兰，住户们从昏暗的屋子里回到汽车里，通过汽车收音机（未受风暴影响）收听这场天灾的新闻，只要转动旋钮，他们就会被带到欧洲肆虐的人为飓风之中。

夜幕中的收音机传来熟悉的歌声……转动旋钮，另一个台在播放鲁迪·瓦利的喜剧……再次转动，一则新闻播报出来："在戈德斯堡镇，张伯

① 康拉德·亨莱因（1898—1945），"二战"前是捷克斯洛伐克的政治家，纳粹德国入侵后加入了纳粹党，成为苏台德地区的总督。——译者注
② 爱德华·贝奈斯（1884—1948），1935—1938 年任捷克斯洛伐克总统，纳粹德国入侵后，他逃亡到英国组建了流亡政府。——译者注
③ 米兰·霍查（1878—1944），1935—1938 年任捷克斯洛伐克总理，纳粹德国入侵后流亡欧洲多国并组建抵抗组织。——译者注
④ 爱德华·达拉第（1884—1970），1938 年任法国总理时，与张伯伦、墨索里尼、希特勒签署了《慕尼黑协定》，让纳粹德国控制了苏台德地区。——译者注

《慕尼黑协定》签署。前排从左至右依次为：张伯伦、达拉第、希特勒、墨索里尼和齐亚诺伯爵（意大利外交部长）

1938 年 9 月 30 日，英国时任首相张伯伦在机场挥舞着与希特勒签署的和平协定，宣称"带回了一代人的和平"

伦首相与希特勒总理举行了第二次历史性会晤。这次会议的影响让世界为之瞩目。现在，今晚我们将首先尝试连线捷克斯洛伐克首都布拉格的广播站，著名的中欧事务权威莫里斯·海因杜斯就在当地。"声音中断了几秒钟，然后另一个声音传来："你好，美国，这里是布拉格广播……"

世界是如何缩小的？1914 年 7 月，联合通讯社的卡尔·冯·维甘德就奥匈帝国对塞尔维亚的最后通牒——引发 1914—1918 年世界大战的大事件之一——从柏林向纽约发出仅 138 个字的电报，他曾因浪费电报费而受到批评。现在，1938 年 9 月，世界同一地区发生的另一严重事件——捷克斯洛伐克被侵略——的消息成为美国关注的焦点。直到 1930 年才有了世界性的新闻广播，而现在，数百万美国人可以听到来自伦敦、巴黎、柏林和布拉格的声音。

1938 年夏天早些时候发生的那些热闹事件似乎已经远去：乔·路易斯在扬基体育场第一回合就击倒了马克斯·施梅林（事实上，有些收音机听众还没找到正确的电台，比赛就结束了）；霍华德·休斯用 3 天 19 小时 8 分 10 秒的惊人时间完成了环球飞行；绰号"迷糊蛋"的飞行员道格拉斯·科里根乘坐一架老式飞机从长岛出发飞往加利福尼亚，却一路飞到了爱尔兰，又从那里飞回了美国；癫狂的约翰·沃德在哥谭酒店十七楼的狭窄窗台上站了 11 个小时，试图跳楼自杀，把纽约的交通搞得一团糟。一同被遗忘的，还有美国真正重要的事件和问题：一个仍被大规模失业问题困扰的国家试图从经济衰退中恢复过来，商业指数的上升趋势似乎并不稳定；新的工资工时法案实施；农场问题仍未解决；救济问题一如既往——所有这些事情似乎都变得无关紧要，因为希特勒要求得到苏台德地区，张伯伦带着他那把黑伞飞往贝希特斯加登和戈德斯堡，四个国家的首脑在慕尼黑会面，签署协定并宣布摧毁捷克斯洛伐克。来自欧洲的战争阴云将美国的地标逐一遮蔽。

一连串的事件把外国问题推到了美国人关注的前沿，这是一个很不同寻常的情况。

在这十年之初，美国似乎正在从国家孤立政策转向与其他国家共同

1938 年 9 月，飓风过后罗德岛的景象

1939 年，一个五口之家沿着美国 99 号公路流浪，准备去圣地亚哥申请福利救济

维护世界和平的政策。可以肯定的是，美国民众并不倾向于加入国联或做出对外承诺，但国务院倾向于在公众舆论允许的情况下，尽量参与国际事务。1931 年，日本看到欧洲列强被经济大萧条困扰，趁机入侵中国，胡佛的国务卿亨利·史汀生带头发出了谴责。当国联讨论日本的入侵时，一名美国代表在日内瓦作为观察员参与了讨论；史汀生国务卿宣布美国不会承认日本占领的中国土地，他还试图援引《九国公约》来反对日本，但遭到代表英国的约翰·西蒙爵士的拒绝。国联所能做或愿意做的一切，以及欧洲或美国的反对，都没能阻止日本；上一次大战后领土安排体系遭遇了第一次重大破坏，但这并不是因为美国政府缺乏参与国际事件的兴趣。美国自始至终都处于外交斗争的重围之中。1931 年美国的政策并不是孤立主义。

下一次大规模的国际侵略行动在数年后才发生，在此期间，美国与外部世界的关系陷入了新的危机——这一次是经济危机。在大萧条初期，为了自救，一个又一个国家在痛苦中取消关税、贬值货币，并以其他方式破坏国际贸易和金融交流的潮流，华盛顿政府对此深感震惊。诚然，1930 年我们在自己的关税墙上砌了新砖，但我们当然认为美国的关税纯属国内事务，当其他国家做这种事时，我们的感觉就不一样了。胡佛、财政部官员、华尔街的金融专家以及美国主流舆论普遍认为，必须消除商业壁垒，国际金本位制神圣不可侵犯，没有世界的复苏，就不可能有美国的真正复苏，这是不言而喻的。但是，新政出台后，情况就变了。现在，我们想做的事情可能会扰乱国际货币和贸易关系。

起初，很少有人预见到即将发生的政策冲突。当然，罗斯福总统在 1933 年的首次就职典礼上明确表示，"我们的国际贸易关系虽然非常重要，但就时间和必要性而言，建立健全的国民经济更重要"，但他还是任命了科德尔·赫尔担任国务卿。赫尔继承了伍德罗·威尔逊的世界主义思想，并热衷于通过降低关税来刺激国际贸易。当然，罗斯福让美国脱离了金本位制，这让外国货币机构很困惑，但他同时邀请外国代表前来讨论国际经济协调措施。甚至连罗斯福自己都没有意识到，他正面临着一场多么尖锐的冲突。1933年6月伦敦经济会议召开前,他兴高采烈地参与了前期讨论,并稀里糊涂地向会议派出了一个由国务卿赫尔率领的代表团,前去商讨如何稳定货币。稍后,罗斯福担心美国可能会被硬性规定的稳定货币协议束缚住手脚,而此时通胀热潮正在抬高物价,并刺激着美国的商业,于是他派首席智囊、助理国务卿雷蒙德·莫利去伦敦向代表们传达自己的新想法。莫利抵达伦敦后,罗斯福越来越迷恋通过操纵货币来实现繁荣的想法,他突然决定,绝不能让伦敦的会谈危及他的国内计划。莫利本来计划发表一份态度温和的声明,在总体原则上赞同稳定化,但总统让所有人——赫尔、代表团、莫利以及伦敦会议的所有参与者——都措手不及,他拒绝就稳定货币问题采取任何行动。在经济民族主义和经济国际主义之间,这个冲动的人毫无预兆地投向了民族主义一方,让代表们大失所望。

在那之后,或者说在把所有黄金转入国库的试验之后,美国逐渐回到促进国际经济发展的道路上。国务卿赫尔若无其事地继续工作,获准在1934年颁布了互惠关税法案,并根据该法案放宽了美国与其他各国之间的商品流通。在适当的时候,国务卿摩根索和英法两国的财政部长稳定了英、法、美三国的货币。经济孤立的冒险似乎结束了,尽管它留下了伤痕。

与此同时,美国也向拉丁美洲伸出了橄榄枝。罗斯福在他的第一次就职演说中宣布了一项"睦邻友好"政策。为了向拉美人表明这不是一句空话,美国从尼加拉瓜撤军,废除了《普拉特修正案》中允许干涉古巴的部分,并向格兰德河以南的国家保证,美国将门罗主义解释为合作和互助的理论,而不是统治的理论。赫尔国务卿的真诚保证在总体上得到了采信。在这十年的末期,美国在拉丁美洲的大部分地区比以往任何时候都更受欢迎、更受信任。

但在此之前,国际秩序早已遭到破坏。1935年,墨索里尼冷酷无情地入侵埃塞俄比亚。英国、法国和国联无法或不愿采取任何有效措施来约束意大利,墨索里尼也没有被阻止。1936年初,阿道夫·希特勒入侵莱茵兰地区,两年前他就曾在奥地利策划纳粹政变,但以失败告终。1936年晚些时候，西班牙革命爆发；墨索里尼和希特勒也开始利用西班牙革命来达到自己的目的——他们没有被阻止。1937年，日本全面侵略中国，没有被阻止。1938年3月，希特勒攻入奥地利，同样没有被阻止。随着1938年夏春之交的到来，他开始满怀信心地为捷克斯洛伐克磨刀。

在这一系列危机开始之时，美国公众舆论或许比上一次世界大战之前的任何时候都更加倾向于孤立主义。到1935年，对1914—1918年世界大战的"修正主义"观点已被大多数人接受。根据这种观点，双方都有罪责，而不能只指责德国一方；美国为英国的宣传和协约国胜利的经济利益所吸引，不情不愿地卷入了战争。1937年4月，盖洛普民意测验就"您认为美国参加世界大战是个错误吗"这一问题进行了调查，结果显示71%的受访者表示"是"。1935年，沃尔特·米利斯的《通往战争之路》成为畅销书，在上流人士中颇具影响力。一些图书和杂志的文章引起了人们对军火制造商煽动战争的关注；与此同时，参议院奈伊委员会在一项漫长的调查中得出了同样的结论，揭露了美国军火制造商从1915年起就大发战争财，揭露了军火推销员在国外所做的漂亮的小交易，并把摩根公司的合伙人拖到华盛顿来回答一项隐含的指控：他们策划让美国在1917年与德国作战，以便坐收渔利。战争是一种恐怖的行为，无辜的平民百姓被毫无良知的银行家和大商人的阴谋诡计引诱——这种论调广受欢迎，因为公众对这些人未能带领国家走出萧条低谷，以及1933年的调查中暴露出的许多银行家和大商人的低劣行为仍然记忆犹新。

尤其要注意的是，1935年的美国激进分子几乎都在激烈反战。1935年，人们谈到"法西斯威胁"时，大多数人都是指美国法西斯运动的威胁，他们把法西斯运动想象成罗斯福领或者是休伊·朗这样的人领导的，或者是大企业支持的军官领导的。人们普遍认为，美国必须"自求多福"，提前采取预防措施，以免被卷入战争，以至于在1935年秋天的盖洛普民意调查中，不少于75%的选民认为，国会在宣战前应通过全国投票获得人民的批准。

在这种极端孤立主义的心态下，美国国会于1935年通过了《中立法案》。该法规定，任何地方爆发战争，美国人不得向任何交战方出售军火。《中立法案》立即应用在意大利和埃塞俄比亚的冲突中。

但是，白宫和国务院的工作人员并不喜欢强制中立。他们希望美国能够在国际事务中自由地运用其外交影响力，他们认为"一刀切"的法律可能会在某些不可预见的情况下令人尴尬。他们喜欢在外交政策上与英国人打交道，而《中立法案》可能会使他们步履维艰。西班牙革命爆发后，他们赞同英国的不干涉计划（众所周知，该计划未能阻止墨索里尼的干涉），并在国会通过了一项奇怪的法案，将中立原则适用于西班牙内战，尽管事实上这并不是一场国家间的战争。稍后，日本入侵中国，美国政府摇摆不定，先是让所有美国人离开中国，否则将自担风险，然后又提议保护在中国的美国人，整个过程都没有启用《中立法案》！他们之所以能够这样做，是利用了一个漏洞。1937 年通过的《中立法案》修订后规定，强制禁止运输弹药的规定应在宣战或总统"发现"战争状态存在时生效。日本和中国都没有宣战，而且总统也没有"发现"战争状态的存在，尽管日本人正全力向中国开火。

目前，政府进一步背离了孤立主义思想和强制中立思想。1937 年 10 月，罗斯福在芝加哥的一次演讲中说："必须唤起全世界的道德意识……认识到制止侵略行为的必要性。"他还说，"世界上无法无天这种流行病"正在蔓延，"当身体疾病开始流行时，社会会赞同对病人进行隔离，以保护社会健康，防止疾病蔓延"。这看起来像是对侵略国家的报复性干预。1937 年晚些时候，罗斯福在给兰登州长的一封信中坚持认为，"我们应该进行一定程度的国际合作，甚至发挥领导作用，以有助于实现普遍和平这一最终目标"。1938 年初，美国炮舰"帕奈号"被日本轰炸机击沉，"帕奈号"当时正在为标准石油公司的油轮护航。政府借机大肆渲染了这一事件。与此同时，政府还利用其对国会的政治影响力，在委员会中否决了"全民公决才能让美国参战"的提案；政府称，这项措施将"削弱总统处理对外关系的能力"。显然，美国的意图是充分捍卫美国在中国的权益，包括用自己的炮舰在临近战场的地方为油轮护航的权利，以此表达对日本人行为的厌恶。

这样的政策与 1935 年公众舆论所希望的政策形成了鲜明的对比，人们本以为这会导致公众对罗斯福总统和赫尔国务卿的普遍谴责。尽管"隔离"演说令公众困惑，但公众并没有因此谴责罗斯福总统和赫尔国务卿。虽然有怨言，但《中立法案》越来越无用武之地了。根本原因在于美国的公众舆论也在发生变化。随着每一次新危机的出现，美国人对希特勒、墨索里尼和日本军队高官的厌恶也越来越强烈。

可以肯定的是，广大美国人民，尤其是内陆地区的美国人民"远离外国纠葛"的基本倾向并没有明显减弱。1935 年至 1938 年的盖洛普民意测验并没有提供任何确凿的证据来证明这种转变，但不可否认的是，有见识、能发声的舆论，尤其是东部沿海地区的舆论，已经发生了变化。像兰登州长和前国务卿史汀生这样有影响力的共和党人支持总统的反侵略行动。外交关系委员会成员等外交事务专家强烈认为，美国必须支持"民主国家"、反对"独裁国家"。激进的舆论在悄然改变。

左翼人士的立场已经从反战转变为反法西斯，几乎变得和美国革命女儿协会一样好战。1934 年，左翼人士厄尔·布劳德曾宣称："对抗战争的唯一方法就是从对抗我们自己土地上的战争制造者开始……罗斯福政府正在实施和平时期有史以来最大的战争计划。"但罗斯福在 1937 年发表"隔离"演说，布劳德称赞它是"积极和平政策的宣言"。美国学生联合会是一个略带左翼色彩的青年组织，它所采取的行动完美地诠释了激进主义和自由主义思想的普遍变化：在 1936 年底的会议上，它赞同牛津大学的誓言，"不支持政府可能发动的任何战争"；在 1937 年底，它呼吁"立即采取措施抑制法西斯侵略……美国应带头谴责侵略者，对侵略者实行禁运，并通过国际合作组织努力达成目标"，它还敦促"废除或修改现行的《中立法案》，以区分侵略者和被侵略者，并向后者提供援助"。1934 年和 1935 年，年轻的男女们曾称战争是资本家致富的工具，到了 1937 年和 1938 年，他们用丝袜燃起篝火来表达对日本的憎恶。他们仍然不希望发生战争，但在外部冲突中，他们激进地表达了自己的立场。

在某些方面，公众舆论也在发生变化。盖洛普民意测验显示，支持扩大美国海军、陆军和空军的人数在不断增加。1938 年 2 月，就在希特勒征服奥地利之前，盖洛普民意测验者提出了这样一个问题："如果德国和意大利对英国和法国开战，您认为除了我们自己参战，我们是否应该尽一切可能帮助英国和法国获胜？"投票结果是"是"的人数占 69%（如果问题的措辞不同，赞成票可能不会这么多，不过，三分之二的多数票还是很明确地表达了民众的看法）。

尽管如此，绝大多数美国人还是衷心希望远离战争。但是，随着希特勒的步步进逼，危机接踵而至，越来越多的人开始感到，美国也受到了威胁，蓄意不参与外部冲突是很困难的，在道义上也可能是错误的。在奥地利和捷克斯洛伐克的"政变"之后，美国人彻底转变了看法。

自 1929 年和 1930 年"柯立芝—胡佛繁荣"崩溃以来，一种不安全感和忧虑感，一种世界正在走向毁灭的感觉，一种无论是经济学、政治学还是国际伦理学的所谓坚实原则都在崩溃的感觉，让美国人忧心忡忡。在经济大萧条最严重的时期，这种情绪一直很强烈，随着商业环境的改善，这种情绪有所缓解，而随着国际侵略者的猖獗（同时，美国也陷入了经济衰退），这种情绪又变得更加强烈。1938 年 9 月的慕尼黑危机使人们的神经受到了新的刺激。

奥森·威尔斯广播中发生的怪事是否应被视为这种神经质发作的一种表现，现在还无法证实，但至少有一点很重要，那就是当时很多观察家都认为这是一种神经质发作。1938 年 10 月 30 日星期日晚上——慕尼黑事件一个月后——奥森·威尔斯通过哥伦比亚广播公司，将 H. G. 威尔斯的科幻小说《世界之战》改编成广播剧。为了使内容生动形象，他采用模仿新闻广播的形式制作了广播剧。在播音员清楚地解释"以下内容都是预录的节目"之后，一个声音播报了平淡无奇的天气预报；然后另一个声音说，节目将在一家酒店继续播出，并伴有舞曲；不久，舞曲忽然被打断，播出了芝加哥"詹宁斯山天文台"一位教授的采访，他说观测到火星上每隔一段时间就会发生爆炸；接着，听众们又听到了传统的音乐广播……然后是对一位虚构的普林斯顿大学教授的采访，他提供了更多关于"火星骚乱"的信息——接着是一系列进一步的"新闻简报"，描述了火星人乘坐巨大的金属飞船抵达新泽西。广播的速度越来越快，公告一条接一条：更多的火星人登陆了——外星人军队很快就打败了新泽西州民兵；火星人在全美范围内到处出击，纽约市民纷纷撤离城市，火星人的热射线、火焰喷射器和其他邪恶装置造成了巨大的破坏，直到一切都被毁灭。

尽管播音员做了介绍，尽管这是一个预先录制好的广播剧，尽管人们只需换台就能听到查理·麦卡锡那令人安心的声音，尽管节目中出现的所有名词都是虚构的，尽管节目按照惯例在中间插播了电台广告，尽管节目所提供的"新闻"非常荒谬，节目还是引起了以下令人瞩目的反响：

美国各地的人们惊慌失措地打电话给报社或警局，询问该怎么办（仅《纽约时报》就接到了875通电话，美联社不得不向其成员报社发出解释公告）。在许多社区，惊恐万分的人们冲出家门，在街上四处游荡，不确定自己是被火星人还是被德国人袭击了，但可以肯定的是，毁灭即将来临，他们必须逃到某个地方。在新泽西州纽瓦克市，几个家庭确信"毒气袭击"已经开始，他们用湿布蒙住脸，试图把所有物品装进一辆汽车里，但发现周围好几个街区的交通都堵塞了。匹兹堡的一名妇女准备服毒自杀，她哭着说："我宁愿这样死，也不愿被外星人杀死！"印第安纳州波利斯市的一名妇女冲进教堂大喊："纽约毁灭了，世界末日到来了！你们都回家等死吧！这是我刚从收音机里听到的！于是教堂礼拜匆匆结束。纽约市布朗克斯区的一名男子听到消息后冲到屋顶，以为自己看到了"硝烟"在城市上空飘荡。在华盛顿州的一个小镇，电灯线路恰好在广播期间出现故障，使听众相信恐怖已近在咫尺，有妇女被吓得晕倒在地。

就这样，美国各地都开始陷入恐慌。即使只有二十分之一听到这个节目的人相信节目是真的，但轻信的少数人——连同被他们胡编乱造的故事惊吓到的人们——引起的恐慌足以让全美国陷入歇斯底里。

但我们不要争论广播事件是否表明人们的神经因9月的战争恐慌而紧绷（也许对这一事件的一些评论更能证明神经紧张。例如，多萝西·汤普

1938 年 10 月 31 日，《世界之战》广播剧制作人奥森·威尔斯（前排右二）向记者解释称，他并非故意制造公共恐慌

森在她的专栏中称这一事件为"世纪大新闻——这一事件对于理解希特勒主义、墨索里尼主义、斯大林主义、反犹太主义以及我们时代的所有其他恐怖主义的贡献,超过了所有有理智的人所写的文字",并说它"清晰表明了大众教育的失败"。这话也太夸张了)。还有其他更可靠的证据表明人们的忧虑也在不断增加。1938 年至 1939 年的冬天,在美国各地,反犹主义情绪明显高涨,即使在犹太人很少的西部城镇也很明显,甚至那些对希特勒一无所知的人也表现出了此类行为。考夫林神父的反犹主义广播很大程度上加速了这种令人不安的污名化。在许多自由主义者中,人们对纳粹在美国的影响表现出一种新的、强烈的恐惧;那些一生都对赤色恐慌不屑一顾的人,现在认为纳粹在美国的宣传值得认真对待,他们大声疾呼,必须调查和瓦解与德国有联系的组织。餐桌上的谈话转向了德国与拉丁美洲贸易的惊人增长(实际上,相对而言,德国与拉丁美洲的贸易额并不比 1913 年大,还不到美国与拉丁美洲贸易额的一半),以及从南美基地起飞的纳粹飞机能否迅速摧毁巴拿马运河及美国城市。许多热爱和平的人都沉迷于这样一种感觉,即美国与世界其他国家一样,正在走向不可避免的末日。理智的美国人认为:"当欧洲爆发战争时,我们将在六个月内卷入其中——这是不可避免的。1929 年,美国的思想家认为资本主义胜利了,1933 年,他们认为共产主义胜利了,1938 年,他们认为法西斯主义即将胜利,1943 年他们又会怎样想呢?"

与此同时,美国政府正在加紧努力,让人们感受到美国的影响力:美国支持英国和法国、抨击希特勒,试图让希特勒相信,如果他继续这样做,美国可能会反对他。1938 年 11 月,德国对犹太人发动了新的残酷攻击,美国驻柏林大使被召回"汇报和磋商",并没有再回德国。罗斯福说,来自德国的消息"使美国公众舆论深感震惊"。在 12 月的利马会议 ① 上,美国代表团极力拉拢拉美国家,反对欧洲独裁者的干涉,但只取得了有

_____

① 美国为了联合拉美国家抵制法西斯主义的威胁,1938 年 12 月 24 日在秘鲁首都利马举行了第八次泛美会议,通过了《利马宣言》,宣告西半球国家会团结一致对抗战争威胁。——译者注

限的成功。在 1939 年 1 月向国会发表的年度致辞中，罗斯福呼吁美国团结起来，共同面对外界对自由体制的威胁，并呼吁美国大幅增加军备预算（国会同意了）。他强调（并让"柏林的报纸原文引述"），"除了参与战争，还有许多更有力、更有效的方式，使侵略国政府了解我们本国人民的总体情绪"。当月晚些时候，一架道格拉斯攻击机在洛杉矶坠毁，不久人们发现，这架按照美国陆军规格制造的飞机上的乘客是一名法国人。显然，在政府的支持下，法国正在采购美国的新型战斗机。随后，总统与参议院军事委员会举行了一次长时间的秘密会议，会后，参议院传出总统曾说过，如果战争爆发，法国就是美国的前线，但这一传言遭到了严厉否认。

复活节周日，罗斯福在离开沃姆斯普林斯车站时，向车站里的人群喊道："如果我们不打仗，秋天时我会再来。"事后，他向媒体明确表示，"我们"是指美国。国务卿艾克斯长期以来一直以言辞犀利而闻名，他和政府的其他成员都把言辞的炮火对准了德国政府。1939 年 4 月中旬，罗斯福适时地向希特勒和墨索里尼发出了和平呼吁——这份雄辩的文件得到了希特勒的回应，他没有写信，而是发表了一篇长篇讲话，拒绝做出任何保证——许多观察家认为，美国官员过多地发表反纳粹言论，削弱了这一呼吁的震慑效果。

与此同时，欧洲的侵略步伐也在加快。1939 年 1 月，巴塞罗那沦陷，西班牙内战很快结束，法西斯取得了胜利。3 月，德国违背了在慕尼黑的承诺，占领了捷克斯洛伐克的其他地区，并吞并了梅梅尔。4 月，墨索里尼不甘示弱，夺取了阿尔巴尼亚。随后欧洲安稳了一阵，来自欧洲的消息一度淡出了美国的头条新闻。但是，美国人对这些持续不断、令人恐惧的战乱的不安从未消除。

1939 年 3 月，盖洛普民意测验就"如果战争爆发，我们是否应该向英法出售粮食"这一问题进行了调查，结果有 76% 的受访者表示赞成；4 月，这一问题再次被提出，赞成率从 76% 跃升至 82%。3 月，就"我们是否应该向他们出售飞机和其他战争物资"这一问题进行的调查显示，52% 的受访者表示赞成；4 月，这一数字大幅上升至 66%，增幅惊人。诚然，只有

16% 的受访者认为我们应该派遣陆军和海军出国帮助英国和法国。但是，绝大多数美国人都希望以某种方式提供帮助，而且盖洛普的投票者中有一半以上的人表示，如果战争爆发，美国肯定会被卷入战争。

就在几年前，美国就给通向战争的道路装上了红灯，如今，美国是否正沿着那条路前进呢？

1939 年 4 月 30 日星期日上午，纽约世界博览会的大门被推开。博览会的主题是"明日世界"，开幕式在一个名为"和平宫"的巨大场地内举行。成千上万的人聚集在蓝天白云下，难道没有人思考过这两个名称都很有讽刺意味吗？

展览会上到处都是美国梦的化身、1939 年的典范。大胆的现代建筑，时而严谨，时而花哨，但没有传统的古典或哥特式装饰，而是流光溢彩——这是大多数参观者第一次有机会看到现代建筑师建造的大规模建筑。花园、喷泉，以及从建筑物上流下的瀑布；音乐响彻云霄；夜晚，灯光绚丽夺目——到处都是令人目不暇接的发明奇迹和工业效率展示。在这里，每个人都能短暂地感觉到自己是一个快乐而友好的公民，是一尘不染的工业工程的受益者，有幸在湖边闲庭信步，观看橙色、蓝色和绿色的焰火，在被灯光染成银色的小树后面观赏划破长空的尖塔。在这里，通用汽车公司和雷明顿·兰德公司与美国工人协会携手合作；在这个梦幻般的天堂里，看不到社会阶级，看不到民间恩怨，看不到国际仇恨，看不到沉闷贫民窟的阴暗日子，看不到萧条的忧虑。这里是财富、奢华和美丽的梦境，每个角落都有可口可乐，公共汽车的喇叭始终欢快地演奏着音乐。

展览会之外，是一个三分之一的公民仍然"住房简陋、衣着破旧、营养不良"的国家，一个真正和平的希望似乎已经永远逝去的世界。对于美国来说，明天的真实世界会是怎样的呢？

美国的基本经济问题仍未解决。1939 年 8 月，联邦储备委员会的经济指数上升到 102 点，但这只是比新政蜜月期间的指数略高一点。根据美国工业会议委员会的估计，仍有 950 万人失业。随着时间的推移，工作救济这项巨大的事业越来越明显地成为一种悲剧性的临时措施，对许多人来说

1939 年，纽约世界博览会上的表演

从阿肯色州迁移到加利福尼亚州的贫苦家庭

都变成了一种打击。尽管它的构想很慷慨，在赞助艺术方面取得了一些很好的成就，在公民教育方面也实行了一些值得欢迎的改进，至少使数百万人免于匮乏和绝望的极端境地，但作为一个永久性机构，公共事业振兴署的前景令人难以忍受，而且它似乎永远都不能撤销了。尽管农业部长华莱士做出了巨大的努力，但农业问题仍然没有得到解决。美国的农场似乎永远无法恢复正常，美国政府只能不断发放补贴。仁慈的政府可以缓解被迫离开土地的家庭的命运，但还赶不上拖拉机的力量，因为它必将迫使佃农无家可归地迁徙。华盛顿既做了好事，也做了蠢事，但 1929 年消失的繁荣仍像彩虹一样遥不可及。

随着人口增长放缓，经济增长也必然放缓，难道美国最终必须接受这一论断吗？在这种暮气沉沉的萧条下，失业者的负担逐渐加重，物价飙升而工资和信贷紧缩，美国是否必须接受这种现状，直到劳动力不足？这种通货紧缩可能比 1929—1933 年的通货紧缩更令人难以忍受。那么，战争能带来繁荣吗？然而，这样的繁荣不可能持久。投机繁荣？那也只是毁灭的种子。如果没有源源不断的资金流入新的投资领域，同时维持民众的购买力，美国经济就不可能实现健康的扩张，而这种资金流入仍然举步维艰。

新投资为何消失了？如果不考虑 20 世纪 30 年代最重要的经济发展之一（我称之为超级大公司的重要性增加），就无法充分回答这个问题。每个人都知道，联邦政府的权力在这十年间有了巨大的增长，直到它的手指伸进了国家的每一个角落。每个人都意识到，过去以个人或小团体为基础管理的各种活动和企业，现在都在走向社会化——甚至连医学界这种粗犷的个人主义者的团体，也发现自己在与逐步推进的团体医学，甚至国家医学，开展着激烈抗争。并非每个人都意识到，集中化、社会和经济活动单位越来越大这一总趋势在多大程度上也影响着商业。

自 1929 年以来，投资人把公司合并成超级公司，超级公司又合并成超级超级公司；控股公司的金字塔建成四层、六层或八层；华尔街的一小群人玩弄着股票，就可以控制美国的所有企业——这种令人眼花缭乱的日子确实一去不复返了。一些控股公司在经济大萧条中倒塌了，另一些也被政府拆分，它们野蛮生长的日子已经结束了——至少目前是这样。公众不希望再有英萨尔公用事业公司或范斯韦林根铁路控股公司这样的企业蓬勃发展。然而，在1929年之前的一代人，尤其是在1929年之前的十年间建立起来的大多数大型企业结构，在暴风雨之后依然屹立不倒。

不仅如此，一般来说，正是这些大公司在20世纪30年代赚取了商业上的所有利润。请看E. D. 肯尼迪的《股息支付》一书中的这些数字：1935年，美国有将近50万家公司，它们的利润超过了16亿美元，但如果去除其中最大的960家公司（在纽约证券交易所上市的960家公司，标准统计公司对它们的收益进行了统计），其余公司的总利润就会变成负数。简言之，1935年，960家大公司集体盈利，而47.5万家左右的小公司集体亏损。肯尼迪先生无法说明这些小公司在1937年发生了什么，因为政府没有做相关统计，但他能够追溯最大的960家公司的命运，他的发现提供了更多的启示。在这960位商界贵族于1937年赚到的所有钱中，有一半多（60%）是由其中的42位赚到的；有将近四分之一（24%）是由其中最大的6位赚到的（你想知道这六家公司的名字吗？它们是通用汽车公司、美国电话电报公司、新泽西标准石油公司、美国钢铁公司、杜邦公司和通用电气公司）。

想象一下你自己成立了一家新公司，要与这些巨头中的一家甚至是几家巨头竞争，它们拥有巨大的资源，能够通过"惯例"和商业默契来维持价格，而你一筹莫展，你就会开始理解新投资没有蓬勃发展的其中一个原因：小公司已经没有立锥之地。

需要补充说明的是，巨头公司现在对华尔街投资公司的资金依赖越来越小，它们可以用自己充足的资金维持工厂正常运转，进行现代化改造，甚至扩大规模。也许华尔街银行家们的辉煌时代已经过去了，这不仅是因为政府的限制，还因为巨头公司正变得比银行更强大。在这十年的最后两三年里，几家大公司，特别是美国钢铁公司和通用汽车公司，以这样或那样的方式削减了代表华尔街和传统资本力量的高管和董事的权力，增加了管理层的权力，或者增加了代表华尔街以外的地方商业利益的董事。诚然，这些举措背后无疑有政治动机。大公司的管理者们已经清醒地认识到，不管他们是否愿意，他们都在参与政治。"公共关系"不再仅仅是广告员的工作，而是至少需要一位副总裁来把关，需要斥资数百万美元来赢得声望。华尔街并不受欢迎，为什么不通过各种方式把它赶走呢？然而，事情可能不止于此。也许有一天，通用汽车总裁斯隆先生将不再拜访摩根先生，而是由摩根先生来求见斯隆先生。

这些大公司的利润进入了数百万美国家庭，因为他们都是公司的股东。但是，只有极少数富有的股东获得了足够的资金，成为潜在的新投资人，但他们不愿去竞争激烈的地方，不想去赌博。他们会说："为什么要冒险呢？如果我们输了，就会赔钱；如果我们赢了，政府就会拿走大部分利润。"他们宁愿把钱投资于自家公司和免税债券，甚至把钱都存起来。他们一直在喊，"给我们一个无为而治的政府，你就会看到新的投资激增"。但是，1938年和1939年商业指数几乎没有表明会出现这种情况，而当时新政无疑变得不那么冒险，更愿意与资本和解。总是有一些充分的理由来解释为什么必须推迟发展：1937年曾发誓废除未分配利润税就能恢复"信心"的人在1938年和1939年感叹新的投资为战争的恐慌所阻碍。银行充积着闲置资金，无处投放。

当然，资金闲置还有其他原因。例如，当成本被沉重的房地产税、高昂的材料价格、高昂的工人时薪、陈旧而低效的建筑方法等因素压得喘不过气，以至于无法预期利润时，谁还会冒险投资新机会呢？这里的困难不在于少数几家大公司垄断了某个领域，而在于众多的管制、众多冻结的债务和悬而未决的萧条问题，使得大公司根本无法获得大规模生产的经济效益。在工业和贸易领域，到处都是即将倒闭的企业，只有财大气粗的大公司才有竞争力。大公司认为自己的麻烦主要是政治上的，但实际上，证据表明这些麻烦主要是经济上的。

1938年和1939年，政府通过一个临时国家经济委员会，着手调查新投资受阻的问题，尤其是巨头公司（出于政治原因，这些公司被称为"垄断企业"）扼杀竞争的做法。一些新政党人正在研究由政府本身进行投资以填补空缺的前景，但这个问题很棘手。1939 年春，总统在政府投资方面做出了一个姿态——将这一想法与失业救济结合在一起，提出了所谓的《借贷支出法案》——国会将整个计划抛到了九霄云外（国会并不满足于这样回击罗斯福，还将剧院资助项目从公共事业振兴署中删除，并下令削减熟练工人的工资，从而引发了一场罢工）。1940 年的大选即将在政治舞台上展开，热衷于新政的人预言罗斯福将第三次连任，共和党人和保守的民主党人则对破坏罗斯福的国内提案乐此不疲，而经济问题则在政治洗牌中逐渐迷失。

现在，"新政"看起来终于要结束了。新政的底牌已经出尽，再也没有新牌可出，或者说，即使有新的底牌，也无法再诱使国会同意它出牌了。国家显然对经济试验感到厌倦，共和党利用这种厌倦情绪在 1938 年的中期选举中取得了巨大的胜利。心怀救世情结的人逐渐失去了通过立法实现繁荣的热情。现在，他们和罗斯福本人一样，对外交事务更加上心，而把国内尚未解决的令人沮丧的问题忘得一干二净。他们要么成立委员会，捍卫自由和宽容，反对独裁统治，要么展开争论：美国是应该不惜一切代价置身战争之外，还是应该拯救英国和法国。然而，繁荣仍然遥遥无期。

自 1929 年大恐慌以来的十年中，胡佛政府与灾难进行了英勇而徒劳的斗争。在六年半的时间里，罗斯福政府进行了试验，采取了缓和措施，试图躲避灾难，使美国的公共债务增加了近 200 亿美元。

但这就是我们能说的全部吗？

在国家的账单上，还有一些账目需要记入。第一项：大萧条催生的专制政府没有剥夺美国人的基本公民自由。第二项：政府始终坚持罗斯福在第二次就职演说中阐述的原则，即"我们决心让每一位美国公民都成为国家关注的对象，我们决不会把我国境内任何忠实守法的群体视为多余"。无论对新政的指控是什么，至少它仁慈地完成了任务（1939 年，当人们把目光投向国外，想到成群结队的难民正在寻找他们不会被"视为多余"的

通用汽车公司在 1939 年纽约世博会上设计的 "未来世界" 展览，展现了对于未来的期待

1939 年 6 月 9 日，罗斯福总统夫妇陪同乔治六世夫妇参观美国 "波托马克号" 军舰

落脚点时，这一项就显得尤为重要）。第三项：尽管经济大萧条带来了种种苦难，人们对新一轮经济衰退和战争的担忧也不断涌现，但大部分美国人仍未完全丧失他们最基本的希望。

他们还是本能地把郊区的沼泽变成了一座神奇的城市，并称之为"明日世界"。在那个明日世界里，他们最喜欢的是通用汽车公司的"未来世界"。他们排了一个小时的队，去看它所描绘的1960年可能出现的各种新奇设想。他们仍然喜欢建造世界上最大的水坝，并幻想着它将浇灌幸福的农庄，它将驱动巨大的发动机，它将催生更好的新生意。他们仍然喜欢站在农场边缘的栅栏上说："我迟早会买下那边的16公顷土地，把农场做大做强。"他们仍然节衣缩食，为儿女们提供"比我们曾经接受过的更好的教育"。他们隐约觉得，更好的教育在未来的岁月里会更有价值。

一个在长期磨难中经受考验的民族尚未丧失信心。

就这样，1939年的夏天悄然而逝，但美国人的思绪总是被一个反复出现的问题打断：欧洲会发生什么，对我们又意味着什么？

6月初，英国国王和王后访问美国，这个事件不禁让人浮想联翩。罗斯福夫妇巧妙地利用这次机会，巩固英美友好关系，消除慕尼黑会议和国王退位带来的负面影响。他们对王室客人的接待经过精心安排，既庄重又充满美国风情，还多了几分军事色彩。

国王和王后抵达华盛顿时，正值酷暑难耐的一天，十架"飞行堡垒"轰炸机在前往白宫的游行队伍上空呼啸而过，而在国王和总统、王后和罗斯福夫人乘坐的汽车前，则停放着六十辆看起来像模像样的小坦克。当晚的国宴结束后，白宫举行了一场音乐会，节目包括黑人灵歌、牛仔民谣和广场舞，还有各种独唱。三天后，国王和罗斯福夫妇在海德公园野餐，国王吃了热狗，喝了啤酒（他本可以不吃热狗，因为菜单上还有冷火腿、熏火鸡、原味火鸡、各种沙拉、烤豆、黑面包、甜甜圈、姜汁面包、饼干、咖啡和软饮料——但他很清楚，在美国开心地吃完一只热狗可能抵得上十几艘战舰）。当晚，当宾客们在海德公园登上火车时，总统双手合十，高举过头，以示告别，人群中高唱《友谊地久天长》和《他是一个快乐的好小伙》。

罗斯福夫人在她和蔼可亲的报纸专栏《我的一天》中，也没有忘记向美国公众介绍她对这次访问的家务安排，例如为客人们提供早茶和冰镇（而非冰冻）的水，以及那些让每一位女主人读到都会同情的小意外，例如一位管家端着一盘饮料走进海德公园的大图书馆时滑倒了，盘子掉在地上发出一声脆响。

众所周知，国王和王后都是亲切、谦逊和有魅力的人。华盛顿和纽约的群众都非常踊跃和热情。事实上，罗斯福夫人在她的专栏中说，在华盛顿的游行过程中，她完全无法向王后解释他们经过了哪些建筑，因为掌声淹没了她说的每一个字。没有任何意外事件破坏王室的访问行程。总之，这次访问取得了令人难以置信的成功。

在这一成功过去几周后，总统极力争取国会修改《中立法案》，取消向交战国出口武器弹药的强制性禁令。然而，国会尚未准备好迈出这一步。在这个可能决定战争或和平的问题上，国会上的大多数人仍然不愿意向这个多变的人屈服。但罗斯福坚信必须阻止希特勒，美国必须为此提供帮助，并明确表示，如果希特勒不束手就擒，即使没有美国士兵和水兵，也会有美国的飞机和大炮来对付他。

那个夏天，无论走到哪里，人们都会想到欧洲。

跨大西洋飞行艇（重 41 吨，翼展 45 米）开始从长岛湾运送乘客前往法国和英国——人们不禁要问，这是盟国之间的交通线路，还是交战国与中立国之间的交通线路？美国潜艇"斯夸卢斯号"在朴茨茅斯附近 73 米的水域沉没，59 人中有 33 人被救起——一艘英国潜艇和一艘法国潜艇几乎在同一时间沉没，这仅仅是巧合吗？夏日门廊的桌子上摆放着《愤怒的葡萄》，旁边放着《我们的岁月》《亚洲内幕》《不是和平，而是利剑》，表明了美国读者对海外问题的关注。随着政府收购田纳西电力公司的资产，田纳西河谷管理局和联邦南方电力公司之间的长期矛盾有所缓和。人们意识到，在大商人心中燃烧多年的对罗斯福的仇恨已经熄灭，但销售员仍然可以通过寄送一张卡片来获得订单，因为卡片上写着：

波音 314 飞行艇可以跨大西洋、太平洋飞行

1929年华尔街崩盘后，有很多富有家庭破产。布伦达·戴安娜·达夫·弗雷泽是其中之一，她因"落魄富家女"的身份而获得媒体关注，并登上《生活》杂志封面，成为当时的社交名媛。此类女孩被当时的美国媒体统称为"魅力女孩"

　　如果你不给我订单，我会再次投票给他。

　　不过，一些曾经愤愤不平的商界人士现在开始喜欢罗斯福，因为他的外交政策很得人心。

　　那年夏天，待嫁的姑娘们都在猜测：谁会接替布伦达·戴安娜·达夫·弗雷泽，成为新一季的"魅力女孩"？"魅力"的概念现在无处不在，以至于《生活》杂志称托马斯·杜威为"共和党头号魅力男孩"，墨菲总检察长为"新政头号魅力男孩"。时尚专家们从欧洲归来，带来了巴黎流行紧身胸衣和沙漏形身材的消息。暑期度假的人们正弯着腰下着中国跳棋；很多人试图模仿水上乐园里游泳的美人鱼；大家都在讨论约翰斯顿在赛马场上的速度；人们开车去电影院看罗伯特·多纳特演的《万世师表》或贝蒂·戴维斯演的《黑暗的胜利》。1939年夏季的所有这些日常琐事，在某一天暴风雨来临时，是否会以"旧日好时光"的形式重回人们的记忆？

　　有一件事几乎是肯定的。如果欧洲爆发战争，我们在回顾宣战之日时，就会发现我们的生活被画上了一条分界线。无论战争可能采取何种奇怪的形式进行，无论美国与战争的关系如何，它都将给美国带来新的问题、新的联盟、新的希望和恐惧。

　　但从表面上看，7月和8月初欧洲的局势相当平静。如果希特勒在但泽和波兰走廊问题上制造新的危机，肯定会有人做出让步——总是有人这样做的。

　　可是，风暴在8月下旬开始聚集。

　　首先，冯·里宾特洛甫将飞往莫斯科签署德俄协定的消息传来，仿佛一声惊雷。接着协议本身又带来了另一次惊雷。8月24日的报纸以头条新闻的形式宣布了这一消息：

　　德国和俄国签署了为期十年的互不侵犯条约；相互约定不得在战争行为中援助对手；希特勒回绝了伦敦；英国和法国开始动员。

这则新闻使全世界的想法、期望和假设都发生了变化。在美国，所谓的世界事务专家跌跌撞撞地在现实中寻找自圆其说的说法，因为他们的逻辑前提已经不复存在。商人们决定暂时不下单，等事情明朗后再出手；轮船管理者争论着是否取消船期；股票市场摇摆不定，开始出现小幅抛售。美国人又开始用收音机收听欧洲的新闻快报。

几天的谈判、动员、疯狂的解决努力、威胁和反威胁——然后，9月1日清晨，希特勒的军队开进了波兰。

战争已经开始，但仍有一个问题悬而未决——英国和法国准备怎么办？

那天是星期五，这个问题一直没有答案，第二天也是如此。随后是劳动节假期，人们出发去享受他们的三天休闲时光，甚至在高尔夫球场和海滩上忘却了战争这回事。

答案终于在9月3日星期日的早晨揭晓——距离本册开篇的那个炎热的1929年9月3日已经有整整十年。收音机里传来了内维尔·张伯伦的声音，那声音毫无战争的紧迫感。他用低沉、疲惫和悲伤的语调说：

> 今天上午，英国驻柏林大使向德国政府递交了最后照会，其中指出，除非德国在11点之前宣布立即从波兰撤军，否则我们之间将处于战争状态。我必须告诉你们，我们没有收到这样的回复，因此我国与德国现在处于战争状态。

随着这些话在千里之外平静地说出，美国的一个时代结束了，另一个时代开始了。

附录

资料来源和致谢

在上卷的附录中，我首先谈到了对罗伯特·S. 林德和海伦·梅雷尔·林德的感激之情，感谢他们"在《米德尔敦》一书中收集的异常丰富和精确的信息"；我还说，"任何研究战后十年的历史学家都不可能忽视这座材料宝库"。同样，我现在必须对他们的《转型期的米德尔敦》（1937年）说同样的话。在本卷中，我引用了很多该书的资料，而且对该书的依赖程度超过了引用次数所显示的程度。

在撰写前四章时，我参考了威廉·斯塔尔·迈尔斯和沃尔特·H. 牛顿所著的《胡佛政府记录叙述》（1936年），以及西奥多·乔斯林所著的《记录之外的胡佛》（1934年）。这两本书，一本很严谨，另一本很随性，但都有助于参考和引用。同样，我发现五卷本的《富兰克林·D. 罗斯福的公共文件和讲话》（1938年）对于新政时期的撰写也非常有价值。在我写作期间，还有两本书问世，它们在许多方面对我很有帮助：查尔斯·A. 比尔德和玛丽·R. 比尔德所著的《中途的美国》（1939年），以及雷蒙德·莫利对新政的详细而深入的第一手描述《七年之后》（1939年）。毋庸赘言，我一直在使用《世界年鉴》，尤其是其中的"大事记"，它记录了每年的大事件，对于任何历史研究者来说都是无价之宝。此外，我还查阅了纽约公共图书馆中的《纽约时报》档案。

我的其他资料来源——图书、报纸、杂志，以及在这十年间收集到的想法、逸事和观察——浩如烟海，一一列举会令人厌烦。不过，我还是想提及某些资料来源，以作解释或表示谢意。为了方便起见，我将逐章介绍这些资料来源：

第一章"序曲：1929年9月3日"中引用的吉尔伯特·塞尔德斯的话摘自1929年9月《哈珀杂志》上的《有声电影的进步》。有关F. C. 米尔斯的内容出自《转型期的米德尔敦》第53—54页中的一段话。已故的乔治·W. 维克沙姆在去世前不久非常友好地写信给我，给我看了一份1929年9月4日的委员会会议记录。根据报纸资料，卡尔文·柯立芝直到1930年才搬到他在北安普顿的大房子里，尽管威廉·艾伦·怀特的传记似乎暗示他搬家的时间更早。关于弗朗西斯·汤森博士在1929年的资料，是老年循环养老金有限公司的来信提供的；关于加纳特·卡特和赫维·艾伦的资料，是根据他们的来信书写的；关于赛珍珠的资料，是根据理查德·沃尔什的来信提供的。我非常感谢这些信件。

在第二章"繁荣退场"中，美国经济联盟的民意调查数据出自瑟曼·W. 阿诺德的《资本主义的传说》（1937年）。D. F. 弗莱明的引文来自他的著作《美国与世界组织：1920—1933年》（1938年）的第325页。关于1930年选举时罗斯福和法利的内容摘自詹姆斯·A. 法利的书《选票背后》（1938年）。亨利·普拉特·费尔柴尔德对人口的估计摘自他发表在1938年5月《哈珀杂志》上的一篇文章《当人口趋于平稳》。本章最后几页重复了我1938年在本宁顿学院毕业典礼上发表的演讲中的段落（略有修改），该演讲的原标题是"在忧虑的时刻"。

在第三章"下滑、下滑、下滑"中，关于威廉·麦克切斯尼·马丁的内容，是他亲手交给我的。关于罗斯福和法利的段落同样来自法利的《选票背后》（见上文）。关于胡佛暂缓赔款的故事的细节主要基于迈尔斯和牛顿的著作、乔斯林的著作（见上文），以及马克·沙利文在1933年3月11

日《星期六晚邮报》上发表的题为"胡佛总统与世界经济大萧条"的文章。彼得·德鲁克的引文摘自其著作《经济人的终结》（1939年）。关于国家信贷公司的内容出自乔纳森·诺顿·伦纳德所著的《萧条三年》（1939年），该书对1929年至1933年的描述生动而有用，虽然也有辛酸之处，但我要感谢该书中关于大萧条对个人影响的若干记录。库兹涅茨关于利息支出的数字来自西蒙·库兹涅茨所著的《1929—1932年国民收入》（美国国家经济研究局第49号公报）。E. D. 肯尼迪的数据来自他的珍贵著作《股息支付》（1939年）第16—17页。有关国内公司问题的数据来自哈克·莫德利和泰勒所著的《美国：一部图解历史》（1937年）。水牛城克罗克斯顿的数字引自《基督教世纪》。我对林白案件的叙述很大程度上是基于西德尼·B.惠普尔在《布鲁诺·理查德·豪普特曼的审判》（1937年）一书中非常有趣而细致的描述，对此深表感谢。

在第四章"换届"中，关于芝加哥大会的叙述主要来自法利的《选票背后》（见上文）；就职演说手稿的事件来自雷蒙德·莫利的《七年之后》（见上文）。埃尔默·戴维斯的引文来自1932年9月的《哈珀杂志》上的《政治的崩溃》一文。我对退伍军人事件的描述是基于许多来源，尤其是保罗·安德森在1932年8月17日《国家报》上发表的个人观点。那位农民对玛丽·希顿·沃斯说的话摘自1932年12月《哈珀杂志》的文章《玉米带的骚乱》。我对农民抗议的描述沿用了《我们也是人民》（1938年）一书中的内容，该书也有助于理解救济问题。关于胡佛不苟言笑的神态，请参阅欧文·胡德·胡佛所著的《白宫四十二年》（1934年）。我对胡佛和罗斯福在换届期间的描述主要基于对迈尔斯和牛顿、乔斯林、莫雷、法利等人的著作的比较。在叙述银行危机时，我使用了《二十八天》一书的内容，并借鉴了C. C. 柯尔特和N. S. 基思所著的《银行危机史》（1933年）。

在第五章"新政蜜月"中，罗斯福就职演说摘自1933年3月5日的《纽约时报》，以及《富兰克林·D. 罗斯福的公开文件和演说》。在商务部的国家复兴署档案中，我看到了体现复兴计划的文件。关于国家复兴署的起源有许多说法，主要包括约翰·T. 弗林发表在1934年9月《哈珀杂志》上的

《国家复兴署是谁的孩子》，以及乔纳森·米切尔刊登在1934年10月的《哈珀杂志》上的文章《约翰逊将军多才多艺》。

在第六章"风云变幻"中，我使用了多萝西·邓巴·布罗姆利和弗洛伦斯·哈克斯顿·布里顿撰写的《青年与性》（1938年）研究报告，并在多处使用一篇关于大学青年的特别有趣的文章，这篇文章发表在1936年6月的《财富》杂志上。关于废除禁酒令之后的私酒问题，我借鉴了伦纳德·V.哈里森和伊丽莎白·雷恩合著的《废止法案之后》（1936年）。1938年8月28日的《肯》杂志中描述了弗吉尼亚州的焚书事件。我提到的老虎机、弹球等内容，主要来自塞缪尔·卢贝尔于1939年5月12日发表在《星期六晚邮报》上的文章《100亿镍币》；关于爱尔兰彩票券的内容，主要来自约翰·J.麦卡锡1934年6月发表在《哈珀杂志》上的文章；关于"银行之夜"的内容，来自福布斯·帕克希尔于1937年12月4日发表在《星期六晚邮报》上的文章《今夜的银行之夜》；关于垒球的内容，来自特德·谢恩1939年6月发表在《美国杂志》上的文章《棒球的早熟婴儿》。盖洛普关于赌博的民意调查出自1938年11月27日的《纽约时报》。

在第七章"改革和复苏"中，我引用了乔治·R.莱顿发表在1934年1月《哈珀杂志》上的文章《寻找非驻地机构》。关于救济，哈里·霍普金斯所著的《花钱救济》（1936年）是一些事实的来源。关于休伊·朗，我大量参考了福雷斯特·戴维斯所著的《休伊·朗：一部真实传记》（1935年）；白宫事件则来自法利的回忆（见上文）。关于汤森计划，许多事实来自理查德·L.纽伯格和凯利·卢的《老人的十字军东征》，发表于1936年3月的《哈珀杂志》。

在第八章"当农场被吹走"中，开头的引文来自R.D.鲁斯科所著的《470英亩的生与死》，发表于1938年8月13日的《星期六晚邮报》。我提到的地图载于国家资源委员会《不断变化的人口问题》（1938年5月）第65页。纽伯格的引文出自《我们的应许之地》（1938年）。关于美国农业的变化，我尤其要感谢保罗·S.泰勒，我引用了他的《1937年棉花带的动力农业和劳动力转移》，以及拉德·海斯特德为阿瑟·库德纳公司撰写的备忘录《农民的自我审视》。关于农场租佃，我引用了比尔兹的《中途的美国》一书中"经济发展中的劳动"的章节。斯图尔特·蔡斯关于 1936 年洪灾的引文出自《富饶的土地，贫瘠的土地》（1936 年），该书也是关于政府环保措施的资料来源。

在第九章"爱笑的人才会赢"中，我给出的联邦赤字数字是净值（减去法定债务清偿额后的净值）；我没有试图深入探讨"联邦政府这些年的支出应该获得多少赞誉"这个问题。在讨论莫利、科科伦和科恩时，我主要使用了约瑟夫·艾尔索普和罗伯特·金特纳所著的那本富有启发性的小书《总统身边的人》（1939 年），以及莫利的《七年之后》（见上文），并将后者与前者进行了对比。阿尔文·C. 尤里奇和埃尔莫·C. 威尔逊所著的《1936 年》（1937 年）对本章中的许多细节很有帮助。

在第十章"用笔和相机穿越最黑暗的美国"中，马尔科姆·考利的引文来自 1939 年 11 月 8 日《新共和》的预发样刊。我关于本尼·古德曼和摇摆乐的段落主要参考了弗兰克·诺里斯于 1938 年 5 月 7 日发表在《星期六晚邮报》上的《杀手迪勒》，以及欧文·科罗丁于 1939 年 9 月发表在《哈珀杂志》上的《摇摆乐第一人》。有关报业集团的数据摘自约翰·考尔斯的《现在的美国》（1938 年）中"新闻业—报纸"的章节。关于电影，我从玛格丽特·法兰德·索普的优秀调查报告《电影中的美国》（1939 年）的预印本中摘录了一些事实。

在第十一章"摩擦与衰退"的劳工部分，我大量使用了爱德华·列文森珍贵的《劳工进军》（1938 年），同时也感谢赫伯特·哈里斯的《美国劳工》（1939 年）。关于刘易斯和泰勒会面的叙述摘自 1937 年 5 月《财富》杂志上的《发生在钢铁业》一文。我对最高法院之争的描述借鉴了约瑟夫·艾尔索普和特纳·卡特利奇于 1937 年 9 月 18 日、9 月 25 日和 10 月 16 日在《星期六晚邮报》上发表的三篇题为《一百六十八天》的精彩文章（后以图书形式出版）。莱昂·亨德森的段落选自《总统身边的人》（见第九章），我在叙述政府在经济衰退期间的政策转变时也一定程度上参考了该书。

图书在版编目（CIP）数据

从大繁荣到大萧条 ： 1919—1939年美国社会生活史 /
（美）弗雷德里克·艾伦著 ； 宁晨，慕斯文译. -- 杭州 ：
浙江大学出版社，2025. 8. -- ISBN 978-7-308-26533-1

Ⅰ. D771.29

中国国家版本馆CIP数据核字第2025J6K938号

从大繁荣到大萧条：1919—1939年美国社会生活史

［美］弗雷德里克·艾伦 著 宁 晨 慕斯文 译

责任编辑	罗人智
责任校对	钱济平
装帧设计	西风文化/红杉林
出版发行	浙江大学出版社
	（杭州市天目山路148号 邮政编码310007）
	（网址：http://www.zjupress.com）
排　版	西风文化工作室
印　刷	北京文昌阁彩色印刷有限责任公司
开　本	710 mm×1000 mm 1/16
印　张	35.75
字　数	496 千
版 印 次	2025 年 8 月第 1 版 2025 年 8 月第 1 次印刷
书　号	ISBN 978-7-308-26533-1
定　价	98.00 元

在第十二章"战争的阴影"中，国际广播的引文来自纽约公共图书馆收藏的《哥伦比亚广播系统公司合订本》。关于九号演播室，我参考了H. V. 卡尔滕伯恩的《我播报危机》（1938 年）。我对 1933 年伦敦经济会议的叙述自然参考了莫利在《七年之后》中的详细叙述。在本章中，我大量使用了盖洛普关于外交事务的民意测验，F. S. 维克维尔在 1939 年 9 月《哈珀杂志》上发表的《民意测验说什么》一文将这些民意测验收集起来，让我得以方便使用。这些民意测验有时无法完全反映实际情况（因为它很大程度上取决于问题的措辞），但它们至少有助于显示趋势，尤其是在每隔一段时间询问同一个问题时。E. D. 肯尼迪的著作，我已在上文（第三章）引述过，他的著作提供了有关公司收入的数据。

我无法一一列举所有帮助过我的人，但我要特别感谢威廉·祖尔斯一家，感谢他们在我撰写开头几章时的周到款待；同时还要感谢利蒂希娅·C. 罗杰斯、奥利弗·埃尔斯沃斯·艾伦、玛格丽特·麦克马伦、查尔斯·W. 麦克马伦、凯瑟琳·舒尔、大卫·库什曼·科伊尔斯、查尔斯·C. 柯尔特、约翰·A. 库文霍文、保罗·S. 泰勒、乔治·R. 莱顿、路德·古利克、雷姆利·J. 格拉斯、丹尼尔·麦克纳马拉、小朱利安·斯特里特，蒂姆斯·泰勒、弗洛伦斯·阿隆索和纽约公共图书馆的工作人员（尤其是报纸室以及经济和社会学部门的工作人员）。我要特别感谢我的妻子艾格尼丝·罗杰斯·艾伦，她提出了许多有益的意见和批评，并为本书付出了大量辛勤劳动。

弗雷德里克·艾伦

写于纽约

1939 年 11 月 10 日